中国近代
思想家文库

◎

吴仰湘 编

皮锡瑞卷

中国人民大学出版社
·北京·

# 总　序

　　对于近代的理解，虽不见得所有人都是一致的，但总的说来，对于近代这个词所涵的基本意义，人们还是有共识的。一个国家、一个民族走入近代，就意味着以工业化为主导的经济取代了以地主经济、领主经济或自然经济为主导的中世纪的经济形态，也还意味着，它不再是孤立的或是封闭与半封闭的，而是以某种形式加入到世界总的发展进程。尤其重要的是，它以某种形式的民主制度取代君主专制或其他不同形式的专制制度。中国是个幅员广大、人口众多、历史悠久的多民族国家，由于长期历史发展是自成一体的，与外界的交往比较有限，其生产方式的代谢迟缓了一些。如果说，世界的近代是从 17 世纪开始的，那么中国的近代则是从 19 世纪中期才开始的。现在国内学界比较一致的认识，是把 1840 年到 1949 年视为中国的近代。

　　中国的近代起始的标志是 1840 年的鸦片战争。原来相对封闭的国门被拥有近代种种优势的英帝国以军舰、大炮再加上种种卑鄙的欺诈打开了。从此，中国不情愿地加入到世界秩序中，沦为半殖民地。原来独立的大一统的中央集权的君主专制国家，如今独立已经极大地被限制，大一统也逐渐残缺不全，中央集权因列强的侵夺也不完全名实相符了。后来因太平天国运动，地方军政势力崛起，形成内轻外重的形势，也使中央集权被弱化。经历第二次鸦片战争、中法战争、甲午战争、八国联军入侵的战争以及辛亥革命后的多次内外战争，直至日本全面侵略中国的战争，致使中国的经济、政治、教育、文化，都无法顺利走上近代发展的轨道。古今之间，新旧之间，中外之间，混杂、矛盾、冲突。总之，鸦片战争后的中国，既未能成为近代国家，更不能维持原有的统治秩序。而外患内忧咄咄逼人，人们都有某种程度"国将不国"的忧虑。

　　"天下兴亡，匹夫有责"，读书明理的士大夫，或今所谓知识分子，尤为敏感，在空前的危机与挑战面前，皆思有所献替。于是发生种种救亡图存的思想与主张。有的从所能见及的西方国家发展的经验中借鉴某些东西，形成自己的改革方案；有的从历史回忆中拾取某些智慧，形成某种民族复兴的设想；有的则力图把西方的和中国所固有的一些东西加以调和或结合，形成某种救亡图强的主张。这些方案、设想、主张，从世界上"最先进的"，到"最落后的"，几乎样样都有。就提出这些方案、设想、主张者的初衷而言，绝大多数都含着几分救国的意愿。其先进与落后，是否可行，能否成功，尽可充分讨论，但可不必过为诛心之论。显而易见，既然救国的问题最为紧迫，人们所心营目注者自然是种种与救国的方案直接相关的思想学说，而作为产生这些学说的更基础性的理论，及其他各种知识、思想，则关注者少。

围绕着救国、强国的大议题，知识精英们参考世界上种种思想学说，加以研究、选择，认为其中比较适用的思想学说，拿来向国人宣传，并赢得一部分人的认可。于是互相推引，互相激励，更加发挥，演而成潮。在近代中国，曾经得到比较广泛的传播的思想学说，或者够得上思潮的，主要有以下几种：

（一）进化论。近代西方思想较早被引介到中国，而又发生绝大影响的，要属进化论。中国人逐渐相信，进化是宇宙之铁则，不进化就必遭淘汰。以此思想警醒国人，颇曾有助于振作民族精神。但随后不久，社会达尔文主义伴随而来，不免发生一些负面的影响。人们对进化的了解，也存在某些片面性，有时把进化理解为一条简单的直线。辩证法思想帮助人们形成内容更丰富和更加符合实际的发展观念，减少或避免片面性的进化观念的某些负面影响。

（二）民族主义。中国古代的民族主义思想，其核心是"非我族类，其心必异"，所以最重"华夷之辨"。鸦片战争前后一段时期，中国人的民族思想，大体仍是如此。后来渐渐认识到"今之夷狄，非古之夷狄"，"西人治国有法度，不得以古旧之夷狄视之"。但当时中国正遭受西方列强的侵略和掠夺，追求民族独立是民族主义之第一义。20世纪初，中国知识精英开始有了"中华民族"的概念。于是，渐渐形成以建立近代民族国家为核心的近代民族主义。结束清朝君主专制，创立中华民国，是这一思想的初步实现。第一次世界大战爆发，中国加入"协约国"，第一次以主动的姿态参与世界事务，接着俄国十月革命爆发，这两件事对近代中国的发展历程造成绝大影响。同时也将中国人的民族主义提升到一个新的层次，即与国际主义（或世界主义）发生紧密联系。也可以说，中国人更加自觉地用世界的眼光来观察中国的问题。新生的中国共产党和改组后的国民党都是如此。民族主义成为中国的知识精英用来应对近代中国所面临的种种危机和种种挑战的一个重要的思想武器。

（三）社会主义。社会主义作为一种模糊的理想是早在古代就有的，而且不论东方和西方都曾有过。但作为近代思潮，它是于19世纪在批判近代资本主义的基础上产生的。起初仍带有空想的性质，直到马克思和恩格斯才创立起科学社会主义。20世纪初期，社会主义开始传入中国。当时的传播者不太了解科学社会主义与以往的社会主义学说的本质区别。有一部分人，明显地受到无政府主义的强烈影响，更远离科学社会主义。直到五四新文化运动兴起之后，中国人始较严格地引介、宣传科学社会主义。但有一段时间，无政府主义仍是一股很大的思想潮流。中国共产党的成立，从思想上说，是战胜无政府主义的结果。中国共产党把在中国实现社会主义乃至共产主义作为自己的奋斗目标。此后，社会主义者，多次同各种非科学社会主义思想的信仰者进行论争并不断克服种种非科学社会主义思想的影响。

（四）自由主义。自由主义也是从清末就被介绍到中国来，只是信从者一直寥寥。直到五四新文化运动兴起，具有欧美教育背景的知识精英的数量渐渐多起来，自由主义始渐渐形成一股思想潮流。自由主义强调个性解放、意志自由和自己承担责任，在政治上反对一切专制主义。在中国的社会条件下，自由主义缺乏社会基础。在政治激烈动荡的时候，自由主义者很难凝聚成一股有组织的力量；在稍稍平和的时候，他们往往更多沉浸在自己的专业中。所以，在中国近代史上，自由主义不曾有，也不可能有大的作为。

（五）激进主义与保守主义。处于转型期的社会，旧的东西尚未完全退出舞台，新的东西也还未能巩固地树立起来，新旧冲突往往要持续很长的时间，有时甚至达到很激烈的程度。凡助推新东西成长的，人们便视为进步的；凡帮助旧东西排斥新东西的，人们便视为保守的。其实，与保守主义对应的，应是进步主义；与顽固主义相对的则应是激进主义。不过在通常话语环境中人们不太严格加以区分。中国历史悠久，特别是君主专制制度持续两千余年，旧东西积累异常丰富，社会转型极其不易。而世界的发展却进步甚速。中国的一部分精英分子往往特别急切地想改造中国社会，总想找出最厉害的手段，选一条最捷近的路，以最快的速度实现全盘改造。这类思想、主张及其采取的行动，皆属激进主义。在中共党史上，它表现为"左"倾或极左的机会主义。从极端的激进主义到极端的顽固主义，中间有着各种程度的进步与保守的流派。社会的稳定，或社会和平改革的成功，都依赖有一个实力雄厚的中间力量。但因种种原因，中国社会的中间力量一直未能成长到足够的程度。进步主义与保守主义，以及激进主义与顽固主义，不断进行斗争，而实际所获进步不大。

（六）革命与和平改革。中国近代史上，革命运动与和平改革运动交替进行，有时又是平行发展。两者的宗旨都是为改变原有的君主专制制度而代之以某种形式的近代民主制度。有很长一个时期，有两种错误的观念，一是把革命理解为仅仅是指以暴力取得政权的行动，二是与此相关联，把暴力革命与和平改革对立起来，认为革命是推动历史进步的，而改革是维护旧有统治秩序的。这两种论调既无理论根据，也不合历史实际。凡是有助于改变君主专制制度的探索，无论暴力的或和平的改革都是应予肯定的。

中国近代揭幕之时，西方列强正在疯狂地侵略与掠夺殖民地和半殖民地，中国是他们互相争夺的最后一块、也是最大的资源地。而这时的中国，沿袭了两千年的君主专制制度已到了奄奄一息的末日，统治当局腐朽无能，对外不足以御侮，对内不足以言治，其统治的合法性和统治的能力均招致怀疑。革命运动与改革的呼声，以及自发的民变接连不断。国家、民族的命运真的到了千钧一发之际，危机极端紧迫。先觉分子救国之心切，每遇稍具新意义的思想学说便急不可待地学习引介。于是西方思想学说纷纷涌进中国，各阶层、各领域，凡能读书读报者，受其影响，各依其家庭、职业、教育之不同背景而选择自以为不错的一种，接受之，信仰之，传播之。于是西方几百年里相继风行的思想学说，在短时期内纷纷涌进中国。在清末最后的十几年里是这样，五四时期在较高的水准上重复出现这种情况。

这种情况直接造成两个重要的历史现象：一个是中国社会的实际代谢过程（亦即社会转型过程）相对迟缓，而思想的代谢过程却来得格外神速。另一个是在西方原是差不多三百年的历史中渐次出现的各种思想学说，集中在几年或十几年的时间里狂泻而来，人们不及深入研究、审慎抉择，便匆忙引介、传播，引介者、传播者、听闻者，都难免有些消化不良。其实，这种情况在清末，在五四时期，都已有人觉察。我们现在指出这些问题并非苛求前人，而是要引为教训。

同时我们也看到，中国近代思想无比的多样性与复杂性呈现出绚丽多彩的姿态，各种思想持续不断地展开论争，这又构成中国近代思想史的一个突出特点。有些论争为我们留下了非常丰富的思想资料。如兴洋务与反洋务之争，变法与反变法之争，革命与改良之争，共和与立宪之争，东西文化之争，文言与白话之争，新旧伦理之争，科学与人生观之争，中国社会性质的论争，社会史的论争，人权与约法之争，全盘西化与本位文化之争，民主与独裁之争，等等。这些争论都不同程度地关联着一直影响甚至困扰着中国人的几个核心问题，即所谓中西问题、古今问题与心物关系问题。

中国近代思想的光谱虽比较齐全，但各种思想的存在状态及其影响力是很不平衡的。有些思想信从者多，言论著作亦多，且略成系统；有些可能只有很少的人做过介绍或略加研究；有的还可能因种种原因，只存在私人载记中，当时未及面世。然这些思想，其中有很多并不因时间久远而失去其价值。因为就总的情况说，我们还没有完成社会的近代转型，所以先贤们对某些问题的思考，在今天对我们仍有参考借鉴的价值。我们编辑这套《中国近代思想家文库》，希望尽可能全面地、系统地整理出近代中国思想家的思想成果，一则借以保存这份珍贵遗产，再则为研究思想史提供方便，三则为有心于中国思想文化建设者提供参考借鉴的便利。

考虑到中国近代思想的上述诸特点，我们编辑本《文库》时，对于思想家不取太严格的界定，凡在某一学科、某一领域，有其独立思考、提出特别见解和主张者，都尽量收入。虽然其中有些主张与表述有时代和个人的局限，但为反映近代思想发展的轨迹，以供今人参考，我们亦保留其原貌。所以本《文库》实为"中国近代思想集成"。

本《文库》入选的思想家，主要是活跃在1840年至1949年之间的思想人物。但中共领袖人物，因有较为丰富的研究著述，本《文库》则未收入。

编辑如此规模的《文库》，对象范围的确定，材料的搜集，版本的比勘，体例的斟酌，在在皆非易事。限于我们的水平，容有瑕隙，敬请方家指正。

**《中国近代思想家文库》编纂委员会**

# 目　录

# 导　言

皮锡瑞（1850—1908），字麓云，后改字鹿门，湖南省长沙府善化县（今属长沙市）人，曾自署所居曰"师伏堂"，后人因此尊称他为"师伏先生"。皮锡瑞堪称晚清一代经学大师，也是近代中国一位教育名家。

善化皮氏是晚唐著名诗人皮日休的后代，明中叶从襄阳迁到江西清江，乾隆末年转徙湖南，最终定居于善化。皮锡瑞的父亲皮树棠（1829—1889）为同治壬戌（1862）恩科举人，历任湖南宜章和华容县学训导、辰州府学教授、浙江宣平及松阳知县，1885 年因病解职。皮树棠病逝后，原为善化首富的皮家迅速衰落，靠出卖祖产和借债勉强维持。到 1895 年，这个大家庭已无法苦撑，只好分灶析产，皮锡瑞与两个弟弟各自分到的租谷每年不到二百担，却"欠债二千金"。这种艰难的家境，对皮锡瑞的人生与思想都有深刻的影响。

皮锡瑞幼承庭训，早慧而好学，十四岁即考中秀才，接着求学于长沙城南书院，得到山长何绍基等名师的指点，学识与志趣不断增长。他年未弱冠，即以文名盛于县邑，与阎士良、王怀钦等友人，皆以"文章才望，有声于时，乡人并相称美"①。同治十二年（1873），皮锡瑞获选拔贡，但第二年参加朝考，却因突发重病而失利。接下来他三次参加乡试（光绪元年乙亥恩科、二年丙子科、五年己卯科），也都名落孙山，直到光绪八年（1882）壬午科顺天乡试，才考取举人。皮锡瑞的功名就此达于顶点，后来四次赴京应礼部试（光绪九年癸未科、十五年己丑科、十八年壬辰科、二十年甲午恩科），均以失意告归，进士之梦终生

---

① 皮名振：《皮鹿门年谱》，6～15 页，上海，商务印书馆，1939。

未圆，屡次以"汗淋学士"自嘲。

皮锡瑞从小受父辈经世学风的熏染，慷慨以救天下为己任，尤其服膺顾、王经世之学，曾自述说："年幼入学时，湖南学派未开，读紫阳、阳明之书，颇知服膺，规行矩步，不妄言动。复得亭林、船山著述，始知义理必兼考证，且抗论时事，盱衡今古，鄙宋明之贫弱，慕汉唐之富强，少作诗文，多是此种议论。"① 他原本企求科举及第，出救苍生之难，纾除君国之忧，谁知屡困场屋，壮志难酬。皮锡瑞在第二次乡试落第后，曾在致好友书中表示："今进不能云台横议，献一说以策名清时，退犹冀名山著书，成一家以传之后世。"② 1894 年第四次会试落榜后，他又对门人说："年少有才者，多不愿治朴学。仆少亦好议论、词藻，壬秋先生劝专治一经，不肯听。近以才华渐退，自分词章不能成家，又困于名场，议论无所施，乃不得已遁入训诂。"③ 可见，皮锡瑞是在"不能云台横议"、"议论无所施"的失意和无奈之下，舍弃词章、议论，转而研究经学，正所谓"穷愁著书"、"遁而穷经"。然而，有志匡济时艰的皮锡瑞，在内忧外患的刺激下，并不甘于矻矻穷经，终老书斋。在经历一番思想苦痛后，他转而以学术济救当世，将其救时志业与经世韬略，贯注于书院教学和经学研究之中，用心讲求经世之学，逐渐走上"通经致用"的学术道路，并积极投身于晚清变革的时代洪流中，谱写出辉煌的人生篇章。

皮锡瑞从 1890 年起出外谋生，先是应聘主讲湖南桂阳州龙潭书院，继于 1892 年受聘担任江西南昌经训书院山长。他主讲经训书院后，见院中偏重性命义理之谈，学风流于空疏，便着意引导学生研治经史，推考历代治乱成败之源，通达古今之变，以期培养经世救时的人才。例如，甲午战争爆发后，经训书院相继出了"《史记·朝鲜列传》书后"、"名实论"、"齐桓救江黄论"、"东洋感事诗"之类的考题。他在批改考卷时，对那些"借说时事"、"言时事甚痛切"的士子格外欣赏，赞许他们"洞晓洋务"、"颇通时务"④。他在给门生的题词中，明确提出"卓荦观书期达用，风月闲吟奚益"⑤，反对空谈风月，主张学以致用。皮

---

① 《师伏堂日记》，戊戌年三月十九日。
② 《与李荔苏书》，见《师伏堂骈文》，卷二。
③ 《师伏堂日记》，甲午年七月初一日。
④ 同上书，甲午年七月初一日、初八日、廿二日、廿九日。
⑤ 同上书，甲午年六月初五日。

锡瑞在经训书院连续主讲七年，使院中学风大变，培养出一大批经世致用的人才。其中一位高足弟子夏敬观后来就回忆说："先生主讲经训书院，诸生执经问难，先生剖析所疑，娓娓不倦，或旁及子、史、典章、国故，反复兴革、治乱之源，盖经义、治事未尝偏废也。"①

皮锡瑞在读书治学中，本着学以经世的精神，力纠前人空谈不切实用的学风。例如，他曾指出清初两位礼学大师徐乾学、秦蕙田虽然精究礼学，却不能请求朝廷斟酌古今，择取其中简明可行者颁于天下，使冠、婚、丧、祭诸礼"无国异家殊之弊"，因此批评他们"讲说虽详而无实用"②，不能学以致用。他还从顾炎武、王夫之等人的经世学术中，提出法敝当变的时代命题。1897 年秋，皮锡瑞见到梁启超的《读春秋界说》，对梁氏以流畅的文笔发明公羊家言、阐述变法理论极其佩服，又以梁文尚有未尽之处，立即撰写《春秋义说》，以其才识学力阐扬变法理论。1898 年初，皮锡瑞受到湘省新政风气的感染，决定专心讲求"新学"，认为搬弄古董学问本无用处，在乾嘉天下太平时，学者可以专事考订训诂，闭户著书，聊以遣日，如今已非当务之急。他公开标明"学术与政术相通，期于切实有用"，指出："讲汉学者过于琐细，琐细无用；讲宋学者失于空虚，空虚亦无用。今当务其大者远者，不能不驰域外之观，急宜讲求古今事变、中外形势，方为有体有用之学。"③ 正因为皮锡瑞坚持学以致用的原则，当时任官湖南的黄遵宪称赞他既精研古学，又兼通今学，特意聘请他担任南学会学长，他由此加入湖南维新变法的行列。

皮锡瑞担任南学会学长后，主持南学会的讲学与答问，在三个多月内演讲十二次，是当时湘省官绅在南学会讲学次数最多、影响最大的人。他通过征引经史、究论时事，对变法、合群、开智、保教、兴商、御外等作了详尽的论述。他自述其讲学，说："今讲已十余次，所说非一端，其大旨在发明圣教之大，开通汉宋门户之见，次则变法开智，破除守旧拘挛之习。"④ 综观皮锡瑞在南学会的讲论，其中最值得称道的有三点：

其一，宣扬"合群"之论，消除门户之争。维新派曾从西方各种社

---

① 夏敬观：《皮鹿门年谱序》。
② 《师伏堂日记》，癸巳年七月初二日。
③ 同上书，戊戌年正月廿四日。
④ 同上书，戊戌年四月初三日。

会政治学说中引进"群学",借以开启民智,团结人心,共御外侮。严复在《天演论》中语重心长地指出:"天演之事,将使能群者存,不群者灭;善群者存,不善群者灭。"梁启超在《南学会序》中,更对合群以救亡作了淋漓尽致的论述。皮锡瑞吸取"群学"思想后,提出治学也应联合群力、集思广益,强调"一人之耳目不能遍及,必须合众人之耳目,方能够见闻广;一人之心思不能尽通,必须合众人之心思,方能够解悟捷。道理必大家考究,方可渐入精微;疑义必彼此参详,方可涣然冰释"①。他通过对朱陆、汉宋、中西之学的异同辨析,既不讳言其异,又于异中求同,提出融贯会通、求同存异的主张,以求化解学派门户之争。对于湖南人的好相攻击,他更是多次加以批评,指出:"文人相轻,自古已然,湖南此风更甚。我湖南人最尚气,勇于有为,是其好处,而气太盛,多不能虚衷受益。后生喜谤前辈,同时互相诋毁。"② 特别是当湖南新政蓬勃展开之际,新旧派争也日趋剧烈,他忧心忡忡地说:"现在湖南风气,开通者自开通,锢蔽者自锢蔽。官绅立南学会,本期联合众志,齐一人心。今闻外间议论,犹多喧竞,守旧、维新,各持门户。昔唐时牛、李,皆号正人,宋时程、苏,并称贤者,而二党交哄,以致两朝俱衰。湖南如此意见不化,非湖南之福也。"③ 皮锡瑞以为"今沧海横流,非争门户之时"④,坚决反对学派门户相争,要求兼采众长,联合群力来保种保教,变法自强。如他在论汉宋关系时,强调孔教岌岌可危,再也不能同室操戈:"汉学师孔子,宋学亦师孔子,考其源流分合,两家本是一家,况今孔教衰微,不绝如线,尤宜破除门户,开通畛域,何必斗穴中之鼠,操室中之戈乎!"⑤

其二,开启绅民之智,反对仇洋打教。湖南在晚清长期闭塞守旧,盲目排外,教案迭起,而西方列强往往以教案为借口,扩大侵华权益。胶州事变后,湖南各地谣诼纷起,随时随地都有可能发生意外之祸。皮锡瑞很想通过南学会的集会讲学来开启民智,开通风气,消除社会上的盲目排外情绪,防止攻杀洋人,打毁教堂,避免胶州事变在湖南重演。在写给叶德辉的书信中,他指出:"南学会之设,实以夷患方棘,不能开衅,而当求所以抵拒……不先讲明圣教,徒逞客气,见彼驱詈,恐蹈

① ② 《皮鹿门学长南学会第二次讲义》,载《湘报》,第6号。
③ 《皮鹿门学长南学会第十二次讲义》,载《湘报》,第79号。
④ 《师伏堂日记》,戊戌年四月初七日。
⑤ 《皮鹿门学长南学会第二次讲义》,载《湘报》,第6号。

山东胶岛之辙。故学会以开通民智，惟期发明吾道之大，稍除中外畛域之见，不明与之争，而暗与之拒。"① 皮锡瑞特意在南学会作"论保种保教均先必开民智"的讲演，倡导"文明排外"。针对湘省士绅民众逞强使气、仇外打教的种种行为，他特别告诫说："保种宜开智，保教尤宜开智，未闻有以力强者也。"他一再指出攻打洋教的行为有害无益，"如不先明孔教宗旨，徒逞血气，打教士，毁教堂，使彼气焰益张，何足以张吾教"②，并苦口婆心地劝诫广大士绅："今与西人交涉，为通商、传教两事。我能讲求商务，开通利源，彼即通商，不能夺我中国之利。我能讲明义理，尊信孔教，即彼传教，不能惑我中国之人。近日每以细故酿成巨患，不知彼见中国一意求和，无词可执，意在挑衅，藉为兵端，甚望我伤害彼一人，即可肆其恫喝要挟之计。杀中国人不过偿命，杀外国人非但偿命，且须割地方、赔兵费。如去年胶州湾事，德人窥伺中国已久，然不杀彼教士，不能开此兵端。是杀彼者以为快心，而不知适中彼计。若而人者，非为中国出力，实为外国出力，而助彼以攻我；非为我君分忧，实召外国之兵，以贻我君之忧也。"他希望士民绅商抛掉攘夷狄、辟异端的陈腐思想，援引国际公法处理中外交涉事务，谆谆告诫"天下大事，当讲理不当负气"。他还以越王勾践和燕昭王复仇的事例，论证要为国家报仇雪恨，不能指望徒逞意气的匹夫之勇，应当忍辱负重，卧薪尝胆，变法自强："欲报大仇，当如勾践、燕昭，卧薪尝胆数十年，不可轻于一试。若未修内政，而遽召外兵，譬犹人家，家事不修，阋墙内乱，而欲与人构讼，岂有能胜之理?"③ 可见，他强调变法自强才能保种保教，把救亡图存与维新变法紧紧地联系起来。

其三，阐发"素王改制"之论，张扬维新变法之说。皮锡瑞认识到中国国情、民性特殊，"猝言变革，人必骇怪"，所以要昌言变法，必须假托先圣，"必先言孔子改制，以为大圣人有此微言大义，然后能持其说"④。因此，他大力阐发公羊学的微言大义，由"推尊孔教而引申变法之说"⑤。他发挥孟子的言论，认为孔子删订群籍是为了维世立教，"自孔子删订之后，人人读孔氏书，孔子遂为中国二千余年之教祖"，把

---

① 《师伏堂日记》，戊戌年四月初二日。
② 《皮鹿门学长南学会第六次讲义》，载《湘报》，第 44 号。
③ 《皮鹿门学长南学会第五次讲义》，载《湘报》，第 25 号。
④ 《师伏堂日记》，戊戌年四月初八日。
⑤ 同上书，戊戌年四月初七日。

孔子推尊为千古圣人、儒家教祖。由孔子创教，他很自然引申出"素王"改制变法，指出："删订五经，始于孔子，其通天人、持元会之旨，尤在《易》与《春秋》二经。"① 于是，他以《春秋》论孔子改制之由，以《易》论变法之道，对改制变法作了淋漓尽致的抉发。由于西汉公羊家"素王改制"一说不明见于圣经贤传，而首出于纬书，所以反对变法的人常因此相诟厉。皮锡瑞援引集两汉经学之大成的郑玄为据，解释孔子不在经书中明言改制的隐衷。他说："《公羊》素王改制之说，出于纬书。郑康成《释废疾》曰：'孔子虽有盛德，不敢显然改先王之法，以教授于世，若其所欲改，其阴书于纬，藏之以待后王。'郑君言改制之说，深切著明。"皮锡瑞又援引孟子对《春秋》的推崇和朱熹的诠释，论证孟子之言、朱子之注与纬书所谓"孔子志在《春秋》，行在《孝经》"及公羊家所云"素王"若合符契。他因此责问："学者不信纬书、《公羊》，亦将不信孟子、朱子乎？"② 皮锡瑞依据亚圣孟子的言论，又援引汉学权威郑玄和宋学权威朱熹的注解，来论证孔子为素王，托王于鲁，寄褒贬之法于《春秋》，即使旧学之士也不得不服其信而有征。当时守旧者无不引董仲舒的"天不变道亦不变"为口实，来反对变法。实则董仲舒根据历史事实和公羊理论，在《天人三策》和《春秋繁露》中既讲不变，也讲变。因此，皮锡瑞在南学会专门又作"论不变者道必变者法"的演讲。他考察董仲舒对策的全文，指出"董子对策之意，全在变法"、"董子以为'继治世者其道同，继乱世者其道异'，舜承尧道，故无可为；汉承秦弊，故必变法。其说通达，绝不拘泥"，然后精辟地指出："盖千古不易者，道也；历久必变者，法也。道与法判然为二，非可并为一。"这样，他将"天不变道亦不变"的命题，转换成"不变者道，必变者法"，凸显其中变法一义，说："董子言不变者是道，应变者是法，不当专摘其一二语，以就己说而重诬古人也。"③ 这一番论述，对那些专以董子之语为护身符来反对和攻击维新事业的人来说，不啻釜底抽薪。

湖南维新期间，叶德辉等人曾劝皮锡瑞只讲"正学"，不要牵扯公羊改制之论。对此，他在日记中写道："今人言变法主孔子改制，言公法主《春秋》义例，言西法引《周礼》、《王制》，皆有微意存焉。通经所以致用，汉人治经，皆切于时用，故经学莫盛于汉。以《春秋》断

---

①② 《皮鹿门学长南学会第八次讲义》，载《湘报》，第35号。
③ 《皮鹿门学长南学会第九次讲义》，载《湘报》，第57号。

狱，以《禹贡》治河，以《诗》三百五篇当谏书，以《洪范五行传》警人主，此皆汉儒微意。若谓谈经学不必及时事，则五经真同刍狗，而经义可废矣。谓《春秋》之义只可治东周之天下，不可治今日之天下，而《春秋》可弃矣。谓外国富强，全不合于圣人之道，则圣人之道不足以致富强，而圣教可灭矣。学者尊圣教，崇经义，宜有贯彻古今中外之通识，不当专持拘忌狭隘之迂谈，必以牵合傅会为疑，则《春秋》非司空城旦书，汉人何为引之决狱乎？为此说者，非以张彼国气焰，实以宏吾道规模，非谓夷狄之学可比于圣人，实以见圣人之道，能行于夷狄，即涉傅会，亦可无讥。"① 皮锡瑞要求将尊孔崇经落到实地，以鉴古观今、中西会通之学识，切于维新变法、救亡图存之实用。他说"若谓谈经学不必及时事，则五经真同刍狗，而经义可废"和"即涉傅会，亦可无讥"，足见他治经以济救当世要务的坚定与执著。

皮锡瑞在南学会以学术为手段，引经据典，大力宣传维新变法，"登堂演讲，议论侃侃，响如振玉，闻者洒然动容"②，取得了良好的社会效果，为推动湖南维新事业作出了贡献。返回经训书院后，他又在南昌发表演说，力促开通风气，并鼓励门下弟子积极筹措各项维新事业。谁知戊戌政变后，清廷竟以"离经畔道，于康有为之学心悦诚服"等罪名，将皮锡瑞的举人功名革去，并驱逐回籍，交地方官严加管束。③

所幸不久之后，经历庚子灭洋之乱和辛丑议和之辱的清廷，以时局孔急，再次宣布实行变法，于是以废书院、兴学堂为先导，各项新政次第推行。皮锡瑞对朝廷幡然变政、广兴学堂、培植人才，自然格外高兴，也备受鼓舞，跃跃欲试。光绪二十八年（1902）四月，善化县聘请皮锡瑞创办小学堂，他欣然出来任事。学堂共招收学童 60 余人，于六月十五日开学，皮锡瑞发表演讲，畅谈兴学育才之旨，激励学生"勉力读有用之书，他日学成出建功业"。他还着重指出新式学堂与旧时书院不同，教学应当中西兼重，说："今之世变为前古所未有，必须博通古今中外之学，方为有用。方今功令以策论列经义之前，正为此也。译学、算学固在所重，而史学、时务尤当讲求。"④ 从此以后，皮锡瑞积

---

① 《师伏堂日记》，戊戌年八月初七日。

② 皮名振：《皮鹿门年谱》，60 页。

③ 参见中国第一历史档案馆编：《光绪宣统两朝上谕档》，第 25 册，25 页，桂林，广西师范大学出版社，1996。

④ 《师伏堂日记》，壬寅年六月十四日。

极参与湖南省城兴办新学的工作，先后担任善化小学堂监督、短期代理湖南高等学堂监督，并相继在湖南高等学堂、湖南师范馆、湖南中路师范学堂、长沙府中学堂任教经学、史学、修身与伦理等课程，兼任省图书馆纂修、省学务公所图书课长，恪尽职守，贡献才智。皮锡瑞曾说："自学堂开办以来，常充监督、教习之任，学堂利弊得失，颇能窥见万一。"他在长期办学的实践中，洞察学堂的得失利弊，发现、提出许多新旧教育交替之际值得思考的问题，为当时甚至为后人兴办教育提供了宝贵的建议和有益的启示。综而言之，他在兴学中思考最多的有三点：

一是如何消除学堂内外的各种干扰，维护新式教育的健康发展。皮锡瑞提出统一教科书就是其中一个显著的例子。他在担任善化小学堂监督时，曾严格审查引进的原版教材和中国留学生编写的教科书，凡有牵涉敏感的现实政治或是妨害学生身心健康的，总要加以删减或是根本取消，以免守旧派有所借口，破坏学堂事业。1907年他受聘担任学务公所图书课长，主要职责是审查全省学堂所用教材特别是各校所编讲义。当时学堂林立，各种思潮纷纭，全国无统颁教材，造成各种教学和思想上的混乱："教员人自为书，家自为说，新旧异趣，高下殊途，每换一人，则教法不同，甚或全然反对，生徒莫知所从，以致师弟冲突。其所沿用之教科书，乃日本人及留学生所编辑，宗旨既不尽合，教授殊不相宜。教员之学问稍深者，犹能择取其长，自编讲义；其学问不深者，但知钞录原文，一字不易，师以此教，弟子以此学，近日学生离经畔道，皆由此等教科书有以启之。"因此，他提出由学部统一编审和颁行教科书，"收道一风同之效"。

二是如何促进新式教育的普及，培养新人，开通民智。皮锡瑞关于课程设置、分科设立学堂和奖励学生出身的意见，就集中反映出他为新式教育的普及所进行的努力探索。在学堂兴办之初，急功近利的教育思想弥漫一时，偏重于造就新式应用型人才，大量搬用国外特别是日本的教育模式，表现在课程设置上，就是求新求全，没有充分考虑学生的知识基础和年龄特点。皮锡瑞批评说："自初级小学各科八门，增至高等学堂二十四门，意欲兼揽中西，以臻完备，而学者顾此失彼，未免骛广而荒；名为各学皆通，实则皆不精通。"他提出应适当增减普通学堂的课程，着重提高学生的综合素质，培养"兼道艺之长"的普通新国民；同时在条件允许的地方开办各种专门或专科学堂，招收普通学堂优秀毕业生入学，培养各科专业人才。他明确指出这样做的主要目的，就是尽快普及教育，培养新式国民，"今欲教育普及，必使人人皆可仰企，学校乃无弃才"。这实际上已提出区分普通国民教育与专门技艺教育的问题，对于今天的教育改革仍有着借鉴作用。在科举与学堂废替之际，社会观念仍然崇重功名出身，所以科举制度中蕴含的刺激教育的积极因素不应否定，可以合理利用。皮锡瑞深有见地地指出："昔在汉世，盛极儒林，考之班书，实为利禄。……学者非只求卒业，并冀得有出身。凤骞发轫于丹山，龙矗先阶于尺木。是以担簦景附，鼓箧云蒸。若仕进之阶，比登天之乏术，恐奋勉之气，将坠地而难兴。"新政初举时，朝廷多次颁发谕旨，先是以功名奖励游学，继而给国内各级学堂毕业生奖以相应功名。对此他极为赞同，后见学部所定章程虽有奖励条款，却以学生程度不及，未予实施，皮锡瑞为此再次提出："今学堂举办未久，尚属萌芽，年限虽满，程度诚有未及，而科举初停，乡人但知举贡生员之荣，即学生理想独高，不能家喻户晓。开办数载，年限已过，奖励不及，怨望必生，横议妄言，未必不由于此。乡人见入学者久无所得，听信旧党，阻挠学堂。似宜遵照前章，从宽奖励，使其得者欢欣鼓舞，未得者各加奋勉，有希望之目的，不敢轻弃资格，动起风潮。其未入学者，歆羡求入，乡人相劝，学校如林，则学界可以扩充，而教育易于普及矣。"借助功名利禄的诱导来广兴学堂，普及新式教育，应该说是一种切合时宜、行之有效的主张。

三是如何维持"旧学"在新式教育中的地位，昌明孔圣之教，培养纯正之才。20世纪初年，伴随着出国留学和大兴学堂，西方社会政治学说潮涌而入，全盘西化思潮一时盛行，"中学"因此大受冲击，孔孟的神圣偶像渐呈破碎之象，经学的独尊地位有日趋动摇之势。这些急剧变化在教育上的反映，就是课程设置重"艺"而轻"道"，学生思想趋新而厌旧，正如皮锡瑞所说："近日邪说流行，乃谓中国欲图富强，止应专用西学，五经四书皆当付之一炬。办学堂者敢于轻蔑圣教，民立学堂，多无经学一门，即官立者，亦不过略存饩羊之遗。"他认为学堂生徒出现离经畔道，原因是经学课程太少，经学大义茫昧。因此，一方面，他要求在课程设置中突出经学的地位。鉴于"今学堂因功课繁多，往往偏重艺能，反轻圣教，经、史、国文钟点甚少，或且并无经学、国文"，他提出普通学堂只设经学、史学等六门基础主干课程。他又奏请朝廷严饬各处学堂遍设经学科目，或增加课时，"凡学堂不教经学者，即行封禁，不重经学者，罪其监督、堂长，则圣教益以昌明，而所学皆归纯正矣"①。他在主持善化小学堂和湖南高等学堂期间，每逢朔望之日，必定率领全校学生行祭孔大礼，坚决反对轻蔑圣教、废弃经学的做法。另一方面，他身体力行，改进经学教学，编撰相应的教材。他在讲授经学时，用汉人存大体玩经文之法，不作高深之谈，没有烦琐破碎之弊，努力以史事、时局来比证阐述经书大义，所以深入浅出，极受欢迎。他的儿子皮嘉祐曾追述说："其教授时复不作艰深之论，以苦人索解，于阐明微言大义外，必取与现今时代情势相合与事之关乎政教者，反复发挥，以求通经可以致用。议论宏博，辄铿铿作金石声。故先大夫开堂演说，诸生靡不屏息端坐，倾耳静听，忻忻焉无倦容，间有特往聆讲者。讲学之善，亦可见矣。"② 为便于教学，皮锡瑞相继编撰《经学历史》、《经学通论》，撷拾先贤精粹，发明经书大旨，至今仍是经学的入门书籍。从大体上来说，皮锡瑞强调兴办学堂必须尊经尊孔，虽有意凭借它们来抵制过激学说，特别是消弭学生的革命思想，但也有保存民族传统文化和加强学生人格修养的考虑，不能一概否定。

皮锡瑞曾多次呼吁广开学堂，培植人才，晚年获赐良机，以衰弱之躯、耿耿之心，为湖南新式教育的发展作出了重要贡献。1904 年至1906 年，学务大臣张百熙和京师大学堂总监督张亨嘉，先后三次延聘皮锡瑞到京师大学堂任教，他均因故辞谢。在去世的当天，皮锡瑞还在为湖南中路师范学堂撰写歌词，可谓鞠躬尽瘁。

皮锡瑞早有文名，喜作诗文，好发议论，后来因为科场失利，才转事考据训诂。他经常利用入都应试的机会，在上海、北京等地收集汉碑资料，作为治经的参证。1887 年，皮锡瑞丁忧家居时，笺注伏生《尚书大传》，为其一生著述之始。1890 年，他完成《易林证文》二卷，1892 年，又完成《尚书古文疏证辨正》一书。1894 年第四次会试不售后，皮锡瑞绝意功名，奋志著作，到这一年年底，《今文尚书考证》三十卷、《尚书古文考实》一卷、《史记引尚书考》六卷、《尚书大传疏证》七卷和《孝经古义》先后定稿，并将此前研治群经的心得，汇辑为《经训书院自课文》三卷和《师伏堂经说》十卷（其中《礼记浅说》二卷、《左传浅说》二卷刊行，现存《公羊浅说》、《论语浅说》两种稿本，其他各种散佚）。到 1898 年投身维新运动时，他又撰出《孝经郑注疏》二

---

① 以上均见皮名振：《皮鹿门年谱》，98～104 页。
② 皮嘉祐：《师伏堂春秋讲义跋》。

卷、《古文尚书冤词平议》二卷、《郑志疏证》八卷附《郑记考证》一卷、《答临孝存周礼难》一卷和《春秋义说》一卷。戊戌政变后，皮锡瑞杜门著述，在不到一年半的时间内，完成《六艺论疏证》一卷、《圣证论补评》二卷、《尚书中候疏证》一卷、《驳五经异义疏证》十卷、《发墨守箴膏肓释废疾疏证》三卷和《鲁礼禘祫义疏证》一卷，出现了第二次著述高峰。此后，虽然年老体衰，还承担了繁重的教学任务，皮锡瑞仍有《汉碑引经考》六卷附《引纬考》一卷、《经学历史》一卷、《经学通论》五卷、《王制笺》一卷、《师伏堂笔记》三卷、《师伏堂春秋讲义》二卷等相继刊行。另外，除了这些经学著作，皮锡瑞还有《两汉咏史》一卷（1895 年成稿，未刊）、《宙合堂谈古》一卷（1895 年成稿，未刊）、《读通鉴论札记》（1900 年成稿，未刊）、《鉴古斋日记评》四卷（1902 年刊）、《蒙学歌诀》二卷（1903 年刊）、《师伏堂诗草》六卷（1904 年刊）、《师伏堂咏史》一卷（1904 年刊）、《师伏堂词》一卷（1904 年刊）、《师伏堂骈文》四卷（1904 年刊）和卷帙浩繁的《师伏堂日记》（起自 1892 年，终于 1908 年，未刊）。

　　从皮锡瑞的经学著述来看，可以说是精研群经，会通众家，并贯以今文之学，使其学术自成体系。但就其一生治经历程及成就来看，应以《尚书》研究用力最勤、成绩最著。皮锡瑞研究《尚书》的著述，大体可以分作三类。一是对伪古文《尚书》公案的评判，有《尚书古文疏证辨正》、《古文尚书冤词平议》和《尚书古文考实》。对伪古文《尚书》的怀疑和考辨始自元、明，至清代阎若璩《尚书古文疏证》集其大成，乾嘉诸儒又续作补证，基本可以定谳。但与此同时，替伪《书》鸣冤、翻案的也大有人在，其中毛奇龄作《古文尚书冤词》影响最大。皮锡瑞认为阎若璩因时代所限，对今、古文家法未尽了然，而且经常援引宋人臆说来诋斥西汉古义，"非特无以服伪孔之心，且恐左袒伪孔者将有以借口"①，于是对阎书再加辨正，纠其谬而补其缺。至于毛氏之书，过去常被认为是与阎氏作对，皮锡瑞则指出毛书实是与朱子立异，不用宋儒臆断解经的新说，值得充分肯定，"其弊在专信伪孔，并伏《传》、《史记》亦加訾议，与《疏证》互有得失，其是非可对勘而明"②，所以撰写《古文尚书冤词平议》，纠正毛书因批驳宋儒而连带驳斥汉儒的失

① 《尚书古文疏证辨正自序》。
② 《古文尚书冤词平议自序》。

误。皮锡瑞指出，《尚书》中只有今文最为可信，如果不依据《尚书大传》和《史记》，仅引马、郑经注与宋儒臆说，则难以驳倒伪古文《尚书》。他的《尚书古文考实》还通过考辨古文《尚书》在汉代出现、流传的始末，提出古文《尚书》不可信据。二是对《尚书大传》的辑校与疏解。皮锡瑞的《尚书大传疏证》以陈寿祺辑本为主，广搜博采，拾遗补缺，订讹纠谬，是清代最为完备的伏《传》辑本。至于该书的精华，则是通过名物礼制的考证，对伏《传》和郑《注》异同详加考辨，判分今、古文家法，恢复伏生《书》学本义，"扶孔门之微言，具伏学之梗概"①，于伏生之学最具畅微抉隐之功。三是对今文《尚书》篇章、文字的考证与疏解。皮锡瑞在考辨伪古文《尚书》和注解《尚书大传》的过程中，全面掌握了两汉今文《尚书》资料，对其传授渊源与经义奥蕴也别有会心，广搜博采，融会贯通，著成《今文尚书考证》，将其《尚书》研究的心得汇集于一书。王先谦虽对皮锡瑞尊崇今文不肯苟同，却对书中丰富的资料与严谨的考证极其佩服，推崇说："条理今文，详密精审，兼诸大儒之长而去其弊，后之治今文者得是编为前导，可不迷于所往。"② 当代研究《尚书》学史的专家刘起釪先生也高度评价说："皮氏的《今文尚书考证》等于把西汉今文《尚书》作了一总结性叙述，凡段玉裁、陈乔枞所集材料，其书中都拥有，另增加了大量汉碑材料及段、陈偶未引到的文献材料。因此在论定今文的文字取材方面，比段玉裁、陈乔枞又大进了一步，使后学者要找早已不传的汉代今文《尚书》，凭这部书就可最大限度地见到它所能见到的材料。"③ 与此同时，皮锡瑞"少习郑学"，至老仍然"服膺郑学"，对东汉经学大师郑玄的学术潜心考索，作了一番疏通证明、阐幽表微的工作，所撰《孝经郑注疏》、《郑志疏证》、《六艺论疏证》、《驳五经异义疏证》、《鲁礼禘祫义疏证》等书精深绝诣，将清代的郑学研究提升到一个前所未有的高度。皮锡瑞一意扶翼郑学，成为清代精究郑学的专门名家，有门人这样评述他："盖先生精《礼》经，考《诗》四家、《礼》二戴、《春秋公羊传》、司马《史记》记礼之辞相出入者，以证伏《传》。于郑君著书，始纬次经，先今后古，明其学术先后异同之故，笃信郑君，多详古礼。故又兼治郑学，疏通其一家言，其畅

---

① 《尚书大传疏证自序》。
② 王先谦：《今文尚书考证序》。
③ 刘起釪：《尚书学史》，416 页，北京，中华书局，1996。

微抉隐，扶翼西京今文之学，殆超越乾嘉诸儒，而为清代经师殿后之一人也。"① 虽不无溢美之处，而所言大体不谬。

皮锡瑞在经学研究中，除实践其"通经所以致用"的主张外，还有两点特别引人注意：

第一，"义理必兼考证"的治经方法。皮锡瑞早年治经从马、郑入手，留意于训诂考订，后来服膺顾、王，"始知义理必兼考证"，提出以训诂文字、考订名物来探求经书旨蕴，力主考据、义理兼重。他经常在日记中，依此标准评判前辈时贤的治经得失，对于征引翔实、依据确凿者赞不绝口，对于新奇之论、臆断之说则大作批评。例如，崔述在《考信录》中力辨文王不称王、周公不摄政，但说理有余而证据不足，皮锡瑞因此指责他"未免宋儒以义理断数千年前事实之弊"。他不但屡次训责烦琐细碎、使"经学真同刍狗"的考据末流，而且一再批评空衍义理、曲解臆断的常州公羊学派，有一则日记就写道："观刘申受《尚书集解》，多载阳湖庄氏之说，改易经字，移窜经文。夫国朝通儒所以崇尚汉学、诋斥宋学者，以汉学笃实，言必有征耳。今改经以就己说，效王鲁斋之尤而又甚之，以此说经，圣人之书无完肤矣。以臆说为微言，以穿凿为大义，此真经学之蟊贼。"② 他批驳魏源《诗古微》妄以己意解经，荒经蔑古，并郑重申明："解经是朴学，不得用巧思；解经须确凭，不得任臆说。"③《经学通论》另有一篇"论刘逢禄、魏源之解《尚书》多臆说不可据"，批评常州学者擅改经注，自矜创获，说："解经但宜依经为训，庄、刘、魏皆议论太畅，此宋儒说经之文，非汉儒说经之文。解经于经无明文者，必当阙疑，庄、刘、魏皆立论太果，此宋儒武断之习，非汉儒矜慎之意也。"④ 皮锡瑞将自以为独得孔门真传的常州公羊学者，评为"非圣无法"的经学蟊贼，批判之严厉，与出于门户之见攻击今文学派的章太炎、刘师培等人几无二致。皮锡瑞主张"说经皆主实证，不空谈义理"，摒弃荒经蔑古、空衍义理的做法，以朴实之法说经，多新义胜解，凡抉幽隐，必引经稽古，确有所据；凡有歧异，必罗列众说，参互考验；凡遇衍脱，必补苴掇拾，详加考订；凡生疑滞，必广搜博采，疏通证明。他自谓"考定名物制度，颇可自信"⑤，以训

① 夏敬观：《皮鹿门年谱序》。
② 《师伏堂日记》，癸巳年六月十二日。
③④ 《经学通论·诗经》。
⑤ 《师伏堂日记》，丙申年三月十二日。

诂文字、考证名物来阐抉经书奥旨，将义理与考证熔冶于一炉，故说经新颖而依据确凿，有朴实谨严之风，而无支离破碎之病；有钩深致远之优，而少牵强臆断之弊。叶德辉曾赞誉《六艺论疏证》"考订残阙，别白是非，无一语不求其安，无一字不征诸实"①。

第二，"学求心得，勿争门户"的学术立场。晚清学界既存在汉宋、今古之争，又出现中西、新旧之别，分门立户，党同伐异，让人莫衷一是。皮锡瑞认为这是俗儒妄生门户、出主入奴的陋习，指出"凡学当求心得，古人之自成一家者，其学皆有所长，非可轻诋"，学者应当各以所近学之，不必株守一家，是丹非素。维新变法时期，他又以西学西教侵凌、孔教岌岌可危，痛言："中学有汉学有宋学，宋学又有程朱之学、陆王之学，今又别出中学、西学、旧学、新学，互相攻击，有如仇雠。现在孔教衰微，不绝如线，亟宜破除门户，同心合志，以保孔教，岂可同室操戈？"② 与此同时，他指出治学贵在自求心得，"无论何项学问，皆贵自有心得，不必徒争门户，是己非人"，即使学派宗旨不合、学术见解相左，也应该求同存异、和平相处，"尽可各尊所闻，各行所知。不妨有异同，不必争门户"③，显示出博大的学术胸怀。对于不同的学术和异质的文化，他还提出一种"深究其理，以观其会通"④ 的主张，对于正确处理新旧、中西之争很有启示。皮锡瑞一生追求博通，力除门户，为学兼有汉宋之长，既遵今文家法，亦守汉学矩矱，力图将今文学与考据学融贯为一。他在《今文尚书考证》中，力倡"解经当实事求是，不当党同炉真"。在《孝经郑注疏》、《郑志疏证》等书中，他考察郑玄先通今文、后通古文的治学路径，强调"学者因其参差之迹，正可考见经学门户之广"，彰扬其融通今古的学风，提出"今、古文皆有师承，不可偏废"。皮锡瑞曾说："《公羊传》，经学也，一字褒贬，皆圣人之意也。《左氏传》，史学也，据事直书，不立褒贬，虽不传《春秋》，而书不可废也。"⑤ 这种对待《左传》的态度，就鲜明地体现出他在学术上的兼容品性。后来他在长沙各校讲授《春秋》三传，编成《春秋讲义》一书，章太炎责其"不能守今文师说"，正好体现出皮氏为学兼容

---

① 叶德辉：《六艺论疏证序》。
② 《师伏堂日记》，戊戌年三月十四日。
③ 《皮鹿门学长南学会第二次讲义》，载《湘报》，第6号。
④ 《师伏堂日记》，戊戌年三月十四日。
⑤ 《驳俞理初公羊传及注论》，见《经训书院自课文》，卷三。

并蓄的一面，而暴露了章氏拘守门户的狭陋。

皮锡瑞的经学取向可以归结为四点，即尊孔、崇古、宗汉和主郑。他推尊孔子制作六经，崇尚汉儒师法家法，显示今文学家的严正立场，而在传注上的崇古宗汉，则与"凡古必真，凡汉皆是"的汉学家并无异趣；他对东汉古文经注特别是郑玄笺注的疏通发明，更与晚清公羊学派工诃贾、马、许、郑的做法形成鲜明的对比，一改其专己守残、党同妒真的学风。他虽然尊崇今文经说，却不贬抑古文经典，出入今古之间，融采众家之长，不拘门户，唯善是从，不但与"尊古斥今"的古文学家迥然有异，更与其他"尊今抑古"的今文学家截然相别。叶德辉就对皮锡瑞学问的博通大加赞颂，在给《六艺论疏证》作序时，把两汉以来的儒学分成今文学、古文学、郑氏学、朱子学，谓其"好学深思，邃于经术，于余所言四者，皆融洽而贯通之"。张舜徽更是在《清儒学记》中大力表彰皮锡瑞的"通人之学"，认为他能贯通群经，讲求大义，强调说："我们认真考虑到皮氏学术成就的全貌，实是通学门庭，在许多问题上，能见其大，能观其通。近人只把他看成专治今文家言的经师，那就太缩小他的作用了。他在清末，实是一位极其博通的学者，论其造诣，远远超过了王闿运和王先谦。"皮锡瑞曾评价郑玄说："郑兼通今古文，择善而从，誉之者以为郑学宏通，毁之者以为坏乱家法。"① 移此语意以评皮锡瑞本人，可谓恰如其分。

总之，皮锡瑞是晚清历史巨变下中层士绅的典型。他先是执著于科举，企图射策高中，出而经邦济世，在科场连挫之后，才绝意于功名仕进，以讲学、著述终老，成为著述等身的一代通儒。他精治《尚书》，彰显奥义，兼攻郑学，深究古礼，融贯群经，创发大义，出入汉、宋、今、古之间，以其治学主张和成就，使今文义例之学、典制之学和经世之学融为一体，成为清代今文经学的集大成者之一。皮锡瑞又力主"通经致用"，一生穷经究史，通达古今之变，积极投身救时济世的实际事务，见证、参与了晚清湖南新政的历史进程。尤其值得一提的是，他在戊戌年提出"不引经书，专讲史事"，以使变法跳出"康学窠臼"②，继而在晚清新政中倡导"善变而取法于古"③，反对"全盘西化"，力图从旧学中开启新知，以其理论探索与实际贡献，成为晚清变法和湖南改革

---

① 皮锡瑞：《圣证论补评自序》。
② 《师伏堂日记》，戊戌年七月十八日。
③ 皮锡瑞：《鉴古斋日记序》。

史上一位值得重视的人物。皮锡瑞从经世救时走向维新变法、由"穷愁
著书"转而"通经致用"的经历、言行与思想，可谓晚清数十年间社会
政治和学术文化变迁的一种缩影。

皮锡瑞的现存著述有 400 多万字，数量庞大，内容丰富，不仅翔实
地记录着他个人的生平经历、政治思想、社会生活和学术成就，而且对
于今人了解和研究晚清的政治、经济、学术、教育、文化和社会变迁，
也是一份宝贵的资料。经学著作构成皮锡瑞全部著述的主体，但它们绝
大多数属于笺注、考评、疏证，颇为繁碎，且内容过于专门，未必适合
一般读者，所以本书只选录各书的自序或凡例，借以知其要旨。皮锡瑞
还喜治史学，从早年为应试大写史论文章，到晚年逐卷批点王夫之的
《读通鉴论》，曾有多种史学著作问世。尤其是在遭受禁锢期间，他指导
私塾弟子陈绍箕研读《资治通鉴》，以札记形式写成《鉴古斋日记》，为
之详加批注，阅尽前代兴亡，陈古切今，对晚清的内政和外交屡加针
砭，以一种特殊的方式展现出他的政治思想和变革主张。因《鉴古斋日
记》篇幅较大，所以从中摘取 30 余则，先录陈绍箕日记条文，后列皮锡
瑞评语，期收斑中窥豹之效。皮锡瑞生前编定、刊行的《师伏堂骈
文》4 卷，收有他 1873 年至 1903 年间所作文 60 多篇，或谈古，或述
今，或论文，或评诗，或叙事，或纪游，较为全面地记下他大半生的生
活、思想与学术。另外，在湖北省图书馆所藏《师伏堂日记》、湖南省
博物馆所藏《鹿门文稿》、湖南师范大学图书馆所藏《师伏堂经学杂记》
等稿本中，以及在《湘报》、《湖南学报》、《南强旬刊》等报刊和《皮鹿
门年谱》、《翼教丛编》等书籍中，也留存着皮锡瑞若干单篇文字。其中
《湘报》所刊皮锡瑞 1898 年在南学会的讲义与答问、《湖南学报》所刊
皮锡瑞 1903 年在湖南师范馆讲授经学和伦理两门课程的讲义，《皮鹿门
年谱》所收皮锡瑞关于湖南维新变法与兴办新学的书信和条陈，比较集
中地反映了他晚年生活与思想的新变化，一定程度上也折射出晚清学术
与教育向近代转化的轨迹。现从以上各种资料中，搜集、挑选出皮锡瑞
颇有代表性的文章 80 余篇，根据《皮鹿门年谱》、《师伏堂日记》所载
成稿或刊行的时间（在篇题下注明年份）加以编排（同年者依月日分别
先后），并在篇末注明出处。皮锡瑞为适应新式学堂讲授经学之需而编
写的《经学历史》、《经学通论》，对中国经学的源流演变及历代学者的
治经得失作了总结和概括，提纲挈领，指示门径，功力非凡，深入浅

出，一直广泛流传，直到今天仍是经学入门教材。这两本书虽然目前有多种印本，近年还有两种整理本出版，但迄今没有人作细致的校勘，断句标点也较多错误。《经学历史》篇幅短小，所以全文收录，整理时以思贤书局原刻本为底本，参考湖南师范大学图书馆藏《经学历史》初稿本和周予同注释本，希望能为读者提供一个最佳版本。《经学通论》篇幅较大，难以全文收录，好在该书对各经的论述互相独立，所以选录其中的《书经通论》、《春秋通论》，校点时以思贤书局刻本为底本，参考中华书局校印本。总之，希望这本选集，能够较好地反映皮锡瑞的生活、思想与学术，同时又可以折射、印证晚清历史的剧烈变化，为今人理解中国近代思想提供一点帮助。

遵循古籍整理的通则，凡版刻错误，确有依据者加以改正，并出注说明；遇有重要异文，也出校注说明；异体字、古今字等改为通行规范字，避讳字径予回改，通假字则保持原貌。

此次选录与整理皮锡瑞的著述，得到湖南大学文学院谢序梅老师和我的硕士研究生刘焱同学的帮助，他们在搜集材料、挑选篇目、打字校对等方面付出了不少劳动。因学识与时间有限，本选集难免会存在一些缺失与错误，恳请读者批评指正。

文

章

# 秦始皇论
## （1873）

天下之事，有势有时；制事之方，有德有力。藉势之盛，恃力可以囊八荒；乘时而兴，薄德亦能包四海。卞庄乘两虎之弊，乃刺之以得名；由基穿百步之杨，必教之以善后。何则？虎斗已疲，本无藉夫大力；穿杨屡中，不可无以养威也。

始皇藉四世之烈烈，乘六国之蚩蚩，举赵、魏若拨莽，取荆、齐如振槁。九州一统，归白阜之图；万里销烽，奉黄灵之籍。威焯神鬼，黄轩若逊其武功；势迅风霆，汤、武难媲其鸿烈。所以奋长策、朝同列者，徒以国擅天府，敌罕坚城。道积陂而将平，世久分而欲合。鹑首锡土，利觜擅场。始皇悍然矜其威德，初不知为时势之异也。于是狭小上世之制度，迅扫前圣之规模。厌老生之常谈，甘谄子之瞽说。去泰著皇，兼三五之名；革谥称代，为万世之计。厥见既谬，侈心益生。以法律为《诗》、《书》，化简策为煨烬。偶语弃市，刑甚宁越之鞭；议瓜骊山，悲生死士之垄。立一王之法，革历代之旧。垂鸿沧海之曲，勒崇琅邪之台。青松金椎，驰道交夫四极；漆灯银雁，锢陵及于三泉。五丈之旗，建于阿房；万里之戍，劳于胡越。卒之鲍臭之车乍返，狐鸣之兆遽呈；祖龙之璧方献，斩蛇之剑已奋。崤函自若，海水群飞，岂非时异势殊，弃德任力之过欤！

且夫三代以还，五德斯邈。前后二汉，失在杂霸；唐宋两代，岂尽纯王？然而白旗甫悬，必惩敝辙；黄屋始建，先聘明贤。王政未尽行，不敢弃若刍狗；古制未全复，亦稍修夫饩羊。知戈矛非所以安萌，必息马而论道；知刀锯非所以孚众，必漏鱼以解苛。盖仁义难言也，久假则天下可王；杀人未免也，不嗜则四海能一。此兴废之炯戒，非成败以论人也。

　　彼秦人者，沿商於之刻薄，习上蔡之从谀。廓矣黄图，恣其吮牙；慄慄黔首，视若封豕。以威力为足恃，以刑名为独贤，以白屋为无才，以金城为不败。鄙先王为无足法也，故焚烧以除之；轻儒者为靡所用也，故坑陷以惧之。无一而亡，兰陵料之于前；仁义不施，长沙过之于后。专用己私，安有享祜者哉！厥后失鹿共逐，凿齿磨牙，项氏所为，乃有甚于秦者。汉高则儒冠之溺，虽失于先；马上之治，旋悔于后。稷嗣定礼，有朝十月之仪；陆生奏书，群呼万岁之号。故虽逊古，犹未剧秦。号令三嬗，兴亡忽焉，不可不察也。

（录自《师伏堂骈文》，卷三）

# 汉武帝论
## （1873）

夫一人之身，功罪异焉；一朝行事，得失殊焉。乡人生犊，谁知祸福之应；北叟失马，莫测倚伏之机。毫厘千里之别，当辨于微；涓涓江河之兆，必慎其始。盖有谤议在当时，而收功在后世者矣；有炫耀于一旦，而贻祸于万世者矣。

汉武嗣兴，天下殷富。承二代节俭之后，据四海全盛之势。将欲制匈奴之横恣，奋中国之积弱，摅祖宗之宿愤，恢孙子之远图。以为伏猛兽者，先去爪牙；仆大树者，先芟枝叶。于是攘漠北，收河西，降其二王，遂开四郡。燕支既夺，虏廷之妇女无颜；金人祭天，阙下之名王稽颡。塞缮蒙恬，城平赵信。姑衍既禅，天威赫然。且又大略雄才，高掌远跖。艾朝鲜之旗，徙瓯闽之众，赐西夷之印，悬南粤之头。凡今滇黔闽粤之疆，朝鲜顺化之壤，所由光华文治，黼黻皇风，半皆帝之开辟蚕丛，创通蛮服。昔也鳞介，今也衣裳。美哉禹功，明德远矣。

或者疑其意夸广大，道昧羁縻，不采淮南之书，乃贻蜀老之诮。不知一劳永逸者，圣王之志也；相容并包者，天地之量也。南交、旸谷，曾戴尧天；岛夷、流沙，旧登《禹贡》。犬牙相错，鲸波不扬。人非异类之人，地本中华之地。周通之而旋阻，秦辟之而未成。列入版章，被之声教。是岂画大渡之斧，玩幽州之图者，所得并此鸿规，同兹骏烈也哉！

若夫听博望通西域，则实喜功之夸念，而非经国之远猷。盖鄯善诸邦，不列王会；葱岭以外，水皆西流。初非要荒入贡之班，复昧江汉朝宗之义。诸国势若鸡连，细同蜗角，不能与匈奴同进退，岂必关大汉之安危？帝乃纳其夸说，恃为大援，断彼右臂，填兹巨壑。乌孙公主，远泣琵琶；大宛使臣，辱椎金马。黄鹄远嫁，两昆弥日用忧劳；赤汗西来，十万众皆为枯骨。加以条支大鸟，犁靬幻人。苜蓿蒲萄，志移于异物；角觚妙戏，戒昧夫慢藏。玉帐增其侈心，金钱耗于酾饮。威德自矜夫上古，倾骇竟类夫亡隋，其计可谓愦矣。盖伐匈奴则黄帝涿鹿之师，而此则周穆征戎之举也；平诸国则成汤兼弱之道，而此则秦皇远戍之劳也。昧远者概云黩武，好夸者尽诩奇功，不亦是非混淆，而褒讥谬乱哉！

是知近通声教者，可以收入版图；远隔山海者，不宜驰情域外。古之人不宝远物，不贪虚名。奇肱飞车，破弃勿用；越裳献雉，正朔弗加。菌鹤短狗，邈矣凫旌之图；黄竹白云，荒哉鼍梁之驾。岂有天下骚动之忧，末年轮台之悔乎？

（录自《师伏堂骈文》，卷三）

# 班超论
## （1873）

　　夫谋国自有常经，而立功必操胜算。善谋国者，但守固而已足；重立功者，非炫奇而无成。是以或持重以求安，或奋起以著节。屯田振旅，营平老成之谋；马革裹尸，伏波慷慨之语。志趣虽别，庸勋并隆。然而揆几度势，或过奇而失中；论世知人，或虽美而犹憾。盖察其地，瓯脱与要区殊观，睹其时，安平与扰攘异致。则虽奋身虎穴，勒石龙沙，成就伟然，足增壮士之气；行事具在，难语大雅之真矣。

　　定远生自名门，早蒙帝问。虎头燕颔，希冀万里之侯；布衣诸生，慨投三寸之笔。始假司马，得使西域。时则鄯善方纳虏使，阴怀叛心。侯乃明鉴未形，拔剑激众。性命一掷，出手得卢；死生同心，斩首示虏。威申绝域，名动万乘。食肉之概，已见于此矣。无何显宗登遐，西域背叛。关宠败没，只轮不返；耿恭仅还，役徒几尽。廷议持重，欲并弃夫珠崖；侯乃执争，请亘平夫葱岭。驰骋热海之间，崎岖雪山之地。屡反屡复，七纵七擒。卒能以三十六人，平五十余国。抱马足者，呼使为父；畏威神者，依汉如天。后王、前王，无复首鼠之意；南道、北道，皆贡熊罴之皮。汉宫称万年之觞，幕府佩列侯之印。岂非有志竟成，材略不世出者乎！

　　虽然，势苟得已，君子不冒险以邀功；事或难继，贤者不耀奇以震世。汉之西域，无当于安危也审矣。博望凿空，夸言断臂之功；新莽乱政，遂启纷争之衅。世祖闭门而罢都护，辞质以息边氓。伊吾鸣剑，戒白登之被围；萧墙是忧，援黄石之止足。其后贪功致败，旋复奉诏征还。弃之固无损，得之非有益也。且夫非常之事，尤非常人所能。侯密谋深规，伟略雄气。不假声援，同延寿之入康居；勿致骚动，异贰师之克毋寡。经略既久，士卒协心；威望独隆，蛮夷莫侮。斯岂任尚庸将所能代兴者乎？卒之玉门幸得生入，金城竟无替人。

言非平平，听乃藐藐。戎马复动，遂闭西河之门；大鱼难容，反致凉州之祸。然则侯之功仅荣一旦，而初非远猷也；侯之事但了一生，而难为继起也。亦安用殚极心力，邀纡佩金紫之荣；劳苦吏民，为坦步葱雪之计哉！徒使庸书三叹，增志士之累欷；封侯一梦，发儒生之感慨。尚论者所为深惜也！

（录自《师伏堂骈文》，卷三）

# 宋　论
## （1873）

　　夫圆穹垂象，必假日星之光；大君御物，亦资匡弼之力。伊古哲后，诞膺天命。知孤智之弗克炤也，故委柄于肱股；知独力之莫能胜也，故分任夫爪牙。丕绩是懋，则龙章以荣之；敌忾斯奋，则虎贲以锡之。玄珪既赐，玄宫以尊；黄钺方秉，黄土乃胙。至于豺牙狧夏，狼弧耀芒，倚彼捍城，维此藩翰。是故汤、武开创，则空桑、磻溪业炳乎丹图；夏、周中兴，则伯靡、仲山光炤乎青简。休戚与共，明良同德。上无尔虞之意，下鲜自疑之情。用能跻世郅隆，振俗丰美。未有欲成广厦，先废栋梁，将赴修途，决弃𫐐辐，而能于事有济者也。

　　道敝俗薄，运极数殚。驭下者不以至公为心，而惑甚于盗钟；筹国者不以远大为念，而忌切于谋鼎。于是内防萧墙，外忽远人；细固扃镝，巨忘大盗。徒鉴获麟纷争之衅，不念鸣狐揭竿之乱；惟忌石马讨曹之逆，未防苍鹅出地之兆。岂异乎离娄之照，坐烛千里而不见目睫哉？嬴氏之兴，事不师古，尽夷五等之爵，以启孤立之祸。自汉以下，矫枉虽得，前规未宏。然而相尉尊立，犹专撰奋之柄；牧守分建，尚总兵农之制。是以赤眉横恣，熊耳仍降；黄家僭尊，龙尾旋窜。甘泉警烽，祸轻于青城；渭桥游骑，灾澹于堕海。无他，群力胜独，百足不僵。故苞桑之坚，上不逮夫三代，而苇苕之系，势究固于两宋也。

　　太祖以环卫之臣，膺群卒之戴，乘人寡弱，遂握珍符。其时天心之厌乱至矣，大位之易姓频矣。取玉玺若掇叶，乘黄屋如置棋。太祖处之惕然，而虑夫既以此始，亦必以终也。于是密谋帷幄，预剪机牙。中书穿爪，而以旧臣见疑；列校进袍，乃因宿将生忌。伪托目眯，款语杯酒。废其坐论，而上公鹄立矣；夺其兵柄，而故属鸟散矣。岂况伯父叔舅，谦昭负扆之立；闉内闉外，柄专筑坛之授哉！太宗继之，猜刻尤甚。与夷犹在，遭乐陵之祸；季札当立，滥逞泉之诛。内戕本根，外剔枝叶。台鼎屡易，数十余人；边任渐轻，二三其柄。卒致定难内移，失朔方之地；幽燕亲将，被流矢而归。岂非戕刈支体，独任胸腹之咎欤！

夫天下大器也，兴亡大运也。大器不可以专力任，大运不可以私意持。故前非必不惩，而惩之勿过乎物；后非必不毖，而毖之惟择其人。苟付托得亲贤，即委裘可安治；使佑助乏英杰，虽传餐少成功。古先圣王，非不知暗干之可虞，逼上之为患也。以为强臣窃柄，愈于盗攘；神器内迁，究异非类。是以倚畀既重，推诚勿疑。中有握枢之贤，外崇分陕之寄。宋失其道，独怙己私。覆车过惩，束湿尤甚。幽州可取，翰图空献；灵夏足收，玮缨徒请。莱公身为文吏，竟厄万岁之呼；武襄功匪震主，莫解盈庭之惑。貌类艺祖，黑王见疑；相列三朝，魏公惧谤。盖其意谓养兵不用，足销奸雄之心；魁柄独专，可无攘夺之虑。宁受天骄之侮也，而雷乘之象必杜焉；宁为异域所并也，而同室之争尤防焉。乃至习俗锢人，贤者不免。庐陵上疏，力诋枢府之才；安定著书，首重权臣之戒。维彼铮铮，尚尔昧昧。矧乎孱主委驭，庸夫窃权。习常者玩为固然，予智者秘为家法。逮夫东京一梦，南渡苍黄。然犹李相白虎之幡，颇疑得众；岳侯黄龙之誓，深忌成功。碧血风波，清凉湖上。睹几者以保全为幸，激发者以忠勇致诛。猪龙未枭，早积李、郭之衅；高鸟弗尽，先切韩、彭之冤。方谓太阿独持，利器不假。卒之畏鬼而鬼乘其隙，竟压秦字之头；惧虎而虎搦其虚，终亡叛将之手。其所为凝脂法细、秋荼网密者，亦何尝能全防问鼎，尽弭窥天？徒使志士灰心，才臣掣肘。且矫腾层城，非端冕可上；鞭笞六合，非坐论可致。粟非不富也，士非不众也。法制非不备也，议论非不精也。然而北征再败，胡马南牧；西夏一隅，飞鸽全覆。酋非冒顿，而不解白登之围；地远刘聪，而更甚平阳之酷。终于声凄白雁，望绝乌号。始虑黄袍之加，卒受青衣之辱。吁，可悲矣！

故知筹国者防微以为道，而或出于所防；图功者矫弊以为明，而更苦其甚弊。向使捐彼私忌，示以坦怀。思任贤之勿贰，戒尔辅之无弃。猛士既尽，仍念《大风》之歌；旧将皆耄，亟求白袍之士。郡将都试，争盛夫旌旗；节使专兵，各固其封守。虽彼轶犯，安能深入？而首尾并至，势比于长蛇；头目争捍，情同于壹体。又何至金瓯全盛，气慑龙荒；半壁偏安，细同牛角哉！且龙能翔九霄，而不能不阶尺木之势；鹏能击万里，而不能不凭扶摇之风。经纬大猷，既重柄任；符竹分治，亦须权藉。虽有命世之杰，皆借王灵之尊。昔者钟室骈诛，骖乘刺背，亦何尝不虑彼尾大，戒其柄移？然而去其一，不忌其余也；惩乎此，无猜乎彼也。宋乃矫矫虎臣，疑及一命之士；怏怏少主，忌盈在廷之人。无一事可勿防，无一人为足信。聚兵京师，天子自将；敛财诸道，监州分权。守吏寄等旅人，封疆荡若瓯脱。外无以拒烧荒之寇，内不能寒草泽之心。加以文法苛深，禁防纤悉。假弱周之姑息，行孤秦之猜刻，师申、韩之一切，托《官礼》之周详。疑其僭上也，并疑其欺诬；恐其擅权也，复恐其侵盗。辅相之势，轻于胥徒；武人之命，悬于文吏。覆奏稽滞，举动牵持。龚、黄犹在，莫致凤皇之鸣；韩、白虽存，难奋熊虎之力。以此行政，以此用人，亦奚异乎羁骐骥而欲致千里，槛猿猱而责其矫捷哉！

　　赵宋以来，中原日弱。高论抗夫虞、夏，实效不及汉、唐。岂世乏旋乾之才，人无济世之志乎？亦雄心困于法弊，伟略挫于权轻耳。薄有勋伐，即惧夷灭之祸；身丁坏乱，徒怀死殉之烈。威柄不一，内乏腹心；辅车无依，外鲜唇齿。以致赤县睢剌，黄神啸吟。盗弄喋于潢池，夷侵交于海上。斧柯莫假，空郁龟山之歌；兵食虽饶，莫奏龙庭之绩。《诗》曰："谁生厉阶，至今为梗？"然则徇一时之甚便，祸后世于无穷，揆厥由来，岂非宋祖阶之厉哉！是故跋前疐后，机数难以尽防；顾此失彼，私计终乖大道。水心《总论》之说，慷慨徒陈；文山四镇之谋，旁皇已晚。救败无术，亡也忽焉。此殷鉴所以警厉王，《过秦》所为嗟二世也。

（录自《师伏堂骈文》，卷三）

# 六国论
## （1874）

玄黄既辟，疆宇肇分。大启宏规，乃建万国。诚以赤县大矣，非一人所维；白茅既苴，斯众夺无惧。黄轩上溯，苍姬下逮，其间亦有秉钺迁鼎，称戈改玉。然而大小棋布，狼戾莫恣其侵陵；贵贱代袭，狐鸣无容其啸聚。自西京黍离，东迁瓜剖，离为十二，健者七雄。此世宙之奇变，隆古所未觏。卒之六国烟销，八荒囊括。岂惟天意，抑亦人谋。

盖合山东之冠带，屏关西之戎狄，惟赵、魏负其形便，齐、楚角其强雄。乃梁惠好战，有苍头奋击之兵；武灵能军，变胡服骑射之制。一则兵气竭于穷黩，卒致马陵之倾；一则雄心柔于衽席，终贻雀鷇之笑。西河既献，襄王不君；长平被坑，赵括谬将。于是衰不复振，而赵、魏不足用矣。若夫齐得百二，楚地六千。东帝西帝，互争鸿名；纵成横成，并恣蚕食。乃熊槐受诈，客死咸阳；齐湣肆骄，筋悬庙屋。虽其后亡羊补牢，火牛复国，卒之案左案右，见役仇人；松耶柏耶，悲歌迁客。于是亡不旋踵，而齐、楚无能为矣。燕、韩势处弱小，逼于强邻。虽或骏骨礼贤，竟反磨室之鼎；牛后按剑，常据成皋之险。终亦乐生出走，申子无功。或则督亢献图，资狗屠以行刺；或则缑经入吊，终鼠璧之不忘。盖败亡形同，而奋弱势异焉。

今夫合小攻大者，敌国之形也；以众击寡者，常胜之道也。向使武安说用，洹水盟坚，伊彼强秦，敢撄众怒？乃六国业处群羊攻虎之势，犹为众犬争骨之狷，坐贻渔人鹬蚌之获，不虑牛角鼠入之渐。一彼一此，内讧交争；十城五城，屡割不已。卒之糠舐米及，唇亡齿寒。一国破而五国无计救亡，群雄平而孤雄更难独立。是封豕长蛇，荐食必尽；搏牛破虱，何敝之承乎？且邪说误国，宠赂败官，佞辨济贪，多金利间。当时人士，或右韩而左魏，或暮楚而朝秦。或向背无定，视利害为转移；或鬻货居奇，以人国易金玉。彼乃信张仪之诈，激屈子以怀沙；听郭开之谗，谓廉颇之遗矢。虽败棋饶胜算，亡国有人才，信陵能抑秦兵，李牧几霸赵国，项燕昌平之立，即墨大夫之谋，然而忠言见疑，大势已去。灭六国者六国，不诚然与？

有国者处中原逐鹿之秋，当思庄子刺虎之戒；得魏绛和戎之利，宜防伯嚭比越之误。尝胆自强，掉舌毋听。薪火是惩，金帛非宝。恢霸王之远图，戒战国之故辙，亦何惧蜂虿之毒，曷震虎狼之威哉！

（录自《师伏堂骈文》，卷三）

# 诸葛亮论
## （1874）

　　夫娲皇之石五色，可以补天；鲁阳之戈三合，乃能麾日。然非忠贯金石，力旋乾坤，岂能支一木于将危，援三灵于已坠？有穷盗夏，伯靡振其弛纲；流彘闵周，共和绍其绝绪。亚斯之代，厥风邈焉。虽淖齿亡齐，田单迎法章于莒邑；负刍见虏，项燕立昌平于淮南。而或败死无成，或倖于一胜。秉谊虽固，抱器未优。若乃仰承伊、周，俯视萧、管，足以立人臣之极，回天地之心者，其惟汉诸葛武侯乎！

　　夫玉马骏奔，不嫌周旋二姓；良禽择木，可以相君九州。然而采薇耻周，绝脰复国，百世犹感顽懦，匹夫亦系兴亡。盖盘桓居贞者道也，缨冠救世者才也。道必兼才，而才不胜道。自蒙孙委驭，海水群飞。当涂假黄龙之祥，龟穴起紫髯之杰。争攀鳞翼，并奋虬虎。或、攸扬声于许下，瑜、肃振彩于江东。揆以恒情，未足苛论；准之大义，终有间然。武侯戢景草庐，抗吟梁父，躬耕匪辱，闻达不求。有凤观虎视之能，而澹泊以明志；有豹隐龙潜之致，而韬晦以俟时。不衔玉于仲谋，不投珠于孟德。不标奇以动坐谈客，不掉阖以干东诸侯。其心以谓世为汉臣，不能事异姓也。辽东皂帽，美杨彪之皮冠；彭泽葛巾，荣王谧之墨绶。维时左将军以帝室之胄，刘宗之英，鱼得水而乃谐，龙卧冈而未起。元直介绍，水镜推荐，犹必三顾枉屈，而后一许驰驱焉。论其高致，何愧首阳；庆彼遭逢，已高莘野。斯岂三代以下，所能再见者乎？

　　说者谓公经国则伟，应变匪长，王业卒限偏安，祁山空劳六出。岂知知不可而老历聘者，宣圣之仁也；为其难以愧二心者，豫子之义也。其时昭烈尚无尺土，曹氏已据八州。公抗言隆中，指画荆益，其势固不敌矣。然犹用寡击众，转弱为强。出师震关辅之心，讨贼抗君臣之义。至于荆州之失，秭归之奔，子午之拒，街亭之败，则或不任其咎，或知人实难。天之废兴，非人之利钝也。且夫志决身歼者，不以功名为重；鞠躬尽瘁者，难以成败论人。公感激危难之中，崎岖戎旅之下。即令终无成效，卒陨大业，犹足光明日月，义激风霜。乃自起南阳，入西蜀，渡泸水，屯渭滨，开诚布公，安内攘外。晟生原为社稷，纲至方成朝廷。后主，暗君也，而事之若父；宣王，雄杰也，而畏之如虎。向使杂耕之兵仍进，五丈之星不沉，无何曹叡夭年，懿、爽互竞，乘其内阋，以清中原，安见不能反故鼎于元英，谒寝园于伊雒哉！

盖公不遇昭烈，则将遁迹终身；昭烈不得公，亦且窜身无所。而公出山之始，仅邓仲华拜衮之年；秉国之初，只荀中郎建节之岁。卒使鼎足既定，髀肉无嗟；正议作书，大统攸属。赤龙未没，延祚四十余年；雏凤夙终，独建三分大策。虽微物衔石，莫塞横流，而一夫移山，竟挽天步。风烈所被，慕效实繁。每当统微祚绝之时，贤者辄欲举义旗、植宗子，而力难胜天，败或涂地。岂惟奇才莫逮，抑亦遇主实艰。遂使羽扇纶巾，永怀名士之度；黄鹂碧草，空慨丞相之祠。若夫神笔一挥，牛马斯运；阵石不转，猿鸟犹畏。后世殚厥技巧，在公特为绪余。岂其神乎？非可详也。

（录自《师伏堂骈文》，卷三）

# 晋武帝论

## （1874）

将欲巩万年之金瓯，贻千祀之宝镜，则必基固磐石，戒懔衣衸。良以江河不塞，兆于涓涓；燎原之火，始自焰焰。古之帝王，申画封守，隔阂华戎。不揖盗以窥天，不教猱以升木。毡毳冠带，各安中外之便；城郭庐帐，毋溷耕猎之徒。来朝者坐之门外，不示人以利器；执禁者达以符节，不使近夫华风。是以世变虽亟，族分不乱。骊山构祸，莫据宗周；白登被围，仍出塞微。夫豺狼之性，岂有厌哉！然而山居不慕鱼鳖，泽处不嗜鹿豕，斯耳目之异也；越人见布骇毳，蜀犬见雪疑日，斯习俗之殊也。以彼生自异域，不睹中原。旃裘是习，何知锦绣；湩酪为美，宁假珍羞。内地弗安，汉物非嗜。上无侵据之意，下有速归之情。故秋高马肥，亦但苦其掠夺；中周虎落，不闻据我边城也。

司马崛兴，大象始构。斯时庸蜀勾吴，虽归一统，而西戎北狄，逼处诸华。盖自光武处胡西河，伏波徙羌三辅。厨泉受命，虽有向风之诚；刘猛奔叛，已兆履霜之渐。慕容、拓拔，鲜卑族殊；枋头、赤亭，氐羌种别。时则有江统徙戎之论，郭钦先事之谋。良以泮林虽集，鸮音难革；风尘有警，狼心必生。五部莫假，质子之毛羽将丰；东门倚啸，胡雏之头角已露。辛有之叹，此其戎乎！武帝远虑不及，侈心遽呈。狃燕雀之嬉堂，昧蜂虿之有毒。《钱神》著论，政以贿成；金穴擅权，柄归姻亚。南风烈烈，鲁国之晨牝为妖；草木萌芽，旷林之寻戈日亟。伏尸彭祖，嗾獒相从；奴才成都，放虎自卫。于是苍鹅谶乱，铜驼识亡。牛车无以避沧海之流，麈尾莫能挥屠各之众。遂使薄呼韩而袭尊号，汉帝受非祖之祀；艳中华而弃故穴，尧都设单于之庭。镐洛皇州，皆为左衽；吴越夷壤，毕萃衣冠。地脉为之转移，天心几同醉梦。慢藏致寇，酿乱独深。是亦乾坤之大变，今古之伤心者矣。

　　呜乎！戎狄之兴，非一朝一夕之故也。祸胎于建武，而衅发于永嘉。分为五胡，散为十六。蜗角植国，蛮触弄兵；龙穴有神，猿獭争处。而晋人近忘新亭涕泪，远师洛下风流。元子未复神州，寄奴莫甄旧物。卒致并归北魏，势敌南朝。步陆、贺娄，称代北之上姓；蛮靴、胡服，入朝会之盛仪。释老异端，皆兴于虏俗；朝野典礼，半杂夫夷风。黄河浊而阿胶不能澄其流，大浸沉而芦灰不能止其溺。举夫黄轩之所手画，勋华之所心劳，商、周维持之力，秦、汉防遏之苦，一旦藩篱尽彻，文物荡然。"谁生厉阶，至今为梗？"则岂非雉裘既焚之后，羊车宴游之时，曲突可虞而垂堂弗戒，金城失固而铁室莫防哉！遂使羯狗盗国，鱼羊食人。三月抱胡虏之腰，千岁生髑髅之齿。虽或慷慨击楫，仓皇枕戈，大事去矣，弗可挽也已！

（录自《师伏堂骈文》，卷三）

# 谢安论
## （1874）

在昔谈笑却秦，偃息藩魏，甘寝秉羽而郢人投兵，息鼓卧旗而魏师
自退者，皆当金铤照野，玉弩惊天，镇定以固人心，坚持以摧敌势。是
故撼之不动者，如山之军也；震之不摇者，磐石之国也。然而大言无
实，常清竟败唐军；如意麾军，昭远卒亡孟蜀。长平括丧，街亭谡失。
安可坐昧长算，虚夸雅量哉！

夫晋自苍鹅出地，铁骑交飞；石羯乱华，铜驼饮泣。永嘉南渡，江
左偏安；元子上陵，荆扬幅裂。苻坚负百万之众，逞数胜之威。投鞭断
流，空国而兴大举；推枰决策，置第以待降王。羽檄风驰，鸣镝日耀。
王邑向宛，兽作前行。佛狸临江，燕巢林木。盖自以为有甲车四千乘，
无道亦足横行；治水军八十万，会猎无能与敌矣。太傅襟宇泰定，神色
怡然。处变若常，元公赤舄之素；对敌如弈，文伟围棋之游。卒之大功
出自儒生，小儿能破敌虏。黄钺不假，白羽自麾；棋枰未收，捷书已
报。拔山无力，几争项羽之头；淝水不流，似中楚共之目。长蛇蟠而器
械委如山积，奔鲸曝而草木皆助天威。盖过阿龙之超，参微管之力矣。

虽然，公之静镇，世共仰之；公之长算，人或昧之。夫山有猛兽，
藜藿不采；国有虎臣，窥觎寝谋。黔夫守齐，燕人祭北门之鬼；吴起用
魏，秦国畏西河之兵。公自录尚书，即开军府，不避内举，亟思外攘。
幼度羯末之才，阶前玉树；牢之龙骧之将，阃外金城。国有人焉，岂可
动耶！且夫恃安忘战，处堂巢幕之危也；重外轻内，太阿倒持之势也。
其时人尚清言，士少雄略。周伯仁中州名胜，徒陨楚囚之涕；王茂弘江
左夷吾，不出渭滨之师。万石如意空挥，渊源高阁可束。加以京师势
弱，荆楚兵强，桓、文之勋莫成，敦、温之逆日构。公督徐、豫，乃求
将才。北府有兵，南风甚劲。京邑震恐，而公安之；桓冲兵来，而公却

之。外以防寇敌凭陵，内以制上流跋扈。是故抗威徐、沛，寄奴犹资以成功；披析荆、江，灵宝不得遽兴乱也。盖镇物者德也，御物者量也。公少有高世之志，晚怀沧海之心。霜露弗患其渝，雷霆不闻其震。手版不倒，异乎流汗之怯；屐齿可折，讵顾矫情之讥。其视草付之来，犹新亭陈卫，而从容可却也；淮肥之警，犹壁后置人，而笑语可麾也。

以公德量之优，乘敌败亡之会，风鹤助顺，鱼羊食人，何难扫洛水之园陵，复鼎门之钟虡？而乃犀主不武，懿亲非贤，奇功未成，震主斯避。南阳之龙卧不复，已落大星；乘舆之鸡梦为妖，遽嗟太岁。盖自公没而晋随之陨矣，能不下西州之泪，仰东山之风哉！夫以典午清谈，常为后世口实。当时名士，犹有斯人。今风流已遥，掩鼻莫效。际此四郊多垒，大敌窥边，怀讦谟之远犹，念苍生之安属，倘亦有闻而兴起者乎！

（录自《师伏堂骈文》，卷三）

# 唐太宗论
## （1874）

羲、轩邈矣，古今殊事；虞、夏忽焉，我安适归？睹日下之河江，滔滔皆是；嗟堪黩之宇宙，漫漫安竭？爰自宫邻金虎之后，极夫凿齿争鹿之祸。重以翟泉苍鹅之出，逮夫晋水飞龙之前。素灵夜哭，黄神啸吟。海水群飞，神州幅裂。棋分黑白，一枰鼠穴之争；血洒玄黄，万众蜗角之斗。虽时亦有上膺帝箓，下奠民生，然秦、汉二皇，虚镂金版，晋、隋两主，空焕银绳，未有恢万祀之鸿图，扬丕天之大律，殊尤绝迹，可考于今者也。

彼苍厌乱，太宗挺生。三精重晖，九县一统。凤皇裂序，炼五石以振天；巨鳌倾山，营八极而奠地。以德威抚殊俗，四裔仰之如天；以仁义致太平，佞臣愧而入地。神武铄古，文德燻今。动青丘而耀朱垠，震白山而焯玄阙。然而帝之规恢大量，犹欿然其未足；睿虑神智，睹近效而弗安也。尝乙夜观书，得《周官》"维王建国"之说，而慨然曰："不封建井田，不可以治天下。"大哉王言！可谓千载一时者矣。

无如王者虽作，名世未兴。房、魏非矢谟之臣，颜、李持一孔之论。识窘目瞬，不睹紫宙之宏；量隘蹄涔，莫窥沧瀛之广。将顺其美，道愧夷吾；吾君不能，戒昧邹峄。徒使府兵庸调，略存三代之遗；画井分封，永绝隆古之治。失旷代之良会，贻来叶之永恨，不亦惜乎！且夫赤垆黑壤，画野维艰；黄土白茅，胙国较易。帝欲以麟阁之勋臣，与螽斯之公姓。分据州郡，代袭屏藩。向使群议不挠，尔宇大启，则夏璜密鼓，宏展伯叔之亲；卢矢彤弓，并赐师臣之履。内外夹辅，维城不摇。又何至祸起金轮，柄移黄闱，上玺绂者恐后，惨如飞燕之啄皇孙，生天家者奚罪，毒比金翅之食龙子哉！

夫利小者昧大，蓄疑者败谋。志莫坚于金城，矢难避夫铁室。当日帝辍大计，意惩窃铁之争；臣辞分封，恐受灰灭之祸耳。不知隆周亦有三监，盛汉非无七国。较其利害之数，终得维持之效。太宗始议中辍，亦可谓防患未萌矣。卒之轧荦一呼，跋扈辈出。爵非主授，而纵横比于获麟；人非积累，而分裂甚于司马。藩镇之患，岂亦封禅阶之厉乎！若长孙无忌者，身鲜贻厥之训，而谬虑夫子孙；意狃目前之安，而冥烛夫远大。强以茅土，怨同迁谪。其后元舅之族，竟歼于雉奴；佐命之尊，卒毙于鹦鹉。夷灭之祸，更非封建赤其宗也。是故惩羹反以召乱，曲突难以防灾。徒使为山之功，亏于一篑；旷古之运，误于群盲。堂陛陵夷，人绝十等之制；玉帛寂寥，廷无四朝之礼。贞观之治，及身而衰，镐洛之规，没世不复，可为废书三叹也已！

（录自《师伏堂骈文》，卷三）

# 《唐书·四夷传》论
# （1874）

尝读史见唐之武功震铄今古，逮其后也，乱又甚焉。呜乎！是所谓怙一时之威，而贅万世之患者矣。

天生四夷，道在并育。姬姓日，异姓月，气判阴阳；中国内，夷狄外，象分昴毕。此盛则彼弱，彼王则此衰。而诸夷种类之中，又迭乘兴废之运。有以力服者矣，未有全夷其类者也；有以德绥者矣，未有尽臣其人者也。秦筑长城，南有监禄之败；汉平诸国，北偾贰师之军。

有唐勃兴，天威独盛。太宗神武应运，震叠八荒；明皇英略御天，熛耀四极。斯时天策之将，凌烟之臣，或援绳以待凉州，或请缨以羁南越。如药师再夷劲国，定方三献名王，程、薛世将秉鞭，张、唐文臣授钺，皆能血日逐、脑月氏、焚龙庭、踏鸡麓。西京卫、霍，漫诩天山；北宋曹、潘，含羞地下。由是强者齿击，弱者头抢，慓将令若雷霆，畏唐兵如日月。溯自贞观，迄于开元，其地由安东至安西，起日出尽日入。偶懈嘣角，即行头颅。欲长毡裘，皆待旌节。蛮琛夷宝之贡，史不绝书；臆镂题雕之人，形难遍识。设镇则于阗、疏勒，逾戊己校尉之城；置府则瀚海、金山，拜甲乙诸帐之下。百蛮奉职，慑大皇帝之神；万里销锋，上天可汗之号。其力可谓巨矣，其威可谓殚矣。

无何渔阳鼙鼓，竟啸猪龙；灵武诏书，急求兵马。貔虎外彻，犬羊内侵。势逼秦关，地尽河陇。朱旗北斗，遂警甘泉之烽；汗马西戎，几成骊山之祸。战功黩而阃帅畔，边备虚而戎心生。衅本起于开边，终且亡其故地。当其盛也，绿瞳赤发，胥登王会之图，丹阙青丘，尽奉天朝之朔，何其壮也！及其衰也，花门萧瑟，湿汉臣之血衣，使节巡行，下遗民之涕泪，又何惫耶！盛衰一时，成败易辙。鞭长末由及腹，悔后乃将噬脐。岂非有国家者，所当永鉴者乎！

今夫赤县广矣，谁穷大瀛之边；黄图重矣，当思内治之急。若徒负师武以逞威，报忿怒以除患，去一敌复生一敌，灭一戎又出一戎。国破者种尚存，人俘者地故在。颉利既献，回纥复强；退浑方平，吐蕃益炽。亦何尝能并臣毡毳，全犁幕庭？徒使年年烽火，怨结胡天；夜夜金微，心随明月。和亲入贡，空费犒赐之财；奏凯称觥，何与安危之策？其为失计，无待明言。且华夷异类也，边地犹禁奸阑；戎狄野心也，来朝坐之门外。唐乃诲之以慢藏，假之以利器，使其目玩虚实，心怀觊觎。蕃将列于羽林，侍子育于太学。侈衣冠于万国，解辫归朝；夸胡越为一家，拜官尚主。虽社尔何力，飞鹘亦解怀音，而钦陵万荣，养虎终资反噬。卒至谋成奸相，变起胡雏。铁券不足收其心，金帐未能厌其意。甚至乞援狼子，仰救羯儿。强蕃挟以凭陵，内郡因之坐耗。苍天何酷，赤地堪伤。始困中国，以事外夷，继借外夷，以平中国，终乃夷强国弱，外盛中干。其前之侈以为福者，后只以为祸也。

唐之用兵，防二虏耳。岂知备边苦而后夥涉兴，防羌甚而后董逃作。卒之北庭势败，结骨窥边；西蕃国亡，诏蛮乱蜀。河湟归而大中之政已坏，安南扰而徐州之贼先雄。九州幅裂，独眼兵来。失天险之榆关，打中原之草谷。唐自亡耳，非吐蕃、回纥能亡之也。而徒生厉阶，贻患来叶。向使唐之人主，懔《春秋》自焚之戒，览柱史知足之言，则亦安至是哉！古人所为越雄不受，《旅獒》进规，诚慎之也，诚畏之也。

（录自《师伏堂骈文》，卷三）

# 寇准论
## （1874）

　　国家运祚中衰之后，则有蛮夷猾夏之忧。故赤龙既微，金虎乱噬；石马将败，苍鹅上飞。从未有寰海镜清，朝廷鼎盛，而匪茹侵逼，遽议奔逃者也。赵宋方盛，契丹寇边。烽火照乎甘泉，羽檄飞于京邑。吹唇沸海，欲投草付之鞭；呼声动山，将饮佛狸之马。懦士颈缩，具臣魄飞。盖几几乎北门不开，南风多死矣。莱公安坐中书，独决大策。断齐侯之鞅，麾鲁阳之戈。卒使黄旗紫盖，士卒欢呼；铁骑金鳞，强夷气慑。乘舆至而折冲者万里，和议成而寝燧者百年。

　　乃忌者讥以城下之盟，诋以孤注之喻。公岂肯以冠军之天幸，为元老之壮犹乎？夫天下大器也，兵战凶危也。雄如隆准，威挫于平城被围；谋若智囊，计失于使君自将。故勇夫不忘重闭，千金尚戒垂堂。王者无战而有征，神器不轻于一掷。公即斥迁计，修战备。芀贾沮阪高之徒，姑且伐庸；谢安作赌墅之游，自能破贼。亦何必挽六龙之辔，当万马之冲，岂远昧《春秋》之中肩，近忘高粱之败绩哉？

　　呜乎！宋之积弱，有自来矣。当时倘辍亲征，即须命将。宋自黄袍加身之后，杯酒释兵之余，烹狗既惩，弗思猛士；符鸠未叹，已绝长城。使当梁丽冲城，橹枪扫阙，徒嗟颇、牧，空听鼓鼙。窃恐封狼居者，不属书生；屯灞上者，皆同儿戏。兵出不返，鼓行而前，杜威降而重贵为俘，敬达死而从珂坐毙，其明鉴也。无已，则金城命将，无逾老臣；蔡州无功，自请督战乎？而其时众议纷矣，人情惑矣。尧曳请幸成都，钦若赞迁建业。吴蜀之士，各为身谋；怯懦之心，变为媢嫉。使公独请黄钺，自凿凶门，而诸人心忌成功，内挟屠主。樗里之沮甘茂，岂顾息壤之盟；杨钊之恶哥舒，必败潼关之事。盖兵权畏中制，大计虑旁挠。君臣必当协谋，内外不容异议。马昭奉魏主以幸项，乃能并拒东吴；世宗斥冯道而临戎，故得亲败北汉。公惟奉帝以出，则威柄不分。李平难以追武侯，晋臣无从阻元子。是皆防之凤矣，虑之深矣。向非公之心洞戎机，力排群议，则檀公走为上计，秦孽内怯虚弦，势且天子下殿而奔，百官草间求活，又何待黄龙兵至，白雁声来，始伤心北狩之柴车，痛哭南朝之块肉哉！

所可惜者，大势可为，懦君不武。五日可了之对，勉从于前；百年无事之谋，难争于后。幽燕不取，金帛反输。内防幸兵之臣，外昧请和之耻。临轩目送，忘绛侯社稷之功；纳币求成，少贾傅倒悬之涕。卒之和约定而武备弛，重臣去而国势摧。祸发靖康，兆胎景德。此则九州铸铁，一错难偿者矣。后如李忠定之守危城，于少保之翼新主，皆能六鳌奠地，一柱擎天，而宗社未安，诛逐旋及。尤可异者，莱公斥钦若之避，卒困钦若之谗；少保拒有贞之迁，终毙有贞之手。功罪倒置，贤奸混淆。此诗人所为有雉兔之歌，从者所以致龙蛇之叹也。

（录自《师伏堂骈文》，卷三）

# 王安石论

## （1874）

　　夫马影若练，必宣圣而始见；龙文之鼎，匪孟说而难举。是以亚圣发白，既伤吴门之望；尪夫膑绝，乃极秦武之力。岂况天下大器，革故大猷，利不什不变法，害不百不易制。安可刻画前哲，妄存比附之迹；狃怢小数，希冀一切之功哉！

　　有宋肇兴，古制荡尽。徇斗筲之小智，昧经国之远犹。庆历纂御，众正盈朝，乃值极盛之时，早形虚耗之象。一韩一范，莫捍曩霄；南朝北朝，空争献纳。神庙嗣统，发愤自雄，爰进荆舒，独授政柄。盖神宗所以待之者，不在仲父、武侯之下，而安石所以自待者，俨居皋、夔、稷、契之伦。夫何陈义甚高，责效多谬；图究若密，经务则纷。仁义外施，多欲内困。王霸始进，强国终怯。是治丝而益棼之，斲木而更小之也。且夫自强者志，志因才而乃恢；有为者才，才缘志而后显。志小者无以抗千里，才菲者不能控八荒。是故琴瑟贵乎更张，而猝然更之则弦绝；用药期于暝眩，而昧者用之则病增。锻铁者不可反其钳，御车者不宜穷其马。古之人以乾健之质，乘鼎新之机。有若神禹治河，民聚瓦石；殷王迁国，人出矢言。尼山谤夫麛裘，郑国讥其蚕尾。亦尝奋其独断，斥彼浮言。然虑始虽难，乐成可与。岂若武灵骑射，徒变骏冠之服；商君法弊，终致牛车之祸哉！

　　宋之积衰，乃非贫弱。失在内积嫌疑，制过繁重；外托忠厚，弊见委靡。赏加无名，刑废不用，财不外散，兵无专属。是以势席全盛，怀压境之惧；富拥四海，切仰屋之忧。使能惩其敝辙，振其颓绪。上罄推心之诚，下免掣肘之患。雄边巨镇，委以重兵；郊赏冗官，除其滥费。变牛毛之法，网漏吞舟；任虎牙之将，权寄授钺。守府虚器，戒周末之文弱；挞鬼哀荆，仿商家之骏厉。则积弊可渐革，而富强可立致也。

安石得君，锐意更变，厥志虽盛，负才实疏。慕平准之理财，师垦草之余智。盖初不知立国有本，苛法当去，而专以为财之不富，兵之不强也。欲强兵必先聚财，欲聚财必先科敛。乃其与闻名教，夙盗虚声。进洙泗所罕言，用邹峄所深斥。尼山如闻，当鸣小子之鼓；卜式尚在，恐请弘羊之烹。于是盗窥陈编，远诬玄圣；依古兴造，近仿巨君。强古人以分谤，笑前事之未工。自诡远谋，排斥异议。新法既立，旧制益隳。青苗过苛，黎首重困。避强击弱，谬试熙河之兵；求利反害，乃致监门之哭。岂非栋挠本弱，鼎折铼覆之咎欤！是知智小者不可以谋大，力小者不可以任重。弊可更也，不当代以甚弊之法；古可复也，不可诬以非古之制。

宋政总总，本宜亟更。神宗以英果之资，念愤耻之积，痛国势之不振，求高贤以自辅。不惑于声色，不挠于群议。齐威烹阿，国乃震慑；苻坚用猛，朝无阻挠。夫非大有为之君，负高世之志乎？无如叶公好龙，但睹伪物；殷浩一出，竟误苍生。太祖黄袍之疑，惩之而不革；神庙金甲之志，徇之而愈坚。上高语夫王政，下不逮夫霸道。即令殚其材智，就其绩效。徙木立信，振鞅、起之威焰；大农仰给，比桑、孔之用饶。而猜防未除，纲纪不立。颇、牧弗用，空念巨鹿；元谟坐论，欲封狼居。财虽富，无深入之计也；兵虽强，无指踪之人也。封椿之聚，徒供侈靡之费也；甲乘之多，徒为美观之具也。又况用虎冠之吏，进狼贪之徒，心计愧夫前人，手实及于微物哉！卒之熙丰一变，兆津桥之杜鹃；章、蔡迭进，促金狄之虏骑。取鱼竭泽，乃无毫厘之效；教猱升木，反致丘山之祸。安石负宋，宋何负于安石乎！遂使后之用人者戒推腹心，薄古者借为口实。称先则昔，诋儒生之迂阔；社仓保甲，夸军国之奇谋。惩羹固非，学步尤谬。是又通识罕觏，而贻祸无穷也。

（录自《师伏堂骈文》，卷三）

# 岳麓书院六君子序赞
## （1874）

　　夫蚩蚩者氓，非学不乂；晏晏之化，匪诲弗成。三五迭隆，富教并重。象魏悬法，先于教刑之鞭；雉门修仪，深于狥路之铎。浚明以下，实分厥猷。乡老州长，献其贤能；党正闾胥，掌彼觵挞。陶化染学，蹈德咏仁。是故明王建学，辟雍颂其鼍鼓；贤侯修旧，泮水美其鸾声。隆周以还，斯道罔绍。学校衿佩，有侁达之歌；尼山木铎，兴儒生之化。教养分为二事，君师不出一人。辅治者不以流失为怪，而徒困于簿书；典学者无复陶钧之权，而孤鸣其占毕。曰儒曰吏，判然殊矣。

　　夫法令滋章，何暇兴治；文具无实，徒为美观。上之用人，不皆达道之才；下之作吏，且惧此事之废。武城弦歌，乃成绝响；郡国庠序，亦云虚设。是以善为政者，知一身之不得兼也，则求人以训之；知乡学之不足恃也，则择地以安之。汉吏虽良，赍刀布于太学；梁文既盛，颁经籍于钟山。良以地必远嚣尘，师必求耆宿。山水之契，深结冲襟；诵弦之风，潜移鄙俗。故董生下帷之教，胜于公孙立学；管宁辽东之化，愈彼鸿都观经也。然而官守攸分，扶植盖寡。翳蔑贤士，且议乡校之毁；萧何元勋，未遑庠序之事。又况术本申、韩，酷比张、杜。风尘走俗，谁知瓠叶习仪；牒诉倥偬，岂顾琴歌既断乎？

　　有宋以来，书院日盛。紧此南楚，首推麓山。自濂溪卜居，龟山论道，康侯表其令范，五峰嗣其音徽。晦庵、南轩，讲学大盛。潇湘之地，有洙、泗之风焉。若溯创建之伊始，戒数典之勿忘，如朱公者，其首庸也。且夫莫为之前，则宏规弗启；莫为之后，亦式廓弗增。自宋南迁，暨明中叶，桀犬吠声，倡道学之禁；下虎共斗，启朋党之争。而诸君子或复旧规，或辟精舍。翘材之馆，首聘名儒；赡学之田，大庇寒士。凤鸟不来，鸿鸾之采自振；恶草当路，芝蕙之馨益远。不以戎马忘讽咏，不以律法废《诗》、《书》。遂使杞梓翘秀，奕世奋其风徽；芷兰播芳，中原恝其文献。然则启蜀才者，仰文翁之泽；开闽学者，推常衮之贤。固当百世不祧，名山配食者哉！

夫谁嗣之颂，兴夫舆人；循吏之赞，出自司马。决漳水者，犹流连于史起；伐枳棘者，尚讴吟乎岑君。矧乎振三湘之人文，维万代之风教？则铭其伟烈，勒于贞珉，歌咏功德，亦后学者之事也，乃各述其事而赞之。宋四人：朱公洞、周公式、李公允则、刘公珙。明二人：陈公钢、杨公茂元。赞曰：

鸿洞天开，熊湘地偏。位镇火维，灵钟玉泉。赤沙远接，朱鸟高骞。芝兰星灿，杞梓云连。麓山峨峨，群贤是宅。昔维古寺，今乃讲席。金玉声振，钟梵响寂。礼堂肇兴，灵境斯辟。筚路蓝缕，斯为首庸。虑始攸艰，孰振英风？赫赫尚书，讲堂是崇。丹橑饰云，画栋偃虹。茫茫碧山，化为儒宫。荆棘手翦，梗楠材丰。潜虬在渊，一方自润。璞玉蕴辉，名山斯镇。猗欤教授，壁立千仞。鸣斯木铎，敌彼金印。横舍宏开，成均职进。秘书允升，名德斯振。文武揆奋，经纬无殊。毋将豹韬，蔑此鸿儒。卓哉潭州，恢此精庐。九经并兴，三税是除。毁家纾难，肆活枯鱼。投戈讲艺，场廪白驹。煌煌大贤，道冠天下。推彼余力，创兹大厦。觚排异端，志复中夏。镌文垂鸿，论道息马。渊源自殊，模范非假。缅彼安抚，夫惟大雅。隆基莫创，鸿规弗升。盛美难嗣，骏声曷承。自宋迄明，旷远无征。陈公莅止，百堵皆兴。宝山大开，髦士郁蒸。损尔清俸，贻之准绳。千秋巨儒，实为循吏。表章绝学，光辅盛治。英英贰尹，斯文有寄。废坠是修，权豪弗避。雕薨涂丹，隆栋饰翠。耿彼辉烈，铭之勋员。济济群彦，修废抱残。错石攻玉，障川回澜。凤集南岳，引声振翰。运有兴废，斯人不刊。祠名六君，人惟两代。礿宗合祀，石室遗爱。丹荔俎荐，翠琬铭载。型镜无爽，芳馨永佩。

（录自《师伏堂骈文》，卷二）

# 与李荔荪书
## （1878）

　　夫雄干雌镆，睠神物之终逢；松茂柏悦，欣共气之相引。谊笃于故，则白头如新；情孚于同，则丹慊并照。韩、孟追逐，有愿为云；敏、惠相思，梦寻迷路。是故虫鸣螽跃，和以声也；虎风龙云，触以气也。寄通灵台之下，遗迹江湖之上。贤达古义，不伟为烈欤！

　　足下冰坚炼骨，镜古照神。处餐霞之贫，励映雪之志。高文通坐视漂麦，逊此专勤；朱翁子行歌负薪，忘其困悴。果能揖让终、贾，含咀陆、潘，声光隐然，羽翮益奋。迩闻吾乡启讲舍，聚鸿生。各抱遗经，绍明绝学。足下诸子，骖靳其间。谈天、雕龙，齐稷下之论议；林宗、贾虎，汉太学之声名。相与扻张鸿文，被饰旨议。变楚风之朴儴，辟斯道之榛芜。甚盛甚盛！

　　鄙人不才，僻处天末。资章甫于文身之国，奏雅琴于鸟喙之君。闻见日陋，性灵弥锢。复迫尘网，往来吴越。呼吸蛟龙，吟啸鸥鹭。溷迹渔商之内，鸣榔江海之中。湍濑惊心，烟霜楚瞩。碧山晓矗，则神飞重霄；白浪夕舂，则魄堕沧海。若夫客星高士，潮神大夫。钓台压江，奔涛轰石。时或租船咏史，泽畔行吟。吊山川之非昔，怀古人而不见。虽足浚发神识，枨触积感，然缰锁系其前，风涛震其后。鸟集猋逝，衡流方羊。间陈傀词，无关大雅。是则专门之业，自此而隳，吾精易销，因之坐槁者也。

　　顷还婺城，跧伏山谷。岁聿云莫，风悲断肌。名山洞天，无复石羊之迹；中原文献，非同泥马之时。块然独居，侘傺谁语？慨此殊俗，弥怀故人。昔与吾子，弱冠慷慨。猘儿总角，交公瑾于当年；鸡声起舞，恐祖生之先我。尔时壮志，上干虹蜺。方自以谓王登贡喜，我黻子佩，不难荡海岳、凌沧洲矣，何知羽翮莫奋，锋距靡加，长谣喷薄，华色渐减。子廞苫蓿，坐子敬之青毡；仆嗟转蓬，怀胡威之匹绢。曹子桓行年三十，早类老翁；潘骑省已见二毛，弥伤秋兴。足下视仆，岂尝缨情好爵，羁志浮荣者哉！顾尝以为，君子之道，或出或处；圣人之行，一龙一蛇。抗志千秋，必有一得。今进不能云台横议，献一说以策名清时；退犹冀名山著书，成一家以传之后世。乃徒悠忽，以苟岁年，空效梁生登岳之谣，殊深孔父逝川之叹。

久欲作报，而情绪殊恶，操翰复辍，乃至再三。知君惓惓，略陈近况。望崇明德，益爱春华，慎护波潮，更俟清晤。湘江草绿，春水方生，将速归艎，重申款谦。

（录自《师伏堂骈文》，卷二）

# 重修屈贾合祠启
## （1879）

夫萧艾满握，不识迷迭之芬；鸥枭盈庭，反惊归昌之律。俗玩所见，则罕觏者非珍；体安所习，则言奇者见弃。卒之阅世论定，风流乃彰；谗夫烟消，馨烈弥茂。兰蕙既谢，惆怅九畹之间；凤皇高翔，徘徊千仞之下。而俎豆芜旷，丹青歇剥，望古之士，慨其闵矣。

长沙古城，太傅故宅。后以灵均共祀，合为屈贾之祠。诚以磨蝎同宫，囚鸾比翼。旷世相感，乃投湘水之书；拟人于伦，遂合龙门之传。若乃稽其行事，比其际遇，异同之迹，可略而言。夫黄棘策施，蓝田兵辱。怀王不悟，见欺虎狼之威；顷襄忘仇，有愧大鸟之对。悲感亡国，义激怀沙。太傅生遇清时，何宜痛哭？不知虞廷交儆，犹戒丹朱；邹峄责难，不如尧舜。况其时黄头并进，亦伤圣德；绛侯少文，初非贤辅。中行反复，何异张仪；三蘖厝薪，讵殊战国？愚诶见谓安治，智士所为累欷。太息之书，非过激也。三闾楚之同姓，正则裔出高阳。丘墓所依，庄舄病犹思越；肺附既托，非子死欲存韩。堵敖不长，休戚当共。太傅洛阳年少，宜异宗臣。不知知己之恩，武侯由是感激；国士之遇，豫子报以杀身。当其时，宣室求贤，叹为不及；列侯就国，发自下僚。议任公卿，始若左徒见用；毁生绛、灌，继似上官进谗。窃比之意，非不伦也。

嗟乎！江鱼腹葬，神恨骖虬；鹏鸟愁生，魂随堕马。问天不语，空诉牢愁；吊水何知，难明慷慨。遂使女萝薜荔，《九歌》悲山鬼之遗；沅芷澧兰，万古称骚人之国。绵世寖远，灵宇就颓。萧条濯锦之坊，寂寞陶公之庙。古柑萎绝，莫留橘颂之香；旧井湮沉，慨想王明之福。念兹芳烈，宜用尊崇。所当被饰荷堂，涂丹兰橑。崇璇题以纳月，新杰构以偃虹。迁客寓公，并秩丰祀；楚艳汉侈，更薰古香。庶将丹荔黄蕉，披发向大荒而下；寒林秋草，识我昭词客之灵。表风教于兹邦，益深爱国忠君之志；仰芳徽于往哲，非徒撷香拾艳之才云尔。

（录自《师伏堂骈文》，卷二）

# 宣平与黄钧甫书
## （1880）

　　由婺城至宣平，一百余里，山川萧条，无复佳胜，而尘世隔越，亦遗垢氛。木末穿烟，笋将蹑露。稻香溢陇，疑闻芝兰；蝉声曳林，胜夏丝竹。石似卧虎，怒蹲山崖；松如渴龙，俯吸涧水。农夫荷锄，若白鹭之翘足；明霞散绮，比朱凤之布翅。盖有桐庐之清，无雷岸之险焉。

　　若夫暑日亭午，炎歊涨天。风沙蒙蒙，浮光赤黄。草木杂沓，斗影青碧。旷野绝迹，罕闻鸡犬之声；前行欲迷，但睹荆棘之象。何尝不悲杨子之歧路，叹阮公之穷途！

　　至于微风送凉，薄雾褰夕。水积云气，结为轻绡；山含日光，若隐半璧。空翠欲滴，湿衣无声；野花送香，极视不见。斯亦足以表灵赏、豁冲襟者矣。更有丹崖一角，碧玉半泓，翠竹数茎，朱荷千柄，则尤骋怀游目，想兰亭之清风；怡颜容膝，慕栗里之高致。

　　夫吾人游心埃壒之表，抗志烟霞之上。灵响远结，怀五岳之胜游；元化可师，览九仙之丹诀。慨彼行役，乃婴世尘，对此茫茫，安能郁郁？鱼游盆盎，宁同濠濮之观；鸟困笼樊，终恋山林之养。将欲与君濯缨清流，垂钓空谷，时不我与，翅翮摧屈。何日当寻遂初之赋，歌归去之辞乎？

　　行道所见，聊述鄙忱。

（录自《师伏堂骈文》，卷二）

# 告伍公庙文
## （1881）

予读史至伍大夫传，窃尝伟其志节。日者游越地，登吴山，徘徊古祠，肃瞻遗像，乃抠衣再拜，而使祝荐。文曰：

惟公早迫费滑，晚困嚭诶。壮志激于仇雠，大节完乎忠孝。虽属镂赐死，不载获麟之经，而挟弓复仇，见褒《公羊》之义。慨自熊居不道，方城蓄疑；燕婉之求，《新台》兴刺。公感激家难，见知英主。乃构入郢之举，卒雪戴天之冤。其意气之盛，可谓壮哉！何期燕昭凤世，昌国见疑；齐愍晚骄，穰苴为戮。宫中荆棘，不记立庭之言；墓前楄材，宁悬东门之目。卒之不忍亡国，甘裹革以浮江；下报先君，化冤禽而塞海。其孝可谓全矣，其忠可谓至矣！

或谓君子不适仇国，交绝不出恶声，何乃狐丘之恋，不操土风；龙钟之破，甘为戎首？不知公因太子致祸，即偕太子出奔。义本从亡，情非反噬。向使重耳归而狐偃授璧，小白入而鲍叔将车，亦惟取彼滑人，固无仇于故国。初志不遂，储君见诛。吴光怀吞并之心，楚壬乃秦嬴之子。卫朔得国，生由鹑鹊之姜；丕豹奔秦，欲获雄狐之主。假手枯骨，藉报父兄。奋挞墓之鞭刑，恣舍宫之狄道。亏君复义，以辞吴子；日暮途远，出谢王孙。倒行逆施，公自知之矣。

或又谓明哲保身，屡谏当去，胡效泄冶之狷，不作曹羁之奔？不知公之于吴，形虽乌集，谊同鱼水。荀叔竭力，知无不为；武侯受遗，死而后已。君既报臣之怨，臣宜奉君以身。槜李戈伤，夫椒愤发。向使乘其朝气，灭此仇邦。献突厥之俘，雪耻高祖；函梁君之首，还矢先王。岂不臣主俱荣，身名并泰？乃哮虎空怒，为虺弗摧；妖狐内蛊，社鼠潜煽。卒致好冠之霸，败于垂成；端委之泽，斩于一旦。公神烛祸乱，身系存亡，何忍见雾露之沾衣，遁草间以求活哉！

今者山川非昔，潮波自涌。走吴宫之麋鹿，珠幌为尘；飞越殿之鹧鸪，锦衣安在？而公英风飒爽，像设巍峨。北顾昭关，篴声夜泣；西瞻会计，剑气朝寒。二国烟销，千秋庙食。鸱夷荣于龙藻，抟土寿于良金。如公者，亦可无憾涛驱，长馨蘋荐者矣。

锡瑞掩卷兴怀，瞻祠起慕。肃陈琐语，上渎宸聪。望江头白马之涛，千万世犹思报越；想夜半灵旗之举，第一山自合称吴。

（录自《师伏堂骈文》，卷四）

# 出都与程伯翰书
## （1883）

金台聚首，碧海回舟。渺兹坠欢，翩似秋蒂。言念君子，道履清豫。浮湛郎署，策名天衢。子云沉默，草《玄》黄门；臣朔恢奇，避世金马。大隐朝市，处道龙蛇。迩者卜居，踪迹何所？

自别之后，振策南迈。沙黄楚瞩，卉绿微心。舍舆而舟，抚彼逝水。顾瞻帝京，杳若天上。马来冀北，增价几人；鹏徙南冥，抟扶终旷。巨海可涉，神山匪遥。意将褰裳，忽尔风引。何云神仙，自致漂荡。蓬岛憾远，狂飙无情。逮转侧至沪，而俦类俱困矣。遂辞同侣，悒尔独游。既感离索，益屏兴赏。水碧照夜，桥红饮霓。南中景象，未异前日，而新草惨色，鸣蛙聒声。耳目顿异，未识何故。

仆以下材，幸获一第。即此毗毗，讵云怨尤？惟念故乡可怀，归计莫决。家君作宰，廉吏难为。毛生捧檄，非无显扬之思；胡子怀绢，莫拯清白之困。是以触同藩羊，无能进退，顾此枥骥，未免长鸣耳。伊昔与子，争驱艺苑，比瑜、策之弱冠，期王、贡之推举。何图颜驷为郎，壮岁已往；伯鸾适越，长谣空愤。安能不抚豫州之髀，泫宣武之条哉！

勉旃自爱，不尽欲言。

（录自《师伏堂骈文》，卷二）

# 沪上寄都中友人书
## （1883）

　　故人天末，长安日边。五噫出都，单车就道，长谣兴叹，不可说也。黭天沙黄，匝地草白。车行三日，乃抵析津。沧桑变迁，景物殊异。海滨广斥，化为巨镇。坐待数日，始登海舟。广半江船，地小客众。牛骥同皂，人禽对巢。海口逼仄，荻蒿填淤，其中狭处，仅容一舯。停轮忽止，候潮乃行。如此数时，不及百里。想见天堑设险，关键甚坚，但使重兵严屯，夹岸疾击，虽彼豕突，讵得鸱张哉！

　　日午出口，舟行始畅。巨浸茫茫，渐失畔岸。空水一色，渺无纤尘。洪涛连霄，并绝飞鸟。惟东北一发，青营诸山，时见翠光，隐跃波际。傍山而上，厥名烟台。昔日戍楼，今者海市。睹成山、之罘之壮，思秦皇、汉武之盛。津通牛女，难乘博望之槎；地近蓬瀛，讵憾刘郎之远。乃眷北顾，感慨系之。维时海天媚晴，台飓息响。登舻晓望，推篷夕眺。朝晖暗升，憾隐夫积雾；夕景红坠，惊跃夫奔涛。海色沾袂，染须眉而纯青；波光荡胸，涤尘垢而俱化。仰首则天水喷薄，长啸则蛟龙震惊。斯宇内之穷览，客游之豪致也。

　　俄而玄波触天，黑浪灌日。惨淡墨池之水，深黝金壶之汁。爰自成山，骛乎巨洋。览沧瀛之大全，极天池之深广。乃有大声起乎水上，噫气发乎土囊。飓风横驱，海波僵立。鳌极为之摧陷，鲲溟疑于倾覆。曹王两轮之舰，荡如苇杭；南人万斛之舟，飘若芥粒。火力之猛，强争而退回；汽机之奇，反激而倒缩。震荡竟日，时虞倾沉。同舟诸君，面罕人色。睹山坠之势，则贾客惊号；闻雷碾之声，则妇女夜泣。非杜陵之情恶，乃病呕卧；异昌谷之苦吟，几吐心血。仆虽苦眩晕，意气自若，以为文考之才、子安之杰，且不免葬鱼腹、没蛟宫。惟此忠信，足傲波涛，死生命也，何容忧惧乎！

槎山而下，水色渐清。幸脱风波，始抵沪渎。沪上风杂夷夏，地分中西。歌吹聒耳，金碧眩目。妖姬竞艳，车行斗风。鬼火分红，夜朗逾昼。绿睛赤发，似入王会之图；左带沸唇，如览十洲之记。自疑此身，顿入异国矣。

足下扬声天衢，高步日下。动履多豫，著述益宏。士衡入洛，茂先赏其玮辞；宾王至都，常何荐其鸿笔。既思振奋，亦扩闻见，奚必名山养性，仰屋著书，述节信之《潜夫》，咏泉明之《归去》哉！

略述所见，藉尘彼观。征行匆匆，词不宣备。

（录自《师伏堂骈文》，卷二）

# 与王怀钦书
## （1883）

握手都门，黯然一别。蓬飘梗断，芝焚蕙叹。感落羽之分飞，念良朋之情重。地仍碣馆，徒驱马以归来；人异河梁，惊黄鹄之远别。回忆十年旧雨，樽酒重逢，相聚月余，倏同劳燕。前读大集，见"青门酒罢身如叶"之句，慨焉伤之。何图一朝彼此同辙，山长水远，别久会稀。觉故人之迹，远于长安；离索之感，深于氓甿矣。

未审足下，何时出都。或杖策南迈，旋轸湘江；或橐笔远游，浪迹沧海。所居僻左，书问致简。言念君子，实劳我心。想道履清娱，素颜丰胜。愿善珍卫，以俟清时。勿憔悴以戕生，勿苦吟以伐性。忧天无益，鉴杞人之大愚；仰屋著书，问侯苞之谁是。惟优游啸咏，跌宕湖山，庶貌悴而神不伤，身劳而性仍逸。此仆所自适，亦愿足下共适之也。

去夏返越，仍走山谷。潜研经术，略有咫闻。惟良书独拥，疑义莫析。鲸钟响闳，徒闻寸莛之撞；龙剑锋藏，不见莫邪之合。固已块然独处，念结千里。又况尘俗撄其前，奔走迫其后。今春急欲旋里，亦恐难以决行。足下踪迹，又复无定，道路日远，良会何时？他年计偕，再当相见于京师耳。

（录自《师伏堂骈文》，卷二）

# 征刻朱文端公藏书十三种启
## （1892）

昔夫子纂定六艺，分胏四科。武城传其统宗，西河发其章句。而《天圆》、《礼问》，洪纤不遗；洒扫应对，本末皆具。是知大学之教，匪尚夫空谈；小学之功，不专于故训。乃自东京宗高密，南宋祢新安，党同妒真，因陋就寡。家崇郑学，今文之传遂亡；人附朱门，义疏之绪几绝。道坠千祀，弊同一轨。揆诸前贤之意，讵必专己自封？且紫阳晚订《礼经》，于司农未敢置议。诚以据礼求理，斯实者非虚；沿流溯源，斯分者见合。乃师智自圣，妄谈龙象之禅；嗜古过拘，误信麒麟之鼓。操戈互竞，佩剑相笑。不有魁硕，奚从折衷？

高安朱文端公，学为帝师，勋具国史。明经青紫，俯视韦、平；皓首丹铅，上攀伏、董。一行作吏，无废下帷之勤；穷年焚膏，乃阐讲幄之蕴。盛德赫咺，番耀寰区；遗书圭臬，足资来祀。必推其略，有可陈焉：

公以八卦之分，肇自牺画；《十翼》之作，创于龙蹲。而辅嗣清言，徒供麈尾之执；图南异学，忽有龟书之授。群言淆乱，折诸圣人。三爻梦吞，表其独见。殚极理数，引申朱、程。不载河洛之图，尤征别裁之旨。作《周易传义合订》十二卷。

素王有作，天子之事。既膺赤乌之命，爰奋获麟之笔。《左氏》凡例，或疑后增；当阳谬悠，云承旧史。兼综三《传》，标金锁之名；独抱遗经，逞玉川之臆。公笃信衮钺，旁参《权衡》。录其事实，大义不虚；寻其褒讥，微言胥显。作《春秋钞》十卷。

夫子曰："吾志在《春秋》，行在《孝经》。"长孙诸家，颜本斯授；鲁国三老，口传已佚。河间售伪，司马献疑。猥云孔壁之文，乃有闺门之句。公用草庐校定之本，附易斋《管窥》之篇。意取兼通，间参补义。作《孝经朱氏学》一卷。

礼也者，人伦之轨范，经术之钤键。苍姬应运，爰修《官礼》之书；玄圣立制，实参夏殷之法。绵蕞仪习，赤龙肇兴；石渠制称，白虎议奏。高堂传《礼》，小戴述《记》。郑《注》陈其略，孔《疏》发其详。而殊时异宜，聚讼多惑。昌黎好古，犹曰难行；正叔《集说》，未能悉定。公本徽国之《家礼》，著为《节略》；宗临川之《纂言》，抒其心得。盖朱、吴功兼考证，非饰虚车；文端学主朱、吴，兼收断简。斟酌汉宋，取其可安；贯通古今，要诸有用。性道之旨，不薄夫《容经》；曲台之辞，未湮于《理窟》。作《仪礼节略》二十卷、《补礼记纂言》三十六卷。

又以信都之《记》文，由叔孙之撰置。黄门之训，瑕不掩瑜；蓝田之书，《礼》通于《易》。《家范》述宋，《礼翼》纂明。方诸《内则》、《少仪》，抑亦支与流裔。能修质行，何让万石之纯；若扬民风，讵止一门之瑞。校定《大戴礼记》、《颜氏家训》、《张子全书》、《温公家范》、《吕氏四礼翼》五种。

史肇西京，爰纪循吏；记出东观，始标名臣。龙门创儒林之称，鱼豢改儒宗之号。全史汗漫，未易披寻，非藉篇章，曷由趋步？公喉衿群籍，萌柢百家，择所依归，加之论赞。文章、道学，息门户之争；牧令、公卿，取龟鉴之法。编定《历代名儒》、《名臣》、《循吏》三传。

盛矣哉！言为模范，近而易行；文如菽粟，美而可饱。礼堂写定，无憾事之留；考亭《通解》，有功臣之目。锡瑞主讲经训，获睹藏书。钻仰靡穷，服膺无间。乃知卫武耄学，斯膺睿圣之名；萧傅立朝，不坠经生之业。而赤眉挺乱，青编煨烬。羽陵蠹化，莫问秦灰；竹简书亡，难寻汲冢。今将重付剞氏，广遗后贤。当悬国门之金，庶贵洛阳之纸。名山之藏可发，共十三种而非奢；经世之学在兹，更千百年而不朽。

（录自《师伏堂骈文》，卷二）

# 尚书古文疏证辨正自序
# （1892）

　　国朝《尚书》之学，始于阎百诗征君。自《疏证》书出，而古文孔《传》之伪，如秦、越人洞见五脏症结，使学者不为伪书所惑，厥功甚伟。惟征君生当国初，其时汉学方萌芽，于古、今文家法未尽了然，亦间惑于先入之言，多引宋人臆说，诋斥古义，有伪孔本不误而征君以为误者，非特无以服伪孔之心，且恐左袒伪孔者将有以借口。

　　征君尝驳朱子《集注》曰："轻议先儒，其罪小。曲徇先儒而俾圣贤之旨终不明于天下后世，其罪大。余窃居罪之小者而已。"锡瑞学识浅陋，奚敢抵排前哲？顾尝谓征君能辨古文孔《传》之伪，而未识今文《尚书》之真。《疏证》一书，向有重名，治《尚书》者奉为圭臬，不为辨正，恐疑误后学。乃窃比于征君之驳朱注，而自居于罪之小者焉。山阳丁俭卿《尚书余论》尝辨正数条，兹具列之而广所未备，其精确者不赞一词。义有未安，妄加签记，不知盖阙，请俟异日。善化皮锡瑞。

　　　　　　　　　　　　（录自《尚书古文疏证辨正》，卷首）

# 虙戏画卦颂
## （1893）

　　天墬未形，冯翼洞烛。气始、形始、质始，兆乎浑沦；《太初》、《太始》、《太素》，先以《太易》。九变复贯，剖判玄黄；万汇品生，权舆太极。是知天地统于阴阳，阴阳妙于变化。乃自九头前闾，五龙继治。循蜚、合雒，此秘未睹；吉夷、几蓬，斯文尚暖。虽巢、燧渐宏制作，怀、葛早耀升中，而皇策弗乘，神蓍未得。十言之教，何其阔欤！

　　于是苍牙通灵，毓圣皇雄之氏；华胥感虹，降神仇夷之地。木德应运，春皇挺生。牛首龙身，诞此奇表；珠衡日角，穆乎晬容。龙纪命官，鸟明佐治。含养蠢化，枕方寝绳。俪皮修仪，则蛸蠵知别；田猎率众，则蹏迹敛芒。立礼教而造干戈，变茹腥而去巢穴。固已八区合照，百王让先矣。而其通神明、类万物者，则尤在画卦焉。

　　于时开辟以来，世历九纪；禅通之代，姓易十七。菁华欲启，造物假于圣神；苞符肇开，孟河呈其龙马。鳞文既献，象数斯炳。皇乃震动，役其神思。近协身度，远抔物蕴。俯仰法象，刻画羽毛。乃作八卦，因而重文。是为开天之画，以极探赜之妙。假智灵草，览兆介虫。七十二钻之龟，元王通其梦；十有八变之筮，巫咸善其占。飞伏变易，匪幽弗穷；消长吉凶，靡奥不洎。俾天地无沦于虚器，阴阳不堕于渺微。非天下之至神，孰能与于此乎！丕休哉！

　　获麟制作，无复弗抉，独绝彼韦编，而铁挝三折。祖龙穷殃，有壁莫藏，独敛彼炬火，而筮书弥彰。江东骍臂，施于京、费，胡以战国之昧昧，而薪传斯贵？先驱旄头，召夫梁丘，胡以汉廷之群咻，而筮应是求？洪荒梦梦，赖兹神聪，灵蓍丛丛，秀风陵之中；末世暗暗，师其余智，稽疑命筮，受先圣之赐。固宜《索隐》补史之笔，独冠苍精；温公《稽古》之篇，肇端太昊也。遂作颂曰：

太极之元，浑敦潚漭。两仪是生，四象出焉。睢盱侗蒙，弥亿万年。虽斟元陈枢，而图书未宣。履迹生牺，同符姜嫄。日月重轮，乃画坤乾。贞卜者龟，负图惟马。身辨鳞采，骼耀汗赭。萝图爰瑞，而苍昊锡瑕；宝爻呈文，而訾黄来下。生蓍倚数，观象应枢。两地合契，参天剖符。谓帝不重卦，吁彼瞀儒。亦有博士，云燧皇之图。耒耦交易，剡木弦弧。舟楫杵臼，宫室契书。万象骈罗，取之裕如。何取彼《离卦》，独用夫畋渔？岂留此秘藏，以永乎古初？《连山》、《归藏》，玉门演文。《八索》既出，《十翼》斯繁。子云沉思，默而《太玄》。元包潜虚，拟经益纷，徒劳架屋，而终闳皇坟，莫洞乎帝之藩。卦气、爻辰、世应、纳甲，见仁见智，元本殚洽。阴阳五行，谬托龟策，鬻技炫术，取义尤狭，实盗乎帝之法。虞梦吞爻，为汉续传；王佟清言，为宋导原。造为《龙图》，乃名《先天》，数学《皇极》，道家陈抟，曷穷乎帝之渊？圜则九重，孰尽其象？大瀛无涯，孰极其广？浃遝洞冥，察来彰往。人矜渊微，每堕忽慌。十日甲历，惟卦析之；九州别宫，惟卦饬之。朝帝灵门，千秋式之；幽赞神明，伊谁测之。

（录自《师伏堂骈文》，卷一）

# 舜陵铭
## （1893）

　　粤自二仪剖分，五德代嬗。巢、燧玄默，肇开皇风；鸿、黄世及，以一民纪。然而行踬视眳，未离倨昒之习；佐昊相顼，弗显崛兴之奇。若乃兆飞跃于田龙，焕文明于巢凤，终禅让之盛美，集煌谛之大成者，其惟有虞氏乎！

　　在昔纵华感枢，冀土毓怀珠之圣；摄提应象，姚墟呈握石之祥。虹瑞既彰，龙颜斯挺。黄精式炳，丕扬星日之光；玄德斯升，大奠山川之理。无为崇夫至治，不与仰其巍巍。尽美又善，无得称矣。若夫搜太史氏之轶遗，拟庾仲初之像赞，掞张瑞应，撰秘篆于纬文，标准卷娄，屏卮言于傲史，使荃宰有寄，神谟斯在，则亦有可征者焉。

　　夫鸣鸡朝日，不皆累圣相承；掇蜂履霜，未见感天有验。乃于田一号，井廪再厄；大杖弗受，两笠空扞。虽龙工鹊裳，资谋二女，而牧牛表虎，早历诸难。闻鸠感思，既极穷人之瘁；占凤舐目，乃致顽父之梦。引慝弥重，底豫乃孚。爰举服泽之阳，遂殚天下之养。而斋夔唯谨，犹载旌朝；库象就封，若忘谟盖。此则帝之孝也。

　　古之席萝，图拱松栋，莫不亭毒鹑居之众，挺桐蜎动之民。而帝则当龙潜，早有羴行，均传虚之贵贱，化坻畔之侵争。历山祠田，祝四海之俱有；雷泽凿渎，务天下与同利。是以士就士悦，迈亶父之迁岐；成邑成都，逾孰哉之启国。人慕如蚁，化驰若神。岂待薰风抚弦，始解民愠；元日格祖，乃服蛮夷？此又帝之仁也。

　　水火不损其真，风雷弗迷其性。王者不死，天命有归。于是五老告期，谓黄姚为知我；长人感梦，表赤龙之负图。绿色临坛，青泥授帝。示纪录兴亡之数，显殷周秦汉之符。至乃山车垂绥，乘黄服皂；蓂荚生陛，景星耀房。休气四塞，始彰赐玺之来；庆云蓁蓁，终兆褰裳之去。

此又帝之神也。

桑阴不违，柴望斯荐。名授大任，实投巨艰。斯时也，人戴鱼头，国交鸟迹。橧巢已革，而壤少平居；芦灰久填，而水仍泛溢。帝乃升闻弗震，历试罔惊。百虫将军，掌火烈泽；黄熊嗣子，刊木随山。灾澹滔天，民欣宅土；璇玑齐政，车服庸臣。四目四聪，广其明听；八元八恺，赞斯平成。永五十载星陈之辉，宏十二州风动之治。琄呈白玉，盖地来西母之图；坛起赤光，巡洛受南山之录。此又帝之圣也。

帝尧倦勤，丑类方炽。欢头比党，恶物剧于龙蛇；举尾为旌，毒民烈乎猛兽。五刑既制，四罪咸孚。备惩共、欢、苗、鲧之辜，遂变蛮、狄、戎、夷之俗。鸟喙作士，襄兹明刑；羊角触邪，助此弼教。始犹严夫猾夏，继乃化以无诛。画衣之惩，惮于肆市；舞羽之化，威过移师。予正罔干，不仁者远。此又帝之武也。

梡俎两敦，祭祓大旅。四庙之制肇修，五龙之驾肃举。奏鸧鸧之乐，朱凤方仪；比磬哉之谣，玄鹤斯舞。日月作会，丽于垂衣；星辰有行，华此复旦。总期听政，早立明堂之基；米廪名庠，无忘畎亩之旧。变闷闷于五纪，启郁郁于三代。用使闻《韶》者忘肉味，数典者先鸾车。此又帝之文也。

然犹学蒲衣，师单卷。务成子跗，藉其一言；雄陶、方回，引为七友。因涂靷而纳谏，岩乃见其捐金；立谤木以求箴，旌更扬夫告善。燕礼养老，开摄几之仪；麑衣无饰，示茨墙之俭。谷璧是抵，蹭盆亡膻；草茹勿忘，丛脞攸诫。此又帝之恭也。

且夫揖逊之世，蜚遁为高。犊口羞污，乃致绝友；鼠腹易满，不能代庖。帝则与民同忧，念世深墨。辞山中之鹿豕，席贰室之龙垆。衫衣固有，匪高箕颍之瓢；黄屋非心，岂慕昭华之玉？南河避荣，中国践位。总师格禹，帅官迁虞。百姓与能，则还宫不辞；八风循通，则敝屣如脱。天下非一人之天下，授受取与，无容心焉。此又帝之大也。

懿矣哉！执中一语，开洛、闽两庑之传；明良再歌，想喜起千秋之盛。冠四代之器，揭豆泰尊；歌八伯之风，《朱于》《苓落》。后世有作，弗及虞帝之隆；放勋独忧，先资敷治之举。授钺彭蠡，有玄宫之祗承；张乐洞庭，疑黄轩之再出。固宜匹夫而有天下，创振古未有之奇；其咨而能俾乂，拯万姓横流之困。朝觐讼狱，弗归乎丹朱；亲尊安敬，独推于玄圣。乃使南山歌者，恨不逢时；东鄙野人，侈谈盛德。声教讫于四海，锡玄圭者，善必归君；圣德必祀百世，赐楛矢者，齐犹继守。岂同怀、葛卷领，文治未遑；禹、汤骤驰，王猷已降者哉！

精华已竭，黄星靡锋。龙髯堕于鼎湖，凤吹息夫大麓。百岁厌代，乘白云而至帝乡；九疑连绵，陨素霜而寒辇路。瓦棺示朴，追上古之不封；葛缄崇俭，比会稽之空石。或疑鸣条乃卒，纪市有征。岂从蒲阪之都，遥葬荆蛮之域？不知云阳古帝，盖处长沙；祝诵遗墟，犹传衡岳。金天明圣，遥封露水之乡；炎帝神灵，远窆茶陵之地。况以帝之普天共戴，交阯南通，入十龙之门，旁征仙录，走逐鹿之马，奇摅真源神异之踪，讵必故都之恋乎？迄今苍梧圣迹，象亦能耕；赤水神乡，雀犹衔土。嵯峨韶石，仿佛九奏之声；浩渺零陵，未从三妃之葬。望骖螭之并至，湘浦波连；思傲象之常来，鼻亭壤接。野森斑竹，疑萌朱草之荣；阜积珠尘，恍致玉环之贡。遂使太阳溪畔，汉唐镌其琬碑；营道邑中，春秋洁其瑶琪。千年虎豹，畏轩皇弓剑之神；万里风云，接唐帝谷林之垄。铭曰：

循蜚易代，纪凤书年。榛狉渐辟，声明未宣。龙门迟凿，鸿水曼延。殷忧启圣，巽位推贤。穷蝉世微，有鳏师锡。意感瑶枢，精呈玉历。姚水挺生，济岩潜匿。秘隐珍符，戢藏鳞翼。光光重华，明瞳朗分。下洞玄景，上烛天文。方庭衡日，侧陋兴云。晚履帝位，早称都君。帝惟参牟，父乃瞽目。号伤耕田，泣悔籴谷。笃谨匪懈，陶渔奚辱。积诚感神，尽孝敦睦。天授宝箓，尧锡绨衣。臣庶使治，盲莹来归。赤文龟献，绿字龙辉。暑纬叶应，天人弗违。指麾夔龙，揖让黑虎。凶族窜四，帝臣登五。掘地蛇驱，来庭兽舞。谁其嗣之？惟玄宫禹。五等辑瑞，三光察衡。易俗以礼，折民惟刑。庭实玉帛，异章巾缨。府事允治，山川咸平。钦翼皇象，彰施蜼彝。郊禘黻冕，听朝深衣。独游岩廊，万物熙熙。行衢龙马，司晨凤鸡。珠虾贯胸，祥乌三趾。玄都献玉，息慎禀矢。民乃粒食，帝犹铏簋。谏鼓其镗，漆器非侈。袭轩方舞，笙管俄迁。蟠龙迅藏，蛟鱼踊渊。万邦高谢，一笑拥璇。澹此尊位，荐于皇天。九原飑功，大唐绍德。玉烛调年，非烟异色。弗恋弗贪，惟渊惟默。道迈逃尧，光高逊国。蜕儒斗食，阴阳䏈精。悲缠紫极，恋结沧瀛。谷木袭殡，金丝息声。同哀地坼，空望河清。龙辀迁途，虹绥委斾。日寝裧衣，云低缟盖。野扬青砂，水灿文贝。神乃上仙，魂非乐沛。孤坟何是，九山相疑。阴冥隧道，杳霭崇祠。睿谟永阒，灵迹空垂。大荒古经，甋臼汉碑。宵明灵光，湘妃古泪。有庳近封，叔均同畀。神所凭依，市不易肆。要服非遥，桥山岂伪。蒲津都远，巡狩台荒。凤箫未歇，龙藻斯藏。迩际黄陵，下瞰清湘。千秋万岁，讴歌弗忘。

（录自《师伏堂骈文》，卷一）

# 春秋列国名臣序赞
## （1893）

　　夫雕虎啸而清风起，应龙翔而玄云升。伊昔圣哲之君，必有名世之臣。醍醐元化，扶植人极。匪贤弗毗，靡才弗赞。金提鸟明，琢磨皇风；鼎饰鹰翼，光辅盛治。元会日降，际遇实艰。彼苍生才，鲜熙天耀日之能；惟士遇主，歉旋乾斡坤之力。慨彼伟略，屈而小试。或才足相万乘，而踯躅于蕞尔；或德可冠百僚，而摧抑乎下位。扼腕蒿目，嗟我生之不辰；叹凤伤麟，抚昌运而已往。然犹奋其智力，就其绩效。上敦在三之节，下讴画一之法。虽彻填之爱，仅流一方，而纪常之烈，亦炜百祀。斯亦济时之舟楫，干国之榱桷矣。

　　有周东迁，大运中圮。岩渭绝明王之梦，尹武丛世卿之讥。选举久废，渐逮之鸿鸾乏采；疆宇日蹙，勺水之鳣鲸莫容。是故代易十四，岁逾二百，而王室诸臣，罕可称述，列国髦杰，莫登天朝。至于鲁国一人，仅闻礼器之观；农山诸贤，空淹下国之迹。卒至问鼎觊位，窃钺被言。乃知济济多士，西岐所以维新；无陪无卿，东洛所由守府。得失之效，不其伟欤！

　　夫璞玉辉山，不登明堂之用；宝珠照乘，匪特一国之光。周弃其人才，效用侯国。乃使魁能之士，雄俊之姿，韬彼风采，上不得扬于王廷，困夫虎苛，下不尽用于邦邑。歌硕鼠者，或扣牛角；厄养牲者，乃鬻羖皮。皆能摅其玮材，郁为时栋。或襄匡合之烈，或著强霸之效。蜗战之国，凭策力以殊废兴；鹄举之徒，览德辉以决进退。楚材晋用，开市骏之风；存鲁乱齐，启雕龙之辨。七雄盛其轨，而列国肇其端。斯亦士贵于王，而贤益于国乎！且经纶者才也，际会者运也。有才无运，潜龙不能阶尺木；有运无才，蒙虎无以威百兽。春秋诸臣，称国器则不愧，跻王佐则未能。以彼铮铮，终异寒寒。器小非俭，乃在天下之才；

作法于贪，且诋众人之母。彼二子者，皆明足以照幽夐，略足以系绝维。然而首变旧章，兆开乎名、法；渐趋简易，祸极于鞅、斯。效虽收于眉睫，弊乃见于身后。逮此以降，一节乃优，求其能润色王业、经纬大猷者，固无人焉。然犹赖其匡末俗，制颓波，弥阙遗，振衰弊，使夫丰、镐余泽，得延于获麟之前，桓、文盛烈，不遽致金虎之变。挽日下之势，竭其股肱；亨云雷之屯，殚厥勇智。轨辙既易，霸图肇兴；坠统如线，臣力益振。以至纳肝效忠，化碧无悔。白日将坠，泣挥鲁阳之戈；震霆勿惊，愤挺佽飞之剑。挂瓢之风，不坠于晚近；采药之义，足化乎浇俗。原其器干与彼志节，虽道未方古，犹远迈汉唐矣。盖自隆周以来，凤皇翔冈，振鹭充庭。兔置显彼闵夭，鱼盐举夫胶鬲。世选尔劳，休戚与共；野处不匮，秀髦咸烝。为周之桢，并升夫殷士；于斯为盛，上媲夫唐虞。遗烈未湮，故家尚在。虽或遁于空谷，亦散见于四方。鱼跃于渊，文武能植其材；飞鸿满野，春秋犹收其效。是知种桃李者，荫及数世；蔚杞梓者，材贻四邻。此所以道息愈光，且决而未溃也。

季友以两社之忠，开三家之始。馨烈虽茂，裔嗣弗绍。柳下三黜，臧孙为政。虽不朽之誉，取高世禄，而蔽贤之责，难逭铁钺矣。晋之创伯，狐、先实为上勋，逮其中衰，羊舌弗获大用。石、宁两臣，忠能定乱；史、蘧不进，仅可救亡。故君子之多，虽足重国，而大臣之道，首在荐贤。郑有罕虎，齐有叔牙。维彼二贤，见识知己。晏客石父，乃失宣尼。然墨者之言，颇疑失实。令尹三仕，斗、孙并称；楚材虽多，先后并美。入郢之难，包胥乞援于外，沈尹抗节于内。人好司马，并及叶公，虽彼象贤，亦推乌爱也。

夫恢瑰之才，必垂景钟之铭；正素之士，不惜昆玉之碎。当时九州相君，上士达节。然如荀息、孔父、仇牧之殉国，召忽、彭生之授命，士𫇭、叔孙婼之效死，子家羁之从亡，在彼当日，固属岁寒之松，传之后世，亦云风劲之草。若目夷、季札，逊国称贤，近比曹臧，远追鲁隐，亦讵不可愧彼攘臂，消其竞心者乎？

语曰："得人者昌，失人者亡。"虞不用百里奚而亡，秦穆公用之而霸。阖闾用伍员而霸，夫差杀之而亡。是故良骥常有，罕逢伯乐之识；威凤高翔，必俟夔律之应。乃自猜薄愈甚，大义罔终。范蠡浮于五湖，文种坠乎一剑。功同再造，而身莫保元吉。桓、文之风莫嗣，管、狐之勋不录。此世变日下，而春秋之所以终也。

夫盛德弗泯，光炤旂常；先芬未寂，文炜编简。赞美之义，振古为昭。大汉龙兴，士衡振其玮词；三国虎据，彦伯奋其鸿笔。矧夫才为三代以上，功蓋五伯之间。论定圣门，荣褒华衮。岂可使绵世寝远，颂美弗传；朗耀渐渝，光灵不属者哉！

乃次其名臣，各为之赞。鲁八人：季友、曹翙、展获、臧孙辰、仲孙蔑、叔仲彭生、叔孙婼、子家羁。晋七人[①]：荀息、狐偃、赵衰、先轸、士会、士燮、羊舌胖、祁奚。卫四人：石碏、宁俞、史鳅、蘧瑗。郑四人：考叔、国侨、罕虎、游吉。齐四人：鲍叔牙、召忽、管夷吾、晏婴。楚五人：斗穀於菟、孙叔敖、申包胥、沈尹戌、沈诸梁。宋四人：孔父、仇牧、目夷、乐喜。秦二人：百里奚、蹇叔。吴二人：季札、伍员。越二人：文种、范蠡。赞曰：

赤雀沉辉，火乌坠彩。皇舆虽迁，玉步未改。瓜剖分疆，尘飞动海。颂歇菁莪，香郁兰茝。道废王朝，光启侯国。列宿储精，群英奉职。各附骥尾，争攀凤翼。珠光竞明，玉采无匿。宗邦秉礼，宝祚中颓。党台割臂，桓宫忘哀。伟彼成季，支斯倾危。在手有文，赐田爰开。破斧灭亲，宝刀歼魁。三桓位冠，两社功推。桓桓曹翙，勇奋风雷。匕首既动，边关以恢。图钟谏社，文武兼才。鄙彼肉食，无谋可咍。枳棘栖凤，疑为不祥。鸥鹣虽纷，苞采弥光。柳下三黜，直道自昂。祖裼非浼，坐怀若忘。片言鼎重，三篋书藏。圣师百世，身摧道彰。臧文擅名，庸中佼佼。世传谏节，言重坊表。邑圭齐侎，玉毂卫保。藻山巢龟，钟鼓乐鸟。既没不朽，蔽贤非道。瑕不掩瑜，亦云国宝。醴泉芝草，羌无根源。煌煌驿角，见重山川。加人一等，献子称贤。聚敛不畜，美室匪愆。惠伯殉主，大节懔然。身埋马矢，名失麟编。玉霜封条，寒松乃现。鹳之兆祸，鸡斗兴变。懿伯从亡，坚逾百炼。苦志执绁，忠言规瑱。复君未克，从政奚羡。双琥既辞，神龙不见。叔孙多贤，先穆后昭。豹乃晚谬，婼不私劳。争币鲁社，请冠霸朝。见庭遗憾，言幄徒嚣。一死自白，三命奚高。魂魄去矣，谁歌大招。兰以焚香，玉以剖洁。君命虽乱，臣心乃烈。荀叔谋臣，亦仗名节。甫操宝璧，旋伤金玦。九原弗惭，六尺可掣。青简有炜，白圭无缺。广厦肇辟，匪材弗胜。雄图鼎新，匪人曷兴。狐赵佐霸，冠伦魁能。壶飧早洁，投璧晚矜。鸤飞享从，鹑尾机乘。一龙既奋，五蛇同

---

① 按，下文所列实八人，非七人。

升。三军洸洸，元帅难得。郤縠敦《诗》，先轸尚德。分田善谋，公族
横击。蒙虎镂勋，匹马寇敌。怒唾于朝，归元于狄。文襄继兴，父子著
绩。天下之宝，不惟一方。弃才于敌，借兵赍粮。秦用士会，晋人彷
徨。鞭策既赠，黻冕乃光。赤狄种灭，绿林盗藏。击杖训子，骰烝尊
王。文子先见，厚墉是防。胜敌而惧，速死乃祥。奇才轮困，徒为桷
榱。叔向之贤，厄于位卑。射鸮悟主，瘠牛伸威。贻书规侨，彻备微
围。《春秋》是习，学识振奇。嗟彼羊舌，丧于豺儿。祁奚乘驷，亲仇
不遗。赤族之祸，白首同归。复仇定国，是谓纯臣。臣年虽老，臣力方
新。燕飞送归，羊肩灭亲。宠禄弗过，大义曷伸。舒策贵智，抱忠贵
愚。长牂守国，獒犬前驱。薄酖不死，橐饘潜输。歌诗论祀，讵曰真
迁。猛兽据山，藜藿不采。贤臣在朝，国命无改。蓬贤屡出，史直近
殆。过阙有声，如矢弗悔。尸谏斯愤，灶炀安在。惜哉卷怀，未作名
宰。孽生君国，大伦灭天。不愧白日，乃誓黄泉。考叔纯孝，母子复
全。舍肉悟主，挟辀竞前。蝥弧先登，射矢下颠。猰犬曷诅，姣人斯
怜。春秋多才，谁为领袖？贤哉东里，兴自华胄。攻盗振奇，成童挺
秀。既听虎帅，不恤龙斗。孰杀始谤，儿啼终奏。黄熊是辨，铤鹿毋
走。瓘斝匪吝，玉环弗授。乘舆济人，登陴备寇。岂惟火烈，治乃近
王。行无越畔，校不毁乡。制锦勿使，褚衣有章。圣门称道，霸国敛
锊。亦有知己，罕氏推长。户钟得民，国栋称良。嗣者世叔，崔苻是
攘。黄父论礼，大言煌煌。君忘射钩，臣侈镂碗。鄗黍阻禅，包茅柔悍。礼厚橐垂，汲苦绠
短。社鼠深患，盐蜃谨算。九合功巨，七子乱缓。惟鲍知管，犹虎授
侨。分金贾市，奉杯齐朝。召忽强武，万乘弗恌。一叶生轻，千仞节
标。受赐虽永，劲风独高。三人鼎足，生死同昭。权宠方争，避难在
俭。平仲卑卑，有幅自贬。鹿裘以朝，豚肩不掩。贵踊薄利，枕股非
玷。虎门端委，牛山笑诮。缧绁求贤，书社讵险。大臣之义，主亡与
亡。牧也殉闵，父亦属殇。祸起督万，乱生子商。正色竖义，手剑叱
强。攻家堕族，著门逢殃。华裒特笔，并美《公羊》。五伯迭兴，兹父
最下。楚毛让泓，鄫血丹社。卓彼子鱼，职兼司马。逊国守国，神灵攸
假。与宋升降，邑中之黔。公粟善贷，火政莫侵。桔弓镨逐，削邑戍
箴。不贪为宝，千秋德音。维楚有材，云蒸杞梓。於菟毁家，亦云忠
矣。朝设脯糗，位澹愠喜。嗟尔虎乳，恐馁狼子。孙叔良相，荐由虞
丘。埋蛇阴德，秉羽深谋。城平板干，水灌雩娄。高楣俗变，北辕功

收。始进掩口，末封摇头。廉吏可为，负薪终酬。君亲大伦，惟义所处。子胥包胥，复楚兴楚。臣怀存荆，君恸越莽。祸延蛇豕，援乞蒲虎。鸡次赏逃，鹄倚功举。司马受命，句卑布裳。毁舟失策，城郢知亡。万民之望，笃生诸梁。如父如岁，云掩云伤。定乱避位，方城之良。好惊真龙，直举攘羊。崤陵之败，蹇叔哭师。弃彼黄发，乃遇墨衰。百里举腠，上侔莘伊。龙尾虞灭，牛口秦知。慷慨养牲，悲歌伏雌。有子不懈，显君西陲。乾坤生才，不遗山泽。于惟大贤，德变蛮貊。延陵翩翩，名节赫赫。审音知政，与缟赠客。剑挂且许，钣交何责。大雅不群，追踪泰伯。复仇大义，著在《春秋》。吹篪吴市，解剑渔舟。臣报弃疾，君忘姑浮。南郢鞭尸，东门悬头。江涛马奔，宫露衣抠。属镂既赐，主恩以酬。前沉后扬，皇天之佑。羽翼既成，山河重秀。赳赳子禽，稽山居守。九术敌破，四封国富。夷光乱谋，宝器致赂。鸟喙共患，狗烹曷救。朱凤衔图，乃不再鸣。翠虬润物，复归沧瀛。渊哉少伯，犬窦发声。穷天格高，极幽洞冥。五行消息，万物化生。小试霸越，三徙成名。铸金环封，怀宝间行。逸气超世，千载谁争。世乱多才，纲颓复振。人竞翔翚，国思市骏。象贤旧族，鸟集新进。金版铭勋，珠繁弭衅。英英群彦，济彼时艰。素王曾褒，青史弗删。伟烈范俗，古光照颜。式此型镜，贞尔河山。

（录自《师伏堂骈文》，卷二）

# 汉云台中兴诸将序赞
## （1893）

　　君臣之际，难言之矣。冠履高下，缠坚之位既定；股肱左右，毗赞之绩遂著。上埤下黩，必将有以扶其倾；纲颓维绝，必将有以系其纽。苟非魁杰，曷佐戡定？图纬之符既陈，景风之典斯举。是以豺螭武成，乃崇茅土；虎豹戎服，亦赏金石。开国宝玉，义著乎癸贡；中兴圭瓒，光昭乎虎拜。所以崇报功德，褒酬庸勋。三五迭隆，靡不由此。道极数殚，斯义堙暖。驭下者不以坦怀待物，而切雷乘之震；奉上者或以高勋自诩，而忘日赞之美。凶隙斯构，上下交失。五战入郢，卒毙鸱夷；九术沼吴，终厄鸟喙。龙颜御世，牝煽尤酷。信、越菹醢，不胜冤愤；布、绾激变，亦昧保全。带砺誓在，皆成虚文；旂常功高，反为大戮。以阴以雨，常惧安乐之弃；有初鲜终，徒伤患难之共。鸟尽弓藏，兔死狗烹。粔籹彤卢，何其阔哉！若汉云台中兴诸将者，可谓懋功懋赏，善始善终者矣。

　　世祖迹奋白水，珍握赤符。霆击昆阳，则鸿烈慕声；电扫邯郸，则骏民效足。具祖帻之大度，推置腹之赤心。帝王有真，鄙井蛙之握喈；从容笑语，惩黄龙之猜刻。遂乃驱驾众力，鞭笞群雄。钺授四七，乱戡百六。东洛帝乡，富贵与共；南阳故人，优闲自保。其时岂无高密侯之败绩，咸阳王之飞章？寇君甚得人心，吴公隐若敌国。然而雨雪之疑，见睨即消；白日之明，浮云莫蔽。至于起兵主簿，俨同父子之情；玺书司徒，不讳尧桀之语。征虏既没，存见夫人；胶东受伤，先慰遗腹。甚乃豆粥厚意，箬饵旧情。珍甘尽于大官，邑赏全夫福禄。丈夫意气，眷贫贱之交；故友共卧，忘天子之贵。一眚弗究，八议可援。不斉四县之封，预防三公之责。固宜杯酒释柄，宋祖愧其猜嫌；凌烟图形，唐宗逊此恢豁者矣。

而诸将亦畏避权宠，深执谦退。青紫既盛，阖门养威；丹铅弗释，执经受学。治家无骄贵之习，牧民有恺悌之称。夫权势之竞，有自来矣。新故迭乘，先后相贸。乃能韬此武节，以赞文教；逊彼新进，若忘元勋。龙姿婉娈，常俪同翻之景；蛇辅悲叹，不悬宫门之书。至于邓氏各守一艺，窦侯戒观天文。慕雕龙之世禅，比珥貂之累叶。上无怏怏少主之虑，下无缺缺唶、伍之心。臣主俱荣，身名并泰。岂非三代以来，旷世罕觏者乎？

夫少康配天，仅一臣靡；周宣补衮，惟藉仲山。兹乃扫紫色淫蛙之锋，扑赤眉青犊之焰。朱火沉而更晖，苍生扰而仍定。鳞集响应，翼附争奋。兴布衣而膺衮绣，易武弁而调鼎铉。卒使南宫图象，易世念云台之勋；中兴佐命，群论疑星宿之应。伟烈盛美，辉灼世祀，足使追往者绳其轨，诏来者慕其迹。而图画斯炜，赞颂尚阙，亦尚论者所不能已也。

乃依其本第，序而赞之：太傅、高密侯邓禹，大司马、广平侯吴汉，左将军、胶东侯贾复，建威大将军、好時侯耿弇，执金吾、雍奴侯寇恂，征南大将军、舞阳侯岑彭，征西大将军、阳夏侯冯异，建义大将军、鬲侯朱祐，征虏将军、颍阳侯祭遵，骠骑大将军、栎阳侯景丹，虎牙大将军、安平侯盖延，卫尉、安成侯铫期，东郡太守、东光侯耿纯，城门校尉、朗陵侯臧宫，捕虏将军、扬虚侯马武，骠骑将军、慎侯刘隆，中山太守、全椒侯马成，河南尹、阜成侯王梁，琅邪太守、祝阿侯陈俊，骠骑大将军、参蘧侯杜茂，积弩将军、昆阳侯傅俊，左曹、合肥侯坚镡，上谷太守、淮阳侯王霸，信都太守、阿陵侯任光，豫章太守、中水侯李忠，右将军、槐里侯万修，太常、灵寿侯邳肜，骁骑将军、昌成侯刘植，横野大将军、山桑侯王常，大司空、固始侯李通，大司空、安丰侯窦融，太傅、宣德侯卓茂。赞曰：

列宿垂芒，群雄斗野。神应赤龙，帝兴铜马。矫矫虎臣，愔愔大雅。赏镂萝图，庆延茅社。鸟则择木，臣亦择君。冠负日月，威奋风云。避爵辞宠，建橐修文。伟彼交泰，集兹大勋。燎火炎炎，佳气郁郁。扶桑未融，孰先捧日。于惟元功，实首高密。髫年遇主，弱冠投笔。帷幄更筹，鄗侯再出。响震关河，师行纪律。龙章虽褫，凤采无匿。宠冠东京，名保元吉。绛侯少文，德茂安刘。广平鸷强，亦兼勇谋。晚定巴蜀，先平蓟幽。鬼语击手，蛙胸洞矛。主谅赤心，兵行黄头。马尾势衄，龙骧功收。反败为胜，以朴胜浮。伪檄诳众，大勋谁

伾。武节焱逝，必先文事。胶东勤学，将相之器。高言汉中，际会幽
冀。眷此解骖，期尔展骥。被羽克敌，伤夷惊帝。论功不言，剽甲佐
治。勋少方面，经明大义。两虎既和，三侯参议。虎生三日，雄姿奋
扬。骥志千里，历块超骧。好時按剑，童年耀铓。抗论河北，决策南
阳。击贼破胡，走岑降张。有志竟就，其锋莫当。比烈历下，克平东
方。三世为将，威声煌煌。古者将才，皆由循吏。氂敌以威，泽民以
惠。雍奴堂堂，文武兼备。朱旗赪山，赤伏践位。比萧坚镇，效蔺屈
意。食输骊驾，谏挽龙辔。嗜《左》成癖，借寇斯治。民怀仁恩，友感
厚施。江湖万里，荆益二州。汉祚虽复，皇风未柔。舞阳后服，归德早
侯。追戎秭归，围丰黎丘。既下朱鲔，乃平黄牛。首破荆门，神行汉
涪。秋毫不犯，电锋无留。星陨一剑，庙祠千秋。河洛既定，关陇后
平。乌合睢刺，黄图榛荆。阳夏间说，主簿振名。龙乘贺梦，菟肩进
呈。推锋上党，赐剑西征。黾池翼奋，上林都成。骑箕冀县，攀云父
城。大树之德，宏我汉京。萧曹元勋，亦缘故旧。潜龙夙好，拜爵先
授。高侯尚儒，春陵邂逅。日角谶语，风尘奔走。买蜜追念，舍讲更
候。垂翅加慰，受降见宥。不存首功，但取印绶。改王去大，伟矣上
奏。穰苴整肃，郤縠雍容。将略独邃，君恩以鸿。颍阳全德，直绳奉
公。口血破贼，肘石诛丰。覆盖陇下，投壶军中。黄门飨劳，玄甲饰
终。乘舆陨泗，学士论功。建立孔后，卓然儒风。炎精更辉，实由二
郡。阚如突骑，陷彼坚阵。栎阳安平，北州之俊。骠骑名崇，虎牙力
振。南蛮雾散，西防烟烬。衣绣自荣，编竹斯奋。叛臣齿击，疟鬼卧
镇。国共功名，人怀威信。汉重吏事，曹掾多才。安成呼跸，戡奋众
摧。人骇异貌，天生奇魁。服叛魏郡，犯颜天阶。东光献马，举族偕
来。焚庐载木，傅弩衔枚。赤丸先戮，朱英何猜。匪独武略，郡民见
怀。黥彭侯王，乃出群盗。下江绿林，雄名先噪。朗陵运奇，骆越争
劳。益马张旗，谋同增灶。扬虚归心，被甲氂暴。嗜酒故达，敢言匪
傲。将鸣龙剑，志扫狼纛。抵掌书上，销锋诏报。南阳诸刘，实为宗
英。安众烈烈，慎侯挺生。射犬早至，骠骑后荣。垦田难问，诘吏何
明。全椒解印，步负怀诚。设坛祖饯，期门从征。困贼高垒，传烽井
陉。主念勤绩，边思政声。帝信赤符，官崇玄武。阜成之升，野王是
抚。念功槛车，平贼屯聚。胡作水神，乃为渠苦。祝阿赐衣，拜将强
弩。短兵歼魁，清野困虏。专制青徐，威行齐鲁。惠此贫弱，清彼盗
薮。中国鼎沸，北夷始骄。高柳煽乱，塞榆萧条。参蓬洸洸，中坚自

豪。广平鹰扬，沛郡虎超。狼烟夜照，雁塞天遥。屯田既成，虏马失骁。昆阳毁族，江扬功高。始惫盟眉，终荣珥貂。逐鹿纷然，从龙贵早。疾风震荡，谁为劲草。合肥左曹，洛城先扫。孤军无援，食菜自保。富波慷慨，河冰天造。瑞比鱼舟，士尽枭藻。不惊酒樽，乃筑亭堡。颍川之良，皆云国宝。神龙失水，几困泥蟠。九县飙回，孤城独完。阿陵作檄，炬火弥山。驰骑巨鹿，斩鲸邯郸。蹇蹇中水，忘亲怀丹。断发俗变，礼容民欢。槐里共事，南阳力殚。三杰协心，熊罴桓桓。兴邦丧邦，一言乃判。先几难明，朗照谁断。灵寿廷对，乃决成算。妻子弗顾，神明攸赞。昌城聚兵，宗戚捍难。心结瘿扬，系隆圣汉。密县死事，河朔平乱。拟彼傅靳，俱为良干。茫茫宇宙，谁测天人？龙蛇纷纠，孰辨伪真？山桑固始，玄鉴洞神。或起草泽，或兴荐绅。艰厄结好，尊荣缔姻。南方不忧，西域益振。叱咤霄汉，拔身风尘。举义知命，齐膺上勋。海水群飞，节义乃见。睹几蝉蜕，识主豹变。安丰惆惆，神照独电。据地河右，奉书汉殿。观符如镜，邪说不眩。脱屣千里，卑躬北面。塞人上天，掌文自炫。伟彼信效，独承殊眷。盗据天位，人饮狂泉。风教日薄，王灵曷宣。断断宣德，为时大贤。马失不辨，蝗灾弗延。污浊力避，龚鲍比坚。终絷白驹，重睹青天。式闾立馆，新政所先。化彼虓悍，隆兹几筵。日月丽天，群星相荡。重离继照，六合同朗。麟阁追美，鸿胪促上。赤县澄清，白茅懋赏。如彼广厦，梦楹是仰。如济巨川，刳剡必仿。臣靡矜骄，主厚恩奖。苍赤正度，丹青垂象。

（录自《师伏堂骈文》，卷二）

# 唐十八学士序赞
## （1893）

　　夫乾坤定位，悬象昭焉；天地再清，大文炳焉。是以苍赤舛度，玄黄肇辟。熊虎之师既偃，鸿鸾之采斯振。古者放牛修文，息马论道，求才若不及，改辙如弗遑，岂重新进而弃旧勋，务虚文而忘实政哉！诚以取守殊势，匪孤恃力；揆奋并用，必兼尚文。一谈一咏，柔彼虓悍之气；既文既博，静此嚣竞之风。龙战之世，凤鸟不鸣。必推式闾之典，仿佛筑台之意。好画龙而龙下，买死马而马来。维斯虫雕，亦伟鸿业。矧于才配四友，功参十乱。被饰大猷，弼主明王之上；绳矩前哲，跻俗丰美之域者乎！

　　文墨议论，冠猎狗之功；梁丘望之，图麒麟之象。文若迁而不可废也，士至贱而不可轻也。黼黻非以华国，乃致治之具也；绵蕝非徒荣古，乃定乱之机也。师处友处，帝王之盛节；雅儒俗儒，存亡之大界。自干戈道丧，庠序教衰，既脱虎贲之剑，不参鸿生之议。挟书定律，偶语弃市。腐儒是诮，诵说见讥。矜马上之治而弃《诗》、《书》，逞豺离之雄而薄风雅。以履绚为迂远，以篆刻为浮华。珥笔者屏勿庸，曳裾者斥勿进。死士之垄，骊山掩以机槛；大儒之冠，龙颜加以溲溺。汉重图谶，以赤符论学；魏尚刑名，以清议为戒。士生其间，何其厄哉！

　　且天之生才实难，士之逢时不易。芳兰乃遭翦刈，琬玉或就煨尘。幸而时遇清明，人乐振拔。以彼际会，可谓盛矣。乃或颜驷白首，主好武而臣好文；卢生幽忧，己尚儒而时尚吏。凤起摧其劲翮，鸿渐铩其羽仪。方枘徒持，员凿莫入。隋氏一代，弃才尤多。文帝胥吏之学，罕通古今；炀帝属文自矜，轻视臣下。至于鱼藻见訾，燕泥致诛。人君忌才士之名，天子争高选之誉。方领矩步者转于沟壑，怀铅握椠者委于草莽。睢剌之痛深矣，文学之厄极矣。

若太宗之握符膺箓，倘亦天之未丧斯文乎？帝以英睿之才，兼文武之道。脱金甲而吟宫体，开玉山而论古义。天策上将，卓然儒宗；幕府人才，郁为时栋。礼贤之馆，竹简聚夫坟素；直宿之庐，芙蓉泛夫绿水。比推食之诚，日赐珍膳；同布衣之义，无间常礼。不以悾偬废讲诵，不以武略薄文儒。遒文丽藻，开一代昌明之运；鸿律蟠采，涤六朝轻艳之风。匪独渐渍玮词，亦以商榷大政。贞观之盛，殷周比隆。若帝者，岂非明于治道，知所先后者欤？而诸学士负其俊才，逢此革命，风雨虽急，弗辍其音，榛芜肇开，益奋其采，卒能身际昌运，见知真主。上者功参佐命，拟莘野、渭滨之遇；次亦旹其龙文，备石渠、东观之选。虽其成就各异，晚节或谬，原彼始进，盖彬蔚一时焉。

昔梁孝好文，邹、枚授简；淮南慕道，九师著书。陈、徐、应、刘，后园美其同乘；任、范、沈、谢，西邸隆其上宾。辞采虽工，勋略未振，徒逞雕龙之辨，弗逢附凤之期。比其盛美，皆有弗逮。遂使翘材之地，取譬于三神；瀛洲之登，艳称夫千载。推其位次，同符汉代元侯；著为图象，绝胜鸿都门学。此则于斯为盛，见周武乱臣之多；生不同时，慨沈炯通天之表者矣。

立本之图，久绝旧府；褚亮之赞，亦罕传本。乃感其事，序而赞之。大行台司勋郎中杜如晦，记室考功郎中房玄龄、于志宁，军咨祭酒苏世长，天策府记室薛收，文学褚亮、姚思廉，太学博士陆德明、孔颖达，主簿李玄道，天策仓曹参军事李守素，王府记室参军事虞世南，参军事蔡允恭、颜相时，著作郎摄记室许敬宗、薛元敬，太学助教盖文达，军咨典签苏勖。赞曰：

运际鼎革，人思赞参。真主握镜，英僚盍簪。晋水飞龙，秦宫梦骖。方州剖豆，大厦收楠。煌煌太宗，道兼经纬。武节焱逝，文辞霞蔚。梁苑才多，燕台士贵。宏兹人网，奠彼鼎沸。瑶池万里，必骖骅骝。巨川茫茫，谁为楫舟？惟房与杜，能断能谋。比烈萧曹，追踪召周。位重鼎铉，机深帷幕。堂堂宗臣，蹇蹇庙略。尸谏晚激，羽翮先落。笙磬同音，并司管籥。于公作相，亦进元僚。谏苑赐绢，崇阶珥貂。脱囚并列，让田同朝。晚厄牝鸡，终殊李猫。野鸟为鸾，谀多直寡。恋矣苏公，乃蒙优假。争礼追武，谏猎比马。高议披香，声振殿瓦。名父之子，实惟伯褒。露布马上，雷轰虎牢。黑闼策勋，黄金励操。火色腾上，英华早凋。宛宛长离，出自俘虏。希明恳幅，军中裨辅。赐马嘉才，格虎谏主。有子象贤，晚困鹦鹉。白刃可蹈，乃见忠贞。思廉正色，唐公却兵。虓虎气夺，散骑秩荣。卒业二史，抗义九成。兴国大计，首在崇儒。虎观论道，鸿都聚书。德明仲达，蔚为双珠。拜床是耻，避地匪迁。三教博辨，千言暗记。伟彼耆硕，开兹文治。渊哉《释文》，卓矣《正义》。焜耀三唐，沾丐百祀。玄道英英，短簿之职。既脱虎口，乃攀凤翼。大义裁督，草书始激。初惧非辜，终美风绩。六朝之季，世重甲门。高下喧竞，南北纠纷。仓曹赡学，氏族洞源。肉谱可畏，腹笥同论。永兴躬躬，帝称五绝。貌若儒谨，中乃抗烈。蛇灾献言，禽荒纳说。非徒毫翰，亦补衮阙。明镜蒸食，乃损其真。胡彼雅士，遗教宫人。允恭岳岳，晚作参军。爵拜洗马，书希获麟。颜籀巨儒，孰为难弟。睿也博闻，亦游朱邸。王廷抗争，春官秉礼。二陆齐称，双丁壹体。孔雀虽毒，不掩文章。华藻菱蕤，乃非栋梁。敬宗晚谬，文采自光。多闻帝丘，妄议朝堂。济济河东，斐然三凤。鹓雏发声，奇响惊众。款曲弗伸，机务是综。专掌文翰，亦称国栋。文达岐嶷，出自天然。墨守弗尚，青蓝竞先。当仁不让，经义是宣。官授助教，馆登崇贤。慎行有名，人美博学。选尚秩李，材翘械朴。王姬下姻，帝子宠渥。殿彼直庐，婉娈戎幄。蔼蔼多士，檠檠大才。黻黼月日，经纶云雷。耀奇莲幕，拟迹蓬莱。沧瀛路近，旸谷天开。士竞攀龙，主思市骏。照乘方珍，连城比俊。千载一时，百世思奋。芜词补遗，盛美垂训。

（录自《师伏堂骈文》，卷二）

# 复王子庚书
## （1894）

都门一晤，出京匆匆，未及再见。五月初到江州，询弟出京否，江人无知者。湖口阻风半月，廿日始抵章门。课卷堆积，天气炎暑，近日始将三、四、五、六月卷阅毕。昨得来函，过蒙推许，只益愧赧。

仆久困场屋，老骥伏枥，已无千里之志。今兹被放，本在意中。文福不齐，古今同慨。科名、学术，亦自分途。以仆所见，如粤东陈兰圃先生、吾湘王壬秋先生，硕学鸿才，震耀宇内，皆以孝廉终老。自审不及两先生才学十分之一，何敢言屈？惟是修名不立，齿发就衰，频年奔走，并覆瓿之业亦不能就，斯足慨耳。

弟才雄而气静，学富而心虚，无迂儒龌龊之风，亦无名士嚣张之习，求之今人，殊未易觏。今虽暂跧骏足，转瞬春闱，即当策名天衢，慎勿悒怏自苦。所论经学虽属根柢，然年少有才者，多不愿治朴学。仆少亦好议论、词藻，壬秋先生劝专治一经，不肯听。近以才华渐退，自分词章不能成家，又困于名场，议论无所施，乃不得已遁入训诂。经学非数年不能得解，又难遇识者，非寒士进取所宜。故仆并不以此劝人，讲舍中自卢豫章、贺赞元外，无专治经者。弟将来为文学侍从，暇时可勉为之，此时不必汲汲。至诗、古文、词，以弟之才，皆饶为之，但宜敛才就范，讲求格律、声调。诗、赋师唐人，骈、散文上溯八代，古法具在，无假仆一二谈也。

袁简斋云："天下清才多，奇才少。"讲舍为一省人才所萃，然奇才不能多见，建侯、尔翙最为杰出。然孔璋之才不娴于词赋，两生亦有此病。人各有能有不能，足见全才实难。新来者尚有数人，词章可望有成。周生观涛年少有才，可以造就。桂生念祖限于例，七月始能当课，犹未见其文字。盛学使相见，即询弟行止，云已寄函入京，劝留京，并赠旅费矣。此函曾收到否？学使刻试牍，请仆代改赋，其中有奇气者，以弟所作二篇为最，已为更易数字。八月朔再甄别一次，不知所取又何人也。

（录自《师伏堂日记》，光绪二十年七月初一日）

# 《史通·惑经》篇书后
# （1894）

尼山一老，师表万世。论德在庶，施功无所。惟以述作之功，独冠帝王而上。《易》、《书》肇前古，不过编次其文；《诗》、《礼》创元公，亦非专精之业。繄维赤乌受命，获麟绝笔。褒讥一字，并非沿袭；斟酌四代，讵同钞胥？所见所闻，微言传于齐学；知我罪我，大义发于邹贤。盖《春秋》为万世作经，非为列邦作史。文成数万，其旨数千。玄圣缀学，不必皆为赤制；素王垂法，自当保以墨守。而学海既亡，陋同蠡测，经天之义，付之管窥。

子玄本是史才，未通经术，欲以据事直书之例，妄绳受命制作之书，何异北辙南辕，方枘圆凿。执萧何所造之律，疑皋苏之法乖；据洛下所推之天，诋羲和之算失。世无愚智，皆知不然。乃自《左氏》晚出，杜侯谬悠，治经者专诵鲁史之篇，习闻当阳之解，莫不以《左》义为经旨，以杜解为传意。譬之秦王不尊，但知穰侯之贵；汉帝充位，惟服魏操之威。卖饼、大官，谬分轩轾；箴膏、起废，不守师传。渡江以来，专门业丧，宁道孔误，讳言服非，信传疑经，为日久矣。其惑非子玄所独，亦非瞀儒能解。说者或加曲护，或恣诋讥，皆未考其致惑之由，何能答其献疑之旨？今推本经义，详为辨释。

褒贬之例，二《传》最明；臧否之文，《左氏》间具。行以直道，讵有曲笔？若郑、楚、齐三君，皆以疾赴，遂没弑文，则以君臣大伦，非可忽视，弑逆重恶，不宜轻加。夫子身非史官，事未亲睹，岂得执此疑狱，断为铁案？至于反不讨贼，药不亲尝，乃以明臣子之重防，创非常之异义。赵盾书弑，本由董狐。许止之事，盖亦彰灼。凝脂漏网，比喻非伦。钘荼弑原属陈乞，灵缢实由楚比。阳生观从，并非首恶。以此为惑，毋乃大愚？

善恶直书，史官之实录；贤者为讳，《春秋》之微辞。灭卫不书，河阳言狩，皆褒桓、文之霸绩，岂有向背之私情？若夫或书或不书，非所讳而讳，求之《公》、《穀》，庶得折衷。《左》既偏而不全，杜尤诞而难信。虎叛不记，子卒不名。晋葬吴盟，齐止邾败。斯皆谊重尊亲，内讳国恶，讵可执后世之史法，议至诚之大经？

《春秋》属商，乃启西河之教；大义口授，必传东鲁之书。汲郡《纪年》，魏人所撰。当由师传有自，是以书法略同。杜氏《后序》，昧于斯旨，以为当时旧史，率同此法，夫子并不能自创义例，专袭此等旧文。因其所见殊慎，乃至非圣无法。子玄习于杜解，沿其谬说。则是马迁《史记》，预袭班掾之辞；陈寿《志》书，先偷蔚宗之作。大可嗢噱，奚云厚诬！若夫公子阳生，《公羊》自有义例；许男围蔡，列国不乏重封。即有阙文，无伤大旨。《春秋》重义不重事，何必吹毛而索瘢？夫子撰不刊之书，为后王之则，非因周礼旧法，鲁策成文。故或大事而不书，或小事而必纪。其文有略有详，其例有正有变。杜作《集解》，执其僻说，谓经承旧史，史承赴告。圣人作经，乃事剿说；断烂朝报，故非诬辞。夫以万世之师，并无一书垂世，所定凡例，皆出周公，则四海儒林，应祢西京之衮绣，八方俎豆，可祧东国之章缝，讵宜扬彼余波，沿其贻缪？

子玄诋斥古义，分条虚美，其意仍不过以汲坟为信史，杜解为圣书。遂至追议龙蹲，大有傲睨之语；轻视凤德，遽加掎摭之词。驳孟子之名言，毁史公之精义。推崇孔子，率以为非；隆重《春秋》，更疑其失。意图翻案，弊在昧经。虽曰犷悍之言，端由沉溺之久。大惑不解，亟宜浴以兰汤；遗经独抱，愿与参夫笔削。子玄往矣，何从释疑；后有达者，庶使无惑。

（录自《师伏堂骈文》，卷四）

# 《史通·申左》篇书后
## （1894）

　　自端门受命，斯操制作之权；西河传经，乃判高、赤之旨。独有
《左氏》，不传《春秋》，或经阙而传存，或经详而传略。盖其书本别行，
体殊传注，足以自成一史，不必依傍圣经。又以晚出，不无窜乱。创通
大义，非复素王之心；颠倒六经，皆由红休之意。贾、服作注，参用
《公》、《穀》，门户之见未甚，源流之合可寻。杜预始拨弃旧解，排斥二
《传》。《释例》不免偏驳，是非谬于圣人。子玄一孔之儒，偏智所得，
能通《左氏》，不解《尚书》。是以学不纯经，才惟任史，《惑经》之后，
继以《申左》。盖谓丘明之圣，逾于仲尼；杜预之才，优于游、夏。今
就所扬榷，更为折衷。

　　《春秋》一经，孔子所作。列国、秦、汉，人无异辞。惟《左氏》
以为鲁《春秋》本于周公，子玄遂谓始自姬旦。案旦作《春秋》，羌无
前典，岂得执一家之偏说，背万世之通议，夺尼山之简策，上献先君，
分泗水之笔削，远加冢宰？说经之家，古称聚讼，必须两造具备，乃可
互证而明。今无他书可凭，惟是以《左》证《左》。《周礼》所在，御书
之出。持此自欺，何能信后？

　　左与圣人同时，不在弟子之列。良以身为国史，未及从游，虽有采
摭之勤，莫窥科旨之奥。二《传》授由子夏，谊属再传，义例皆出亲
承，刺讥本难书见。故《左氏》先著竹帛，适传其粗迹；二《传》始由
口授，乃得其精微。非可泥时代之后先，定传文之优劣。《左氏》所引
名卿之论，行人之词，秩然有章，世称富艳。然《穀梁》清婉，《公羊》
辨裁，各成一家，并著三《传》。子玄党同伐异，不思殚见洽闻。扬
《左氏》则置之青云，抑二《传》则等之自郐。轩轾太过，比拟非伦。

　　又谓实录付之丘明，至疑孔经不可独用，善劝淫惧，惟《左氏》不

愧斯言。夷考《左氏》一书，每轻忠义而奖篡弑。孔父正色，以艳妻行路为讥；仇牧死君，与弑逆之督并列。荀息言玷，不免微词；泄冶立辟，反受贬责。而弑君赵盾，盛称宣孟之忠；贼主栾书，上比召公之德。略为偻指，岂所谓善劝淫惧者乎？且夫王乔凫履，左慈羊鸣，杜魄为鹃，荆尸变鳖，子玄极加挥诋，屡见简编。《左氏》书于伯有相惊，申生显见，宝珪化而为石，绛市杀而仍苏，此何异于凫履羊鸣，化鹃变鳖？而经外别事，曲为偏护。岂灵异谲诡，难载于后世之书；怪力乱神，应存于三代之简？一弃一取，讵得为平！楚围弑麇，二《传》不载。庆封行戮，已见其端。蒯聩得罪先君，势难返国。围戚伯讨者，义之正；夫子不为者，仁之至。二说本不相悖，非可泥于一端。《公羊》并无贤辄之文，安有奖进之失？至于三国贼弑，四君篡逐，《左氏》虽稍见详，二《传》亦非尽略。此当统观全传，未可轻诃古人。古书兼采众家，意在网罗散失。或数说并记，或二说俱存。未尝专主墨守，保咫闻而屏群义；远师秦法，别黑白而定一尊。子玄所疑杵臼、程婴、马惊败绩之类，或由见闻之异，或属传写之讹。著书抵牾，皆所不免。必谓《左传》无误，"君氏卒"言声子，殊近不词；"暨齐平"不称燕，无此书法。他若卫宣烝姜，伯玉出关，以年考之，皆不能合。岂得《左氏》独是，而马、刘尽非乎？

守一先生之言，断千载上之事，有同豕虱，何异井蛙？《春秋》属商，圣言昭著，何可屏去卜氏，增入丘明？史公别鲁君子于七十子之外，正《左氏》不传《春秋》之征。子玄不识，反违而妄引为将伯，疏失之误，固无讥焉。

（录自《师伏堂骈文》，卷四）

# 孔融荐祢衡论
## （1894）

　　夫进贤受赏，有国之宏规；以人事君，为臣之盛节。良以蛟龙腾骞，必假尺木之阶；麟凤隐曜，亦须高识之拔。矧乎三精雾塞，九县飙回，杞梓竞收，松竹争采，将欲拯黎元于涂炭，振宇宙之墋黩，安可不激扬奇杰，寤寐风云者乎？

　　孔文举之荐祢衡也，时则许都初建，汉鼎未移，火德之运方微，黄精之萌已兆。文举搜述人杰，贡之天廷。称盛宪则许以大名，荐谢该则惜其抱璞。博延茂异，北海之樽不空；思宣大化，东阁之门常启。推毂长者，非止郑庄之驿；力挽颓运，直比武侯之忠。向使褐衣召见，逸足进用，安世默识，非徒奇丽之观；任座抗行，并收直谏之效。其为补益，固已多矣。

　　或谓明哲之士，必先保身；俊杰之才，要在识务。其时柄归权强，运应蜇迍，荐士之表，疑非其时。不知危而不持，迟任所为太息；知其不可，宣圣由是栖皇。文举备位大臣，搜扬遗逸，见骙蓑而必进，冀虹蜺之垂光，固将挽洪水之横流，增四门之穆穆。岂知告夫三子，鲁哀不得自专；政在五侯，刘歆无由得进。君门非远，虎豹孔多；蹇修虽工，鸩媒实误。良璞未剖，遽罹煨尘之灾；夜光暗投，反遭按剑之盼。此由道消运尽，亦岂文举所及料乎？

　　或又谓鲁国男子，才既疏阔；平原处士，尤伤轻俊。岑牟单绞，既非雅德所为；探怀一刺，将无臭味之合。不知文举之荐衡也，固谓其忠果正直，疾恶若仇，意其人必志匡公朝，不屑拜恩私室。乃阿瞒笼络，并无好士之诚；正平嫚骂，激为愤世之举。鸷鸟一鹗，莫显立朝之节；鹦鹉千言，竟乏全身之术。此真文运之厄，岂由推荐之非？若夫大儿、小儿，非必情理之实；孔子、颜渊，皆出忌者之口。郗虑破壁取后，讵识纲常；路粹奋笔害贤，安知名教？必若信彼诬词，肆其妄诋，是许由轻天下，而舍人反疑其窃冠；不疑本无兄，而议者乃诬其盗嫂。吁，何陋乎！

嗟乎！祁奚荐羊舌，而族与羊舌同沉；陈蕃进李膺，而身偕李膺并戮。覆巢完卵，并及二男；穷鸟依人，空伤伍伯。而建安七子，并传琳瑀之名；渔阳参挝，足褫奸雄之魄。徒使千载之下，虚慕执鞭，旷世相感，犹余奏牍，可为忼慨兴怀者矣。

（录自《师伏堂骈文》，卷三）

# 章实斋《文史通义》书后
## （1895）

　　自儒林道降，始分文苑之篇；司典失官，乃奋史臣之笔。华藻之士，易谬玄黄；缀述之徒，罕别朱紫。是以雕虫小技，见薄扬子之《法言》；霸上儿戏，致轻徐公之文体。文史之义，通者鲜矣。于是彦和著书，《文心》擅雕龙之巧；子玄发愤，《史通》溯获麟之初。摧陷廓清，厥功甚伟。而自单行变体，竞崇古文；方志繁兴，上比国史。五色评本，等释氏之《传灯》；一卷骫骳，供文人之游戏。乃至村学帖括，优孟韩、欧；令史案牍，摹画班、范。江河日下，暗忽不还。

　　章子实斋，有慨于中，著为《文史通义》一书。大旨以为攻文之士，贵别体裁；撰史之人，先明凡例。不得以评骘时文之法，窜八家之文；以点缀名山之编，淆一邑之志。掎摭利病，区画流别。震川家法，未登汉人之堂；《表忠观碑》，谬袭秦皇之制。远规前哲，工诃古人。如饮上池，洞见症结。挥斥诗话，嗢噱横通。箴男女赠答之非，戒名流标榜之习。虽若过为迂论，实有当于人心。至于删定志书，尤属生平精诣。详略疏密，用意细于茧丝；合并分殊，画界严于泾渭。武功、朝邑，吴郡、姑苏。前贤名作，不轻附和；后世纂辑，庶免沿讹。是皆意在准今，非有心于虐古。且史因文而益备，当别选其华词；文与史而分途，勿使流于小说。洵能奉为圭臬，自可矫异芟浮。上比二刘，诚堪鼎足。

　　惟是彦和文士，仅解词章；子玄史才，犹疏经术。《原道》、《征圣》，不过貌为崇高；《疑古》、《惑经》，由于见未通达。故知梦执丹漆，殊涉夸言；献讥素王，讵免妄语。实斋所著，亦同斯失。首言《易》教出于《周礼》，误信《左氏》之述韩宣。不知《左》引繇辞，并非原本《周易》，虚云在鲁，安可据依？又以阎摩变相之形，比于龙血鬼车之象，助佛家以张目，匪儒者所宜言。且子玄所以惑经者，但知据事直书，未晓微言大义，以《左传》为经旨，以杜解为传意。实斋亦不解《春秋》，专信《官礼》。岂知山岩晚出，本六国阴谋之书；端门受命，有三科九旨之义。妄谓孔子只能述旧，周公实集大成。生民未有，不若公旦多才；《周礼》尽在，无烦夫子木铎。是曰非圣无法，实为纰缪之尤。

当时传稿京师，同人多不满意，谓蹈语录习气，或且移书规戒，犹未中其膏肓之病，而但疑其立说之偏也。他如劣端临而优渔仲，未免好奇；是王肃而非郑君，殊为失考。实斋知文人不可以修志，不知史学不可以谈经。左右佩剑，故宜相笑；尺寸有短，无庸讳言。至于都监戏剧，误作推官，临淮旌旗，谬言李广，偶失记忆，可无吹求。学者服膺是书，固宜分别得失，掇明珠于沙砾，搴芳草于萧稂，择善而从，亦无懵焉。

（录自《师伏堂骈文》，卷四）

# 孝经郑注疏自序
## （1895）

学者莫不宗孔子之经，主郑君之注，而孔子所作之《孝经》，疑非孔子之旧；郑君所著之《孝经注》，疑非郑君之书，甚非宗圣经、主郑学之意也。古人著书，必引经以证义，引礼以证经，以见其言信而有征。孔子作《孝经》，多引《诗》、《书》。此非独《孝经》一书有然，《大学》、《中庸》、《坊记》、《表记》、《缁衣》莫不如是。郑君深于礼学，注《易》笺《诗》，必引礼为证。其注《孝经》，亦援古礼。此皆则古称先、实事求是之义。自唐以来，不明此义，明皇作注，于郑注征引典礼者概置不取，未免买椟还珠之失，而开空言说经之弊。宋以来尤不明此义，朱子定本于经文征引《诗》、《书》者辄删去之。圣经且加刊削，奚有于郑注？今经学昌明，圣经莫敢议矣，而郑注犹有疑之者。

锡瑞案：郑君先治今文，后治古文。《大唐新语》、《太平御览》引郑君《孝经序》云"避难于南城山"，严铁桥以为避党锢之难，是郑君注《孝经》最早。其解社稷、明堂大典礼，皆引《孝经纬·援神契》、《钩命决》文。郑所据《孝经》本今文，其注一用今文家说；后注《礼》笺《诗》，参用古文。陆彦渊、陆元朗、孔冲远不考今、古文异同，遂疑乖违，非郑所著。刘子玄妄列十二证，请行伪孔、废郑。小司马昌言排击，得以不废。而自明皇注出，郑注遂散佚不完。近儒臧拜经、陈仲鱼始裒辑之，严铁桥四录堂本最为完善。锡瑞从叶焕彬吏部假得手钞四录堂本，博考群籍，信其确是郑君之注，乃竭愚钝，据以作疏。

《孝经》文本明显，邢疏依经演说，已得大旨。兹惟于郑注引典礼者为之疏通证明，于诸家驳难郑义者为之解释疑滞，冀以扶高密一家之学，而于班孟坚列《孝经》于小学之旨亦无憾焉。辑本既据铁桥，故案语不尽加别白。焕彬引陈本《书钞》、武后《臣轨》，匡严氏所不逮，兹并著之，不敢掠美。更采汉以前征引《孝经》者附列于后，以证《孝经》非汉儒伪作，窃取丁俭卿《孝经征文》之意云。

光绪二十一年岁在乙未仲夏月，善化皮锡瑞自序于江西经训书院。

（录自《孝经郑注疏》，卷首）

# 豫章丛书第三集序
## （1895）

　　后世之学者不幸，不见天地之纯、古人之大体，道术将为天下裂，流及今日，遂有汉学、宋学之分，以主考据者为汉学，主义理者为宋学。予谓义理特宋学之一家耳，而汉学之支分派别，乃多滥觞于宋。汉、唐以前，惟有注疏，其著书考文字，如《颜氏家训》、《匡谬正俗》者甚鲜。至宋，则《梦溪笔谈》、《容斋五笔》之类言考证者指不胜屈，是考证家所祖。《颜氏家训》列南北本之异，陆氏《释文》、孔氏《正义》亦间及之，时无刻本，故不专言校刊。宋之三刘、宋公序等，始钩稽异同，辨析得失，是校刊家所祖。古无谱录之学，宋乃有晁氏《郡斋读书志》、陈氏《直斋书录解题》诸书，是谱录家所祖。古无金石之学，宋刘原父始聚金石，欧阳公乃有《集古录》，而赵氏《金石录》、洪氏《隶释》《隶续》继之，是金石家所祖。古无搜辑逸书之学，宋王伯厚乃辑三家之《诗》、郑君之《注》，是搜辑逸书家所祖。由斯而论，近日自谓颛门之业别异于宋人者，实由宋人为之先导。故汉学家不当讥宋学之陋，治宋学者亦不当安于陋而授人以指摘。

　　江右为人文渊薮，宋欧阳、三刘、二洪，皆江右人。他若曾、王之文，山谷之诗，石帚之词，皆卓然名家，垂范后世。然则言宋学者，不必专举义理一家，言宋学于江右，亦不必专举象山一家，明矣。夫暖暖姝姝，守一先生之说，遂谓其余前哲概不必学，是曰自诬；守一先生之说，遂谓其余前哲皆若是，是曰诬古。一孔之见，如牖中窥日，何怪其不见天地之纯哉！

　　予承乏经训讲席，示诸生必由博反约，毋以一家之学自菑。江右诸家可师法者甚多，顾未得尽见其书，无以信其说。同年陶稚箕太史，少以诗鸣江右，近益务为博览，于学无所不窥，尤留意乡先生遗书，比年主友教讲席，课士之暇，取诸书次第校刻，其《豫章丛书》一、二集已刊布，兹复刊三集，而嘱予为序。予惟君之意在表章前哲，而津逮后学之功尤伟。观所甄录者，皆主实学，不取空言，学者见是书，足征前哲之学，无不实事求是，并非空谈性命，后学自当博览经史，仰追前哲之风。是固君之所乐闻，而予亦自幸其说为不孤矣，乃不辞而为之序。

光绪乙未仲秋月，善化皮锡瑞。

（录自《豫章丛书》，第三集卷首）

# 尚书大传疏证自序
# （1895）

　　自暴秦燔坑，经义埋暖，而《易》主卜筮，《诗》存讽诵，《春秋》未著竹帛，《礼》、《乐》本无成书，推原废兴，匪咎煨尽。惟《尚书》一经，上纪五家，邈乎百篇，末由再睹。斯文未丧，一老慭遗。著录本于秦官，发藏先于孔壁。五三六经之旨，如日中天；二十八篇之文，比宿北斗。若夫别撰大义，不尽发明本经。而欧、张传授，皆出高足；刘、班《略》《志》，首列《传》名。汉世四家言《诗》，二戴述《礼》；公羊经旨，司马史才。考其记礼之辞，多相出入；序事之略，亦堪证明。是知山东之大师，无若济南之闳远。

　　厥后东京祖郑，南宋宗朱。懿彼两贤，师法百祀。而《六艺》撰定，特为注释；《仪礼通解》，多引《传》文。然则专家虽亡，莫寻虎观之绪；四卷具在，犹见鸿生之遗。降逮元、明，竞逞虚诞。俗学蔑古，委之榛芜；空言祸经，烈于秦火。近儒搜辑古书，不遗余力，而伏《传》全本，莫睹人间。吴中略摭缺残，侯官复增校订。揆之鄙见，尚有讹漏，乃重加补正，为作疏证。仿孔冲远之例，释滞求通；衍晁家令之流，畅微抉隐。而皇、熊旧疏，莫可据依；摩诘古图，空传仿佛。拾遗订坠，有四难焉：

　　伏生生自先秦，多识古礼；学兴前汉，是为今文。枝叶所嬗，非止三家《尚书》；符节相同，通夫十四博士。乃自红休一出，赤伏中兴，信列国阴谋之书，用山岩疑似之说。昧者遂疑今为汉法，古是周文。素王之制，定自太常；六典之篇，可概上古。四辅匡主，以为《周礼》无文；太子迎侯，孰识异代之法？今将祛此大惑，绍夫专门，而曲台逸文，尘珠散失；石渠议奏，碎璧湮沦。其难一也。

　　东京作章句，必曲曲以敷陈；西汉尚微言，不字字而比傅。江都之述《繁露》，太傅之传《韩诗》，比于是编，实堪鼎足。乃或昧于古书之例，徒以耳食自矜。《皋谟》之言贡士，必欲强通；《多士》之论宫城，亦思影附。成王幼在襁褓，不解甚言非真；《梓材》谓命伯禽，务在穿凿立异。致为此书诟病，实由误会传文。今将辨明体裁，析解淆惑，而讹谬沿袭，或且强作调人；摧陷廓清，莫能比于武事。其难二也。

汉通天人，多出齐学。《诗》说五际，《春秋》三科，拟诸《洪范》之辞，皆明灾异之旨。故自汉至隋，并著于史。良以五行之义，自成一家之言。宋人疾纬书如仇雠，谓天变不足畏。《中候》十八，既诋雪言；大法九章，皆从弃置。今将甄极毖纬，推明禹畴，而河、洛遗文，无由钩摘；向、歆异说，亦鲜折衷。其难三也。

金丝既振，乃有壁书；门户斯歧，多逞胸臆。郑君既注是书，自宜恪遵勿失，乃诋欧阳为蔽冒，信卫、贾为雅材。间下己意，比于笺《毛》；或易本文，同夫注《礼》。易"曰容"为"曰睿"，变"大交"为"南交"。《甘誓》六卿，解以周制；《尧典》八伯，义非虞官。帝者之服五章，天子之城九里。皆由泥古，不免献疑。近人并伏、郑为一谈，昧古、今之殊旨。西庄之作《后案》，阿郑实多；朴园之考今文，诋伏尤妄。今将别汉司农之注，守秦博士之传，而庸俗异视，易谬玄黄；别定一尊，莫分黑白。其难四也。

锡瑞殚精数年，易稿三次，既竭驽钝，粗得端绪。原注列郑，必析异同；辑本据陈，间加厘订。所载名物，亦详引征。冀以扶孔门之微言，具伏学之梗概。世有达者，理而董之。

岁在旃蒙协洽壮月，善化皮锡瑞自序于江右经训书院。

（录自《尚书大传疏证》，卷首）

# 两汉咏史诗自序
## （1895）

　　诗人思古，乃有《楚茨》诸篇；词客咏史，肇兴《三良》之什。爰自六代，迄于三唐，属在大家之文，率有怀古之作。而滥觞伊始，波澜莫肆；椎轮甫导，金羁未施。逮乎元、明，厥有专集。铁崖奇艳，摭飞卿、昌谷之遗；西涯清矫，开论宗文笔之体。别其古近，每轻李而轩杨；推其正变，毋是此而非彼矣。

　　仆本憾人，少习史传，间有撰述，托诸短章。上自七雄，下逮六代。意兴所及，篇幅尚鲜，衰然成帙，独在两汉。诚以汉治近古，史文尤工，凡一盛而一衰，皆可喜而可愕。

　　始则赤龙受命，铜马称帝，云兴芒砀，雷震昆阳。三杰翊运，平凿齿之磨牙；四七授钺，扫蛙声与紫色。则有叔孙礼乐，强华符命。挟书除律，金丝之响乍腾；以谶定礼，玉牒之文斯镂。此一时也。

　　文、景继治，庠序未遑；建武中兴，枹鼓初息。至于武、宣之世，明、章之朝，石渠署设，考金马之文章，临雍礼成，修衮龙之法服。文治斯铄，武烈更宏。金人列于甘泉，玉门开夫亭障。狼居勒铭，遂致渭桥之谒；龙沙坦步，喜告葱雪之平。又一时也。

　　运罔隆而不陂，火久扬而欲沉。故自元皇临朝，和帝纂御，虽恭俭之德，有逾于前，而魁柄之重，渐移于下。薰胥擅国，炀灶之祸深；房闼持权，牝晨之患亟。朋党交构，易谬玄黄；戚宦互争，势成水火。乃致龙蛇杂处，麟凤不祥。东海萧生，和鸠自杀；关西夫子，大鸟陈冤。又一时也。

　　由是哀、平短祚，桓、灵不君。董公大贤，欲法尧舜；张、赵常侍，倚若父母。门枢白发，传行王母之筹；石上黄粱，钱数河间之女。遂使玉玺堕地，麋鹿寓城。去丁、傅而得黄龙，始宫邻而卒金虎。九锡开国，起新室之豺声；千乘北邙，逐平津之萤火。又一时也。

嗟乎！高、光二圣，几阅栉沐之劳；莽、操一出，遂迁龟鼎之祚。读班、范之史，未免拊心；问西、东之都，已成陈迹。乐府协律，空梦想夫昌时；茂倩解题，非必仿其体制。聊为长短之句，藉作块垒之浇。浊酒三升，但资喁喁；广武一叹，谁是英雄。效李峤《汾阴》之行，敢自矜为才子；比空同《汉京》之咏，庶靡滥于风人尔。

（录自《师伏堂骈文》，卷一）

# 史记引尚书考自序
# （1895）

汉京之学，皆有师授。龙门作史，自述宗传。《尚书》一经，独不言所自出；《儒林》列传，略可考其由来。其时晁错受书，未远年代；欧阳立学，已历岁时。上溯济南大师，当属再传弟子。故其义皆古义，而其文实今文。瞽儒昧经，率意妄诋。略陈其旨，乃有六蔽：

自壁中蝌文，谬托安国；航头逸字，倏增方兴。唐颂学官，宝此赝鼎。守节《正义》，司马《索隐》，未能别其异趣，猥云不见古文。不知临淮蚤卒，并无著述之编；麟止绝笔，讵志巫蛊之祸？乃执丰坊之鲁学，辄诋《毛诗》；信商英之《三坟》，反疑《周易》。此一蔽也。

宋儒好用义理，悬断事迹。见夫操诩天命，谓西伯不称王；莽号宰衡，谓元公无居摄。因噎废食，讵曰能通；惩羹吹齑，将无过泥？执彼目论，绳夫旧闻。诗人受命之文，以为尽妄；世家当国之义，皆曰厚诬。此二蔽也。

漆书一卷，本出西州；古学数传，盛行东汉。卫、贾之所傅合，马、郑之所遵循。举《周礼》以概唐虞，是末师而非往古。居东避乱，未合机宜；祖甲称贤，殊乖事实。昧者见其抵牾，乃加涂窜。悬牛卖马，面目全非；断鹤续凫，参差不一。此三蔽也。

《汉书》云：迁从安国问故，《尧典》诸篇，多古文说。班用夏侯之义，本与欧阳不符。孟坚之为此言，当时必有所据。以今考之，但见《尧典》"衡山"，字非作"霍"；《洪范》曰"睿"，文不从"容"。然衡、霍故有二名，"睿"、"容"亦疑后改。至若《金縢》用蒙恬之旧说，《微子》以乐官为太师，非出古文，义尤彰灼。而渊如《注疏》，守孤说而背专门；默深《古微》，袭疑文而汩家法。此四蔽也。

经生株守，鲜能博通。不信《汉书》足考庙制，安知《史记》可证经文？或云不见全本，故有残缺；或云多采杂说，咸非本义。有能背俗而从古，反谓信史而疑经。岂知孔《序》初出，已载简编；《汤征》逸文，且入甄录。而少见多怪，将疑肿背之驼；以是为非，谬矜买璞之鼠。此五蔽也。

《史记》一书，或以故训易经，或由今文本异，或因文便从省，或是传写致讹，而考其大旨，皆可征信。近者通儒辈出，罕知迁史足凭。风雷改葬，懋堂以今文为谬悠；反国摄王，朴园疑伏生为老耄。岂知取证于史，其说自明。"大埶未获"以前，本有历年之事；相王行政之后，初无远避之文。乃不援史文，以证师传；反徇末学，而违初祖。此六蔽也。

锡瑞服膺伏书，罔敢出入；参考太史，谓足据依。甄所引用，皆一字而千金；摭其阙遗，亦零珪与碎璧。徐、裴、张、马之说，间纠其违；臧、江、孙、段之书，择存其是。以见书绌石室，实可证明圣经；声发金丝，不同点窜《舜典》云尔。

（录自《师伏堂骈文》，卷一）

# 宙合堂谈古自序
## （1895）

盖自清浊剖判，乃殊君民；历数肇兴，爰纪朝世。陵谷岁异，而乾坤莫更焉；江河代迁，而日月无易焉。稽刑措于来叶，或致一变之休；遇纯朴于荒村，恍逢太古之俗。何以凤鸟不至，空骇黄神之吟；祖龙既兴，遂为赤帝之代。元会迁贸，朗耀代渝。维抗心之所希，岂目论之能及乎？

夫混沌本无窍也，而凿之则死；骈枝非有用也，而龁之则啼。繄昔蚩麟蚩马之时，纪龙纪鸟之代，岂不知显庸可以开朴陋，文治可以饰隆平？然而历弥亿年，绚发闳首之俗；道穆十纪，茹毛饮血之遗。侯冈制书，鬼为夜哭；化益作井，天使龙腾。盖文愈盛者道愈衰，能愈多者德愈薄。圭玉方锡，旄钺遽乘；书契既开，誓诰斯作。来禩巨患，皆往哲所深防；末俗艳称，并前谟所不屑。然则稽镜万叶，忧劳一心。强留榛狉之风，藉缓纷扰之祸。其虑可谓深矣，其德可谓巨矣。

且否泰大运也，挽回大力也。铜头铁额，兴暴皇年；日乌风禽，告灾帝世。城摇伯鲧之尾，山触共工之头。古之人当阳九兆眹，元二遭厄，何尝不殚虑以炼石，胼胝以洒沉。是以鳌柱既奠，鸿荒乃安；龙门肇辟，鲜食方奏。独力不足任也，则搜岩以佐之；具文不足张也，则藏密以孚之。景命不常，则郊坛以禅之；灵绎将歇，则螭虎以乘之。试由登巢椓蠡之初，递及披山合符之代；更由游河巡洛之盛，下推迁鼎俘玉之朝。玉步屡改，而河海仍晏；徽号一变，而天地再清。虽俗殊浇醇，道贸争让，至于通变神化，其揆一也。是故惵惵黔首，非天莫生；茫茫赤县，匪圣弗济。惟天生圣，故逮玄黄战野之难，必有人以匡其危；惟圣承天，故当苍赤舛度之年，尤竭力以挽其运。

自子开卯辟以观其会，则勋、华实际乎中天；自羲画农耕而集其成，则成、康实膺夫极盛。日中则昃，盛过则衰，圣人知其然也。故画野建国，金科玉条；宾兴农军，隆规茂矩。所以防林生之畔换，制猾夏之横行。三五代兴，轨迹无易。不幸道数殚极，暗忽不还。变兆春秋，道伤幽、厉。苍天何醉，反以赐秦；玄圣降灵，仅能缀学。亚斯之代，氛雾日封。盖王霸之莫逢，更隆古之奚望乎？呜乎！开物成务，古之人力创于睢盱之初；变俗败常，后之人汛扫于墋黩之会。卒至金虎乱噬，群龙力争。生民之祸亟焉，文武之道尽矣。此尚论之士，所为伤心者欤？

士生晚近，稽览前徽。帝典王纲，日以弛废；巢风羲埃，时惟寂寥。我适安归，黄、农之忽焉已久；无为至治，华、胥之梦想徒劳。爰镜至精，扇遗烈，窥刊石，捃逸文。折群言之淆乱，涤近事之苛烦。或陈古以切今，匪贵远而贱近。庶几鱼藻古义，聊以讽时；燕说郢书，亦足治国云尔。

（录自《师伏堂骈文》，卷一）

# 茅批《唐宋八家文》书后
## （1895）

夫楚艳汉侈，体制固殊；马迟枚速，短长互见。《楚辞章句》，为总集之祖；《文章流别》，启编录之宗。至于梁储之撰《文选》，义归于翰藻沉思；宋臣之纂《英华》，体增于分门别类。鉴裁无爽，品目遂多。椎轮金羁，既增饰以崇丽；玉衡冰镜，乃程材而究奇。《唐粹》、《宋鉴》，鸿篇备于两朝；《元类》、《明衡》，巨制各成一代。始惟专明文体，后乃兼资故实。一则网罗放失，碎璧弗遗；一则芟汰繁芜，精英尽撷。然而编订之风虽炽，评骘之习未开。故所得犹多，比诸蒙茸集翠；其见不陋，非同买椟还珠也。明尚时文，竞操选政。人自以为巨眼，家各擅其别裁。又或依傍昔贤，规模曩哲。青紫速化，笑前事之未工；丹黄杂陈，强古人以分谤。茅氏评定八家，专为举业。体貌袭古，惟期便于揣摩；花样入时，固已卑无高论。尝试取而论之：

文章譬如日月，终古光景常新。仁者见仁，知者见知，皆由览者自得，可相喻于无言。是以自来选家，罕加评语。乃挟塾师拘墟之见，武断是非；仿试官品第之辞，判分甲乙。谓若者为起讫，若者为转摎，若者为通篇结构，若者为逐段区分。何异执叔孙之朝仪，上绳《官礼》；据萧相之法律，强议象刑。其陋一也。

文本天成，妙手偶得。轮扁之巧，不能强传于子；飞卫之技，非可尽喻诸徒。乃守俗调以求古音，遗神明而袭粗迹。诸公若在，未必许为赏音；九原有知，或将哑然失笑。辨骊黄以求千里，岂得相马之真；别黑白以定一尊，几同牛毛之法。是谓强作解事，何能力追正声？其陋二也。

词林根柢，经训葍奫。必通古今，始工文艺。岂有效赤诵之半吸，遂列真灵；法素王之一言，即优圣域？乃不穷其原委，而务窃其形模。

五祖正宗，谬夸《传灯》之录；一卷骷髅，自惜伶痴之符。窃恐不求其端，不讯其末，咽库六官之唾，益慧终难，舐淮南王之丹，上仙无术。其陋三也。

古之名家，各有心得。韩、柳变古，犹沿选体；欧、苏法唐，渐入时响。王得昌黎之体，曾开南宋之风。乃列汇八贤，总归一格。削趾适屦，犹诩去取谨严；剪鬣愈髡，非复本来面目。季咸之相壶子，惟见善者之机；优孟之效叔敖，仅取衣冠之肖。是睹担夫之争道，即云书法可传；上灞岸而骑驴，遂谓诗人在是。其陋四也。

有明文辞，不耻蹈袭。西涯、东里，体崇台阁；《空同》、《大复》，格摹秦汉。茅氏论文虽异，流弊正同。盖以此治时文，犹为力争上流；以此治古文，必至专习窠臼。所谓寿陵匍匐，非复邯郸之步；里丑捧心，不关西施之矉。乃妄托专门，津逮后学，遂使乡曲小子，谬下雌黄，唐宋名流，横遭红勒。其陋五也。

胜朝学术，多失空疏。一册兔园，三家学究。目不窥夫经籍，口妄肆夫品评。是以梨洲之书，历诋茅批之谬。韩作司勋之志，不晓句读；柳与十郎之书，误疑座主。进士第一，何以得让王严；员外知县，以为特重令职。由不考古，致有所惑。疏舛既不胜举，平议又安能精？其陋六也。

要之，此等评本，可作初学法程。同仁义之蘧庐，只堪一宿；比心法之秘诀，未免丛讥。桓公读书，毋徒得其糟粕；表圣诗品，勿但味其酸咸。故备论之，庶知什袭珍藏，不必宝夫燕石；五色标识，仍未脱夫狐禅云尔。

（录自《师伏堂骈文》，卷四）

# 古文尚书冤词平议自序
# （1895）

　　毛大可检讨《古文尚书冤词》八卷，世传为驳《尚书古文疏证》而作。予观其书，亦不尽然。有明一代专以宋学取士，其于宋儒之说，如删《孝经》、改《大学》、去《诗·国风》，皆奉为科律，莫敢异议。独检讨起而争之，在当时实能言人所不敢言，不可谓非豪杰之士。惟检讨之才长于辨驳，务与朱子立异，而意见偏宕，遂有信所不当信、疑所不当疑者。朱子信《仪礼》，是也。检讨因其为朱子所信，乃谓三《礼》之中《仪礼》最下，所订《丧礼》肆意抨击。朱子疑古文《尚书》，亦是也。检讨因其为朱子所疑，乃大声疾呼，为古文鸣冤，横暴先儒，痛诋同时攻驳古文之人，以曲护黎丘之鬼。皆由意见偏宕使之然也。夫古文《尚书》并非由朱子始疑之，检讨欲为平反，意必据有铁案，乃其所执为左证者，惟《隋书·经籍志》。《隋志》唐初人作，其时崇信伪孔，立学官，作《义赞》，史官所采，皆左袒伪学之徒。检讨乃据一家之言，偏断两造之狱，岂能反南山不移之案，以鸣千载不白之冤乎！

　　《尚书》一经，自东汉古文汩之于前，东晋古文假之于后，宋以来又各创异说，迄今纷纷，莫衷一是，或据宋儒之说以驳东晋古文，或据东晋古文以驳宋儒之说，或据东汉古文以驳东晋古文及宋儒说，未有能守西汉今文之学以决是非、正得失者。矧在明末，经义湮晦，以阎征君之精核，攻古文犹用宋儒之说，其余郝、梅诸君所批驳，多不得要领。伪古文虽当罪，而罪之不得当，宜检讨为之负罪而称冤也。

　　检讨是书，其佳处在不用宋儒新说，如武王封康叔、周公留后之类；其弊则在专信伪孔，并伏《传》、《史记》亦加訾议，与《疏证》互有得失，其是非可对勘而明。予于《疏证》既为《辨正》，乃于是书更作《平议》，冀以持两家之平焉。善化皮锡瑞。

（录自《古文尚书冤词平议》，卷首）

# 请复孝弟力田科议

## （1895）

　　夫思皇多士，侧陋所以明扬；畴咨熙载，髦俊于焉并作。殷殿初基，拾龙渊之宝；虞祠始构，献凤管之玉。旌蒲出鲁，贲帛归齐。颂声既兴，盛业斯在。是知翼亮崇本，陶化之所先；旌德礼贤，敦俗之上务。然而以言取士，士饰其言；以行取人，人竭其行。才生于代，穷达惟时，而风流遂往，驰骛成俗。雕虫小技，仅比鼛鼗之华；鸣凤高文，亦同虚车之饰。至乃媒蘖夸衒，利尽锥刀，敦履璞沉，无闻里闬。岂非乡举里选，不师古始，称肉度骨，遗之筦库，重末轻本，务华绝根之弊哉！

　　有汉初构，去古未远。荡亡秦之毒螫，绍三代之遗绪。孝惠四年，初下明诏，孝弟、力田皆复其身。高后称制，孝弟尤崇，官其一人至二千石。至于文帝，始置常员，诏曰：“孝弟，天下之大顺也。力田，为生之本也。”大哉王言，实通政本。于是举孝无人，比于蔽贤之戮；重农贵粟，著于赏罚之令。白首郎中，称其笃行；搜粟都尉，入为尊官。岂止姜诗巨孝，诚感鲤泉之流；任氏力田，名登龙门之传。此所为纯风独扇，而浇俗丕变也。

　　亚斯以降，遗风更邈。魏、晋崇中正，上品遂无寒门；隋、唐盛科名，高才出于通榜。由是谱牒讹误，冒袭良家；文人诋诃，争长浮薄。抑退敦朴，群骛声华；驱迫廉挶，奖成浇竞。崇四方之孝让，空闻宋诏；专士女于耕桑，但传齐策。而江革、姜肱，莫奉丹纶之诏；赵过、蔡癸，未闻紫诰之褒。吴乌更巢，廷议莫及；卜羊重让，朝籍难登。又况首戴茅蒲，身衣被褕，则虽令光解田三辅，秦阳能盖一州，亦奚望其登巍科以维薄俗哉！

　　夫春华虽茂，未若秋实之坚；浮文虽华，无如朴行之美。是以《南陔》、《白华》，振徽《宵雅》；于耜、举趾，著媺《豳风》。门内足显真儒，田间亦烝髦士。汉制近古，厥风可征；后王改章，其弊弥甚。宜遵古制，复此旧科，孝弟者试以职官，力田者加之褒赏。宾兴六行，首崇孝弟之修；蒙颂《七月》，常喜田畯之至。庶使乡间下士，陇亩闲民，识纯懿之可风，信稼穑之维宝。耰锄箕帚，悔其诟语；带牛佩犊，惩彼游惰。将见羽林儒雅，皆通《孝经》之文；大农晓导，尽识代田之术矣。或谓毁誉多伪，拔擢非真。不知清议难逃，乡评莫恕。但使搜扬茂实，勿致别居之谣；赏拔隐沦，不遗躬耕之老。请托既绝，采兰斯馨；干谒无庸，瞻蒲自适。则士族之子，农家者流，皆得扬声紫微，耀颖岩穴。非止远追两汉，亦且上继三王，岂不懿欤？

（录自《师伏堂骈文》，卷四）

# 张孝达制军寿序（代）
## （1896）

　　粤惟岁在柔兆涒滩壮月初吉，先期诏赐湖广总督张公寿。奎藻焕耀，于铄万年之麻；保艾平格，眷求一德之佐。薄海髦彦，望风讴吟，韬沂填门。矧伊旧属，允宜颂美以饰凤邸，祝延以侑爵觚。惟是盛名觲觲，光于摘辅之象；大猷焱焱，炳于迎延之符。今将倚管窥天，濡毫画日，诚恐赋穷六合，未免大愚，诗拟九如，犹多剩义，敢举荦荦之大，无取詹詹之言。

　　国朝稽古同天，扶微广异。洎更兵燹，几坠宗风。公挺捆一元，玑镜万有。凡石渠金匮之藏，海上名山之记，孔壁尾细之字，《墨经》右行之文，靡不目识心通，流分派别。原其宗旨，尤在尊经。因故训，索微言；由专家，贯百氏。圣功蒙养，重讽籀于学僮；语录空疏，斥传灯为外教。乃知递升堂奥，必归汉儒；揩挂乾坤，宜用经术。是我公之学问。

　　文惟载道，亦以经世。鞶帨之绣无实，案牍之体不尊。公天章手分，纬宿胸贯。未及弱冠，首举京兆；逮乎立年，蜚声甲科。廷对之策，上揖董、晁；封疆之才，下揽田、李。有识占其远到，斯言验于今兹。若夫燕许大笔，揆滕策之光辉；会昌一品，谧边庭于指掌。亦有孙卿俍诗，敬礼小文。咳唾之余，随生珠玉；剩馥可丐，郁为金膏。是我公之文章。

　　一卷觥觫，文弊滋甚；分年程课，学殖益荒。公荣驾星轺，首开风气。编排《书目》，指示纲宗。九流所出，如志艺文；三家之村，亦通津逮。是以英英荆艳，济济蜀才，论及南皮，义皆北面。江汉炳灵之《集》，大变楚风；辀轩使者之《语》，肇兴川学。是我公之教泽。

　　西邻责言，北庭启衅。瓯脱重弃，行人失辞。公抗论机宜，预筹战备。上方之请，槐里非狂；割地之谋，虞卿斯沮。谏诤见听，封事传诵。清流之名冠首，神州之气大伸。譬犹鲁连坐谈，秦军闻而却走；邦衡上疏，金人购以千金。是我公之风节。

晋绛大祲，流莩塞道。谁怜赤地，莫睹青天。公奉扬仁风，布濩甘雨。一麾甫出，百废具兴。《硕鼠》惩贪，威加白简；蜚鸿满野，福尔苍生。用使监门绘图，无嗟郑侠；青州救困，复遇富公。是我公之德政。

越雉不至，海鲸横行。北圻既彻藩篱，南关尤严锁钥。公帷幄决胜，巾扇临戎。竭虑筹边之楼，屈指解围之计。顺昌旗帜，招抚刘锜；大树将军，协谋冯异。士气温如挟纩，军心固于投醪。由是三帅凯歌，喜闻朱鹭；八公草木，竞劓长蛇。是我公之勋绩。

铁轨议上，鄂城节移。惟樊山开宴之区，即使院持衡之地。公力图振作，不讳富强。炮雷机电，取长技于岛夷；丝布矿苗，导利源于梦泽。而且广厦千万，生徒二百。宏规同夫两粤，撷秀及于三湘。此则岘首铭功，无惭武库；南楼清啸，讵减文康。是我公之经纶。

海军失律，江防绎骚。狼燧照于吴淞，羽书驰于沪渎。公叔子缓带，潜伏吴人；谢公围棋，暗制氐寇。天门地户，内政军令之严；远交近攻，兵家伐谋之术。凡长算远略，秘计深图。世俗所不及知，盈庭或未能谅。倚扶桑之剑，憾未补天；麾鲁阳之戈，诚能返日。全局屡争夫和战，纤尘不动于江淮，则尤保障东南，提福中外。是我公之筹策。

夫天降雄彦，恒永锡以洪算；身积功德，每克享夫大年。彼伏生、申公，无闻建白；郭令、裴相，不习丹铅。然犹尊同灵光，寿比旗翼。矧夫吉甫文武，受祉既多；申伯蕃宣，降神维岳。既兼诸贤而具美，宜介百福以延洪。月会寿星，期逢初度。筵开燕喜，歌北渚之秋风；笛奏鹤飞，庆东坡之生日。某蚈蠓幸托，颂祷遥伸。率僚属而同辞，愧揄扬之未极。所愿黄扉入辅，赤手擎天；碧海销尘，白头报国。擅鸿名于三不朽，弗羡南极老人；绵鹤算于百余龄，远同北平侯相。

（录自《师伏堂骈文》，卷四）

# 汉大司农郑公碑
## （1896）

公讳玄，字康成，北海高密人也。八世祖崇，尚书仆射。听履之望，重于朝廷；如水之心，盟诸夙夜。公禀岳渎之粹精，钟纬象之灵曜。英崎独迈，童孩多奇。少为啬夫，不乐吏治。枳棘异栖鸾之地，百里无展骥之能。宁越苦耕，弥勤学业；孟子嬉戏，即陈礼容。受业京师，捧手耆硕。元本殚洽，东西采获。金柜探其秘文，绛帐质其疑义。

斯时清流遭祸，炎精失辉。钩党遍名卿，禁锢及处士。未登朝籍，恐遭儒硐；将引谶记，疑捍文网。乃绝意仕进，覃思图书。括百家之异同，剖六艺之渊奥。公车再召，大府屡辟。比牒并名，胥登台辅。惟公笃志好学，确然难拔。虞卿撰著，脱屣公卿；荀子传经，尤长礼制。至乃国相屣履，通德异其乡名；黄巾拜车，剧贼崇其师范。虎观通论，逊兹恢闳；麟笔作法，继彼删订。盖上追游、夏，近掩贾、马者焉。

若夫神马负图，传薪逮乎骈臂；祖龙烬简，藏壁闳夫蝌文。东莱之卦筮久湮，西州之漆书空握。公推本卦气，阐明爻辰。溯源杜林，别异孔壁。以《京易》兼《费易》，以古文判今文。殊辅嗣之清言，绝豫章之伪本。于是有《周易》《尚书注》。

卜氏传《诗》，独优毛义；河间好古，未立学官。三家之业虽长，四始之蕴弗尽。孰知诂训源自西河，谬指序文作于东海。公仰敬桑梓，变注名笺，探寻本支，创谱辅传。于是有《毛诗笺》、《毛诗谱》。

巨典周监，酌两代之文；遗经孔定，成一王之法。乃《考工》是补，义缺一官；推士而上，篇仅十七。曲台所记，小戴斯删。三《礼》并称，二汉独略。伟经国之大业，宏复古之隆规。于是有《周官》《仪礼》《礼记注》、《鲁礼禘祫义》、《答临孝存〈周礼〉难》。

赤乌化书，开制作之象；蹲龙启圣，有答问之科。《问王》《知道》，别为《齐论》；盍、毛、包、周，各据殊恉。而《法言》求似，《中说》失诬，苟造渊微，何嫌撰述？于是有《论语注》，与门人所撰之《郑志》。

汉崇内学，图纬呈其玉版；天启元象，景光曜夫璇玑。又自微言既息，异说失梦。廷论哗于石渠，咒闻炫其鞶帨。匪藉辨驳，曷由折衷？于是有《大传》《中候注》、《乾象历》、《七政》、《六艺论》、《驳五经异义》、《发墨守》、《起废疾》、《箴膏肓》。

义穷六经，过刘中垒《别录》之博；言逾百万，异秦延君说《书》之繁。专家者重其淹通，守文者恶其滞固。赋伤鹏鸟，岁厄龙蛇。年七十四，以建安五年六月卒于元城。琬玉摧于煨尘，鸿文炜于天壤。乃勒彼玄石，贞兹翠珉。痛哲人之既萎，昭立言之不朽。铭曰：

东京启运，北海降精。斯文未丧，魁儒挺生。诸家聚讼，众喙争鸣。鸾凤振蓂，蜩螗息声。旁综象数，甄极毖纬。上准洙泗，析彼泾渭。专壹匪通，洽闻斯贵。身惟鸿冥，文乃豹蔚。扶风帐启，任城矛操。虎狼路拜，驷牡门高。玉声凤振，珠光暗韬。毕志铅鉴，长辞旌旄。泰岱颓峰，长淮绝涸。德门风凄，礼堂日薄。业定藏山，声蜚振铎。万轴具存，九原难作。刊漏补逸，撷华寻根。集汉大成，订孔遗文。锵洋景曜，粉缋渊闻。一刊明德，千载垂芬。

晋戴逵总角时，以鸡卵汁溲白瓦屑，作郑康成碑，其文不传，乃为补之。胪列所注书，与汉、晋文体遂不相似。自记。

（录自《师伏堂骈文》，卷四）

# 今文尚书考证凡例
## （1897）

　　自获麟奋笔，删《书》百篇；祖龙燔经，烈火一炬。愁遗一老，肇启三家。汉代今文，济南为盛。虽复河内屋壁，搜鱼乌之坠文；庙堂金丝，发科斗之奇字。而或伪真莫辨，传注全无。今文《大誓》，疑引纬书与《大传》、《史记》之文为之，与二十九篇之文不类，伏生所传本无《大誓》。孔安国无受诏作传事。是以二百余年，不参异义；十四博士，合为通家。御史大夫，衍三大宗之绪；欧阳、大小夏侯《尚书》，皆出于兒宽。昌邑太傅，开两夏侯之传。大、小夏侯《尚书》，大、小戴《礼》，同出于夏侯始昌。铖铖彬彬，元元本本。是知子骏之移博士，本属谰言；敬仲之序《官书》，皆为谬论。刘歆《移太常博士书》云：“《尚书》初出于屋壁，朽折散绝。今其书见在，时师传读而已。”卫宏《古文官书序》云：“错所不知者十二三，略以其意属读而已。”此皆祖古文而诋今文之谬论。济南之学极盛，乌有“朽折散绝”、“略以其意属读”者哉！赵宋以降，伏书散亡。济南专家，无复“别风”之字；吴中孤本，仅传雅雨之编。抱经补其遗，恭甫刊其误。于是福州辑本、鄞县《佚书》，踵事遂精，考文较覈。览其闳恉，拱璧足珍；葆此残篇，碎金斯贵。如大麓之野，必是名山；旋机之星，乃为北极。四方、上下，六宗之义可寻；三才、四时，七政之文具在。十二州之兆祀，是祭星辰；三千条之肉刑，何关画象？七始七律，文犹见于唐山；五服五章，制岂同于周世？三公黜陟，在巡守之先；重华禅让，居宾客之位。西伯受命，逮六载而称王；元公居摄，阅七年而致政。成王抗法，为世子以迎侯；皇天动威，开金縢而改葬。凡此确诂，皆当信从。勿因瓦釜之鸣，反弃黄钟之宝。

　　龙门著史，多列《尚书》之文；马迁传经，实守欧阳之法。如大麓是林麓，非录尚书；百揆即百官，何云宰相？尧太祖称文祖，异于祢祖

之名；胤子朱为丹朱，知非胤国之主。舜年凡百岁，见"征庸三十"之
讹；帝咨廿二臣，有彭祖一人在内。九官、十二牧合以彭祖，确是二十有二
人。四岳即在十二牧之中。"夔曰"八字，本属衍文；"予乘四载"，必当分
列。"戛击鸣球"以下，记自虞史伯夷；明良喜起之歌，即为舜传大禹。
《般庚》属小辛时作，比于陈古刺今；微子咨乐官乃行，何与剖心胥靡？
《多士》文兼《毋佚》，意在两义互明；《君奭》告以勿疑，事属初崩居
摄。成王开金縢，非因管、蔡之言；重耳赐彤弓，乃作《文侯之命》。
鲁公就国，誓众征戎；秦伯封殽，惩前悔过。参考旧文，不乖师说。至
若文王囚羑里之后，乃出戡耆；箕子封朝鲜之前，已先访范。《史记》惟
此二事与《大传》不合。虽有小异，无害大同。

西京旧说，既萃龙门；东汉逸文，亦丛虎观。《白虎通》多载今《尚
书》说。琮、璜，五玉；麋、鹿，二牲。九族亲睦，并列异闻；三考黜
陟，不拘一义。放勋非号，说见于郊天；伯夷不名，义彰于敬老。鸣球
堂上，尤贵降神之歌；燔柴岱宗，斯隆封禅之典。考绩事由二伯，州牧
旁立三人。五行衰王之宜，八音方位之别。受铜即位，大敛即可称王；
改朔应天，太平亦宜革正。社稷用《孝经》之说，博士理本相通；巡守
征《王制》之篇，今文义原一贯。他若周公薨当改葬，康叔封据平安，
皆不背于伏书，亦无违于迁史。

三家派分，专门教授。说经者言逾百万，从学者众至千人。大麓、
旋机，或更古义；象刑、章服，亦背师传。汉人以大麓为大录，旋机为浑
仪，象刑为象天道作刑，服章为十二章、九章，皆与伏生、史公之义不合，盖三家
博士新说也。然矛盾无多，淄渑可辨，考其得失，足用证明。乃知熹平
刊经，皆据学官之本；白虎议奏，不主中秘之书。意在同文，名非慕
古。至于赤文绿字，谶纬可甄；翠琬青珉，丰碑未泐。残竹捃逸，断碣
钩沉。凡属只义单词，皆同吉光片羽。汉世通行今文，汉碑尤可据信。

疏通古义，当据旧文。俗儒不知，妄说斯启。是末师而非古，执误
本以疑经。如《索隐》据伪孔以诋史公，近人据马、郑以诋伏生，皆是。岂知
悬牛头而卖马脯，何怪抵牾；断鹤膝以续凫胫，安能强合？故事实不可
移易，古今尤戒混淆。如箕囚而微乃奔，讵有父师可告？卫封以伯为
爵，见《史记·卫世家》、《汉书·古今人表》。胡云康叔称侯？《君奭》以居
摄为疑，非因时已致政；伯禽以征戎就国，何得尚未受封？略举数端，
足资隅反。诚能确守伏义，证明今文，究马、班二史之异同，掇东、西
两京之遗逸，则通如马、郑，尚难执简而争；伪若梅、姚，何从缘隙

而奋？

漆书一卷，出自西州。马、郑古文，本于杜林漆书。古文四十六卷，漆书止一卷，则非全文。孔安国本藏于中秘，新莽、赤眉之乱，盖已亡佚，此一卷当即其中佚出者。汉时民间相传，本有古文《尚书》，盖孔安国副本。然不立学，私相授受，不无讹脱变乱，如"我其试哉"脱"帝曰"，"夔曰"八字重出，"优贤扬"作"心腹肾肠"，殷三宗无太宗而有祖甲，必非孔壁之旧。杜林好小学，盖用漆书一卷，校正当时之古文《尚书》文字，其本较他本为善，故马、郑依用之。然漆书非完文，近人以为马、郑即孔壁古文，非也。古《序》百篇，疑由东海。今所传《书序》与《史记》所引《书序》多不同，详见《书序考证》。或以《毛诗序》为卫宏作，古文《书序》疑亦出于宏，盖不无变乱。文惟崇古，义乃戾今。岂知中秘旧藏，外人莫睹；临淮早卒，著述无传。孔壁真本，惟刘向校中古文见之，至东汉盖亡矣。《史记》云"安国为临淮太守，蚤卒"，不云有著述。《汉·艺文志》列欧阳、夏侯《章句》、《说义》，古文《尚书》经四十六卷不列章句、说义，盖本无之。凡属班《志》胪列，《论衡》征引，《说文》表其逸字，《异义》述其遗闻，大率远出国师，近宗卫、贾。掇《周官》于屋壁，拪《左氏》于山岩。孔安国古文《尚书》惟以今文正其文字，并无义说，其义说盖创自刘歆。歆于哀帝时请立古文《尚书》，为诸儒所持。平帝时，王莽从之，卒立学。既立学，当有章句、义说，盖皆歆为之。莽立六宗、建三公，歆作《三统历》，以为文王受命九年崩、武王十三年克殷，皆与今文《尚书》异，即其说也。《后汉·儒林传》云："杜林古文《尚书》，贾逵为之作训。"又云："卫宏从杜林受古文《尚书》，为作训旨。"是杜林止有定本而无训义，卫、贾、马、郑相继成之。马、郑注《尚书》，多引《周礼》说虞、夏之制，或亦本于刘歆说也。《汉书·地理志》、《论衡》、《说文》、《异义》引古文《尚书》说，亦即刘歆、卫、贾之说。诸君厌故喜新，是丹非素。遂使彗孛旁出，掩北斗之光芒；妖讹纷乘，启黎丘之诞幻。且孔壁文多讹脱，不如伏书远有师承。胶东传经，竟漏"帝曰"；妠汭降女，皆属臣言。此则误始庸生，咎非马、郑。孔颖达《书正义》曰："马、郑、王本皆无'帝曰'，当时庸生之徒漏之也。"庸生传古文，为孔安国再传弟子，其书已讹脱如此。如其说，则当以"我其试哉"并为四岳语，岂可通乎？据此，足知安国古文不及伏生今文。此一有师承，一无师承之明验也。《史记》云："尧曰：吾其试哉。"是史公所据今文有"帝曰"，伪孔本亦有"帝曰"。此伪孔从今文，胜于马、郑古文之一证也。段茂堂左祖马、郑，乃以"我其试哉"应为四岳语，盖绝知者之听。足见壁中古本，已逊济南今文，何必补安国之遗，开子雍之伪？

浃长、侍中，皆名硕学；扶风、高密，并号通儒。乃必宝守漆书，力崇秘简者，盖以壁藏旧本，体少变更；世俗通行，字多讹省。是以两汉碑碣，不尽合于六书；中郎石经，间亦参夫变体。向疑贾、马、许、郑皆大儒，何以必舍当时通行之今文，而崇不合时用之古文？及观石经与汉碑文字多讹，乃知今文因当时通行，不免讹俗，诸君好古，故鄙弃今学。向使参稽脱误，法中垒之校文，不尚怪奇，戒红休之立学，字体或依古本，训辞仍袭今文，义兼取其两长，圣可俟夫百世。今文有讹俗，不妨以古文参考。然古文无说解，刘歆、卫、贾皆不足据，说解应仍用三家今文，兼采所长，乃为尽善。乃必疾其蔽冒，诋为俗儒，轻博士而重孤家，别立汉帜，桃济南而祢棘下，强拨秦灰，卒致三反之人，乘抵巇隙，两家同废，并付煨尘。伪孔颠倒经文，竞传鲁鼎之赝；卫包改更隶古，复失庐山之真。好古诸君，实阶之厉已。郑疾欧阳之蔽冒，马诋三家为俗儒，别创古文说，而说又无一定，马不同于郑，郑不同于马。王肃乃乘其隙，伪造孔安国《传》。后人误信之，而东汉古文乃与西汉今文同归于尽。且诸君之崇古文，盖爱其文字之古耳，唐卫包乃尽易以讹俗之字，岂诸君所及料者哉！

　　解经当实事求是，不当党同妒真。康成博通，多参《异义》；子雍伪谬，间袭今文。盖郑受恭祖之传，每舫源于卫、贾；王承父朗之学，或毫采于欧阳。王肃父朗师杨赐，传《欧阳尚书》，洪稺存《传经表》以肃为伏生十七传弟子。故肃作伪孔《传》，名曰古文，实间袭取今文，以驳马、郑。其说有远胜马、郑者，当分别观之。是以纯不免疵，憎当知善。如伪孔云羲、和四子，别无天地之官；伪孔以四子即是羲、和，非别有羲、和，其说是也。而云四子即是四岳，则沿郑误。观刑二女，当为放勋之语。见前。帝甲淫乱，岂足知依；伪孔以祖甲为太甲，是也，而次叙误同马、郑古文。王肃云"先盛德，后有过"，谬论也。子雍务与康成为难，而今、古杂糅，则实效尤康成。故郑、王《尚书注》皆非古非今，必祖郑废王，非公论也。予之去取，一以与今文异同为断。元公避居，本无其事。史逸作策，即烝祭而不在明年；伪孔以"烝祭岁"为一时事，本于刘歆。《三统术》云："是岁十二月戊辰晦，周公以反政。《洛诰》篇曰：'戊辰，王在新邑，烝祭岁，命作策。惟周公诞保文、武受命，惟七年。'"其说是也。郑分"烝"与"祭岁"为两年之事，按之经文，殊不可通。成王践奄，非东征而实因再叛。《大传》践奄，周公事。《史记》践奄，成王事。周公践奄，王不亲行。经云"王来自奄"、"昔朕来自奄"，知非一事。伪孔以为再叛再征，其说甚确。盖王肃袭用今文旧说，郑误合为一事。王西庄、孙渊如、陈朴园必驳孔申郑，乃或以伏生为误，或以史公为误，其解《多士》、《多方》两篇之义皆不可通，由门户之见太拘也。此皆远胜古说，原本今文。可以搴芳草于萧稂，掇明珠于沙砾，乃必批剥孔《传》，曲阿郑君，以致蹈驳难通，龃龉不合。于是具文饰说，诋史公为谬悠；颠倒是非，讥伏生为老耄。

陈朴园于文王受命、周公避居两事，皆诋伏生老耄，记忆不全。不知千虑一失，无损智者之名；以人废言，初非公允之义。兹特平其曲直，参其合离，不为北海之佞臣，宁作济南之肖子。

国朝经学，尽辟榛芜，山东大师，犹鲜墨守。百诗专攻伪孔，不及今文；西庄独阿郑君，无关伏义。艮庭兼疏伏、郑，多以郑学为宗；茂堂辨析古、今，每据古文为是。渊如以《史记》多古说，遂反执郑义为今；朴园谓郑注皆今文，不顾与伏书相背。伯申考证，郅确简略，惜不多传；默深诋诃，实工武断，乃兼宋学。兹取其精当，辨其舛讹，不使今文乱真，非与前人立异。

先汉经师，必由口授，文字多寡，不免参差。派别三家，经有异本，师法虽无大异，传习不必全符。是以龙门、兰台，马、班杀其青简；熹平太学，陈留书以丹文。"於乎"、"乌虖"，不同"於戲"之字；"无逸"、"亡佚"，别传"毋劮"之文。"邦"、"国"、"恒"、"常"，非关避忌；"维"、"惟"，"乃"、"迺"，或别古今。良由习本判殊，非尽后人改窜。许君《解字》，有伏书杂出之辞；颜监《匡谬》，乃蔡氏一家之学。《匡谬正俗》云：古文《尚书》作"惟"，今文《尚书》作"维"；古文《尚书》作"乌乎"，今文《尚书》作"于戲"。专据石经言之，按之《史记》、《汉书》，亦不尽合。凡此遗文可证，皆于大义无关。兹各依其本书，不敢强之使一。

是书体例，本仿朴园；博访通人，改从薇省。先用陈朴园《今文尚书经说考》之例，经字一切改从今文。后依王逸梧先生更定，仍仿孙渊如《尚书今古文注疏》体例，正文用通行本，小字分注今文。良以史公所载，完篇不过十余；《史记》载《尧典》、《皋陶谟》、《禹贡》、《甘誓》、《汤誓》、《高宗肜日》、《西伯戡黎》、《牧誓》、《鸿范》、《金縢》、《胇誓》尚属完篇；《微子》、《多士》、《毋佚》、《君奭》、《甫刑》、《文侯之命》、《秦誓》皆不完。博士之传，列宿难寻廿八。若必勇更习本，臆造经文，则天吴、紫凤，未免倒颠；《清庙》、《生民》，将遭涂改。自我作古，悉为西河所诃；毛西河《古文尚书冤词》诋诃罗氏父子私造今文《尚书》甚至。若改造经字，恐似罗氏所为。独抱遗经，讵真东汉之旧？汉石经亡，今文《尚书》遂无完本。仍用通行之字，庶无杜撰之讥。凡有古义可凭，但云今文作某。

（录自《今文尚书考证》，卷首）

# 致张野秋学使书
## （1897）

都门一别，岁序三更。兹逢星轺荣莅章江，锡瑞于节后解馆旋里，未得奉教。伏维起居万福，著作千秋。庄子称大宗师，许君任汉祭酒。藻鉴之誉，既遍于西江；菁莪育才，又移于东粤。至公至明，以忻以颂。

锡瑞于季秋始抵荆宅。湘省揭晓，小儿无名；日逾浃辰，先叔陨逝。神志嗒丧，无可陈说。顷见《江右题名录》，经训获隽计数十名，前列十名，皆诸生高足，为之距跃三百。

宋年最少，而才最高，学治今文，词极瑰丽，哀然举首，可谓得人。夏经籍博通，文章尔雅。龙明麟经，萧富文藻。张俊拔有奇气，万聪颖通《礼经》。于、徐湖湘承学，华实并茂，骈散各体，卓然成家。杨之赋咏，上薄风骚，激宕沉雄，冠绝侪辈。至于专精三《礼》，熊罗宿绍郑卿之传；上下古今，魏元霸得韩潮之笔。雷恒《公羊》，若虚《穀梁》，并擅专家之业；兆祉奇才，庆康笃学，早受龙门之褒。二人与徐运锦，皆龙侍郎所保教职。吴璆、述琮，工骈丽对偶之词；学渊、锡年，讲时务通变之术。瑞棠、胡藻，年少锐精；希孟、益霖，绩学淹滞。世畸有志攻苦，廷华能为词章。盛銮、彭龄，拔萃之秀；国光、丙炎，选贡之遗。略举所长，以志窃幸。其余肄业，亦尝闻声。名士多如鲫鱼，清班齐若玉笋。熊、秦、李、桂，名列副车。秦、桂二生，尤式吟咏。此皆章江千里，萃其精英；讲席六年，亲为指授。各怀跃冶之志，莫赏爨桐之音。而卞和忽来，荆山献其结绿；伯乐一过，冀野空其骅黄。英雄尽入于彀中，珊珠不遗于网底。

昔者轺轩入蜀，并撷尊经之英；今兹玉尺量吴，全收经训之彦。多士济济，向风喁喁。斥时命之虚言，信文章之有价。得才强国，斯为先务之图；以人事君，不愧大臣之职。举此致贺，洵非贡谀。

锡瑞学不纯师，谬主经席。导以古义，多疑迂途；幸遇宗工，搜求髦俊。探骊珠而薄麟爪，振鸿翮而弃腹毛。便知稽古之英，匪抚齐门之瑟；速化之辈，难买诒痴之符。幸免先生欺予之讥，岂有拔尤尽取之怨。敢为门下，代致谢忱；庶俾儒林，传为佳话。

（录自皮名振：《皮鹿门年谱》，54 页）

# 南学会讲义 *
## （1898）

## 皮鹿门学长第一次讲义

湖南官绅共议开南学会，为开通民智、培植人材起见。今初次开讲，敢以立学会讲学宗旨，略举大概，敬告诸公。

学以孔子为师，讲学是孔子所说。子曰："学之不讲，是吾忧也。"又赞《易》曰："丽泽，兑。君子以朋友讲习。"孔门弟子三千，即在道路中，或树下杏坛，犹习礼论学。汉、宋儒者，莫不讲学。至明末东林、复社诸公，意气太盛，门户太分明，小人乘之，遂成党祸。议者推原祸始，持论太激，以为明之天下不亡于流寇，而亡于东林。本朝有鉴于斯，禁诸生立会立社。纪文达公著论，深以讲学为非，谓只宜著书，不宜讲学。从此以后，儒者以讲学为讳。今人忽闻讲学，必以为怪。不知百年以前，讲学通行，并非惊世骇俗之事。孙夏峰讲学于苏门，李二曲讲学于关中，施愚山在江西请人讲学，如鹅湖故事。① 此风国初犹盛。惟近百年以来，风流歇绝，人才日衰，未必不由于此。今人议论，归咎于纪文达。文达习于当时之制，又主张汉学，力诋宋儒。明人讲学，沿宋儒之遗，所以文达益加诋斥。其实，讲学不始自宋儒。两汉、六朝经学大师，无不讲学，故有讲堂之名，有都讲之名。汉儒传经，弟

---

* 光绪二十四年（1898）二月至四月间，皮锡瑞在长沙南学会演说十二次，其讲义相继刊于《湘报》。嗣后有人将《湘报》各重要栏目文章分类编纂，题名《湘报类纂》，其中有皮锡瑞《南学会讲义》一卷，并为每次讲义拟一标题。现据《湘报》所刊文字及标题，参校皮锡瑞《师伏堂日记》所录各次讲义底稿，并据文意酌予分段。

① "如"，原误作"于"，据《师伏堂日记》改。

子著录数千。西汉石渠、东汉白虎观，至于天子称制临决。下至梁、陈，周弘正、张讥皆登高坐讲经，与宋张横渠坐皋比讲《易》无异。不得谓宋儒讲学，治汉学者不必讲，遂并讲学而诋毁之。

且宋、明讲学，亦未可轻诋。宋时国势贫弱，由开国规模狭隘，非讲学所致。程子、朱子立朝不久即遭贬斥，杨龟山、真西山皆不及大用，岂得以宋之积弱归狱诸公？明季奄宦弄权，高、顾二公讲学东林，以清议维持大局。复社之起，皆一时才俊，后多亡身殉国之人。宋韩侂胄、明温体仁严禁讲学，妨贤病国，以速两朝之亡。今不责奸臣之禁讲学倾陷正人，反责诸公不应讲学力持清议，刻绳君子，宽纵小人，贤奸倒置①，岂得为平允之论？且一时一世，前后情形不同。纪文达当乾隆极盛之时，天下太平，四夷宾服，当时儒者无所用心，惟有考订、校刊、搜访金石，藉以著书遣日，即不讲学，亦无不可。今中国微弱，四夷交侵，时事岌岌可危，迥非乾、嘉以前之比。当今皇上、政府群公，深知变通，以开民智、求人材为急务，各省开立学会，并不禁止。前有上谕，京师开大学堂，各省并开学堂。今又有上谕，开经济特科，学堂保送人材，作为经济科贡士。从此四海之内，学校如林，讲学一事，更不容缓。

《学记》曰："独学无友，则孤陋而寡闻。"凡事莫善于群，莫不善于独。群力大，独力小。群势聚，独势孤。穷乡僻壤，岂无好学深思，而寒素之士，无从得书，僻处一隅，又无师友，往往因孤生懒，半途而废。即终日咿唔不辍，苦于知识未开，坐井观天，少见多怪。此等人非必有心深闭固拒，实因平日于应用之书未尝多读，学问门径未能尽通，习于所见，而蔽于所不见，于古今事变、中外形势，茫然不解，虽硁硁自守，不过独善其身。若欲开拓心胸，目营四海，断非枯坐一室所能通晓。学非空谈而已，必求得之于心，施之于世，切实可行得去，才算得有体有用。

人谓儒者迂疏寡效，此特叔孙通所云鄙儒不知时变者耳，若是通儒，断不至迂疏寡效。诸葛武侯隆中一对，已定三分之计。范文正公做秀才时，便以天下为己任。粤匪之乱，中兴将相，多出于湖南。曾文正公与唐鬄慎公讲学于京师，一出而戡大难。罗忠节公与弟子讲学于乡里，一出而为名将。左文襄公讲舆地之学，能平东南余孽，辟西北地万

---

① "倒"，原误作"例"，据《师伏堂日记》改。

里。凡此皆由平日讲求，确有把握，并非临时取办，侥幸成功。乡先生流泽未远，学者当闻风兴起。今开立南学会，愿与诸公讲明大义，共求切磋之益。学非一端所能尽，亦非一说所能该。先在读书穷理，务其大者、远者，将圣贤义蕴，了然于胸中，古今事变、中外形势，亦须讲明切究，方为有体有用之学。惟望将来人材辈出，风气大开，使我湖南再出曾文正、左文襄、罗忠节之伟人，才不辜负创立南学会之盛举。

（录自《湘报》，第二号，光绪二十四年二月十六日出版）

## 皮鹿门学长南学会第二次讲义

学何以要讲？这个道理，容易明白。一人之耳目不能遍及，必须合众人之耳目，方能觳见闻广。一人之心思不能尽通，必须合众人之心思，方能觳解悟捷。道理必大家考究，方可渐入精微。疑义必彼此参详，方可涣然冰释。常有苦思力索，不得其解，及经通人指点，不觉恍然大悟。又有一知半解，自谓已得，及经众人推阐，愈推愈深，乃知义理无穷，自己所得尚浅。此皆常有之事。凡读书人，莫不经过此等境界。近来久不讲学，一见人讲，无不哗笑。试思我辈从小入学，就要先生讲书；稍长作文，就有朋友讲解。今之讲学，意亦犹是，不过人数较多，局面较大。正要人数多，局面大，学识方能开廓。或以为讲学无益，且恐生出事故。自孔子、孟子即聚徒讲学，岂有讲学致乱之事？人谓宋、明诸儒讲学，无救于宋、明之亡。试问当时诸儒即不讲学，宋、明岂有不亡之理？扫除此等迂谈谬论，自知讲学之益。

讲学何以必立会？这个道理，亦容易明白。凡聚五方杂处之人、万有不齐之类，以共治一事、共习一业，必有会以联合之，方能齐心协力，不起争端，所习之业，方有长进。今日士、农、工、商，惟工、商犹有会。凡做生意、做手艺之人，各有会馆，议行规，定时价。惜乎不能推广，未尝讲求工学、商学，不能精益求精。农无有会，近有倡立农学会者，若能通行，大有益于生计。士亦无有会，有联会作文者，不过数人，所讲不过制艺文字，故士多沉溺于俗学。间有讲求古义，又人自为学，不相会通，挟己之长，傲人之短，且护己之短，忌人之长。文人相轻，自古已然，湖南此风更甚。我湖南人最尚气，勇于有为，是其好处，而气太盛，多不能虚衷受益。后生喜谤前辈，同时互相诋毁。外省人皆推湖南人才极盛，而湖南不能成一学派，皆由无会以联合之之故。今既有会，正当从此呱求开通，合志同方，勿生意见。

学宜通达，不宜狭隘。孔子之道，大而能博；九流之学，无所不包。今之学者，有汉学，有宋学。讲汉学者，有西汉今文之学，有东汉古文之学。讲宋学者，有程、朱之学，有陆、王之学。近日又以专讲中学者为旧学，兼讲西学者为新学。学者党同伐异，总以学自己是，人家不是。平心而论，汉学未尝不讲义理，宋学未尝不讲训诂，同是师法孔子，何必入室操戈？西学出于中学，本周、秦诸子之遗。庄、列、关尹诸书所载，是其明证。《史记》、《汉书》皆云七国之乱，畴人子弟分散海外。大约此时中国失传，而外国得之，今仍传入中国。仲尼问官于郯子，曰："天子失官，学在四夷。"据圣人之言，西学苟可采用，不必过分畛域。总之，无论何项学术，皆当自求心得，不当是己非人。意有不同，不妨周咨博访，互相印证，以折衷于一是。即学派宗旨不可强合，尽可各尊所闻，各行所知。不妨有异同，不必争门户。无论何项学术，不要务虚名，要切实用。讲汉学者，要通微言大义，方有实用，破碎支离、不成片段者无用。讲宋学者，要能身体力行，方有实用，空谈性命、不求实践者无用。专讲中学者，要能博通经、史，方有实用，墨守高头讲章、专工制艺文字者无用。兼讲西学者，要能先通中学，方有实用，只能说几句洋话、认几行洋字者无用。

人生在世，不过数十寒暑，其专心致志向学者，不过十年。小时童幼无知，由十余岁至二十余岁，只十年光阴耳。过此以往，科名早达者，要出做官；不能早达，寒士要出谋生；即有力之家，亦有应酬理家事，非复能如前日闭户读书。趁此年力富强，急宜讲求学问门径，先从大处下手，努力用功。莫读无益之书，方有日力读有益之书。莫讲无益之学，方有精力讲有益之学。

《春秋》之义，美恶不嫌同辞。我辈有学会，哥老会匪也有会。会之名同，而立会之意思不同，不得以为彼有会，而我不必有会也。我辈讲学，天主耶稣教徒也讲学。讲之名同，而所讲之义理不同，不得以为彼可讲，而我可不必讲也。闻有人说学会讲学，与天主耶稣所讲相似。一人讲而众人环听，其形状诚相似，然彼讲彼之道理，我讲我之道理，即相似亦不妨。且诸公晓得我孔子之教行得远，彼天主耶稣之教更行得远？欧洲各国，都尊信天主耶稣教。美洲、澳洲，英人开辟已久，固不待说。非洲虽不尽归欧人所辖，而欧人开辟之地，亦多从天主耶稣教。亚洲如五印度、南洋诸岛、日本、朝鲜、越南、缅甸、暹罗，皆有天主耶稣教徒传教，骎骎及于中国。今十八省都有天主教，湖南省外府亦有之。其教蔓延五大洲，而我孔子之教，仅通行于中国及日本、朝鲜、越南同文之国，其余皆不知有孔教。何彼教所行如彼其广远，而我孔教所行如此之狭小？岂我孔子大圣人，反不如彼天主耶稣之力量大耶？此无他故，实由彼有人传教，有教会，故力量大，能行远；我无人讲学，无学会，故力量不大，不能行远。天主耶稣教人性情坚忍，常有在外被害者，而彼不畏死，其教会力为保护。有教士被害，即倾国兴报复之师，故能遍传各国。我孔子教既无人传于外国，即中国亦久不讲学，非但外国不知有孔子，即中国亦但知有孔子是圣人，而孔门义理多茫然不解。然则天主耶稣教人能昌明彼教，有以对天主；孔子之徒不能昌明孔教，无以对孔子矣。程子见丛林规矩，叹赏以为三代威仪。朱子议立小学规，曰：“只做禅院清规样，亦自好。”程、朱且想学禅院清规，然则我辈孔子之徒，只要能昌明孔教，即讲学者与传教形像一样，亦无妨碍。诸公试想，还是要孔教行得远，还是不要行得远？还是要孔教人人都晓得，还是不要人人都晓得？

（录自《湘报》，第六号，光绪二十四年二月二十日出版）

# 皮鹿门学长南学会第三次讲义

程、朱、陆、王同讲道学，所讲者皆天人性命之理、身体力行之事，宜其学无不同矣。而同中又有异者，此由入手途径各别，所以教人宗旨不同。程、朱以为学当先知后行，陆、王以为学当知、行并进。程、朱何以必云先知后行？《大学》曰：“欲诚其意者，先致其知。”又曰：“知至而后意诚。”格致是知，“诚意”以下至“平天下”是行。“格物”之解甚多，朱子解为“读书穷理”，颠扑不破。义理重在实践，而亦先须考究。如为臣当忠，先须考究如何尽忠之法，不然恐为愚忠，无补君国之事；为子当孝，先须考究如何尽孝之法，不然恐为愚孝，反贻父母之忧。程、朱以为先知后行，本于《大学》，次序不紊。陆、王何以必云知、行并进？其意以为：如朱子说，穷尽天下之理，方可为知之至，天下之理终身穷究不尽，若必尽穷天下之理，方可为致知，方可言诚意，则终身无致知之期，无力行之事矣。且恐误会其旨者，将知、行分作两橛，所读之书是一样，所做之事是一样。格、致之学，毫无益于诚意、正心，其弊尤不可胜言。不如通达一义，便行一义，晓得一事，便做一事，知、行并进，最为直捷。

朱学出于程，王学出于陆。程子是北宋人，王阳明是明人。惟朱、陆二公，皆南宋人，同时讲学。吕东莱为鹅湖之会，本欲朱、陆二公参证异同，折衷一是，卒之议论不合。朱子教人，欲令其先泛观博览，而后归之于约。陆子欲先发明人之本心，而后使之博览。朱以陆之教人为太简，陆以朱之教人为支离。朱子每教人看注疏，以陆子不重读书为近禅学。陆子以六经为我注脚，谓："尧、舜以前，何书可读？"鹅湖之会，陆子静先生与其兄子寿先生偕行，先于途中论学，子寿先生得一诗云："孩提知爱长知钦，古圣相传只此心。大抵有基方筑室，未闻无址忽成岑。留情传注翻榛塞，着意精微转陆沉。珍重友朋勤切琢，须知至乐在于今。"子静先生和云："墟墓生哀宗庙钦，斯人千古不磨心。涓流积至沧溟水，拳石崇成泰华岑。易简工夫终久大，支离事业竟浮沉。欲知自下升高处，真伪先须辨至今。"其后陆子寿往朱子处，朱子和韵赠之云："德义风流夙所钦，别离三载更关心。偶扶藜杖出寒谷，又枉篮舆度远岑。旧学商量加邃密，新知培养更深沉。只愁说到无言处，不信人间有古今。"朱、陆皆大贤，所见不同，即此三诗可见。其所以不同者，一将知、行分先后次序，一则知、行并进，不分先后次序。譬如两条道路，一从大路，计程稍远，一从小路，取径更捷，只要肯走，都走得到。释氏谈禅学，有顿、渐两义。忽然大悟，谓之顿悟。积久生悟，谓之渐悟。渐悟则天分稍次皆可悟道，顿悟非天分绝高不能。朱子所说，近于渐悟。陆子所说，近于顿悟。朱子教人之法最稳，陆子教人之法更捷。从朱子之说，中材皆可勉为。从陆子之说，必天分绝高方可。

元、明以来，多从朱学，惟王阳明先生讲学从陆而不从朱。其说以"致知"为"致良知"，与朱子解为"读书穷理"迥异。其持论亦别有见解，以为人臣当忠是良知，能致良知，不必考究尽忠之法，自然做出来是忠臣；为人子当孝是良知，能致良知，不必考究尽孝之法，自然做出来是孝子。如舜不告而娶，伊尹放太甲，此岂当日先曾考究？又岂有前事可师？不过能致良知，自然物来顺应。心如明镜，有物来照，便照在内，照过依然莹澈。其大旨与禅学尤近，极能开悟人。《传习录》所云，无论读书、不读书人，皆能通晓。焦理堂《良知论》曰："紫阳之学，所以教天下之君子；阳明之学，所以教天下之小人。紫阳之学，用之于太平宽裕，足以为良相；阳明之学，用之于仓猝苟且，足以成大功。行其所当然，复穷其所以然，此惟一二读书之士能之，未可执颛愚顽梗者而强之也。良知者，良心之谓也，虽愚不肖、不能读书之人，有以感发之，无不动者。阳明以浙右儒生，削平四省之盗，自横水始，至藤峡止。读《文成全集》檄文、札谕，真能以己之良心，感动人之良心。牧民者苟发其良心，不为盗贼，不相争讼，农安于耕，商安于贩，而后一二读书之士，得尽其穷理格物之功。天下读朱子之书，渐磨莹涤，为名臣巨儒，其功可见。而阳明以良知之学，成一世功，效亦显然。然则为紫阳、阳明之学者，无容互訾矣。"焦里堂，治汉学者，其分别朱学、王学，论极平允。欲讲道学，当先细读诸家语录，审其如何入手之处、如何用力之处，各因性之所近，或从程、朱，或从陆、王，只要实践躬行，皆可入德，不必拘拘于异同之辨。

至于道学有真有假，于何别之？义与利而已矣。天理是义，人欲是利。公道是义，私心是利。无所为而为之是义，有所为而为之是利。不读书不明理之人，不知有义，只知有利。读书明理之人，虽知有义，而不能见利思义。其弊在于见理不透，立脚不稳，操守不坚固，心迹不光明，明知事不应为，而不能不瞻顾利害，明知财不应得，而不能不利欲熏心，以致立身一败，万事瓦裂。如晋之王衍，能清谈，负重名，口不言钱，自以为高，至于国将危亡，犹为三窟之计，死于石勒，身名俱丧。明之胡广，当靖难兵至，与友人约共死节，慷慨激昂，乃归家而问饲猪否，闻者已知其不能舍一猪，安能舍命，卒之不死而降。此等人非不知义、利之分，其见义不为，由于不能忘利。

子曰："君子喻于义，小人喻于利。"此章书有两解，皆可以警醒人。陆象山《讲义》以为："人之所喻，由其所习，所习由其所志。志乎义，则所习者必在于义；所习在义，斯喻于义矣。志乎利，则所习者必在于利；所习在利，斯喻于利矣。"谓今人读书、做官，无非为利。朱子以为切中学者隐微深痼之痛。此宋儒之说也。汉儒解"君子"、"小人"，则以位言，不以人品言。董子云："明明求仁义，常恐不能化民者，卿大夫之意也。明明求财利，常恐困乏者，庶人之事也。"是解"君子"为卿大夫，"小人"为庶民百姓。即如此解，亦可使人猛省。庶民百姓只为一身一家之计，自私自利，人情之常。若学士大夫，当志在远大，大之当匡济天下，使天下蒙其利；次则扶助一国，使一国蒙其利；又次则保护一乡，使一乡蒙其利。如专为一身一家计，与庶民百姓同一见识，可鄙实甚。樊迟请学稼圃，夫子斥为小人，正以其为学士大夫，不应与庶民同一见识也。

推而言之，无论士、农、工、商，皆不可存自私自利之见。自私自利，非但不知有义，并不知有利。即以商人而论，奔走道路，算及锱铢，原为谋利，然必欲一人专利，不欲大家共利。价值一起，争先相轧，搀杂巧伪，不顾损名；价值一落，惟恐货滞，不惜贬价，急于求售。始欲专利，卒至于同失利。湖南茶务动辄亏本，皆坐此弊。如不各存私见，趁早设立公司，何至于此？凡义之中有利，利之中有义。能与人公利，即近于义。能使人人讲明大义，天下之利，孰大于是？读书明理之士，不怕义、利不明白，只怕临时不能自克，利令智昏，正要于天人交战之时，一念是义，一念是利，能一刀割断，方是大勇。如不能有此大勇，平日当以义理之学，涵养其心，顾惜声名，恐人耻笑，自然临时有所忌惮，不敢傆然为利。顾亭林谓"天下好利，惟名可以救之"，正是此意。尝闻郭筠仙先生云："三代以前，文质递嬗；三代以后，名利递嬗。汉人好名，唐人好利。宋人好名，元人好利。明人好名，今人好利。"此虽戏言，实是确论。欲挽回好利之习，当使人皆好名。人能顾名思义，自能见利思义。

今人一见人讲道学，即以假道学诋之。道学真假，但观其见利何如。人能不为利动，便是真道学。人能终身不为利动，便终身无破绽。纵疑为伪道学，不得谓之伪矣。如其一朝败露，尽可俟其败露责之，不当逆诈，先以不肖之心待人，沮人向善之路。至于要想维世立教，更当善善从长。见人持正论，惜清名，即以君子之名奉之。其人既为众人抬举，自然不肯贬下，不得不以正人自处，即见有利，而不能不顾名。此最扶持名教之妙用。若在讲道学者，要不可以名自恃，更当兢兢自保，勿致堕于末路，斯不愧道学之名矣。

（录自《湘报》，第十三号，光绪二十四年二月二十九日出版）

# 皮鹿门学长南学会第四次讲义

十四讲学，有疑学会无益，并有疑孔、孟、程、朱皆不足法，宜专法西学者。学会宗旨，前已说明。孔、孟、朱、程之学，今再略为阐发。

今之学者有两大患：浅陋之士，墨守讲章八股，以为孔、孟、程、朱之道，具在讲章八股之中，此外别无所谓学，安得更有中学、西学？故不但见人讲西学，群怪聚骂，即见人讲汉学、宋学，亦骇为闻所未闻。而才俊之士，习闻此种议论，厌薄已极，只想力反其说，不考学术根本，亦以为孔、孟、程、朱之道，不过如讲章八股所云。今讲章八股既不足学，则孔、孟、程、朱亦不足法，专讲西学，方有实用。不知西学虽有实用，亦必先通中学。不先通中学，则圣贤义理不能了然于心，中国政教得失、古今变革，亦不能考其故。此等人讲西学，无论未必能精，即通专门之学，不过一艺之长，又下则略通语言文字，只可为通事、买办。此种人才，又何足用？京师大学堂所定章程，以中学为主，西学为辅，中学为体，西学为用，湖南时务学堂兼讲中西之学，最为通达。尝闻西人之学，亦有性理一门。彼所谓性理，非我辈所谓性理，然彼所以宣明教旨，感动人心，具在于此。是彼所讲性理，犹不能谓之无益，故彼教最重此学。况孔、孟、程、朱所讲性理，与彼大有径庭，岂得谓之无益，而我辈不重此学乎？

其疑为无益者，不过以孔、孟、程、朱为迂阔耳。凡诟病儒者不可用，率以"迂阔"二字了之，即孔、孟在当时，亦不能免。晏子谓孔子"穷年莫能殚其学，累世莫能究其旨"，即是说其迂阔。《史记·孟子列传》曰："梁惠王不果所言，则见以为迂远而阔于事情。当是之时，秦用商鞅，楚、魏用吴起，齐用孙子、田忌。天下方务于合从、连衡，以攻伐为贤，而孟子乃述唐、虞、三代之德，是以所如者不合。"盖孟子在当时，诋为迂阔者尤多。孔、孟，人犹以迂阔疑之，又何怪孔、孟之徒，后世不疑其迂阔也？迂阔不迂阔，当考其行事与其遗书。孔子为政三月，鲁国大治。齐人曰"孔某知礼而无勇"，使莱人以兵劫鲁侯。孔子能却莱兵，使齐人归汶阳之田，已小用小效矣。孟子游说齐、梁，皆可坐言起行，并无迂远难行之事。说梁惠王施仁政，可使制梃以挞秦、楚之坚甲利兵，此中大有作用。商鞅与孟子同时，使秦诱三晋之人，力耕于内。若惠王能用孟子、施仁政，秦人安得诱之？齐宣王取燕，若用孟子之言，置君而后去之，何至有燕昭报齐之祸？仁政先制恒产，自是本计。所言行此五者，举今所谓农政、商政、邮政皆在其中，何得以为迂阔？

至孔、孟所说，后儒有误会其旨，持迂阔之论，以招人诟病者，实非孔、孟之意。今略举其一二。如卫灵公问阵，孔子对以军旅未学。后儒遂据此，以为儒者不言兵。孔子不答灵公之问，明日遂行，别有微意，并非军旅未学。如必以言兵为讳，何以子贡问政，告以“足食足兵”？四子侍坐，子问何以酬知，子路对以“有勇知方”，冉有对以“可使足民”。季康子问冉有曰：“子之于军旅，学之乎？性之乎？”对曰：“学之于仲尼。”是夫子尝以兵法教冉有。故夫子尝曰“我战则克”，盖得其道。此孔门不讳言富强之明证。孟子对齐宣王曰：“仲尼之徒，无道桓、文之事者。”后儒遂据此，以为儒者不言霸术。然则孟子何以言“五霸，桓公为盛”，又何以称秦穆公、百里奚？岂秦穆胜于齐桓，百里奚胜于管仲耶？所以云“无道桓、文”者，乃语气抑扬，劝宣王行王政耳。不知此义，徒摭拾一二语，遂谓孔门不重事功，使人疑儒者为迂阔，并疑及孔、孟，皆说者之过也。

宋儒，人尤疑其迂阔。然观程子《论经筵劄子》所云亲贤士大夫之时、亲宦官宫妾之时，可谓得大臣格君之旨。朱子《庚子封事》，大旨以为其本在“正心术以立纪纲”，纪纲不立，“军政何自而修，土宇何自而复，宗庙之仇耻又何时而可雪”。《戊申封事》所陈六事，而归本于心，其言尤深切著明。当时有云“诚意正心，上所厌闻”，戒以勿言者。朱子曰：“吾平生所学，只有此四字，岂可回互而欺吾君乎！”孝宗，南宋贤君，有恢复雪耻之心，无声色玩好之失，惟惑于左右近习，不亲信正人君子，在朝贤相皆不久任，明知朱子之贤而不能用，正以其心不清。朱子先正君心，自是根本之论，并非迂阔不切。朱子历官，皆有声绩。提举浙东，孝宗谓其政事可观。其居乡行社仓法，正值青苗法弊之后。朱子变通其法，不以为疑，后又奏请通行，至今犹沿其制。其在长沙，得赵汝愚密书，云将内禅。朱子知将有赦书到，先取狱中死囚数人斩之。此皆非迂儒所能办。方望溪谓王昆绳曰：“子毋视朱子为奄奄气息人也。观《戊申封事》，虽晚明杨、左之直节，不是过也；观浙东救荒诸事，虽前汉赵、张之政绩，不是过也。而世不以此称之者，诚以道德崇闳，称此转渺乎其小耳。”昆绳闻此，遂取平日诋毁朱子之文焚之。据望溪所云，朱子不迂阔可知。若夫朱子之言，当分别观之，不当误会其旨。朱子尝曰：“海内之弊，不过两说：江西顿悟，永康事功。若不极力争辨，此道无由得明。”“江西顿悟”，谓陆象山；“永康事功”，谓陈同甫。同甫自负王霸之略，任侠豪举。朱子箴其义利双行，王霸杂用，又谓："不说萧何、张良，只说王猛。不说孔、孟，只说文中子。可畏！可畏！"据此，则非谓事功不当言，谓不当只说王猛、文中子耳。后儒不识此旨，习为重心性、轻事功之论，以富强为霸术，以经济为粗才，以文章为浮华，以读书为玩物丧志，理财者以为小人，谈兵者以为武夫，扫除一切，暝目静坐，名为道学，实同枯禅。又似庄、老清谈，所谓尧、舜事业，如浮云之过太虚。其论太高而不切事宜，太空而无济实用，乃使人以道学为诟病，动谓宋儒有体无用，皆由此种议论启之。

诟病道学，不始于今之人，宋末元初已有此说。周公谨尝曰："伊洛之学行于世，至乾道、淳熙间盛矣。新安朱氏元晦，尤渊深精诣。盖孔、孟之道，至伊洛而始得其传，而伊洛之学，至朱氏而始无余蕴，必若是而后可言道学也已。世有一种浅陋之士，自视无堪以为进取之地，辄亦自附于道学之名，褒衣博带，危坐阔步。或抄节语录，以资高谈；或闭眉合眼，号为默识。而叩击其所学，则于古今无所闻知；考验其所行事，则于义利无所分别。此圣门之大罪人，吾道之大不幸，而遂使小人得以藉口为伪学之禁，而君子受玉石俱焚之祸者也。"袁清容则诋斥尤甚，曰："宋之道学，在官只刻语录、修书院，理财、治兵，概置不讲。贾似道当国，利其迂愚，多用此等人，以致亡国。世谓宋亡于道学，盖本于此。"平心而论，此亦过激之言，非确论也。贾似道所用者，罕以道学著名。元兵方急时，金仁山上书，请由海道出师取燕，以攻其所必救，宋不能用。元灭宋，得其图以兴海运。图中水道曲折，无一不合。金仁山乃朱子门人，其舆图之学如此有用，是讲道学不皆迂儒。至其时道学盛行，依草附木，自不能免，然不可以弟子无用，归咎于师。如曾子之门有吴起，子夏之学流为庄周，荀卿之徒有李斯，岂可以此归咎曾子、子夏、荀卿？

人疑程、朱为迂，并疑及孔、孟者，以其功业未显于世，且无救于亡耳。功业不显，由于人不能用。兴亡是天数，更非人所能为。天将亡周而三代不可复睹，故孔、孟不见用于时，天将亡宋而中国不能自立，故朱子、陆子、南轩、东莱不见用于时，皆天意也。若必归咎于人，当其时之人，不能用孔、孟，不能用程、朱，而孔、孟、程、朱不受其咎。孔、孟、程、朱之道，不行于当时，而行于后世。后世读其书，足以维世立教，所以尊信孔、孟、程、朱，至今不废，实以其学有益于世道人心，非只以其人可师法。义理之学，足以培植人材，断不至败坏人材。才俊之士，尤当先以义理之学教之，使就范围，乃不流入跅弛。至于后世陋儒妄引圣贤之言，以掩饰其迂阔无用，不当误信其说，谓道学只可空谈性命，一切事功皆置不讲，动引孔、孟、程、朱，以压言经济、言富强之人，尤不可以陋儒大言无实，遂疑孔、孟、程、朱之学本是如此，遂敢诋毁圣贤，而拾叔孙武叔、淳于髡之唾余，扬韩侂胄、胡纮之灰烬也。

（录自《湘报》，第二十一号，光绪二十四年三月初十日出版）

## 皮鹿门学长南学会第五次讲义

交涉之学，孟子说得最精。齐宣王问交邻有道，对以"惟仁者为能以大字小，惟智者为能以小事大"。据孟子之说，是大国当与小国和，小国更当与大国和。自尚气者视之，似乎怯懦太甚，无生人之气矣，而孟子曰："吾非畏彼也，畏天也。"朱子注曰："天者，理而已矣。大之字小，小之事大，皆理之当然也。"孟子尝曰："天下无道，小役大，弱役强，天也。顺天者存，逆天者亡。"天以仁爱为心，当小役大、弱役强之时，"既不能令，又不受命"，甚且如息侯不量力而伐人，逆天殃民，必至亡国。王曰"寡人好勇"，孟子又为进一解曰："王请无好小勇，当一怒而安天下之民。"孟子前所说是交涉公理，至此乃见作用。王者兵不再举，壹戎衣而有天下，当养精蓄锐，不可轻试其锋。所谓字小事大，并非一意求和，其中大有作用，先求自固，再求自强。试看汤事葛，而后卒伐葛；文王事昆夷，而后能驳昆夷；勾践事吴，而终灭吴；太王事獯鬻，其后文王亦服獯鬻。是孟子所说仁者、智者，非但仁智而已，皆有大勇在内。老子曰："大勇若怯。"孟子所谓大勇亦然。梁惠王欲洗耻，孟子告以施仁政，壮者以暇日修其孝弟忠信。自主战者视之，尤为迂阔无当。兵败国危，不谈兵而讲学，此与汉人北向诵《孝经》、宋人崤山舟中讲《大学》何异？不知不讲孝弟忠信，民不晓亲上死长之义，临敌辄溃，将洗耻而耻益甚。必使民皆知耻，而后可以洗耻，故孟子之言非迂也。汤、文、太王不可详考，勾践事吴，见《国语》、《越绝书》、《吴越春秋》甚详。当其保于会稽，请为臣妾，思报仇耻，惟是卧薪尝胆，以激厉众志；壶浆小惠，以固结人心。观《国语》所言"人怀必死之心"，何患不胜！伍子胥曰："越十年生聚，而十年教训。"盖坚忍二十年，乃能得志。当时会未至，则范蠡、文种力争不使轻举；时至，则及锋而试。此老子所谓"将欲弱之，必固强之"，兵法所谓"静如处女，动如脱兔"，岂抚剑疾视匹夫之勇所能为者？其后燕昭报齐，与越勾践略同。

今德国主威廉第三，亦得此意。德即占我胶洲湾之德国。其先名普鲁士，一名布路斯，国不强大，法王拿破仑败其兵，灭其国。普王再三哀恳，复求俄王缓颊。法王稍与之地，限其兵额。普王乃用番休之法练兵，数年散之，复练新兵，数年又散之，少给口粮，待闻征调即至。其后俄、英合从图拿破仑，俄使普国协力，事定许封以故地。英与拿破仑力战不胜，得普助乃胜之。于是复得故地，而威廉第三犹以为未足雪耻也，得毕士麻克为相，毛奇为军师。毛奇亲入法境，图其险要。出师时，毕士麻克延兵官入密室，四壁皆法地图。毕士麻克云已修改十六次。其阴谋忍力，不在越勾践、燕昭王下。故能降法王，围都城，割重地，取偿兵费也。而尤有可异者，当法败普兵时，普有铜匠，见横尸遍野，誓必报。乃舍铜而业铁，入枪炮厂学习，创造后膛新枪，献于普王。普王用之，遂以破奥、破法，大功出一铜匠。是故忠义之士，必有此等坚苦奋发之志，非可徒恃客气，反损国威。

朱子《戊申封事》谓："宴安酖毒之害，日滋日长，而卧薪尝胆之志，日远日忘。数年以来，纲维解弛，虮蝨萌生，区区东南事，犹有不胜虑者，何恢复之可图乎！故臣不能随例迎合，苟为大言，以欺陛下。惟欲陛下正心克己，以正朝廷、修政事。有志恢复者，不在抚剑抵掌之间也。"以朱子之贤，岂忘大仇未报？然欲报大仇，当如勾践、燕昭，卧薪尝胆数十年，不可轻于一试。若未修内政，遽召外兵，譬犹人家，家事不治，阋墙内乱，而欲与人构讼，岂有能胜之理？自古中国之于外国，不讳言和，惟不可专于求和，不求自强地步。汉、唐之时，输岁币，降公主。贾生以为天下之势方倒悬，可为流涕。惟其时君若臣以此为耻，故汉有平城之围，武帝能犁单于之庭；唐有渭桥之盟，太宗能擒颉利。太宗有诗云："雪耻酬百王[①]，除凶报千古。"必如此，乃可庶几孟子之所谓大勇。北宋之神宗，南宋之孝宗，亦欲雪耻自强，而无汉武帝、唐太宗之雄才，复无越勾践、燕昭王之坚力，又猜忌将帅，武功不振。惟高宗时，有岳、韩、二吴、刘锜诸名将，大可恢复中原。误用秦

---

① "王"，原误作"金"，据《师伏堂日记》改。

桧奸言，屈辱求和，一时忠义之人，莫不欲斩秦桧。自此以后，皆以主战不主和为忠义。然韩侂胄尝主战矣，卒至一败不振。贾似道与元和，讳而不言，虚报大捷。元世祖使郝经来聘，似道恐泄和议，囚之真州，乃启兵端，以致灭国。当宋之将灭也，元犹不欲灭之，使廉希贤来议和，行至独松关，为守将张濡所杀，和议遂绝，宋遂亡。元兵至关，而张濡遁。是宋之不能恢复，由于不当和而和；宋之灭亡，又由于当和而不和。古者兵交，使在其间。张濡妄杀强敌之使臣，敌至又不能死守，其亡国之罪，擢发难数。然其杀敌使时，未尝不以忠义自居，谓彼方图我，杀其一人，亦足解忿。试思杀彼一人，于彼何损？杀一人而国灭，其国何辜？

　　疆场之事，一彼一此。此亦一是非，彼亦一是非。以公理绳之，两人相争，不得谓己是，人尽不是；两国相争，不得谓中国是，外国尽不是。中国人憾中国为外夷欺侮，外夷憾中国人无信义，反谓中国欺侮。即以宋事而论，宋与辽约为兄弟，金攻辽而宋不救，且与金夹攻辽，信义安在？宋不能取燕京，金人取之，宋又纳其叛臣，信义又安在？金伐宋，尝讨其负约之罪，有《大金吊伐录》。南宋与元约共灭金，已而宋背盟而取三京。元使王檝来曰："何为而背盟也？"从此，江、淮之间，遂无宁日。贾似道、张濡，又一囚其使，一杀其使。种种乖谬，皆由不讲交涉之学、公法之理。兵来则畏而许之，兵退则欺之。彼兵不动，又挑动之。沽忠义之虚名，受灭亡之实祸，宋人故辙，吁，可鉴也！

　　子曰："居处恭，执事敬，与人忠，虽之夷狄，不可弃也。"又曰："言忠信，行笃敬，虽蛮貊之邦行矣。"是圣人待夷狄蛮貊，亦必用恭敬忠信。若少见多怪，忽睹异言异服，即加欺侮，甚至殴詈，与圣人之言恭敬忠信大背，岂义理文明之国所为？西人谓中国为野蛮，又谓是半教之国，正以其不讲。今与西人交涉，为通商、传教两事。我能讲求商务，开通利源，彼即通商，不能夺我中国之利。我能讲明义理，尊信孔教，彼即传教，不能惑我中国之人。近日每以细故，酿成巨患。不知彼见中国一意讲和，无词可执，意在挑衅，藉为兵端，甚望我伤害彼一人，即可肆其恫喝要挟之计。杀中国人，不过偿命。杀外国人，非但偿命，且须割地方、赔兵费。如去年胶州湾事，德人窥伺中国已久，然不杀彼教士，不能开此兵端。是杀彼者以为快心，而不知适中彼计。若而人者，非为中国出力，实为外国出力，而助彼以攻我；非为我君分忧，实召外国之兵，以贻我君之忧也。讲交涉公理，当以孔子、孟子、朱子之言为法，以宋人之待辽、金、元及贾似道、张濡之事为戒。

（录自《湘报》，第二十五号，光绪二十四年三月十四日出版）

# 皮鹿门学长南学会第六次讲义

今时事岌岌，旅顺、大连湾已插俄旗。闻英、法皆有变局，中国四百兆人，将有灭种、灭教之惧。湖南开学会，实为急开民智，万不得已之计。而愤愤者，犹或以为天下无事，正当歌舞太平，何必无病而呻，危言激论？是谓多事。又或以为大局分裂，事无可为，空讲义理，有何用处？是谓迂阔。不知今非无事，亦非全不可为，正应急起为之，如救焚拯溺，其最急者，一曰保种，一曰保教。

何以谓之保种？五大洲内，种类不齐。亚洲内如中国十八省、东三省、新疆、回疆，以及日本、朝鲜、越南、暹罗之属，其人色黄，谓之黄种。欧洲内俄、英、德、法及各小国，美洲内美利坚、墨西哥、巴西之属本欧洲人，其人色白，谓之白种。美洲红皮土番，其人色红，谓之红种。非洲土人，及五印度、南洋诸岛土人，其人色黑，谓之黑种。今红种、黑种为白种人剪灭殆尽，取其民，据其地，夺其生理。生理既失，种类遂微。数十年来，红种、黑种之人日少一日，惟白种人独盛。所以各种皆微而白种独盛者，由于强弱不同，实由于智愚迥异。红种、黑种，皆野蛮不知学问，虽性情犷悍，能以力强，不能以智强。故虽竭力与白种争，终为白种之所剪灭。强以智，不以力。如徒以力强而已，牛马有力，而为人服役，虎豹尤强，而为人擒获。其所以为人服役、为人擒获者，由无智也。古之时，草木榛榛，鹿豕狉狉，殆与红种、黑种无异，而老子、庄子，皆以"乐其俗，安其居，老死不相往来"为美谈。然则红种、黑种，正老子、庄子之所推许，何以并不能保种？以此言之，保种必先开智，开智方能自强。老氏愚民之旨，历代用之，为长治久安之秘策，而施之今日，为灭种之法。使老子、庄子生于今，当不为此说矣。我黄种之人，聪明才力不在白种之下。凡白种所能为之事，黄种无不能者。东洋一切制造，皆能仿效西人。今中国亦有能仿西人制造者。中国人出洋学习，其智慧多为西人推服。然中国虽有此智慧，未能讲求开通，智者自智，愚者自愚。其智者足与白种抗衡，其愚者亦与红种、黑种相去不远。若不急开民智，恐不免为红种、黑种之续。《春秋左氏传》曰："非我族类，其心必异。"人情莫不自私其种类，歧视异种异类。《春秋》张三世之义，太平之世，远近大小用心若一。此惟太平方能若是，今天下尚未到此境界。西人奉耶稣教，耶稣爱人如己，出于墨子兼爱。而西人虽讲此种道理，犹未能化畛域之见，一视同仁。其待属地人与本国人不同，自罗马时即用此术。盖深防其强而欲其弱，尤深防其智而欲其愚。惟恐其人智则必强，势将不为之下，而将与之抗。英于印度①，不选其人入议院，不置其人于高等。俄于波兰，虽使其入议院，而不假以权，且废其新闻纸馆，不许印售。法于越南，犹赐《四书味根录》，以愚其士。老氏愚民之旨，非但中国秦皇以来恃为秘策，今之西人亦阴用之，欲使本国人智，属地人愚，为驾驭控制之计。英于印度，法于越南，尚属异种。俄于波兰，则同种也，犹忌克如此，况种类不同者乎？西人若入中国，必不愿为中国开智，中国终无自强之日，惟有任其践藉而已。今欲保种，先求开智，宜以印度、波兰、越南为前车之鉴，而勿蹈其覆辙。

何以谓之保教？中国从孔子教历二千年，代用其书以教国胄。三纲五常之理，四书五经之文，无不家喻户晓，以为人之异于禽兽者在此，藉此维系世道人心。中国所以为礼义文明之国，皆汉以来信从孔教之力也。虽其间有道教，有释教，与孔教并称为三，当二氏盛时，从其教者，或以为胜孔子，然中国终以孔教为正。今二氏之教衰微极矣，而天主耶稣教乃起于数万里外，入中国与孔教争胜。其入中国始于何时，不可考。六朝、唐时有祆庙，或以为祆庙即天主。唐有大秦、波斯诸教，《景教流行中国碑》现存于世。碑云"三一妙身"，又云"划十字以定四方"②，颇与天主教合。或云景教即天主教，或云非是，乃佛书所云婆罗门外道之一。当时此等教虽入中国，不传中国人，犹与孔教不相妨也。明末，利玛窦等自欧洲来，徐光启诸人尊信之，称为西儒，或称为西方圣人，使之治历、治兵、治水利，荐之入钦天监，京师立天主堂。然国朝禁中国从天主教极严，其后议和，乃弛其禁，天主耶稣教乃蔓延于各省。其教以为孔子之教只能治人，耶稣之教并能通天。各尊其师，固无足怪。而其教士居中国久，习中国文字，乃引圣经贤传所言事天敬

---

① "于"，原误作"与"，据《师伏堂日记》改。下"俄于波兰"之"于"同。

② "划"，原误作"判"，据《师伏堂日记》改。

天之义，及《西铭》"乾父坤母"之文，尽掇取之以入其书。其书亦谈忠孝，说仁义，要人奉事父母、祖宗。此等道理，与彼教并不符，与孔教反相近。或曰：彼能崇尚孔教，是吾圣人之道当行于泰西，如《中庸》所云"施及蛮貊，凡有血气，莫不尊亲"，此大同之机也。或曰：彼实欲倾孔教，知我中国尊信已久，不能猝夺，巧为援儒入墨之计，使浅陋之士莫能辨，以为彼与孔教无异，则读书人皆将附和，所谓弥近理而大乱真也。是二说各有所见。以时势而论，彼强我弱，彼教夺我孔教甚易，而以孔教变彼教甚难。孔教无人传海外，其知有孔教者，不过在中国教士数人，是孔教之传于彼者甚狭。彼教既遍传中国，其势必争孔子之席，又恐争不能胜，而取孔教之精理名言以入彼教，则彼教之及于我中国者更广。赵云松曰："孔、孟之教，占地甚少，犹之于物，其精粹至美之处本不甚广，其胕殼则所占之地甚多，非圣人之教不敌彼教之善而民皆信服之也。"此论固是，然观今日事势，窃恐并我之精粹至美者，我亦不能保而为彼所得也。韩昌黎曰："其危如一发引千钧，绵绵延延，浸以微灭。"在昌黎时，犹未必如此之甚，至今日乃真一发千钧之危矣。今欲保教，急须讲明孔教义理，使人皆灼知孔教与天主教何者为同，何者为异，自然不至为彼煽诱。若能推广学会，行教四方，使吾圣人之道施及蛮貊，尤为盛事。《时务学堂学约》十条，以行教终，甚望诸君矢此宏愿。如不先明孔教宗旨，徒逞血气，打教士，毁教堂，使彼气焰益张，何足以张吾教？保种宜开智，保教尤宜开智，未闻有以力强者也。

（录自《湘报》，第四十四号，光绪二十四年闰三月初六日出版）

# 皮鹿门学长南学会第七次讲义

今日孔教衰矣！胶州事起，山东皆为德国所制，圣贤陵墓，尽属他人，邹鲁儒风，将从彼教，我辈孔子之徒，能无痛乎？天主耶稣墓在耶路撒冷，有大教堂，天主教徒以登堂拜墓为敬。土耳其据其地，扃其堂，虐其人，需索重金，乃许入拜。天主教徒大愤，兴十字军，死者数十万人，卒夺还其地。此等举动，虽属无谓，要可见其信教之坚。我辈即不必然，要不可不思所以保教。保教在先讲明孔教义理，使中国人皆知孔教之大并切实有用，自然尊信我教，不至遁入彼教；使外国人亦知孔教之大并切实有用，自然不至藐视我教，不敢以彼教夺我教。孔教之大并切实有用，不必远引诸子九流，试即人人所知之四科言之。

德行一科，为圣贤学问根本，故列于首。然孔门德行，必非空谈性命、高语天人，如颜子"王佐之才"，仲弓"可使南面"，皆具绝大经济学问。言语、政事、文学必能兼通，以其德行尤高，所以列在德行科。

言语一科，非寻常言语。子曰："巧言令色，鲜矣仁。"又曰："巧言乱德。"是夫子不重言语，而此以言语为一科者，盖即"束带立朝，与宾客言"之言。当时列国纷争，最重使臣能以口舌解纷排难，观《左氏传》可见。郑之子产，尤为擅场，入陈献捷，仲尼美其文辞。《论语》"为命"一章，即重言语之意。子贡言语，亦屡见于《左传》。《史记·仲尼弟子列传》谓子贡存鲁、乱齐、破吴、强晋而霸越，虽有后人增饰，亦非全然无因。《汉志》列纵横家，云出行人之官。自汉以后，中国一统，无所用其纵横，而武帝求使绝域之才，与将相并重。魏、蜀、吴三国及南北朝通使，唐使吐蕃、回纥，宋使辽、金，皆选第一等人，折冲坛坫，具见史策。中国与东、西洋通使，乡先生郭筠仙师、曾惠敏公出使，皆能振国威，弭边衅。今时事日棘，学者宜考求中外形势、风俗政事，通晓各国文字语言与公法交涉之学。此在圣门为言语科，不得以为西学而斥之也。

政事一科，尤经世有用之学。虽有德行，不通政事，不免有体无用。冉有"可使足民"，是富国。子路"可使有勇"，是强兵。后儒动言圣门重心性、轻事功，不当说富强；富强是霸术，不是王道。此等议论，最为害事！其实圣门学术，何尝如此迂阔？今国势积弱，民穷财尽，正应亟讲富强。富国如农学、商学、矿务、制造，强兵如体操、兵操、枪炮准头、舆地测量，皆"可使足民"、"可使有勇"学问。此在圣门为政事科，不得以为西学而斥之也。

文学一科，后世最盛。然孔教所包甚广，实非文学一科之所能尽。自汉以来，尊孔教者即偏重于文学，而《春秋》断狱，《禹贡》治河，三百五篇《诗》当谏书，犹能通于政事。宋儒明心见性，反身克己，近于德行一科，故为后世所尊。然其流弊，以言语为浮华，以政事为粗才，语录盛行，科诨俚俗，并文字亦弃不讲。四科中止讲得德行，未得孔教之全。国初通儒如亭林、梨洲、船山，惩明末心学之空疏，而欲救之以实。其学并非专主训诂、考据，凡德行、言语、政事、文学，无不讲求，规模甚廓，体用兼备，可为师法。乾嘉以后，学者乃专主国初诸儒训诂、考据，引而伸之，于是标举汉学之名，以别异于宋学。其训诂、考据较国初诸儒为精，而规模不及国初诸儒之大。四科中止讲得文学，亦未得孔教之全。江郑堂作《国朝汉学师承记》，焦里堂与书争之①，谓标举汉学，必启争端，不如改汉学为经学，浑融无弊。里堂所见甚是，而郑堂卒不改。方植之乃著《汉学商兑》，推尊程、朱，痛诋汉学。此等门户之见，彼此皆属客气。植之瞋目戟手，尤非儒者气象，其书虽尊程、朱，实未尝通程、朱之学。程、朱学术并不尽同，非可并为一谈。且明道程子与伊川程子已不同，朱子晚年之学与早年之学又不同。明道性情和易，与荆公共事不决裂，且有"新法我辈激成"之语。伊川性情严毅，在经筵以师道自尊。东坡好诙谐，不相合，至于洛、蜀分党，是两程子有不同处。朱子以为其道不异，总称子程子，不分别，而其师法，实在伊川。然伊川不看杂书，著述惟有《易传》。朱子学问极博，著书极多，兼工诗古文词，历官皆有德政，意在将四科之学一身兼之。是程、朱亦有不同。朱子早年从刘屏山、胡籍溪讲禅学，见于《文集》，三十后见李延平，始专宗程氏学，四十后见道之不行，欲著书以传后世，六十七岁犹修《仪礼经传通解》。其学愈变愈近国朝考据一派，则谓考据之学由朱子启之亦可。植之于此等异同处，全不了了。陈兰浦作《汉儒通义》，意在和同汉、宋门户，而主张汉学者，议其不应强作调人。

予谓汉学出自汉儒，人皆知之；汉学出自宋儒，人多不知。国朝治汉学者，考据一家，校刊一家，目录一家，金石一家，搜辑古书一家，皆由宋儒启之。宋以前，著书讲考据者，如《颜氏家训》、《匡谬正俗》之类甚少。至宋，此等书极多，《容斋五笔》、《困学纪闻》最有名，他如《梦溪笔谈》、《野客丛书》、《考古质疑》、《能改斋漫录》、《学林》之属，指不胜屈。是考据一家，始于宋儒也。古无刊板，故无校刊。至宋，乃有宋公序校《国语》，三刘校《汉书》。是校刊一家，始于宋儒也。古无目录之学。至宋，乃有《崇文总目》、晁公武《郡斋读书志》、陈振孙《直斋书录解题》、高似孙《子略》。是目录一家，始于宋儒也。古无金石之学。至宋，乃有欧阳公《集古录》、赵明诚《金石录》、洪氏《隶释》《隶续》、娄氏《汉隶字原》。是金石一家，始于宋儒也。古无搜

---

① 按，致书相争者应是龚自珍，非焦循。

辑古书之学。至宋，乃有王厚斋考三家《诗》、辑郑《易注》。是搜辑古书一家，始于宋儒也。汉学专门精到之处，自视宋儒所得更深，然觞源导自前人，岂宜昧所自出？以此推论，则汉、宋两家之交哄，夫亦可解纷矣。

将自其异者而言之，不惟汉、宋之学不同，宋之朱、陆不同，且程与朱不同，大程子与二程子不同，朱子晚年与早年又不同。若自其同者而言之，汉学师孔子，宋学亦师孔子，考其源流分合，两家本属一家。况今孔教衰微，不绝如线，尤宜破除门户，开通畛域，何必斗穴中之鼠，操室中之戈乎！公孙丑曰："宰我、子贡善为说辞，冉牛、闵子、颜渊善言德行，孔子兼之。"又曰："子夏、子游、子张皆有圣人之一体，冉牛、闵子、颜渊则具体而微。"据此，足知孔子实兼四科之长。列四科之一者，实具圣人一体。汉学近文学，宋学近德行，其精者亦可备一科之选，特不兼通言语、政事，犹未见其切实有用，可以经世耳。墨守讲章八股之士，乃谓孔教尽在讲章八股之内，此外皆西学，非孔教。不知八股文止是文学之一种，何足以尽孔教？西人能举其教所未备者，取孔教义理而增入之，以自广其教，而中国人乃举孔教所本有者，误认为西人学问而屏弃之，以自狭其教。其所见之广狭悬绝如此，无怪彼教盛而吾教衰矣。且八股空疏无用，人皆知之，今已举行开经济特科，西人亦以八股为中国大害。若孔教义理尽在此，则孔教亦是空疏无用者矣，何能保教？今先讲明四科之学，学者勿以八股尽孔教，并勿以宋学、汉学之德行、文学尽孔教，必求通达言语、政事、经世、学术，庶使人知孔教之大并切实有用，则人不至迁视吾教，而教可永保不废矣。

（录自《湘报》，第三十七号，光绪二十四年三月二十八日出版）

## 皮鹿门学长南学会第八次讲义

今欲阐扬孔教，要知孔子何以为古来大圣人，何以为我中国二千余年之教祖。中国所尊信者，孔子之外，厥惟孟子。孟子极尊孔子，此当引孟子之言为据。孟子曰："宰我、子贡、有若，智足以知圣人。"引宰我曰"以予观于夫子，贤于尧、舜远矣"，子贡曰"自生民以来，未有孔子也",有若曰"自生民以来,未有盛于孔子也"。诸贤是孔子弟子,弟子尊其师,是常事,然孟子明云"不至阿其所好",则诸贤称孔子,断非阿好,必有一段切实道理。中国称圣人者,孔子以前,有伏羲、神农、黄帝、尧、舜、禹、汤、文、武、周公,而子贡、有若以为生民未有,则是孔子以前之圣人,皆不及孔子矣。试思诸圣人皆位为帝王,周公尝摄王位,开物成务,有大功德于民;孔子虽圣人,不得位,不过周流列国,聚徒讲学,未能匡济当世,其功德何以能在诸圣人之上?且宰我明言"贤于尧、舜",尧、舜治洪水,兴教养,地平天成,至今称有道者必曰尧天舜日,孔子之功德,何以能在尧、舜之上?此无他故,尧、舜诸圣人是君道,能创业,其功德在一世之天下;孔子是师道,能创教,其功德在万世之天下。

凡创教传世者,必有书籍。其人已往,而后世读其书,如见其人,则其教可永远不废。若无书籍传后世,当时则荣,没则已焉。伏羲一画开天,黄帝始制文字,尧、舜以来乃有书,然其书不多,且不尽可信。后世所传古事,如伏羲蛇身牛首,女娲炼石补天,黄帝应龙玄女,禹囚贰负、锁巫支祈,《山海经》、《楚词·天问》所言,皆荒唐无稽。太史公云:"百家言黄帝,其文不雅驯,搢绅先生难言之。"子不语怪力乱神,得黄帝之孙帝魁之书,而删《书》断自唐、虞。此等荒邈之文,皆经孔子删去,特取其可以维世立教者,定而为经。汉人多称孔子删书之功,太史公曰:"言六艺者,折衷于夫子。"书经孔子手订,去取必有微旨,非徒编辑成帙,如昭明太子《文选》、真西山《文章正宗》之比。故自孔子删订之后,人人读孔氏书,孔子遂为中国二千余年之教祖。

凡各国之教,皆有旧教,有新教,新教出而旧教衰。所称教祖,不归于其先创始之人,而归于其后集大成之人。集大成者,必力量最大,声名最盛,徒党最众,著述最多。有此人出,而前人之旧学皆为所掩。故中国之教,不祖伏羲、神农、黄帝、尧、舜、禹、汤、文、武、周公,而祖孔子。今以孔子之后汉学、宋学证之:汉之伏生、董子、申公、高堂生,及卫、贾、马、许,皆大儒,自郑康成集其成,而治汉学者皆宗郑;宋之周、程、张、邵,及龟山、豫章、延年,皆大儒,自朱子集其成,而治宋学者皆宗朱。孔教分汉、宋两大宗,其宗如此,其祖可知。又以孔子之外,释迦、耶稣证之:释迦文佛以前,已有七佛,自释迦文佛出,而佛教皆祖释迦。耶稣以前,已有摩西、大辟诸人,自耶稣出，而天主教皆祖耶稣。外国如此，中国可知。此无他故，并由力量大、声名盛、徒党众、著述多之故也。

中国教主孔子，外国教主佛与耶稣、谟罕蓦德，惟回教之谟罕蓦德及身而王，天主教至十数传后乃有教皇，佛至后世亦称觉王。我孔子在当时，太史子余即云"天其素王之乎"。此孔子"素王"所自始，而其说尤著于《春秋》。孔子删定之书虽多，而创教之功，尤以作《春秋》为大。孟子推尊孔子，必举《春秋》，此亦当引孟子之言为据。孟子答公孙丑问，以"孔子成《春秋》而乱臣贼子惧"，与"禹抑洪水"、"周公兼夷狄驱猛兽"之功并称。又"孟子曰人之所以异于禽兽者几希"以下四章，文义一贯，自"舜明于庶物"以下，历举禹、汤、文、武、周公，遂及孔子之作《春秋》，终以"予未得为孔子徒也，予私淑诸人也"云云，亦以孔子作《春秋》，与舜、禹诸圣人并称。朱子注曰："此承上章历叙群圣，因以孔子之事继之。而孔子之事莫大于《春秋》，故特言之。"是朱子以此数章作一气说，与纬书所云"志在《春秋》"、《公羊》家所云《春秋》"素王"若合符节。《公羊》"素王改制"之说，出于纬书。郑康成《释废疾》曰："孔子虽有圣德，不敢显然改先王之法，以教授于世；若其所欲改，其阴书于纬，藏之以待后王。"郑君言改制之说，深切著明。后儒不信纬，并不信《公羊》，然则孟子何以云"《春秋》，天子之事"？夫所谓"素王"者，"素"者空也，"王"即天子之事也。《春秋》有褒贬予夺，即王者之赏罚。孔子不得位，不能行法，于是空设一王之法，以行赏罚之权。而空设一王之法，孔子是鲁人，鲁是周公之后，周公圣人，尝摄王位，成王赐鲁天子礼乐，是故鲁，王礼也，又不能以无是公、乌有先生当之也，故因鲁史之文，而即托王于鲁。托王于鲁，非王鲁也，更非孔子自王也。不假托一王，则褒贬之法无所寄耳。朱子注《孟子》曰："罪孔子者，以谓无其位而托二百四十年南面之权。""无其位"，即素王也；"托二百四十年南面之权"，即托王于鲁也。学者不信纬书、《公羊》，亦将并不信孟子、朱子乎？

俗儒所以疑此者，拘于"非天子，不议礼，不制度"，孔子为下不倍，何得有素王改制之说？不知此义甚易解。孔子作《春秋》在晚年，因道不行，著书立法，以俟后世，有王者作，举而行之。《春秋》之义大明，后世实有从其说以改制者。如古时封建，至孔子时，封建法敝当改，《春秋》"大一统"是改制，后世遂改封建为郡县。古时世卿，至孔子时，世卿法敝当改，《春秋》"讥世卿"是改制，后世遂改世卿为选举。他如此类尚多。后世儒者，亦多袭用"素王改制"之意。自战国诸子，以至国朝亭林、梨洲、船山诸公，其所著书，莫不欲以所立之法见之施行。亭林《日知录》明有"立言不为一时"一条，梨洲之《明夷待访录》、船山之《黄书》，更明明创法以待后世，世未有诋其僭妄者，况孔子大圣人而疑其僭妄乎？

或又疑孔子是周人，每言"吾从周"，何得有《春秋》"变周之文，从殷之质"之说？不知此义亦甚易解。孔子周人，其平日行事，必遵时王之制；若著书传后，不妨以意损益。答颜子为邦之问，兼取虞、夏、商、周，此损益四代之明证。正如我辈生于本朝，平日所服衣冠，所行礼节，必遵本朝成宪，至于著书立法，则不妨小有出入，或云宜改从古法，或云宜兼采西法，何尝谓时制全不可易？圣人受命制作，非学者所敢望，然后世著书者，实莫不如是，特读者习而不察耳。且古义与今异。古者正朔三而改，三正并建，示天不私一姓。《士丧礼》是周制，兼用夏祝、商祝。《明堂位》凡四代之服、器、官，鲁兼用之。是古制于前代礼法，随人择用，非若后世拘忌狭隘。孔子《春秋》从殷与从周之旨，两不相妨。古者文、质再而复，周末文胜，当救之以质，当时如棘子成曰："君子质而已矣。"墨子用夏制变周制，亦知此义。《春秋》从殷之质，见于《王制》。郑康成解《王制》，与《周礼》不同者，皆以殷制解之，证以"爵三等"、"岁三田"之类，正与《公羊》义合。学者要知孔子何以为教祖，当先考求孔子删订六经之旨。《春秋》一经，为圣人经世之书，更须先通大义微言，方知孔子创教，实有素王改制之事。

（录自《湘报》，第三十五号，光绪二十四年三月二十五日出版）

# 皮鹿门学长南学会第九次讲义

孔子所以必改制者，凡法制行至数百年，必有流弊。古者一王受命，必改制以救弊。《白虎通·三教》篇曰："王者设三教何？承衰救弊，欲民反正道也。夏人之王教以忠，其失野，救野之失莫如敬。殷人之王教以敬，其失鬼，救鬼之失莫如文。周人之王教以文，其失薄，救薄之失莫如忠。继周尚黑①，制与夏同。"《春秋纬·元命苞》、《说苑·修文》篇与《白虎通》略同。据此，则孔子作《春秋》，有素王改制之义，实以周末文胜，宜改旧法，去其太甚。使孔子得志于时，大行其道，必当有所变革，而不尽从周制可知。素王改制，为后世法，然则后世一王受命，或英主中兴，亦必有所变革，而不尽用旧制可知。

俗儒不明《春秋》，狃于故习，秕政敝俗，相沿不改，偶有变易，辄致纷纭，动引董子"天不变，道亦不变"之言为口实。董子，深于《春秋》者也，岂不知素王改制之义哉？"道之大原出于天。天不变，道亦不变"二语，出于对武帝策问。董子对策之意，全在变法，故曰："窃譬之琴瑟不调，甚者必变而更张之，乃可鼓也；为政而不行，甚者必变而更化之，乃可理也。"董子以为"继治世者其道同，继乱世者其道异"，舜承尧道，故可无为；汉承秦弊，故必变法。其说通达，绝不拘泥。对策又曰："王者有改制之名，无变道之实。"《春秋繁露》亦云："必徙居处、更称号、改正朔、易服色者，无他焉，不敢不顺天志，而明自显也。若其大纲、人伦道理、政治教化、习俗文义，尽如故，亦何改哉！故王者有改制之名，无易道之实。"董子此等议论，尤极精确。②盖千古不易者，道也；历久必变者，法也。道与法判然为二，非可并为一谈。③《礼记·大传》曰："立权度量，考文章，改正朔，易服色，殊徽号，异器械，别衣服。此其所得与民变革者也。其不可得变革者，则有矣：亲亲也，尊尊也，长长也，男女有别。此其不可得与民变革者也。"子曰："殷因于夏礼，所损益可知也。周因于殷礼，所损益可知也。"朱注曰："所因，谓三纲、五常。所损益，谓文质、三统。"朱子此说，本于古《论语》马氏注，是汉、宋儒者解此皆无异说。三纲，谓君为臣纲、父为子纲、夫为妻纲。五常，谓仁、义、礼、智、信。此等道理，亘古今，通中外，未有能易者也。

虽古今制度、中外风俗不必尽同，而大纲无不同。即以君臣而论：孟子论班爵禄，天子列于一位，故有"民为贵，君为轻"之说，有"贵戚之卿易位"之说，有"土芥、寇仇"之说。此等议论，自后世视之，皆非常异议可怪之论。盖古君臣共天位，治天职，食天禄。君与臣共受天之爵禄，不敢以爵禄为己物也，不敢谓臣受己之爵禄，当为己死，不

---

① "尚"，原误作"当"，据《白虎通·三教》改。

② "尤"，原误作"见"，据《师伏堂日记》改。

③ "谈"，原误作"读"，据文义改。

得事二姓也。孔、孟周流列国，历九州而相君。孔子以微、箕与比干同
称三仁，不责管仲以死。明乎此，而孟子之言可无疑矣。古者天子于诸
侯不纯臣，诸侯于卿大夫亦不纯臣。朝礼，辨色始入，君日出而视之，
退适寝听政。盖其臣先至路门外，以次立，君出相见，即谓之朝，如
今属员站班参见大宪打一照面相似，未尝每见必拜跪也。燕礼，君臣答
拜，互相酬酢。臣疾，君问之。臣死，君吊之。亦与今之大宪属员相
似，未尝尊卑甚阔绝也。秦法始尊君卑臣，宋太祖始废坐论之礼，天子
抗然于上，成"亢龙有悔"之象。西人见君不拜跪，茶会并坐，有若朋
友，颇与古礼相合。论者以为西人无君臣，无君臣何以立国？特不若中
国之严耳。日本明治元年，大久保利通上疏云："诚欲合全国君臣上下
为一心，必自天子降尊始。自今以往，请尽去拜跪、俯仰之仪，一以简
易质实为主。国有大事，与众同议，我天皇必亲临太政宫而取决焉。政
府诸臣，每日必见面，每月必会食，俾人人亲君而爱上，庶国势可兴。"
日本用之，遂成维新之治。是知君臣大义，不在过于尊君卑臣也。

以父子而论：父子是天合，与君臣不同，当无古今中外之别。然考
之古礼，《士冠礼》"见于母"，母拜之，是以母拜子；《特牲馈食礼》
"嗣举奠"，是以父拜子。自今人视之，必以为骇俗。经传多以父慈、子
孝并举，《康诰》言"父不慈，子不祗"。宋儒言"天下无不是之父母"，
始专责人子。论者云西人父子恩薄，而《摩西十戒》曰"敬父母"，彼
国亦有丧葬之礼，未尝无父子之恩，特不若中国之严耳。

以夫妻而论：妻者，齐也，有敌体之义。古礼亲迎，以男下女。昏
礼，夫妇不交拜。古无二人对拜之礼。主人敬客，则先拜客；客敬主
人，则先拜主人。夫妇敌体，不能一人先拜，人一答拜，故不交拜。妻
有过恶，夫可以出妻。夫有过恶，妻亦可以下堂求去。夫死再嫁，不为
越礼。《易》著"从一而终"之文，而《礼》有继父之服。自秦始皇奖
巴寡妇，为筑女怀清台，《会稽碑》之"有子而嫁，倍死不贞。妻为逃
嫁，子不得母"，宋儒云"饿死事小，失节事大"，盖尊君卑臣、尊夫卑
妻之义，皆昌于秦而盛于宋。西人贵女子，自汉时已然，论者以为阴阳
倒置。西法，自国君以下，皆一夫一妇，不蓄妾媵，与古法异。若夫死
再嫁、妻可下堂求去，中国古法本是如此，特西人男女有别，不若中国
之严耳。

西人言平等，与中国颇异，而未尝尽废三纲也。以仁、义、礼、
智、信而论：古惟老子掊击仁义，弃圣绝智，以礼为忠信之薄。商鞅以

仁义为六虱，韩非以仁义为五蠹。申、韩原于道德，即本老子之意。此外无敢诋五常者。汉人以五常配人之五事，貌属仁，言属义，视属礼，听属智，思属信；又以五常配天之五行，木属仁，金属义，水属礼，木属智，土属信。中国言性，未有离五常者。西人尚兼爱，立红十字架会，及育婴、医病、养贫民废疾诸善举，是近于仁；公理、公法，是近于义；会盟、交聘，是近于礼；机器、工巧，是近于智；交易不欺，是近于信。西人言性理，与中国颇异，而未尝不尊五常也。此董子所谓"天不变，道亦不变"也。

至于法之当变，后世于文质、三统久置不讲，然自三代以后，封建变为郡县，井田变为阡陌，世卿变为选举，乡兵变为召募，什一变为两税，衣冠礼制代代不同，何尝是自盘古以来，即如今日规矩？八股取士之法始于明，明以前未尝有八股也。女人弓足之风始于宋，宋以前未尝有弓足也。昔日既可以兴，今日即可以革。且此二事，国初已明明禁革之矣。当时犹未深知其弊，故禁革而旋复，今又明明深知其弊矣。凡法既知有弊，不可不革。譬如房屋颓败，必须改造，若不改造，将有覆压之忧；衣服破烂，必须改作，若不改作，将同寒乞之陋。人知房屋、衣服当修改、造作，而谓法敝不当修改，是知二五而不知十也。今法多沿明，明法又本于宋，与唐以前判然不合。姑举一二大端而论：唐时，分天下赋税为三，曰上供、送使、留州。上供止三分之一，其余皆以地方之财，给地方之用，故农田、水利、桥梁、道路无不修治。宋尽夺天下之利权以归于上，而外不得有蓄积，于是一切不能办，而民益穷困。唐时，藩镇各有强兵，故经安、史、黄巢之乱，吐蕃再入京师，而唐不亡。宋尽夺天下之兵权以归于上，而外不得有兵，于是养兵百万，不足一战。唐以前中国富强，宋以后中国贫弱，皆由于法之善不善。至于设官分职，养士练兵，宋、明以来弊政，国初亭林、梨洲、船山诸公已昌言之。其书具在可考，并不始于今之言时务者。今之言时务者，特引伸国初诸老之绪论耳。欲易贫弱为富强，非翻然一变，必不能致。董子言不变者是道，应变者是法，不当专摘其一二语，以就己说，而重诬古人也。

（录自《湘报》，第五十七号，光绪二十四年闰三月二十一日出版）

# 皮鹿门学长南学会第十次讲义

天下大事，当讲理，不当负气；当讲公理，不当持一偏之理。公理所在，即天意兴亡之所在。请以我朝之所以兴，明朝之所以亡，为诸君言之。

我朝龙兴东北，其地为古孤竹、肃慎之遗墟，其人本神明之胄。而当我朝未入关定鼎以前，明与我朝争胜。自明人视之，皆以明朝为中国，我朝为外国。我朝为外国，何以兴，何以为天所佑？明朝为中国，何以亡，何以不为天所佑？此其中自有公理。我朝行事合乎公理，故兴；明朝行事不合乎公理，故亡。

我朝之兴，始于我太祖高皇帝。太祖之祖曰景祖，父曰显祖。当时国势未大，世受明之建州右卫龙虎将军都督敕封。明万历年间，图伦城有尼堪外兰者，引明兵围古呼城。城主阿太章京之妻，乃景祖长子礼敦巴图鲁之女。景祖恐女孙被害，与显祖往携女孙归，阿太章京不听。尼堪外兰诱降其城，屠其众，并及二祖。太祖诘明边吏，明以误杀谢，归二祖丧，仍给都督敕书。太祖欲得尼堪外兰报仇，明不与。后尼堪外兰败，奔明，太祖使人斩之。有扈伦四部①，曰叶赫、哈达、辉发、乌喇，合兵侵我，败而乞盟，后复背盟。太祖兴师问罪。明助哈达，胁我还国，又助叶赫，强我罢兵。太祖天命三年，伐明，先以七大恨告天曰："我之祖、父，未尝损明边一草寸土也，明无故起衅边陲，害我祖、父，恨一也。"其余六恨，言明偏助叶赫、哈达，欺陵实甚。恭读太祖圣训，是我直而明曲。《左氏传》曰："师直为壮，曲为老。"我直而明曲，宜我胜而明败。天命四年，遂大破明兵二十万，杀其名将杜松、刘綎。于是平开、铁，定辽、沈，天戈所指，无敌不摧。而我太宗文皇帝不欲黩武穷兵，欲与明解仇讲好。天聪元年，因袁崇焕使李喇嘛来吊丧，乃与书曰："吾两国所以构兵者，因昔日尔辽东广宁守臣，高视尔主如在天上，自视其身如在霄汉，俾天生诸国之君莫得自主，欺藐凌轹，难以容忍，是用昭告于天，兴师致讨。惟天不论国之强弱，止论理之是非。我国循理而行，故仰蒙天佑。尔国违理之处，非止一端。"又与书曰："前来书尊尔皇帝如天。李喇嘛书中，以我邻国之君，列于尔

---

① "四"，原误作"力"，据《师伏堂日记》改。

国诸臣之下。如此尊卑倒置，皆尔等私心。夫人君者，代天理物，上天之子也；人臣者，生杀予夺，听命于君者也。今以小加大、贱妨贵，于分安乎？我揆以义，酌以礼，书中将尔明国皇帝下天一字书，我下尔明国皇帝一字书，尔明国诸臣下我一字书。以后尔凡有书来，当照此式写。"恭读太宗圣训，仁至义尽。"惟天不论国之强弱，止论理之是非"，尤为大哉王言，深有合于圣人言天言理之精意。明朝行事不合公理，是以奉天伐罪。兵既屡胜，犹欲息兵讲好。既称尊号，犹崇谦德，下明皇帝一字，无非为两国生灵起见。乃六七次致书，明皆不答。锦州、塔山既克，乃遣总兵官至军前议和，赍其给兵部尚书陈新甲敕谕一道。太宗览毕，乃谕诸王、贝勒曰："阅尔等所奏，明之笔札，多有不实。若与我国之书，何云'谕兵部尚书陈新甲'？既谓谕陈新甲，又何用皇帝之宝？况札内竟无实欲讲和之意，乃云'我国家开诚怀远，似亦不难听从，以复还我祖宗恩义联络之旧'等语。此皆藐视我国，实无讲和之真心。我朝兵强国富，尚且谆谆愿和，奈明国执滞不通，自以为天之子，鄙视他人，口出大言，不愿和好。不知皇天无亲，有德者受命，无德者废弃。从来帝王，有一姓相传，永不易位者乎？明之君臣，虑不及此，不愿修好，致亿万生民死于涂炭者，皆明之君臣自杀之耳。"太宗此谕，明见万里。明之君臣，好自尊大，国败垂亡，犹不愿和。此皆狃于南宋以来之议论，以为堂堂中国，必不可与外国讲和，和即损国威，伤国体，讲和者即是卖国，是奸臣。不顾事理之是非、时势之利害，众口一辞，以和为讳，争挟谬见迁谈，劫持其廷臣，并劫持其君。明怀宗当锦州既失之后，非不知其势不能不和，乃为此等议论劫持，身虽为君，不敢明下国书与我朝讲和，姑为敕谕陈新甲云云，以为必如是乃不失国体。不知如此自大，和议如何能成？卒之并不能和，言官且以议和为陈新甲罪，而怀宗不能救。由是迄国亡，无敢上和议者。

夫宋、明故事，迥然不同。宋与金有不共戴天之仇，故不可以言和。若我朝有恨于明，明朝无恨于我，疆场之事，一彼一此，并非深仇积怨，乃拾宋人余唾，胶固不化，是之谓不知古。明末流寇方炽，不使卢象升、洪承畴专办流寇，而强使拒我，以致两人皆败，一死一降，剿寇无人，遂成滔天之祸。当时论事者，忽视流寇，曾不虑此，是之谓不知今。且明人之迁谈误国，匪直此也。闯贼逼近京师，李邦华等疏请南迁，怀宗亦知南中自有一家，乃惑于"国君死社稷"之瞽说，不迁南京，而缢煤山。不知国君乃诸侯之称，诸侯奉天子命守国，如今督抚奉命守地方相似，故当城亡与亡。若天子，以四海为家，何必曰"死社稷"？明人不学，误引古诸侯之法以绳天子，又误引宋朝待金人之义以待我朝，譬如医家拘泥古方，不知病症全然不对；如八股家钞袭陈文，不知题目全然不合，是极可笑之事。乃以此等人妄议国事，劫持其君，而促亡其国，岂不哀哉！

后世儒者之论，以为可以振兴国势、维持国脉者，曰士气，曰清议。明朝士气之盛，清议之重，其气焰至于使其君与大臣皆畏惮，可谓至矣，而反以促其亡。由此观之，士气可以振兴国势，而过于浮动，则适足以乱国；清议可以维持国脉，而过于嚣张，则反足以亡国。此非讲士气、持清议之失也，其失在于不读书、不明理、不通古今。其议论似是而非，未尝不自命为忠义；听其议论，亦未尝不持之有故，言之成理。然既曰忠义，必有忠君爱国之心，安君保国之策，乃徒出大言，并无远虑。其持论最谬者，至云"宁可亡国，不可言和"，直是负气，并不讲理。自愿亡国，安得不亡？及至亡国之后，所谓忠义之士，不过洁身而去。其上者陷胸断脰，一死自靖；又或号召义兵，荼毒乡里。宗社墟矣，悔之何及？譬如民间构讼，其有识者当劝以息讼讲和，其无识者反忿恚之，以为宁可倾家荡产，不可求和示弱，卒之讼不能胜，而祖宗之基业皆以荡尽，至于穷饿以死。彼忿恚之者，于心安乎？

孟子尝言公理矣，曰："以大事小者，乐天者也；以小事大者，畏天者也。乐天者保天下，畏天者保其国。"朱子注曰："天者，理而已矣。大之事小，小之事大，皆理之当然也。"以我朝与明朝而论：我朝屡胜而强，比于大国；明朝屡败而弱，比于小国。我朝犹息兵讲好，欲全亿万生民之命，是有以大字小之仁；明朝乃意欲讲和，终存虚骄执拗之见，是并无以小事大之智。惟其如是，故我朝能保天下，明朝并不能保其国。孟子言"天"，朱子言"理"，观我朝与明朝兴亡，即其明证。必以负气为是，岂孟子、朱子皆无气男子乎？

全谢山《明庄烈帝论》曰："庄烈之召祸，在内则退宦官而不终，在外咨于议和。伏读《太宗实录》，其与明议和之书，不可指屈，与督抚言之，与镇守太监言之，又与帝书亲言之，又令朵颜之卫言之，最后破济南，执德王，即令王上疏言之，而帝皆岸然不许。其始欲我去大号，太宗亦降心从之，不称帝而称汗，且令明人制宝以给之。是殆可以行矣，而尚不可，乃泥于'龙虎将军'之称，欲仍以臣礼待我，则势所必不能者。何其固也！考之宋、辽议和，不过敌体，曰南朝为兄耳。太宗令于国书之礼降明一格，推以为中原一统之共主，其视辽人为更谦，亦思是时之本朝，其何所畏于明而求和乎？明人于百战百败之后，而负气若此，不量力若此，是则自求灭亡之道也。然且南渡通使，高相国欲居尊称，而目我朝为可汗，其亦迂而不达时务矣夫。"案：谢山亦非无气男子，而论明人负气之失最允。高相国即高弘图也。当弘光时，犹欲自尊，真迂谬可笑。此皆后世之炯鉴也。

（录自《湘报》，第六十五号，光绪二十四年四月初一日出版）

# 皮鹿门学长南学会第十一次讲义

删订五经，始于孔子，其通天人、持元会之旨，尤在《易》与《春秋》二经。《春秋》变周之文，从殷之质，故有"素王改制"之义，待后世有王者作，举而行之。此圣人之微言。至于《易》，则其义更微，而考其辞，未尝不显。《易》本以"变易"为义。爻辞九、六为变，七、八不变，占其变者，不占其不变者。《系辞》曰："动则观其变而玩其占。"又曰："爻者，言乎变者也。"皆言"变易"之义。又曰："神农氏没，黄帝、尧、舜氏作，通其变，使民不倦；神而化之，使民宜之。《易》穷则变，变则通，通则久。是以自天佑之，吉无不利。黄帝、尧、舜垂衣裳而天下治，盖取诸《乾》、《坤》。"此章所言穷变通久，乃大《易》全经之精理，亦古今不易之名言。举黄帝、尧、舜之通变以证，意尤明显。

上古之世，榛榛狉狉，饮血茹毛，食肉衣皮，穴居野处，与今台湾、琼州之生番、云南徼外之野人无异。及巢、燧、羲、农，始渐改变，有火化、谷食、布帛、宫室。至黄帝，而制度大备，文则文字、书契，武则弧矢、甲兵，以及封建、井田之规模，皆于是乎创始。《系辞》所云"后世圣人易之以宫室，易之以书契，易之以棺椁"，皆谓黄帝，"垂衣裳而天下治"，特举其一端已耳。《系辞》所以特举"垂衣裳"者，亦自有故。《易正义》曰："'垂衣裳'者，以前衣皮，其制短小，今衣丝麻布帛，其制长大，故云'垂衣裳'也。"今考《汉武梁祠画象》，伏戏、祝诵氏、神农氏衣皆短小，黄帝以下乃有长衣。是"垂衣裳"实始黄帝。中国自黄帝、尧、舜，乃由草昧而变文明，至周，乃为文明之极。若必守旧不变，以为古法必不可易，则古之饮血茹毛者，不必变为火化、谷食矣；古之食肉衣皮者，不必变为布帛矣；古之穴居野处者，不必变为宫室矣。试问既有火化、谷食、布帛、宫室，而欲反于饮血茹毛、食肉衣皮、穴居野处，能乎不能？

人情习于所见，而蔽于所不见；狃于故常，而不肯易故常。此乃流俗恒情，实由不知通变。今试置身三代以上，而语人曰："后世将变封建为郡县，中国幅员万里，只奉天子一人。"则人必哗然不信，曰："诸侯分土而治，从古已然，虽有兴王，能尽天下诸侯而诛之乎？"又语人曰："后世将变世卿为选举，能做几篇文字，即由布衣可至公卿。"人又必哗然不信，曰："大家贵族世袭爵禄，相沿已久，虽有贤士，岂有能起田间而为大官者乎？"又语人曰："后世将变井田为各人产业，变乡兵为临时召募。"人又必哗然不信，曰："井田是公家之物，岂可听人兼并？乡兵必同乡共井，岂可招集五方杂处之人乎？"乃昔之哗然不信者，今已居然改变。由此观之，时未至而言变，人必不信；时至而变，人亦皆相安于无事，相习而不察矣。今欲复郡县为封建，势必致乱；欲复选举为世卿，人必不服。欲复行井田，一人百亩，复用乡兵，按户抽丁，恐虽圣人复生，亦不能使其法必行而民皆乐从也。人情莫不日趋于便利，未睹其便利，则亦安之若素；既睹其便利，必不能使复安于不便利。甚至有大不便利者，而相安已久，亦不能复古。如火化、谷食、布帛、宫室较饮血茹毛、食肉衣皮、穴居野处为便利也，郡县、选举、召募较封建、世卿、乡兵为便利也。至于豪强兼并，贫富不均，较之井田人有恒产，此大不便利者。然今欲复井田之法，虽愚者皆知其迂谬而不可行也。且火化、谷食、布帛、宫室，此开物成务之圣人所改变也。若郡县、选举、召募及田为各人产业，此皆后人因时改变，并非开物成务之圣人所为，卒之一变不可复者，此其中有天道焉。

天道或数十年而变，或数百年而变。推步家七政之古法，八星之新法，其度数盈缩，皆不可猝见，今即以地气之转移证之。古时地气，盛于北方。黄帝合符釜山，在今塞外，其时北方必不若今荒凉。古时又以泰山为中，封禅升中之礼，皆行于泰山。泰山下古称为齐州，齐，中也，如人之腹脐也。春秋战国时所号为中原，不过河南、山东数省。孔、孟周流列国，只此千里之地。东南各省，当时楚与吴、越，皆号蛮夷。汉时山东出相，山西出将，南方所出人物寥寥。晋时五胡乱华，衣冠南渡，于是南方渐盛，北方渐衰。宋又南迁，辽、金、元迭兴于北，于是南方益盛，北方益衰。古之所谓中原文献，而今则荒寒愚陋矣；古之所谓南蛮駃舌，而今则富庶文明矣。

即以湖南论：春秋时，楚地不过湖南。悼王用吴起，并百越，湖南属楚，始通上国。两汉、三国，湖南人名见史传如胡广、蒋琬者，可屈指数。唐时，长沙至刘蜕乃举进士，时谓之"破天荒"。及元欧阳原功，明刘三吾、夏原吉、刘大夏、李东阳、杨嗣昌，骎骎始盛。国朝名臣名儒辈出，船山、默深诸公，以文学开风气；曾、左、胡、江、罗、李，以武功致中兴。于是四方推重，湖南为人才极盛之地。固由地气转移所致，亦由乡先生之善变也。如不变，则终如古南蛮而已矣。

欧人强盛冠于五洲，而其强盛，亦非自古已然也。泰西自希腊、罗马，渐进于文明。罗马分裂，散为战国，其势中衰，一厄于回人，再厄于蒙古，至明时乃复兴，而今时势益炽。计欧洲之强盛，不过三四百年。其创立机器，不过百年。百年以前，其所用火器、舟车，无大异于中国。然则其创机器以横行五洲也，亦天地之气运大变，将肇开大一统之象，而不可遏抑也。《系辞》曰："刳木为舟，剡木为楫，舟楫之利，以济不通，盖取诸《涣》。服牛乘马，引重致远，以利天下，盖取诸《随》。"《考工记》曰："作车以行陆，作舟以行水。"此皆圣人之所作也。古时未有舟、车，而圣人创造舟、车以利人[①]，则舟、车不可废而不用。然则古时未有轮舟、轮车，而西人创造轮舟、轮车以利人，则轮舟、轮车亦安可废而不用乎？

或谓：轮舟、轮车行，则舟、车将废，恐夺小民之利。是又不然。当未有舟、车时，人之运物，负戴而已。智者创为肩挑之法，则一人兼二人之用矣。智者创为车载之法，则一车又兼数人之用矣。智者创为舟运之法，则一舟又兼数车之用矣。如谓夺民利，则有舟不必更有车，有车不必更有肩挑、负戴，何以今日舟、车并用，而肩挑者犹有人，负戴者犹有人？盖物有轻重多寡，路有水陆险易，各从其便，不可偏废。舟、车未尝夺肩挑、负戴之利，轮舟、轮车又何至夺舟、车之利乎？泰西诸国轮舟通行，仍有帆船；轮车通行，仍有马车。盖轮舟、轮车只能行走于大川广路，其不能行之处，仍须帆舟、马车。且码头既开，贸易更盛，需用人力及舟、车，必尤多于往日。此一定之理，非虚言也。老、庄之书，高谈皇古，以老死不相往来为美谈，推其旨，则不但轮

---

① "利人"，原误作"利物"，据《师伏堂日记》改。下句"利人"同。

舟、轮车不宜通行，即圣人作舟作车，亦未免多事。试问文明日启，民智日开，欲其老死不相往来，安于草昧之俗，得乎？若终安于草昧，则亦终为生番野人而已矣。

今五大洲通而为一，乃古来未有之奇变。天地之气运一变至此，人何能与天地相抗？能迎其机而自变者，其国必昌；不能迎其机而变者，其国必亡。至于国亡之后，必别有人代为之变。俄之彼得，日本之睦仁，能迎其机而自变者也。若五印度、南洋诸岛、非洲诸国，不能迎其机而变，国亡之后而人代为之变者也。既有其机，则必不能遏而不行。既有其法而人以为便，既有其物而人见为利，则必不能废而不用。必欲遏之、废之，不肯自变，将来亦必终归于变。此天地之气运如是。圣人之作《易》与《春秋》，已明告后世矣。

时局愈变愈奇，中国之势愈迫。自马关和倭后，局面较前一变。自胶岛租德后，局面又较前一变。不但与湘军打长毛时局面不同，并与镇南败法人时局面大异。今言时务，当讲求马关和倭、胶岛租德后之时务，如去年之历，今年即不可用。守旧者动曰：毋教猱升木，毋开门揖盗。此数十年前之议论，未尝不是深谋远虑。其时中国尚能自固，外国尚不深知中国情形。不招之来，彼不能来；不引之入，彼不敢入。轮船、铁路，迟办一日，可保一日；少办一处，可保一处。今中国不能自固，情形彼已深知。猱自能升木，并不必有人教之矣；盗且将劈门，并不须开门揖之矣。自己不变，而待人来变，岂非犹拘于数十年前之论哉！

（录自《湘报》，第七十二号，光绪二十四年四月初九日出版）

## 皮鹿门学长南学会第十二次讲义

凡人之闻见愈多，则愈开通；闻见愈少，则愈锢蔽。山林之士，不如都邑之士；都邑之士，不如出外游历之士；出外游历之士，不如读书明理之士。山林之士，耳无闻，目无见，不能周知天下之故。如去年胶岛，今年旅顺，德、俄占据，久有明文，而问彼皆不知。此如桃源中人，不知魏、晋，无足怪也。都邑之士，于当世之务，虽尝闻其略，而闻外国富强，则摇首不信；闻外国文明，更拊心若疑。闻保教、保种之言，以为过虑；闻瓜分中华之说，以为讹言。此无他，闻所闻，未尝见所见也。出外游历之士，见所见矣，铁路、轮船，睹其便利；机器、制造，识其灵通。然识其器而未及考其法，睹其物而不能究其理。惟读书明理之士，兼通中西之学，于古今沿革、中外得失，皆了然于胸中，虽闭户读书，而已神游五洲，目营四海，不必识其器而能考其法，不必睹其物而已究其理。老子曰："不出户，知天下。不窥牖，见天道。"此好学深思之所以可贵也。

好学深思之士，既已通晓古今中外之故，即当破除成见，讲明公理，是则是，非则非，勿作违心之论；可为可，否为否，毋顾流俗之讥。现在湖南风气，开通者自开通，锢蔽者自锢蔽。官绅立南学会，本期联合众志，齐一人心。今闻外间议论，犹多喧竞，守旧、维新，各持门户。昔唐时牛、李，皆号正人；宋时程、苏，并称贤者，而二党交哄，以致两朝俱衰。湖南如此意见不化，非湖南之福也。现在胶岛、威海、旅顺、大连，神京门户，天险重地，皆为他人所有。闻俄人谋据东三省，英人谋据舟山，法人谋据琼州、广湾。又以广西永安州杀教士，多所要挟。若两广有事，湖南屏蔽尽撤，何以图存？岳州通商，已见明文，朝旨准行，岂能阻住？

今日说不怕洋人，而强与力争，不能也；说怕洋人，而束手待毙，亦非计也。说洋人之来，大有害于吾人，不至此也；说洋人来，全无害于吾人，亦未必然也。彼来不过通商、传教，通商夺我之利，传教诱我之人。既不能明阻之不来，惟有暗求与之抵拒之法。湖南甚恶洋人，而甚爱洋货，每年流出银钱不少。今通商在近，洋货更多，何以塞此漏卮？抵拒通商，惟有开商学会，考究湖南出产若干，可以制造何物，将来销售何处，可以获利几倍。除火柴制造公司已办外，蚕桑、焙茶公司亦渐举行。此外如取煤蒸油，种樟熬脑，栽麻造竹布，机器纺纱、织布、做纸之类，皆当次第兴办。尤当立商学堂，习经商之法；起工作厂，求工艺之巧。既已讲明办法，人人通晓信服，乃集资本，设公司，办机器，以扩充商务。此保全湖南生理之第一义。盖不合办公司，则商无重赀，何能购办机器？不先讲商学，则人怀私利，谁肯合办公司？日本二十五六年前，无公司、机器、制造，与中国同，自开商会、立学堂，遂能自制货物，与西人争利。今中国所谓洋货，大半东洋之物。东洋与我同种，未有彼能而我不能者。但能自制各物，则彼来通商，适足以广我销场耳。抵拒传教，惟有推广学会，到处开讲，使人皆知孔教义理远胜彼教,彼安能诱人入教?今我不讲商务,彼所以要通商;我不宣圣教,彼所以要传教。推之,我不亟行轮船,彼必来开码头;我不急通火车,彼必来建铁路;我不急兴保卫,彼必来设捕房。与其待彼来办,权柄一切属人,何如及早举行,将来犹可自固。若事事疑难,人人阻挠,他人我先,追悔何及!

中国大患,在于上下之情不通,非止君门九重,蚁虱之臣无由上通阊阖,即地方官与地方百姓,亦隔阂不相通。不相通,即相疑。小民可与乐成,难与虑始。官虽实心为民,而民以为厉己。今大宪亲临学会宣讲,许人投匦献言,无非欲以通上下情,而其不通者如故也。求通官民之情,当赖绅士之力。所望读书明理之君子,深念今之时局,有不能不变之势,将一切利害得失,详悉晓导愚民,释其疑心,通其阻力。伊尹曰:"天之生斯民也,使先知觉后知,使先觉觉后觉也。"朱子注曰:"觉后知、后觉,如呼寐者而使之寤也。"读书明理之士,即是先知先觉。诸君子当以先知先觉自任,唤醒一人,得一人之益,唤醒十人,得十人之益。务须平心和气,开诚布公,谁无天良,自然感悟。尝观古来兴衰治乱,大抵奋发有为者兴,因循不振者衰;上下一心者治,亿兆离德者乱。当以奋发有为、上下一心为法,以因循不振、亿兆离德为戒。而非上下一心,亦不能奋发有为。若群议挠之,浮言沮之,功废于半途,事隳于中止,始于奋发,终于因循,必致一事无成,徒为四方取笑。如朝鲜屡议变法,并无成功,将来其国必亡,欲如日本之兴也勃焉,岂可得哉?

欧洲重公法,待野蛮无教化之国,与待文明有教化之国不同,杀其人不为不仁,据其土不为不义。西人欲灭人国,夺人地,必先出报,痛诋其国如何无教化,将代为之设教;其民如何不聊生,将代为之治民。以此试验其国,并告知各国。其国醒悟,犹可挽回。若其国视若罔闻,各国亦置之不理,则彼大胆动手,以其国既如此昏聩,各国亦无为援手者也。以此观之,外国之报并非谰语,中国之报即从外国之报译出,亦非过于杞忧。昧者不知,犹自尊大,以为瓜分乃必无之事。试问今日割五城,明日割十城,中国尚堪几割?分割渐尽,湖南岂有独存之理?或以为湘军威名尚在,洋人必不敢到湖南。试问洋人何以不敢来湖南?又有何法使其不来?

今惟有不明与之争,而暗与之抵拒,讲求商务,开通利源,推广学会,宣明圣教。中外各国,教宗各异,中国自应专以孔教为尊。惟尊孔教，宜多读古书，兼通时务，不得专以科举帖括为孔教。至于商学、工学及农家种植之学，则当采用西法，购置机器，不宜专执故见，自失本地之利。西人以商立国，自古已然，牟利之法既精，又能讲求物理、化学，其机器之巧，尤非人力所能争胜。欲保利权，必用新法，不必存中外畛域之见。但使湖南能开一分利源，即能保全一分生计。此极有把握、极有实济之事，并非空谈无益也。

（录自《湘报》，第七十九号，光绪二十四年四月十八日出版）

# 南学会答辜天祐问
## （1898）

时务学堂外课生辜天祐问：前论陆、王、程、朱之学详矣，然陆、王、程、朱之学，皆本孔、孟。韩非子曰："孔、墨有异同，而皆归本于尧、舜。尧、舜不可复生，焉能定孔、墨之异同乎？"然则孔、孟不能复生，又焉能定陆、王、程、朱之异同乎？余以为格物致知之学，只是西人所言质学、公法学、汽水声光重电诸学已耳。左文襄曰"中国之睿知运于虚，外国之聪明寄于实"，非即指中国之言理学乎？今会中讲学，意欲令人皆讲程、朱、陆、王之学。朱子在南宋，何以无救于宋世之亡？然则今之讲学，言理学即四子书已足。政治、格物之事，乃今日之急务。请自今以后，专门讲求政学为主。余将敬听焉。

答曰：孔、墨异同，朱、陆异同，其书具在，有何难定？所难定者，是非耳，非异同也。孔子言格物，朱子解为穷理。① 西人声光重电诸学，亦即格物穷理之事。不过此等学问，当时未入中国，今日正当讲求，以补古人所未及耳。孔、孟、程、朱之学，万世不可废。今之溺于俗学者，以为讲章、八股遂足以尽中国之学，其所见固陋；而才俊之士，又欲尽弃孔、孟、程、朱而专从西学，则所见尤谬矣。若疑朱子讲学，何以无救于宋之亡，然则孔子讲学，何以无救于周之亡？② 岂孔子不足法乎？

（录自《湘报》，第十号，光绪二十四年二月二十五日出版）

---

① "解"，原误作"改"，据《师伏堂日记》改。
② "以无"，原倒，据《师伏堂日记》改。

# 南学会答黄日华问
## （1898）

长沙黄日华问：窃谓内宰以阴礼教六宫、九嫔，以妇职教九御，使各有属，以作二事；九嫔掌妇学之法，以教九御；典妇功掌妇式之法，以授嫔妇及内人女功之事赍。由是观之，言内治则有政，言阴教则有学。盖古者女子有大学、小学。《内则》："十年不出，姆教婉娩听从，执麻枲，治丝茧，织纴组纴，学女事，观于祭祀，礼相助奠。"此内塾也，即小学也。先嫁三月，以妇德、妇容、妇言、妇功，教于公宫、宗室，即大学也。内塾学政，以御妻当之。公宫、宗室学政，以卿大夫治之。教习则有女师，老大夫妻为之，而后夫人总其成。三代之隆，女学特甚，况《昏义》云："天子听男教，后听女顺。[①] 天子理阳道，后治阴德。天子听外治，后听内职。天子修六官之职，荡天下之阳事；后修六宫之职，荡天下之阴事。"则是男女一体，女学并未废弛。后有班昭《女诫》、刘向《列女传》、郑氏《孝经》、《女训》、《闺范》、《女范》，互相发明。及近世，有蓝鹿洲先生，采辑经史子集为妇人法式者，颇称详赡。所惜者，朝野上下间，拘于"无才便是德"一语，女子独不就学，妇功又无专师。其贤者稍讲求中馈、女红之事而已，于古人所谓德、言、容、功者，有其名，无其实。礼教之不讲，政化之所由日衰也。近日伦敦有大书院，男女一律入学考试，且有议政院同参国事者。巴里生女八岁，例必入塾读书，否则罪其父母。华盛顿女师女徒有多至三四百万人，训以修身、汉学、西学、地舆、史学、算学、名物、格致、家政、绘画、针黹、音乐、体操，塾规与男塾略同。日本亦然，意谓男女数目相当，若只教男而不教女，则十人仅作五人之用，百人仅作五十人

---

① "顺"，原误作"训"，据《礼记·昏义》改。

之用，千人仅作五百人之用，固可深惜，抑妇女灵敏不亚男子，且有心静而专迥超于男子者，若无以教导之、提倡之，终归埋没，岂不大负大造生才之意乎？中国不知此理，有轻视女子者，有沉溺女子者，有奴婢女子者，劝之不胜劝，禁之不胜禁，推求其故，乃由女学废坠耳。为今之计，应请直省督抚札饬府厅州县，广筹经费，增设女塾，参仿西法，译为华文，仍将华人诸经列传训诫女子之书，别类分门，因材施教，而女红、纺织各事继之。富者出资，贫者就学，由地方官、名家命妇岁月稽查，奖其勤而警其惰。至于女塾章程，又将参仿泰西整肃，一转移间而道一风同，利兴弊去，将《关雎》《麟趾》之雅意，复将见于今日矣。然鄙人浅妄，谨呈管见，是否有当，伏乞钧裁是荷。

答曰：推广女学，极有见解。此为本原中之本原。凡人莫不重幼学，所谓蒙养圣功。而幼学以母教为先，不讲女学，安有母教？古时教化昌明，男女一体。经书所载，足下考之详矣。谓今日拘于"无才便是德"一语，此言诚然。为是说者，乃有为而言之，惩羹吹齑，不揣其本。后世既无教化，又惑于贵男贱女之迂论，以为女子不必通晓外事，即不必读经史有用之书。虽有聪颖之姿，教化不善，能诗善画，即称女才，淫词艳曲，大坏人心，甚至标榜虚名，男女倡和。章实斋《文史通义》尝痛斥其非矣。昧者有鉴于此，欲矫其弊，遂谓女子不宜读书识字。不知淫艳笔墨、标榜习气，本有害于心术、学术，男子亦当引为深戒，岂独女子？读书要在明理。男子读书，当明大义。女子读书，亦当明大义。皆应读经史有用之书，考求古今事变、中外政学，乃为善教。若因教之不善，为学所误，遂用老氏愚民之术，并愚及天下之女子，岂不谬哉！西人女学，甚合古义，民智国强，未始不由于此。上海有女学堂之设，已为中国起点。今当推广学会，先使男子讲明大义，改变女子弓足恶习。议设女塾，即当次第举行，庶几复见三代之风，免贻半教之诮。

（录自《湘报》，第八十一号，光绪二十四年四月二十日出版）

# 南学会再答辜天祐问
## （1898）

　　答曰：乱世尚武，治世尚文，此说固是，然古时文、武并不分途。泰西兵强天下，而兵皆入学堂。其国用人之法，亦未尝以文、武截然为二。且其学亦有性理，有文词，未尝专尚武、不尚文也。天下各国，各有教旨、学派。中国教旨、学派，以孔、孟、程、朱为嫡派正传。学者必须讲明孔教义理，立身乃有根本。聪明之士，尤须以此范其心志，乃能立定脚跟，否则流入跅弛不羁，虚矫无实。若欲保全圣教，亦必先讲明孔教义理，使中国人、外国人皆知孔教之大，皆能尊信，然后可保不废。如中国读书人先存蔑视孔教之见，何怪外国人不蔑视乎？日本无本国所创学派①，儒教、释教皆从中国、朝鲜传来。其旧俗崇释氏、尚武人，不重文学。丰臣秀吉得明朝封册，必使僧人读之，其朝中无文士可知。自德川氏柄政，稍亲儒士，于是士人有讲汉学者，有讲宋学者。近日盛行西学，而汉学、宋学皆不讲。所谓汉学重兴者，乃其国人以中国之学为汉学，非中国之所谓汉学，且亦冀幸之词，不知将来如何。日本之强，在多设学堂，广开民智，实事求是，上下一心，不专在礼义服色之间。② 中国当此变局，其法不得不变，而欲一切效法日本，其势又未必能。孟子曰："孔子，圣之时者也。"司马德操曰："识时务者，在乎俊杰。"使孔、孟、程、朱生此时，不能舍西学不讲。中国自有教旨、学派，二千年来信从已久，岂能尽弃其学，全学西人？西学近乎格物致知，孔、孟、程、朱虽不曾见此等专门之学，而其理已具在格致之内。中学、西学，源流虽别，而能多读中西之书，比附其义，以观其会通，

---

① "无"，原误作"于"，据《师伏堂日记》改。
② "义"，《师伏堂日记》作"仪"。

则亦未尝不可相通。兼讲西学，以补中学，可也；尽弃中学，专用西学，不可也。学会所以广开民智，联合学派，意主开通，不主闭塞。而学派有汉学、有宋学。宋学有程、朱之学，陆、王之学。今又别出中学、西学、旧学、新学，互相攻击，有如仇雠。现在孔教衰微，亟宜破除门户，同心合志，共保其教，岂可同室操戈？故第一次开讲，即先宣明此旨。因有人问程、朱、陆、王之异者，为之开示门径。其意仍化异为同，各求心得，非断断有意立异。足下不深究其本末，狃于世俗诋毁道学之见。前次所问，实有薄视孔、孟、程、朱，专法西人之意，并非文致。此次所问，意犹是也。惟于孔、孟未敢昌言排击，而于程、朱则已明目张胆而诋毁之矣。程、朱并不迂阔，前已详细讲明。足下既不愿读程、朱之书，前日讲义想已见过，何犹胶执己见，哓哓不已？南宋偏安，君臣无复仇之志，讲学诸公何能为力？程子是北宋人，其时国虽积弱，尚无大耻。足下乃云朱、程讲学，实未尝痛陈国耻，激动民心，误以朱、程并为一谈，似并不知程子为何时人，殊不可解。以讲学不能激动民心为朱子咎，亦非可以咎朱子也。宋时讲学是常事，人人有弟子，时时可讲学，不过弟子数十人，或朋友数人，并未尝如今日大开学会，聚数百人环听，止能开导弟子，何能激动民心？朱子遭伪学之禁，有人上书请斩朱熹。虽非因其持论过急，而实忌而攻之也。朱子当孝宗即位上封事言和有百害无一利，元年入对言复仇之义，戊申封事直攻君之邪心，并言近习用事，将帅纳贿，宰相窃位，无卧薪尝胆之人，淋漓痛切，毫无避忌，视胡铨仅请斩一秦桧，其忠直犹过之。足下于宋一代独许胡铨，谓举朝皆心死之人，是以朱子亦在心死之列，岂非未见朱子之书乎？足下所重者气节，所尚者武功。程、朱未尝无气节，但无武功。王文成则武功甚伟，平浰头、桶冈诸盗，擒宁王宸濠，用兵如神，变化莫测，且一面讲学，一面用兵，尤为奇妙。其实无他奇，惟以良知之学，感动人之良心。其所用皆本处乡民，所将皆地方府县。人多以为迂计，而卒能成大功。良知之学如此有用，足下无一字齿及，岂非未见王文成之书乎？足下云好理学，不知曾读何等理学书，而紫阳、阳明之书皆似未见。夫未尝学问，而自许已学，是谓大言欺人；未见古人之书，并不知其人为何人，而佻口诋先贤，是谓私心蔑古。① 此皆学者所深戒也。足下以中丞言耻、熊太史言公法为是，以鄙人所言为非急务。中丞

---

① "是"，原阙，据《师伏堂日记》补。

言耻，原本《孟子》。足下亦引孟子之言。孟子云修其孝弟忠信，不是讲学，是讲甚事？太史言公法，原本《春秋》，亦是孔子旧学。足下既知公法本性理之一端，是西学亦讲性理矣，而中学独不当讲性理，又何说也？足下年少气盛，好任侠，引孟子浩然之气。伊尹，圣之任者也。孟子，学伊尹者也，而孟子亦但与弟子讲义理，未尝说如何辟土地，如何朝秦、楚。至大至刚之气，无热力、无血忱乎？气有两种，有正气、有客气。孟子云配义与道，是讲正气，正气历久不变。揠苗助长是客气，客气并不能久。若不以义理养浩然之气，专逞虚矫，一发无余，偶遇利害，顿然消沮。① 始于尚气，终于奄奄无气，如中丞所说之人是也。中丞已开武备学堂，讲体操、图算，且用西法练兵。足下所念者，已见之施行矣。足下少负大志，欲游历外洋，今有往日学习之便，可以遂其志矣。然宜先以义理之学养心，乃不至染外洋习气。当日出洋学生不先通中学，多染习气，仅供买办、通事之用，以致议者谓此中无人才。愿足下一雪此言也。鄙人既承进质，敢效忠告之言。所望多读经史之书，兼通中西之学，勿恃盛气，勿为大言，总要智深勇沉，方能担当重任。有用之光阴，宜讲有用之学问。毋好争辩，徒劳翰墨，恐长攻击之风，有乖于学会讲开通、合群力之义。

（录自《湘报》，第八十三号，光绪二十四年四月二十二日出版）

---

① “沮”，原误作“阻”，据《师伏堂日记》改。

# 答叶焕彬吏部书
## （1898）

　　拜读手书并惠大著，不以弟为不可教，而再谆谆诲所不及，且感且愧。顾区区之衷，似有未谅，而用流俗人之言以相訾謷，敢略陈其愚，惟公察焉。

　　汉、宋之儒讲学，规模不同。汉儒所讲皆经学，问答皆弟子，宋儒所讲兼及时事，不皆经学，问答不皆弟子，观《郑志》及朱、陆之书可见。学会讲学，是宋人规模，只可讲大义，不可讲训诂。弟所学本兼汉、宋，服膺亭林、船山之书，素主变法之论。今讲已十余次，所说非一端，其大旨在发明圣教之大，开通汉、宋门户之见，次则变法开智，破除守旧拘挛之习，如是而已。登堂说法，即录付报馆，非但不能如著书，字字斟酌，并不足以言文，其语气之抑扬，言辞之出入，自不免有过当之处。言多必失，诚如前谕，然口说只能如此，听者勿以辞害意可也。讲学为人诟病久矣。百年以来不闻此事，少见多怪，无论是不是，必举国哗然。弟明知之而不避者，以时急如救焚拯溺，即焦毛发、濡手足，所不辞也。

　　文人相轻，自古已然。湘人无乡谊，好自相攻击，见《时务报》则誉之，见《湘学报》则毁之，《湘报》訾议尤甚。湘人结习，本不足怪。至于联语丑诋，更属无赖所为。公昔与江学使往来，不得志于场屋之人，作联语诋公，有叶麻云云。弟尝为公辨必无受贿荐人之事，即有举荐，亦是爱才，不是爱财。此等妄言，不值一笑，故并未尝为公言之。今人诋弟，犹昔诋公。① 呼我为马，应之为马；呼我为牛，应之为牛。牛皮、马皮，有何辨焉？鹿泉办事之人，未尝开口，而人亦诋之。然则

---

　　① 自"公昔与江学使往来"至此，《翼教丛编》节删，此据《师伏堂日记》补。

诋人者并非必因所讲不是，不过要人一切不办，坐以待毙而已。

太平洋不安澜，公既已知之矣，犹曰天下无事，窃所未喻。以南学会为开民乱，此汉学家谓明亡于讲学之旧说。孙芝房先生尝反其说，以洪逆之乱为汉学所致矣。明果亡于良知，洪逆果起于汉学耶？

大著因恶康氏之学，并迁怒于古人，诋《孟子》，诋《公羊》，诋梨洲《建都》启二百年后洪秀全都金陵之逆志。将来二百年后更有洪秀全出，可援梨洲之例，坐弟开乱之罪，惟公与弟必不能亲睹二百年后事而断斯狱也。奉春建策，留侯演成，如公所言，亦可以为启千八百年李自成都关中之逆志，然欤否欤？以公之学识闳通，作书攻人，未能尽其蕴而多可乘之隙，殆一时激论，未及深思耶？前劝公勿刊行，未蒙采纳，恐逼人太甚，人将反戈攻公。王凤洲谓汤生标涂吾文，异日必有标涂汤生之文者，此势所必至也。弟与康未谋面，徐、梁到此始见，并无深交。与公文字交已十年，爱公甚于徐、梁，又两承公忠告之言，敢仍贡其一得之愚，劝此勿宣布。若宣布未广，或再收回更定，何如？弟讲义已刊行，有误无从追正。公书尚可设法，愿公平心而细审之。

弟将有江右之行，本不欲久居此。禹入裸国而同裸，公既居此，欲不同裸，得乎？行色匆匆，未及面罄所怀，俟归再当奉教。手复，即请撰安。

（录自《翼教丛编》，卷六，
参见《师伏堂日记》，光绪二十四年四月初三日）

# 再答叶焕彬吏部书
## （1898）

拜读手书，敬悉尊指云云。欲默而息，恐违各言尔志之义，敢再以书对。

弟与公为十年旧交，无不吐之言。久羁江西，亦非素志，公固深悉之矣。湖南官绅立南学会，留弟讲学。既应湖南之请，当却江西之聘。而学会本中丞主议，中丞是江西人，欲弟在彼造就人才，劝勿他适。伯严同年至好，谆谆以江东子弟见属。将欲却聘，不能不告中丞，告中丞而不允，学会诸君乃为调停，有先开讲、后到馆之议。弟之迁就，势非获已，非如齐女雨夜东食西宿，贪两地馆金也。弟之心迹，他人或不知，惟公深知之，且尝为弟辨之，本无若吐若茹之情。公家素封，人所众知，亦决不疑公有争馆之意。

弟年近五十，未尝干预地方公事。去年九月，归自江右，即遇先叔父丧。不出月余，又往贵县吊舍亲黄季谷丧，归而先叔祖母、先叔父开吊。到家有日，专为荀文若借面吊丧之事，酬应久废，与公相见日少。开南学会，弟初不预议。学会定议数月，至孟春始以弟充学长。弟即不应，亦必有人主此席。南学会非为弟设，弟未尝自为谋也。公闻浮言，欲弟速去，自属见爱之甚。然江西既未却聘，自当到彼终局。行计早决，不待公之激也。

弟少沉溺俗学，性淡泊，规行矩步，颇近宋学，亦尝观五子书。其时年少气盛，思有所建白。披亭林、船山议论，参考历代史事，以为不当沿宋、明之弊法，舍汉、唐之宏规。其时新学未萌芽，人闻变法辄掩耳，自二三同志外，未敢深论。其后才华日退，锋锐渐减，遁而穷经，于训诂、声音、考据、校刊，所得皆浅，又迫于饥驱，不能竟所学。葵园先生以弟与公并称，而弟视公年力之富、处境之优，自谓如跛鳖之追骈骊。公前书谓学有异同，非所见不同，实有不能强效公者。治今文十余年，专门在《尚书》与《公羊》，颇相出入，并非见康、梁之学，始荣今而虐古。孔子改制，西汉旧说，近人多举此为冒子，此亦有故。中国重君权，尊国制，猝言变革，人必骇怪，故必先言孔子改制，以为大圣人有此微言大义，然后能持其说。今日法制当变，无愚智皆知之。若谓旧法尽善，何以中国如此贫弱，不能自立？既言变法，不能不举《公羊》改制之义。此非争门户、矜墨守也。弟初讲学，承公有勿言《孟子》、《公羊》之教，而其后不能不略及之者，此非有意与公背驰，实以学会所讲在开民智，听者人杂而多，必如此乃可推尊孔教而引伸变法之说也。

讲义刊十余次，公于他说亦未置议，惟断断致辨平等之非。讲义于平等止一见，且明属之西人，未尝专主其说。此次所讲，皆为变法，先举董子之义，以为道不变，法当变。其后说到应变宋、明之陋，复汉、唐之规。弟平日所见本如是，未尝云改从西法也。其中说纲常亘古今、通中外，未有能易，谓外国亦有三纲、五常，未尝谓中国可无三纲、五常也。所以言及此者，人多以外国为无人伦，是禽兽，故见之辄驱詈。世无无人伦可以立国之理，且今之时势，尤不可开衅，故讲义略言外国亦有人伦，欲以开通此等人之意见。而其后仍谓其不如中国之严，则语气已为斡旋矣。凡文字必合上下文观之，专摘一二语，必有语弊。著书且然，何况讲义？若君臣答拜、母子答拜，《礼经》所载，非敢妄言。

至于汉、宋学之异同，今、古文之真伪，此非数万言不能尽，弟此时不暇与公辨。

公自谓大著为悬之国门、一字不易之书，更不便再置喙其间。《阅微草堂笔记》言族祖某当兵围河间时，犹与都人争门神是神荼、郁垒，致罹屠城之难。今沧海横流，非争门户之时。弟不敢自居开智之功，亦不甘遽受开乱之罪。公以乱为争乱，又何必昌言攻击，以启人争？欲将来往书函付刊，鄙见以为不必。故者无失其为故，公与弟当不致以此芥蒂，惟恐阅此书者各是其是，分党与，斗旗鼓，则争乱尤甚。当此一发千钧之危，而开同室操戈之衅，此非弟开通门户之意，亦非公维持名教之盛心也。

（录自《师伏堂日记》，光绪二十四年四月初七日）

# 致熊秉三谭复生诸君书
## （1898）

　　别后轻舟反溯，衡流方羊，启行七日，已抵江右。陈编盗窃，无谓应酬，纷纷扰扰，良足愧笑。

　　湘中方伯已到，公度回任，保卫、迁善，一切新政，有无阻碍？学会停讲，外间浮议何似？

　　窃意天下无不可为之事，特视为之者如何。少见多怪，人情之常。变法之初，必有一番风波。任事者当待以镇静，持以坚忍，久之风气渐开，风波自息。望诸公以维持之苦心，运通变之大力。不必因彼挠乱，退求周全；亦不必过于张惶，激而更甚。要在集思广益，开诚布公而已。若虎头蛇尾，有始无终，中国之死灰不然，朝鲜之覆辙将蹈。已矣，复何望乎！

　　岳州租界将开，省城新政初立，又值考试、赛会，尤事机吃紧之时。所冀阴雨绸缪，保全桑梓，此一时之至计。至于将来布置，尚可缓也。

　　　　　　　　（录自《师伏堂日记》，光绪二十四年四月廿四日）

# 上陈右铭方伯书
## （1898）

日前叩辞，多蒙训示。承派长庆轮船送至汉上，感谢莫名。抵汉即上江孚轮船，到浔俟廿五公司船开行，廿六已抵江右。生徒如故，愧马帐之重开；知己难酬，感龙门之不见。

伏惟我公实心实政，为国为民，愚智皆知，天人共鉴。而新政甫举，浮言繁兴，固由浅人不知曲体深心，妄生疑阻，亦由厶未能宣明德意，反致纷纭。小民可与乐成，难与虑始。仲尼麛裘之谤，子产蜮尾之讥，三代已然，矧在后世！

伏愿我公待以镇定，持以坚忍，久之风波自息，即风气渐开矣。安见诵麛裘者，不转而诵袞衣；歌孰杀者，不易而歌谁嗣耶？

（录自《师伏堂日记》，光绪二十四年四月廿四日）

# 贺黄公度廉访书
## （1898）

　　顷阅电报，知公以盘盘大才，受非常殊遇。东山重望，克副苍生；西贼寒心，先知小范。康、梁奇士，谭君伟人。我黻子佩，同趋朝命；左提右挈，匡济时艰，甚盛事也。惟湖南新政初颁，保卫、迁善、课吏一切章程，皆烦经画，而仁风未遍，福曜远移。虽萧规曹随，可作画一之守；而良法美意，究以创始为难。愿借寇君一年，忍听邓侯五鼓。公之入觐，弟将为天下贺，而不能不为湖南惜也。

　　深观时局以及乡评，天下不必即能维新，而有维新之机；湖南未必尽能开通，而有开通之兆。凡事机兆既动，则其势必不可遏抑。今之所以嚣然不靖者，正以两党方争，国是未定。数年之后，风波自息，风气自开，开通之人必多于锢蔽，守旧之党必不敌维新。此是一定之理，断非一二妄庸巨子所能挠。

　　公在湖南，为国为民，殚忠竭智。人心狃于旧习，未能仰测高深，是非不明，毁誉参半，将来成效可睹，必当去后见思。前歌孰杀，后歌谁嗣，古之遗爱，非公而谁？

　　弟以不才，过推讲学，未能开通民智，不免胥动浮言，反致纷纭，深负委任。公去后，无人护法，中丞不能常至，讲学一事，未知能否复行？江右，弟亦不欲久留，鹪鹩巢林，不过一枝。公垂念故人，有可安砚之处，望为留意。舍弟办保卫局，恐不胜任，如蒙调入迁善，尤深铭感。

　　远在江右，未能拜送行旌。

　　（录自《师伏堂日记》，光绪二十四年五月初三日）

# 南昌江南会馆演讲
## （1898）

　　司马德操曰："儒生俗吏，不识时务。识时务者，在乎俊杰。"彭躬庵极称此四语可与虞廷十六字相配。魏叔子以躬庵之言为然。二公皆江西乡先生，生当多事之秋，喜为此等激昂恢奇之论。今海内多故，与司马德操、彭躬庵、魏叔子之时相似，当以识时务为第一义。

　　儒生、俗吏所以不识时务者，承平日久，循习故常，人但知有旧学，于古今事变、中外形势不加考究，见人谈及时务，少见多怪，以为新奇。德人占胶州，俄人占旅顺，英人占威海，皆早见明文，而人多不知，有人告之，犹以为讹言不可信。平日议论，厖然自大，以为幅员之广无过中国，文明有教化亦惟中国为最，外国人皆畜类，无人伦，何能比我中国？又何能入据中国地？瓜分之说，乃必无之事，由报馆人凭空捏造。不知今日割五城，明日割十城，即是瓜分局面。中国地方虽大，何堪屡割？分割既尽，一隅之地，岂有独存之理？今日不但为保国计，亦当为保身家计。若犹深闭固拒，全不想开民智，转移风气，见人谈时事痛哭流涕，反至群然哗笑，以为天下无事，庸人扰之，此如燕雀处堂，自谓安然无患，一旦堂中火发，不知栖身何处。此由平时全不讲求时务，故茫然不识也。

　　时务因时而变，一年不同一年，如去年历书，今年不可复用。中国自从马关和倭，是一个局面，胶岛租德，又是一个局面，非但比同治平长毛时情形不同，且比镇南关败法人时情形有异。当时中国差能自固，老成之士以为电线、铁路、轮车、轮船，皆不宜到处通行。此在当时，自是深识远虑，诚恐开门揖盗，教猱升木，反为不美。到今日，则门无可闭，不必开门揖盗矣；猱自能升木，不待教彼升木矣。且铁路、火轮，我不办，彼将来办。我自办，利权犹归于我；彼来办，利权全归于人。西人云铁路所到之处，即管辖所及之处。是铁路归彼办，则地方全属彼矣。即如通商马头，当时以为少开一处，可多留一方清静地。其言未尝不是，而今情形大异。作为各国通商马头，犹属公地，仍归中国管理。若如胶州、旅顺，一国强索一地，其地专归一国。今山东，德人不许中国修铁路；旅顺，俄人不许中国泊兵船。名为租界，实已反客为主，中国全然无分，反不如开马头作公地之为愈。时事变幻如此已极，犹得以昔日议论为然乎？

今各处内地，皆许各国通商开马头，行小轮，兴制造，办土货。彼牟利之途日广，我兴利之源日涸，若不急讲商务，并讲农学、工学，自己兴制造局，开工作厂，并求种植蚕桑之法，将来脂膏为彼剥削，民穷财尽，何以图存？今外国人之扰我中国，曰通商，曰传教。彼奉旨来，不能明与之争，惟有暗地与之抵拒。彼来通商，我亦讲求商务，并兴农学、工学，则我能保利源，不至为彼所夺。彼来传教，我亦开会讲学，发明孔教，使人皆知孔教之大，彼自不能诱我入教。

讲学始于孔子。子曰："学之不讲，是吾忧也。"又曰："君子以朋友讲习。"孔子习礼树下，讲学杏坛，弟子三千，到处宣讲。汉、宋儒者，无不讲学。汉儒专讲经学，听讲者皆弟子。宋儒讲理学，兼及时事，听讲者不皆弟子。规模略异，而宣讲则同。国初施愚山在江西，犹邀耻庵、西河诸君讲学。其后因有鉴于明末东林、复社，始有讲学之禁，所以近百年来，不闻此风。彼一时也，此一时也。当时天下无事，但求安静，不欲人议论时事，恐致纷纭。今天下多事，不能不使学者考求古今中外之故。近日叠奉上谕，变科举，废时文，立学堂，讲商务，大有维新之机。学会、报馆林立于各处，不闻厉禁。康长素、梁卓如于京师立保国会讲学，亦无禁止之事。当此机会，正宜立会讲学，开通风气，以破守旧拘墟之习。诸君当知讲学是孔门及汉、宋诸儒旧法，并非奇怪之事。立会讲学，在当日虽有明禁，而今日并不禁止。欲去锢蔽、求开通，非讲学不可。欲讲商学、农学、工学，亦宜先从我辈讲学起点。必先讲学，乃能开智；必先开智，乃能自强。此虽老生常谈，实是一定道理。

（录自《师伏堂日记》，光绪二十四年六月初六日）

# 同心会序
## （1898）

　　孔子系《易》曰："二人同心，其利断金。同心之言，其臭如兰。"二人数至少也，何以有断金之利效如是？盖人与人相畴，自二人彼此相亲始。"仁"从人、二，郑康成以"相人偶"解"仁"字。"相人偶"即人与人相亲之义。始于二人，而推及千万人。能得数人，即可胜千万人，《大誓》所谓"商兆民离，周十人同"也。

　　人之所以不能同心者，由于学派不齐，亦由于议论不一。学派有汉学，有宋学。汉学有西汉大义之学，有东汉故训之学。宋学有程、朱之学，有陆、王之学。近世又以专讲中国学者为旧学，兼讲西学者为新学。互相攻驳，势同敌雠，心安得同？议论或好安静，或好动作。好静主守旧，好动主维新。守旧者以为旧法尽善，能守其法，天下自治，当一切不变。维新者以为旧法尽不善，不尽改其法，天下无由而治，必扫地更新。一则近于道家清静无为，一则近于法家综覈名实。分党竞胜，二者交讧，心安得同？

　　今欲同心，当化不同为同。宗派不齐者，当知汉、宋之学，皆出孔门，不可分门别户，同室操戈。即西学非古人所知，亦足以补中学之所未逮。但多一得，并宜兼收。议论不一者，当知一切不变，施之今世，固不相宜；扫地更新，望之今人，亦恐难逮。宜去其太甚，尽其所得，守旧、维新，庶无党祸。

　　至于学派通矣，议论一矣，而扩充学派、开拓议论者，尤不可各存意见。意见不化，即其先之同志，或以一时之激烈，尽弃前功；或以细故之参差，贻误大局。宜集思广益，开诚布公。风气未开，持以公理；畛域难化，感以积诚。心虽急而戒毋躁，气虽盛而戒嚣张。谋事期于久远，不必取快一时；立言无取高奇，恐其惊骇流俗。勿恃才傲物，而反涣其群；勿盛气凌人，而欲速不达。如此，乃可以收《系辞》断金之利，以期渐致于《礼运》大同之机。

诸君子念切时艰，议兴学会，恐同人之中有未能同心者，先立一同心会，以坚其志，而问序于予。予望诸君子之能同心以有成，而窃望其始终如一也，敢略陈其愚，以为诸君子勖。

（录自《师伏堂日记》，光绪二十四年六月十一日）

# 致陈伯严同年书
## （1898）

春夏之交，屡承雅教。承以小轮送至汉上，感谢莫名。前闻卜择佳城，将来江右，未审起程何日，能到省一叙否？

弟到馆两月，前数课均阅毕。讲舍人才，去年一网打尽，遗珠无几。黄宗师临行送数十人，闻系七千文一名，无可教者。廷议变法，书院改章，经训亦改以论策居前，经解、诗、赋列后。诸生通时务者鲜，风气一时难开。

顷见邸钞，年伯大人前在讲堂所云会合香帅请变科举一事，已蒙俞允，章程尽美尽善，钦佩之至！惟《四书》义须由朝廷颁一格式，如荆公墨义之法，方免人误会，以为制义仍用八股文也。年伯前议书院尽改学堂，因八股文未废，碍难举行，此刻未审有成议否？

闻诸道路，此间将废豫、友、经三书院，以经费充入务实学堂。如此，则学堂未增，书院尽废，诸生并无肄业之处矣。诸生议禀改经训为师范学堂，诸孝廉议仿南学会章程，禀改孝廉堂为学会，为保全两书院地步，未知能否批准。

培植人才一事，此间官绅不大理会。略晓时务者，惟经训十数人，皆人微言轻，上无主持，下多阻挠，何能径行其志？诸生议开学会、报馆，事或有成。弟依人作客，不便干预，一切情形，去冬已为阁下言之。非但弟不欲郁郁久居，即江太史来，亦恐难安其位。闻江太史聘书未送，学生亦未招考，幼农观察回府，殿书出洋，胡与邹又大龃龉，梅、夏函催幼农观察速来。一学堂如此为难，何论遍设？

康、梁用事，毁誉参半。昨校经生鄢廷辉等归应岁试，询以湘中近事，云新、旧党大哄未已。中外局势如此纷纭，虽有维新之机，何能幡然一变？草茅之士，未免漆室之忧，奈何？

经济特科限以三月，诸生有求引荐当道，并求年伯大人荐贤者，弟皆谢之。想年伯大人冰鉴高悬，此间人才早储夹袋矣。

雨泽希少，旱象已成。闻湘中谷价比江右更贵，秋成在即，长沙马头可能缓办，粤西土匪不至蔓及湖南否？保卫、课吏，一切新政想已开办，湘中近事，望便中见示一二。此间情形，亦望代禀年伯大人。

秋后解馆旋里，再面叙一切也。课毕当在暮秋，南学会犹讲学否？若须弟早归，即提一课，重阳后可归。

（录自《师伏堂日记》，光绪二十四年六月廿一日）

# 致梁卓如书
## （1898）

琴从南来，得奉教言，公车北上，未及走送。恭闻登剡章，荷宸眷，卯金好学，燃乙火以校书；重译来朝，订"别风"之讹字。特科诏下，荐牍交推。董相蛟龙，褒然举首；东方金马，拜献先资。引领下风，以忻以颂！

弟以菲才，谬充学长。春仲开讲，文旌已行。欧、韩、叶君，时共谈燕。学堂、学会，声气相通；粤人、湘人，波澜莫二。方冀相与启发沉痼，扶植英才，不意湘有妄庸，自称巨子，怗少正之记丑，谋戴凭之夺席，煽惑愚瞽，牵引荐绅，嘘八股已死之灰，谋一网打尽之计。南海学术，诬为无君；鄙人讲义，诋以袭谬。射羿之志，先发于穷门；逐客之令，遂及于秦相。越在江右，闻之骇然。以为文字党祸，所争犹末；安危大局，所系匪轻。湘中维新，四方属望。虚名远播，覃及日本；今兹反复，竟类朝鲜。上负朝廷孜孜图治之心，下辜先生惓惓施教之力。祸发于所忽，功败于垂成。将来维新之人，必以湘事为戒。惟有一事不办，安坐待亡，此则痛水火而莫援，伤戈矛而难挽者也。

（录自《师伏堂日记》，光绪二十四年七月廿六日）

# 上陈右铭年伯书
## （1898）

前归晋谒，未罄所怀，恭送行旌，曷胜怅惘！闻安抵珂里，小住章门。归作寓公，无绿野优游之乐；梦争王室，有苍生仰望之情。敬颂起居，伏惟安泰。

厶归家两月，闭户著书，甘抱枯萤，聊免毒螫。顷闻贵省党论牵引，亦波及厶。厶自湖南讲学，颇有戒心，不敢陈义过高，更未干预诸事。其所以波及者，前因年伯大人举元和总教习，绅士排元和，新党攻绅士，而新党皆厶门下，绅士疑厶主使。科举变法之始，诸生袒护八股，亦多哓哓。郭之屏等竟敢訾毁上谕，厶斥其狂妄，晓以大义。又有欧阳煜馆梅宅，代人应课，痛诋务实学堂，厶亦尝与之辨。然批语皆称道孔、孟，并未涉及康、梁。卷在院中，可以覆视，即彼执控，亦不足虑。但虑中丞新到，或听绅士先入之言。仰求面谒之时，说明实在情形，或使人代达，庶不为浮言所惑。

近来讲席盘踞把持，贵省畛域太深，尤排外省，大宪更易，设法排挤。前已为年伯大人及伯严同年言之。今旋珂里，一切当在洞鉴之中。厶明年应否重来，统希明示。闻两湖尚需分校，如蒙函荐香帅，更感盛情。夙荷垂青，敢陈愚悃。

（录自《师伏堂日记》，光绪二十四年十一月廿八日）

# 圣证论补评自序
## （1899）

治经分门户相攻击，自王肃之攻郑君始；伪造古书，依托圣言，亦始于肃。汉时刘歆请立《左氏春秋》，博士不肯置对，范升、陈元互相排诋，止争家法，非有私见。郑君于许叔重、何劭公亦具有驳难，然《五经异义》或从或驳，《箴膏》、《起废》入室操戈，说礼仍多从今《春秋》。君子和而不同，是则是，非则非，未尝吹毛索瘢，蓄意乘隙，且托圣言以助之攻也。肃集《圣证论》以讥短郑，盖自谓取证于圣人之言，《家语》一书是其根据。郑君名重天下，肃以为必假圣训，乃足以夺其席。两汉经师聚讼，由今、古文家说不同。郑兼通今、古文，择善而从。誉之者以为郑学宏通，毁之者以为坏乱家法。肃善贾、马之学，其父朗师杨赐，杨氏世传《欧阳尚书》，是肃亦兼通今、古文者，乃不能分别家法以难郑，反举两汉今、古文聚讼莫决者，一皆托于孔子之言以为定论。独不思孔子没而微言绝，重以秦火，学者不见全经，各守专门，莫能通贯，至于石渠、虎观，天子称制临决，若孔子之言如此彰灼，群言淆乱折诸圣，尚安用此哓哓为哉！汉人作注，发明大义而已。肃注《家语》，如五帝、七庙、郊丘之类，必牵引攻郑之语，以肆其抨击，适自发其作伪之覆。故其时郑学之徒，皆云《家语》王肃增加，或云《家语》王肃所作，则肃所谓圣证，人皆知其非出于圣。而自宋以来，犹有信《家语》、祖王肃者。甚矣，人之易惑也！

孙叔然驳、释，惜不传于世。马昭之驳、张融之评，稍具崖略，亦多未尽。《旧唐书·元行冲传》行冲云"子雍规玄数十百件"，又云"王肃改郑六十八条"。今《圣证论》已亡，玉函山房辑本约三十条，劣得其半，比《汉魏遗书钞》所辑为备。予服膺郑学，乃据其本，更加校订，采取先儒申郑之说，参以己意，为之补评。肃论皆引《家语》，以

《家语》互勘，十得七八，亦有不见于《家语》者。《祭法》正义引《圣证论》王肃"六宗"之说，用《家语》之文，《大宗伯》疏王肃议"六宗"，取《家语》"宰我问六宗"云云，而今《家语》无言"六宗"者，则世所传王肃本有缺佚矣。兹引其见于《家语》者，具列其文与注，以抉王肃依托之隐，而申郑君未尽之旨，庶后人于两家之得失有所考焉。

（录自《圣证论补评》，卷首）

# 六艺论疏证自序
## （1899）

　　玄圣缀学，麟经始制，三科九旨，大义炳然。厥后孟、荀著书，马、班作史，皆述己意，以诏后贤。良以宗旨自发，庶免燕郢之疑；要略既具，可无鼠璞之误。北海郑君，网罗浩博。衷其著述，言满百万。标举闳旨，犹多阙焉。《自序》之篇，止传片羽；六艺之论，略见碎金。《论》作何时，书缺有间。考之《公羊》之疏，乃在注书之前。① 而简庄陈氏，不信斯说，尝举注《诗》宗毛之语，并及《孝经》、《春秋》之注，谓《论》作于后，据此可知。窃以陈氏献疑，固属有见；徐《疏》考定，不为无征。郑君始师京兆，早通今学；晚受东郡，兼采古文。是故郑学宏通，本先今而后古；注书次序②，实始纬而次经。潜窥《论》言，多据谶纬，当在七纬注成之后，三《礼》草创之时。纬候所陈，多与今文相合。载稽岁月，犹可征明。至于郑君先为记注，后得《毛诗》。此《论》并及笺《毛》，当属后来增益。《春秋》、《孝经》，盖亦犹是。是则朱子《定论》，不必晚年之书；劭公《解诂》，先传《文谥》之例。

　　爰据各家辑本，参以己意，忘其僭妄，为作疏证。伯喈之注《典引》，庶能证其文辞；子期之解蒙庄，敢谓穷其旨趣。所憾五三旧籍，什一仅存；谶纬焚余，丛残捃摭。末学疏失，蔽惑繁多，聊拾高密之坠遗，俟达者之理董云尔。

　　光绪戊戌仲冬月，善化皮锡瑞。

（录自《六艺论疏证》，卷首）

---

① "注"，原误作"著"，据《春秋公羊传注疏》改。
② "注"，原误作"著"，据皮名振《皮鹿门年谱》改。

# 鲁礼禘祫义疏证自序
## （1899）

周姬东亡，礼乐坏缺。政起破术，郁为烟尘。汉除挟书，彬彬文学。窥刊捃逸，经始萌芽。高堂所传，《士礼》十七。天子、诸侯，是推是致。禘祫巨细，年岁疏数，淆于群言，莫衷一是。郑君悯礼家之聚讼，求古义以折衷。酌斟麟经之文，裨补虎观之议。以为周礼在鲁，著于太史之书；"鲁，王礼也"，昭兹《明堂》之位。成王秬鬯之赐，公旦黼黻之华。义例可推，梗概斯具。

乃自王肃发难，掇逸《礼》之辞；赵匡凭臆，訾小戴之《记》。谓禘非就庙，斯审谛之义乖；谓禘止始祖，斯配天之制失。末师昧古，曲学吠声，横暴先儒，傅会无据。不知隆周上仪，当玄圣而不具；舍鲁何适，叹幽、厉之已伤。矧在煨烬之后，掇拾之余，宛转求通，势非获已。郑君准况之旨，犹仓等推致之意也。曲台传记，推士以及天子；礼堂定制，由侯以溯王朝。且有赐祭明文，褒讥特笔，什一千百，粗存端倪。《夏时》、《坤乾》，差足比拟。

若夫禘大于祫，祫即是禘，刘歆之所根据，杜预之所引援。斯皆《左氏》之文，大异《公羊》之义。古、今各有家法，师说岂必尽同？且绎杜、孔申《左》之言，亦有常事不书之说。是则僖、文以下，必非禘祫久疏。即以例推，亦非强合。若谓郑为傅会，岂尝别有据依？工诃古人，求异而已。

兹据雅雨、玉函所辑，兼采袁钧、黄奭之长，订正异文，疏通大义。牺尊笾豆，想鲁邦之载尝；驷马高门，怀郑乡之绝业。敢谓能扶微学，庶不没其苦心。竞传其闻者，可毋争论矣。

光绪戊戌季冬月，善化皮锡瑞。

（录自《鲁礼禘祫义疏证》，卷首）

# 郑志疏证自序
## （1899）

　　《郑君列传》云：“门生相与撰玄答诸弟子问五经，依《论语》，作《郑志》八篇。”是《郑志》乃诸弟子推尊郑君，比拟孔子，而自比于孔子弟子，裒其问答之语以为《志》，治郑学者宜何如宝贵！乃隋、唐《志》皆载《郑志》卷数，唐人作义疏亦多采用，历五代、宋而遂亡佚。此亦有故。郑君先通今文，后通古文，先所著书多今文说，后所著书多古文说。据《郑志》答炅模问：“初为记注，后得毛《传》，不复改之。”答刘琰问：“《论语注》人间行久，义或宜然，故不复定。”是其所著书先后不合，并非有意矛盾、故示参差之迹。学者因其参差之迹，正可考见经学门户之广。去圣久远，记者各尊所闻。今、古文皆有师承，不可偏废。有前所据而后追改者矣，亦有前所据而后不必追改者矣。当时弟子盖尝以此致感，而郑君自为解释，其意已彰彰如是。孔冲远等不达斯义，解《诗》则疑《礼注》，解《礼》则疑《诗笺》。其于《郑志》，亦疑其与《礼注》、《诗笺》不合，又疑《杂问志》首尾无次。疏家例不驳注，专守一经之注，不欲牵引他人异说，其体例固如是。至因专守一经之故，并注家一人先后之说不能疏通证明，以其少异而疑为不可信，则唐人已不知是书之可宝贵，宜其至宋而遂亡佚矣。

　　夫自汉至唐，郑学极盛，其时谚云：“宁道孔、孟误，讳言郑、服非。”承学之士，莫不服膺颜帕，逐康成车后，而于郑学已不能遍观尽识，何怪后来攻郑之纷纷乎！暖暖姝姝，学一先生之言，乃庄子之所讥。后之暖姝者，并一先生之言亦不尽学。唐人宗郑，既专守一经之注，其余若《郑志》等弃之弗顾。宋以后人宗朱，又专守《四书》之注，其余若《语类》、《或问》有异于《四书注》而可备参考者，亦复弃之如遗。其所见狭隘，不能尽厌后儒之意。后儒起而捃摭他说，以反攻郑君与朱子。究其所摭他说，有不见于本处之注而见于他处，为郑君与朱子所已言者。是为以郑攻郑，以朱攻朱。人但议输攻者不睹全书，而不知墨守者已先不能折衷一是。嗜古之士，盖其闵矣。然则若《郑志》者，岂非今日所当急治者欤！

予治郑学有年，念是书可与诸经注义参证，以考郑君生平学术先后异同之故，且知古人之学与年俱进，常有欿然不满之意，而于弟子问难，又常有殷然诲人不倦之心，皆后学之所宜法也。

《郑志》有殿本、钱本、孔本、袁本之异。袁后出，最详审，其中亦有疏失，如引《御览》"韦曜问曰"一条为《郑志》，谓韦亦郑君弟子，不知此乃《毛诗》答杂问语。韦以孙皓凤皇二年被诛，华覈疏救之，曰曜年七十。郑君卒于建安五年，距凤皇二年凡七十四年，是韦不及见郑，不得在弟子之列也。

是书宝应成蓉镜尝作《考证》，未毕，仅三十余纸，刊入《南菁书院丛书》。兹据袁本，复加校订。成所考证，具列简端，不敢掠美。其未及者补之，名曰《疏证》，附以《郑记》与《答临孝存〈周礼〉难》，以存郑氏一家之学，而发明其大旨如此。

（录自《郑志疏证》，卷首）

# 尚书中候疏证自序
# （1899）

粤惟上古，天与人近。鸟师龙纪，通苍昊以名官；马图龟书，吐苞符而画卦。蹲龙之圣，学于四夷；则象之辞，著于《十翼》。良以绍天阐绎，非帝王不能受其休；灵契合符，非神圣无以通其秘。五德应运，两仪效珍。涣汗绿篇，绷缊丹册。芬芬娓娓，显录图之奇；炳炳麟麟，扬蟠采之懿矣。

《中候》之文，与《书》同出。郑君之论《六艺》，以为孔子定《书》百篇，百二篇为《尚书》，十八篇为《中候》。是则渊源不二，表里互明，上桃帝魁，下讫秦穆。非同《禹贡》，别撰《山经》；例以《春秋》，宜存《外传》。超诸纬而独出，纪实为多；拟《逸周》之删余，征文尤信。赤兑受命，云放唐文；白水中兴，益尊内学。礼堂写定，为作注文，篇辞奥赜，特加明阐。遂使荣光休气，晖丽三五之前；玉检金绳，昭章千载之下。瞀儒暗忽，恶说礼祥。疑《系辞》为伪书，诋谶纬为妖说。捃击注疏，请删五经之言；罪状郑君，奏罢两庑之祀。由是隋、唐之《志》，已云阙遗；《路史》之后，遂绝称引。祖龙虐焰，更烈于秦焚；凤鸟《河图》，重兴夫孔叹。吁，其惜乎！

或谓尼山明训，不语怪神；天道幽微，安有文字？不知斩蛇沛泽，共闻神母之号；继马石文，显见讨曹之句。岂有灵怪符应，可彰于汉、魏；休祥征验，不著于唐、虞？又况龟、龙之神，鱼、乌之兆，具存经义，匪独纬文。讵可以役徒狐鸣，方士牛腹，新莽之受神策，公孙之据掌文，青盖吴亡，勒崇天发之谶，黄初魏篡，纪瑞受禅之碑，并为一谈，诬及千圣？室怒市色，师王肃之疑经；惩羹吹齑，效隋文之禁纬。

或又谓圣人先见，犹待蓍龟，百世可知，不过因革。何以唐帝受录，已决汤、武之兴；公旦视文，并睹嬴、刘之事？不知亡秦者胡，早征秘记；当涂代汉，实兆先机。后世如公明、景纯、图澄、宝志，犹能测验，预卜吉凶，矧至诚可以前知，祯祥初非傅会。政起胡破，尚传《演孔》之图；摘洛钩河，不比《闲房》之记。岂必神道设教，隐开赵宋之天书；帝命锡畴，并疑胥余之诳语耶？

谨据袁本，参以《玉函》，推原注义，撰为疏证。明两汉天人之学，辨一孔目论之非。所憾谶纬摧残，瑞图泯弃。东杍秘宝，曾莫窥其藩篱；北海遗书，庶犹存其崖略尔。

光绪己亥仲春月，善化皮锡瑞。

（录自《尚书中候疏证》，卷首）

# 驳五经异义疏证自序
## (1899)

汉代绵邈，家法沦胥。许、郑二君，规模粗具。南阁祭酒，植训故之宗；北海司农，综章句之汇。人竭钻仰，户尽尸祝。拟羲、娥之并曜，似泰、华之争高矣。汉学有博士所职，有壁经所传，或绍专门，或名通学。许、郑文虽崇古，学实兼通。许君之叙《说文》，自云皆古。而《诗》征韩、鲁，匪独毛公；《传》列《春秋》，不专《左氏》。《说文》意在博采，《异义》何独不然？郑君注《礼》笺《诗》，先今后古。其为通学，无待名言。

陈恭甫云：祭酒受业侍中，多从古说；司农网罗囊括，兼主今文。此据大概而言，非与全书尽合。今观《异义》：亲属有服，用欧阳之《书》；《郑》诗淫声，取《今论》之说。天子驾数，不信《毛诗》；鹳鸲来巢，乃从二《传》。足见许案该洽，略似《说文》；郑驳宏通，亦同《笺》、《注》。不得拘古、今之殊旨，强许、郑以分门矣。

陈氏《疏证》，义据通深。金坛诧为异书，学海刊入《经解》。承学之士，研寻靡既。考其得失，可略言焉。典礼闳达，名物章明。巨自郊社禘祫，细至叠韠镳軧。开发蕴奥，甄经史之精英；剖析毫厘，释疏家之疑滞。导先河于千载，洵暗室之一灯乎！

惟是征文贵博，胡琐不颐；数典必详，虽纤毋缺。而陈氏于朝觐、盟诅，请谥、感生，除服、成昏，夫人、会葬，二王、三恪之异，驾六、驾四之殊，公侯祭辟，为报大功，枕席相连，宜推昏礼，皆直录文句，不加证明。有似未成之书，曾无一语之缀。是谓漏略，其失一也。

祠兵之礼，专言五兵；复仇之义，未及百世。获麟受命，弗详土、木之精；大夫无刑，止通劓、渥之解。九族略举今说，失取证于古文；五行惟列欧阳，昧探原于伏《传》。左验虽具，肯綮未尝。譬之腹背有毛，无补黄鹄之翮；爪鳞空索，莫探骊龙之珠。是谓阔疏，其失二也。

"讥二名"之旨，反驳《公羊》；"当为爨"之文，误訾郑《注》。大夫无主，古义所同，乃承晋、魏虚造之词，诋许、郑通儒之论。是末师而非往古，贱玉贵珉；怵俗见而背旧闻，毁钟鸣釜。是谓习非，其失三也。

明堂一条，言逾二万，徒眩玄黄于五色，未别黑白于一尊。六宗称禋，七庙不毁，多牵引而失断，每泛滥而离宗。繁华损枝，隐蹈彦和之戒；买菜求益，将为子陵所呵。是谓炫博，其失四也。

锡瑞少而习业，素所服膺，耻杳冥而莫知，期推广其未备。受《春秋》之读，敢赞一辞；仿《毛诗》之笺，别下己意。据袁氏之辑本，述陈案之原文。补其阙遗，剔其芜滥。窃意汉儒旧义，今文师说尤衰，愿尽扶微广异之心，弗沿党同妒真之习。自抒心得，讵惜杀青之劳；翘异前人，敢矜出蓝之美。吾才既竭，不知所裁，冀承洨长五经之传，聊备礼堂一家之学尔。

光绪己亥孟秋月，善化皮锡瑞。

（录自《驳五经异义疏证》，卷首）

# 发墨守箴膏肓释废疾疏证自序
# （1899）

　　东汉大儒之书传于今者，惟许、郑、何三君略具。许、郑兼通今学，意重古文。何君不取古文，专治今学。郑视许年辈差后，驳许之书，许不及见。何生于郑后，卒于郑前。郑君本传云："玄发《墨守》、箴《膏肓》、起《废疾》，休见而叹曰：'康成入吾室，操吾矛，以伐我乎！'"是郑难何之书，何亲见之。何君精研六经，既叹郑为操矛，讵不能反矛以攻郑？然而不为者，古人之著书也，将以明道，非以争胜也。汉惟《公羊》立学，其后《左氏》、《穀梁》寖盛。何君恐两家之徒缘隙奋笔，其为书排二传以尊《公羊》也，凡以明道也。郑君兼取三《传》，以何君排《左》、《穀》太甚，恐二传因此遂废，其为书驳何君以扶二传也，亦以明道也。若夫旗鼓相当，攻击不已，岂古人之意哉！惟其意不在争胜，故郑难何，而何不复答郑。

　　自汉以后，《公羊》之学寖微，学者惟争郑、王之异同，未有辨郑、何之得失者。《隋志》：《膏肓》十卷，《墨守》十四卷，《废疾》三卷。今三书亡佚矣，见于称引者不及什一，无以考见三《传》之古义，可惜也。国朝经师，兴起汉学，《公》、《穀》二传，乃有专家。刘申受据《公羊》以诎郑申何，柳宾叔述《穀梁》以诎刘申郑。两人之书，未免诟争，引证亦略，罕所阐发。三书既佚，辑本以袁钧《郑氏佚书》为详。惟袁亦有疏失，以孔疏为郑义，且以孔引苏宽说为郑君自引，尤谬误之显然者。

　　锡瑞既治郑学，欲取各家之说与郑相出入者，参稽互证，以辅郑义。许在郑前，有《驳五经异义》，为之作疏证矣。王在郑后，有《圣证论》，为之作补评矣。而郑、何同时，其书尤可考见宗旨，虽多抵牾，不宜无述，乃删订袁本，撰作疏证。三《传》之义有可通者，为之沟通；其不能沟通者，各依本传解释，冀以正《春秋》三家之界，通郑、何二君之邮，平末学之诟争，广先儒之异义云尔。

光绪己亥孟冬月，善化皮锡瑞。

（录自《发墨守箴膏肓释废疾疏证》，卷首）

# 致门人贺赞元

## （1899）

仆主讲七年，可告无罪。罪在恋栈，不早见机，明知排挤，未能决舍。既乏穆生醴酒之智，宜受申公胥靡之刑。道愧古人，无足深恨。所恨横被口语，及门诸子，亦畏党议，或逃于禅，或遁于野。括囊嗟天地之闭，坦道失幽人之贞。祸烈秦坑，惨深汉锢。遇林宗而恸哭，窃慨瞻乌；闻赵壹之悲歌，谁怜穷鸟。

自被党禁，闭户著书。自惟劭公、康成，皆遇党锢。考其成书之岁，多在文网之中。非敢窃比前贤，不幸处境相类。既惩南山之谤，聊寻北海之遗。三百许日，已著二十余万言，有《尚书中候》、《六艺论》、《鲁礼禘祫义》、《驳五经异义》、《发墨守》等书疏证，并郑君一家之学。益吾祭酒取付书局，为之发刊。

吾弟年少锐精，器识闳远，愿无悔其所学，益昌吾道。俾济南一老，尚有传文；河汾多才，堪资将相。此仆所深望于弟，而亦弟之所当自勖也。

（录自皮名振：《皮鹿门年谱》，74 页）

# 书刘光伯自赞后
## （1901）

刘光伯学为儒宗，晚遘屯厄，郁郁失志，乃自为赞云："大幸有四，深憾有一。后之览者，读而悲之。"予静念生平，睇言身世，以视光伯，弥复不逮。盖所谓幸者未为大幸，所谓憾者尤足深憾。爰引己事，上方古人，觇缕异情，以贻同志。

光伯遍值三馆，修定五礼。为状保明于吏部，立论有补于朝廷，自赞以为"位厕缙绅，名闻邦伯"。予叨窃虚誉，尝忝微名。文举小时，虽云了了；丘公才尽，终成碌碌。丹铅坐老，白首无功。九重不知其姓名，百辟弗咨以理道。抚夷之论，莫验于当时；省事之言，讵登于国史？此一异也。

光伯伪造古籍，尝坐除名，迁延蜀王，乃使执仗。或自蹈困踬，或横罹非辜，而自赞云："名不挂于白简，事不染于丹笔。"是值昭雪之后，已蒙旷荡之恩。予鸥鹭之群，推排甲乙；虮虱之细，枉受抨弹。马队讲肆，援为罪案；东莱客耕，并入文网。举足棘荆，何心天地！冤饮章于执法，惨禁锢于明时。空拟筮途，无由牵复。此二异也。

光伯自赞："屡动宸眷，每升天府。整油素于凤池，记言动于麟阁。参谒宰辅，造请群公。"盖道虽不行，未为不遇。予再举进士，额满见遗；一试中书，引见不用。玉堂天上，扬子难以解嘲；金榜无名，江东所以不识。未沾升斗之禄，弗受一命之荣。博士品卑，讵敢云屈；射策高第，并无其时。此三异也。

光伯追诣行在，罢归河间，自赞"玩文史以怡情，阅鱼鸟以散虑"。盖当还辕之始，尚有隐居之乐。予皋比坐撤，苜蓿盘寒，八口无依，一身犹赘。豪非湖海，将问舍而未能；高谢巢由，不买山而难隐。林惭涧愧，鹤怨猿惊。流连风月之谈，淡漠烟霞之癖。即欲观省野稼，登临园沼，徒劳梦想，未遂幽栖。此四异也。

光伯所憾者，世路未夷，学校尽废，道不备于当时，业不传于身后。是则麝矜芳馥，将亡尚恋脐香；鸟惜羽毛，至死犹怜翠采。文人结习，今古同悲。光伯声名早布人间，徒党几遍天下，身虽踣于沟壑，书幸悬于国门。《诗》、《书》、《春秋》，今见《义疏》。《孝经述义》，邢《疏》略存；《春秋攻昧》，辑本粗具。以彼泉壤，可无衔憾。予虫雕小技，固谢前贤；瓠落无名，亦惭曩哲。将欲藉炳烛之余明，写礼堂之定本，而经籍道息，教授不行。天违人愿，诚如光伯所云；"日迫桑榆"，亦与光伯同憾。更恐摧残《论语》，只足供薪；寂寞《玄》文，仅能覆瓿。求如光伯之餒弃当世，道光后来，乌可得哉！

（录自《师伏堂骈文》，卷四）

# 古泉杂咏序
## （1901）

繄昔太公九府，为圜法之权舆；《周礼》六官，有邦布之职掌。禹、汤铸币，《管子》未著其文；夏、殷靡详，班书或疑其说。是则员方取象，肇创于苍姬；子母相权，下开夫赤制。龟贝之运既谢，鹅莢之制遂掔。铢两区分，形式代变。李唐旧事，封演之书不传；赵宋多才，洪遵之志方辑。亚斯以降，著录尤夥。缺而未备，鲜探骊珠；择焉不精，混贯鱼目。重怊贴缪，览者病之。

叶君焕彬，斠雠三仓，挺搁百氏。五鹿折角，惊其谈锋；千鸡富跱，饫此腹笥。撰为古泉之咏，取证吉金之名。载籍极博，上掩顾、金；折衷至精，近揽戴、鲍。爰推其例，厥有数善：

太昊九棘，神农一金。《通志》胪其异名，董《谱》逞其臆说。神奇入品，类鸭化之荒唐；皇古纪年，笑鸿荒之疏远。不识安字，猥云轩辕；但睹阳文，即曰颛顼。君断自周代，参以许书。安邑地名，非必禹都所造；乘马齐币，定由虞国相传。垣字别体，巨似全非；宝篆异文，朋益皆误。导滞释疑，可以观古。

货泉流传，国运攸系。有以征物力之丰耗，验制作之楛良。或镕铸精工，或搀和窳薄。盛衰若镜，模范斯存。君兼资三长，仰睎千祀。开通、开元，辨之欧体；双节、双剑，正彼《齐书》。直百加为，悟货贶之通借；吴兴著沈，定冶铸之官私。宇文袭西周之称，拓拔沿北俗之旧。会昌以纪年号，知谱录之非诬；元丰岂有钱荒，见史志之失实。大定之合圣宋，中原已兆平分；崇祯之继大明，元号无端割裂。窥刊捃逸，可以证史。

自来文人，强作解事。乡壁虚造，托素王之书；奇觚妄会，摹苍帝之篆。方足难识，疑为世外桃源；刀环连文，认作秦时明月。君推求义例，谛审偏旁，刊贾《疏》之野文，定郑《注》之增义。晋阳荡阴，蒲子女水。开邦实造，乘邑非梁。作与诅同，戈从剧减。二金当为宝化，五行宜辨刀铭。靡不争点画于毫芒，通形声于训故。至于夻为袁半，圜即睘增。杏九齐刀，正沂州之误字；黄千莽布，拾新室之遗文。尤能定众说之纠纷，抉六书之奥秘。鉴微识眇，可以定讹。

米盐凌杂，小道可观；丛残搜掇，大雅不废。乃或俗情染墨，过信齐器之牺；浮说雌黄，致疑鲁鼎之赝。君鸿才英妙，夜识金银，鳞香瑰奇，源分泾渭。别蚁鼻、藕心之非币，梳磬更属虚诬；蚨辟兵、利市之无灵，符篆谁云劾制。八仙高会，曹舅原是少年；五毒祛邪，天师特显灵迹。龙皆四足，孔僖之《传》堪寻；背有三钉，宪宗之《纪》斯合。周元秘戏，颠倒鸳鸯；正德催生，描摹龙凤。谓刀币皆瘗钱之属，目印纽为私锴之遗。足见铁耕癣谈，犹为得半；晏海金索，总属习非。殚见洽闻，可以博物。

夫考据专学，或俭收藏；赏鉴名家，每疏研究。求其通经史之古义，正金石之遗闻，扫叶无讹，积薪居上，超超元著，叹观止矣。既付剞氏，属为弁言。锡瑞翠柏供餐，阮囊羞涩；青镂入梦，江笔荒芜。今披葩首之诗，恍入五都之市。阿堵不识，数契齿而笑愚；奇宝莫名，向佛头而著秽。嗟乎！人头骑马，争传乌弋之形模；白腹黄牛，未睹赤符之兴复。海舶外溢，关市不讥；铜山西倾，漏卮谁塞？讽君斯集，尤不禁感慨系之已。

（录自《师伏堂骈文》，卷一）

# 善化小学堂开学演讲
## （1902）

今学堂开办，且将宗旨略说。

古者家有塾，党有庠，州有序，国有学。其教人之法，有一定课程。《王制》曰："春秋教以《礼》、《乐》，冬夏教以《诗》、《书》。"《文王世子》曰："春夏学干戈，秋冬学羽籥。春诵，夏弦，秋学《礼》，冬读《书》。"凡太子、王子、群后之太子、公卿大夫士之嫡子，与凡民之俊秀，皆造焉。其课程之严、规模之大如此。此三代之人才所以盛也。秦以后，不复以此为事。汉初，未遑庠序。蜀郡太守文翁，始修起学宫于成都市中，于是蜀地文学之盛，比于邹鲁。后以董仲舒言，始立大学。东汉尤盛，至有万人。然不闻有教人一定课程，游谈横议，遂开党祸。仇览已非之曰："天子设立大学，岂但使人游谈其中耶?"汉之大学流弊至此，由不责人读书，而但肆谈议也。唐沿隋旧，用科举取士。故虽立大学，而人才不盛，据昌黎之文可见。宋重讲学，又用王安石法，三舍以积分递升，至上舍释褐。故太学生矫矫有气，而如北宋之聚众请用李纲，南宋之聚众请逐史嵩之、丁大全等，名为正论，实亦嚣动。王船山《宋论》极非之，曰："世衰道降，有士气之说焉。"船山此言，亦有感于明末处士横议而言也。

汉自文翁而外，未闻郡县皆立学，唐时亦未处处立之。宋仁宗因范仲淹之言，始令天下州县皆立学。然所谓学，特孔子庙而已，未尝如古之学校，有教人之法也。书院亦起于宋，其始由一二理学大儒聚徒讲学，故多在名山胜境。其师谓之山长，又谓之主讲席。当时以岳麓、白鹿、嵩阳、石鼓为四大书院。吾湘中得其一。当时立书院，本为师生讲学，徒党不多，且皆通才，原非为初学读书设。其后遍及天下，变为课文，宗旨益远。宋、明以后，书院本以补学校之不足，而亦非古之所谓学也。

方今皇太后、皇上因国势积衰，由于人才不振，屡下严谕，令京师立大学，各省遍立大学、中学、小学、蒙学，复见古者家塾党庠之盛。士生其时，宜如何鼓舞，以副朝廷求才之望。况中丞通饬催办，苏侯锐意举行，为此学堂竭尽心力。诸生既入学，宜勉力读有用之书，他日学成，出建功业，乃无负朝廷兴学与苏侯创建之盛意。

学堂本中国所未办过，见者多骇异，谓不知作何事。学堂所以读书，我辈皆尝从学堂中读书来者，此何待言？或谓现有书院，何必再设学堂？不知书院本为讲学，后乃课文；原所以课通才，不为初学读书而设。学生则每日读书有一定功课，正如人家塾中请先生教子弟一样，即古春诵夏弦之遗意，与书院不同。将来人见其办法，自然明白。

或又谓学堂但宜教西学，若中学，人皆知之，何待教？为此说者，殆以能作时文即足以尽中学，不知时文为经义之遗，充其量只能发明经义。今之世变为前古所未有，必须博通古今中外之学，方为有用。方今功令以策论列经义之前，正为此也。译学、算学固在所重，而史学、时务尤当讲求。

或又谓学堂乃外国之名，不当沿袭。不知西人称谓一切与中国不同，惟东洋称为学堂耳。今人家家有学堂，岂是外国之名？香帅云书院名亦不古，应称学校，方合古名，殆为此等议论而发。然事当务实，何必争其名之古不古乎？

课程即当颁发，天时炎热，课不能多，秋凉当再增定。

（录自《师伏堂日记》，光绪二十八年六月十四日）

# 鉴古斋日记序
## （1902）

　　杨子云怀铅握椠，以撰《方言》。左太冲赋三都，藩溷皆置笔研。古人为学，不敢以所学为已足，而苟有所得，必谨志之无忘，非徒在口耳记诵之间，盖亦有简策纪载之事。陈幼梅观察同年使子干庭受业于予，予勉以读有用之书，为经世之学，日治《通鉴》、《通考》，遇有心得，或有疑义，别纸录出，为加评阅，冀以推广其说，而扩充其识见。久之积成卷帙，观察属选授梓，以备遗忘。乃分次时代，辑为四卷，以其皆论古事，名曰《鉴古斋日记》。干庭请予序其简端。

　　予惟善言古者，必有验于今。古人去今远矣，论者取古人之善而褒之，取古人之恶而贬之，即荣于华衮，严于铁钺，于古人奚所增损？若徒藉是以为劝戒，抑亦末矣。所以必断断持论者，正欲借古人所行之得失，以证今之得失；假古人所言之是非，以证今之是非也。今世变尤亟，为旷世所未有，举海外东西及西半球诸国，万目睽睽，眈眈环伺，金轮、铁轨，无处不窥觎，传教、通商，无日不斗阋，其祸为尧、舜、禹、汤、文、武所不及防，孔子、孟子所不能料。然人同此心，心同此理，无古今，无中外，虽为古人所不及防、不能料，而能推此心理，取古人陈迹，比附推究，而求所以抵制应付之术，亦未始不可取以为鉴。且今方言变法，尤宜讲求古今通变，汉、唐以上何以富强，宋、明以下何以贫弱，诚于历代沿革、得失、升降之故了然心目，思所以善变而取法于古，有不必尽学于四夷而自可以强中国者，岂惟断断然取陈人朽骨而与之较短絜长哉？

　　干庭年少锐敏，锲而不已，必更日进，是编特其嚆矢云尔，录而存之，异日亦可觇所学之进退。干庭毋徒恃其已得者，斯可矣。

　　光绪壬寅季秋月，善化皮锡瑞序。

（录自陈绍箕：《鉴古斋日记》，卷首）

# 鉴古斋日记评语选
## （1902）

吴伐郯，季文子以为中国不振旅，蛮夷入伐，引以为耻，况今日有大数十倍于郯者？因循不振，以招强邻之伐，且要索我条款，非中国未能振旅之故乎？

评：季文子之言，非徒为郯慨，乃慨当时大国未能救郯而拒吴也。当时大国盖以吴伐郯无与于我，故任其入伐而不救。其后吴遂伐齐、伐鲁，黄池之会且与晋争，皆剥床以肤，由渐而进也。如今中国，始则日本灭琉球而不救，继则法人侵越南，虽救之而不终，后乃有朝鲜之祸，而及于中国矣。岂非亦如春秋之吴伐郯，大国不救而祸遂及于诸国乎？

宋向戌善于令尹子木，又善于赵文子，欲弭诸侯之兵以为名，乃告晋、楚、齐、秦及诸小国，为会于宋。由是晋、楚为同盟之国，而城濮、邲、鄢陵之战，终春秋之世不复再见。盖自华元欲合晋、楚之成而不得，至向戌而其事始成。既盟之后，而诸国无大攻伐之举，非向戌之力哉！厥后宋轻用"罢兵"之说，墨翟著《非攻》之书，二子皆宋人，殆闻向戌之风而起者也。迩来俄国称强，忽设弭兵之会。其弭兵与向戌同，其弭兵之意不与向戌同也，非外收其名，而阴恣其所大欲乎？

评：弭兵之说，有得有失。盖责之以大义，谓其不能自强，而徒恃和好之议，暂停战事，非谋国万全之道。又战事一停，人心必懈，且将歌舞太平，不修武备。此春秋弭兵之后，晋筑虒祁之宫，楚为章华之台，二国皆忘战偷安，以致俱衰，而吴、越争霸也。然自弭兵之后，中原战祸亦以少纾。《穀梁传》以为八年无战，"晋赵武、楚屈建之力"。天下方苦兵，能少弭之，以免生灵涂炭，亦未始非仁人君子之用心。墨子非攻，正此意也。近俄国设弭兵会，未知真伪。若果有此事，似不妨入此会，或亦可少纾战祸。

子产授政于子太叔，曰："惟有德者能以宽服民，其次莫如猛。火烈，民望而畏之；水懦弱，民狎而玩之。"呜呼！宽之一道，非圣人莫能也。商鞅治秦，谓仁慈足以亡国，法术可以兴邦。商鞅非故用严刑以示威也，盖亦知猛可以治国。非圣人不能宽，商鞅之意，即子产"火烈"、"水懦弱"之旨乎？

评：夫子以子产为惠人，为古之遗爱，似其政一出于宽矣。而其言乃曰"莫如猛"，此岂严刻以示威哉？盖国当俗敝民玩之后，不可不大加整顿一番。武侯治蜀，人或疑其过严。武侯以为刘璋失于太宽，不可不齐之以法度。武侯之意，即子产之意也。若姑息养奸，以博长者之号，有不误国家之事哉？夫同一严也，子产、武侯死而民讴思哭泣，商君死而民不怜，非尽用法不同，由其用心之仁暴异也，岂必严法不可用乎？

《公羊》论子胥曰："父不受诛，子复仇可也。"《左氏》载鬬辛之言曰："君命，天也。若死天命，将谁仇？"从《公羊》说，可以教孝；从《左氏》说，可以教忠。后人多以《左氏》为正论，然则从《左氏》之论，不几有君而忘父耶？况伍子胥复仇一事，无例可援者。或以禹弃疾之事律子胥，亦未知子胥之境，与禹弃疾不同耳。君以罪杀其父，则不敢报怨；君无罪杀其父，则亦可报仇。《公羊》、《左氏》之论皆通，视其有罪、无罪可也。

评：此即《公羊》之说也。《左氏》则有罪、无罪，皆不可报。后人多信《左氏》而疑《公羊》，然古之君臣，与后世君臣不同。古之诸侯，上有天子，故于其臣无纯臣之义，臣有故而去，可适他国，有为旧君服者，且有为戎首者，则其父有罪不当报，无罪可以报，在古时并不为过，非若后世四海一主，不能北走胡、南走越，则亦无为父仇君之道矣。《左氏》之论自正，为后世言之可也；在列国时，亦不必以《公羊》之论为非。

自向戍设弭兵之会，宋轻有罢兵之言。二子以爱民为主，故欲弭兵、罢兵而不主战。墨子亦宋人，其非攻也，盖得二子之遗意也。墨子以兼爱为主，天主教又墨子之遗。孟子责其兼爱，正墨子一生之长处。

以此衡之，若白起者专以杀人为事，长平一坑四十万众，斩首几十万级，又墨子之罪人也。

评：墨子能为机器，乃西人之技所自出。西人亦倡弭兵之会。红十字会之医生，医治两国受伤之人，皆墨学兼爱之遗也。惟墨子《备城门》诸篇，言守不言攻，解带为城以拒公输，其所为机巧，未尝害人也。而今西人火器枪炮，日新月异，专以杀人为能，意与墨子相反，何欤？西人师墨子之兼爱，宜勿为此杀人之物，而专行弭兵之会，则真仁人之术矣。

秦始皇吞二周，灭六国，筑长城以界胡。胡人不敢南下牧马，士不敢弯弓报怨，何其威之足以震人也！故班孟坚曰："盖得圣人之威。"然不能恩威并用，乃烧《诗》、《书》，坑儒士，暴虐其民，使民皆切齿腐心，敢怒而不敢言。陈涉起自田间，斩木揭竿，豪杰之士并起亡秦，岂非威穷而无以济之哉？

评：始皇为万世唾骂，其实自秦以后所用者，皆始皇之法也。以坏井田、灭封建责始皇，此不通古今之变者。始皇之罪，在怙威自用，尊君卑臣，遂使三代规模不复见，而后世百弊丛出，中国贫弱，皆由于此。乃不知以此罪始皇，且从而效法之，专以其焚书坑儒为非，岂知焚书坑儒即威力大过所致也。不求其端而求其末，讵得谓之通论？且后世之君，不患在不德，而患在不威。观始皇之时，中国无复戎狄，威震殊俗，令人慨慕。

贾生言："抱火厝之积薪之下而寝其上，火未及燃，因谓之安。"夫贾生之为是言，在当时之人必大骇，何也？汉文有道，三代下所仅见，深仁厚泽，边隅皆靖。即曰匈奴足畏，然已和亲；诸藩虽强，皆属至亲，且未蠢动，似可以无大患矣。然风俗不纯，匈奴数侮中国，七国势皆可畏，泂抱火积薪之时。贾生之言，不得谓之过也。后世火已燃眉，而犹讳道危亡，歌颂太平，若贾谊生于其时，吾不知痛哭流涕长太息者当何如也！

评：《易》曰："其亡其亡，系于苞桑。"诚以自谓为危，乃不至危；自谓为亡，乃不至亡，故古人不讳危亡之言。若夫自谓不危，必至于危；自谓不亡，必至于亡，如护疾忌医，自速其死而已。三代之后，学者不见先王之治，但有小康，而无太平。汉文恭俭仁慈，虽无失德，然当时亦止可谓小康。贾生以为厝火积薪，实有所见而然，非故为危悚之词也。后世贡谀献媚，习为故常，危亡在前，歌颂不辍，一见有直陈祸患者，群怪聚骂，以为病狂，非独人君恶闻，廷臣皆恶闻也。由是上下相蒙，危亡至而不知，及知之而已患晚矣。悲夫！

（以上录自《鉴古斋日记》，卷一）

汉明帝始求佛，酿后世浮屠之祸，而卒享年不永。明帝之作俑，固不能无罪也。厥后梁武帝好佛，反致台城之围。唐宪宗好佛，亦受金丹之祸。佛不能为福，反能为祟，人犹好之，殊不可解。

评：明帝时，佛始入中国，楚王英最先好之，而英不得其死。昌黎云"事佛求福，乃更得祸"，不信然欤？佛、道二教，皆起东汉。道有张角、张鲁诸贼，而奉佛作贼者，亦有笮融。考史，佛、道未兴以前，非如暴秦、新莽之无道，未有揭竿之事，以无词可执也。二氏起而奸民托于妖异，煽惑愚民，即太平之时，不免蠢动，岂亦天运之流，极不能返欤？而三教且增为四教，民教不和，激成滔天之祸，此尤可痛哭流涕者。古者道德一，风俗同，所以长治久安。后世但知限科举程序，以定一尊，而不知教出歧途，足以酿乱，所谓知二五而不知十也。

陈頵遗王导书曰："有老、庄之俗，倾惑朝廷。养望者为宏雅，政事者为俗人。"呜呼！晋尚清谈之习，安得有挺身犯难之臣，以纾君国危亡之祸，而保种族翦灭之虞哉？导有江左夷吾之号，亦坐视神州之亡。独有一陶桓公，运甓习劳，分阴必惜，故卒能讨陈敏以宣勤，平杜弢而奏凯，诛郭默而四邻惧，歼苏峻而畿甸清，皆由桓公平日运甓之功。惟顾命一事耻不与，尚为公恨之耳。

评：东汉崇尚名节，三代下所仅见。至魏武好刑名，魏文慕通达，于是变崇尚名节之俗，而为放弃名检之风。其端开于竹林诸贤。阮步兵等佯狂酗醉，藉以免祸，谓礼岂为我辈设，颓然自放于礼法之外。人情莫不恶拘谨而好放荡，有不趋之若鹜者乎？试读《曲礼》、《少仪》、《内则》诸篇，古人之教子弟何等严肃，故其时无不循循规矩。此三代以上所以人心安静，风俗纯美，皆由少成若天性，习惯成自然也。后世以洒扫应对为末节，初不措意，于是小学废置不讲，子弟无所遵循，贱防贵，少陵长，不以为忌。人心风俗之不古，皆由于是。观于晋时放弃礼法，其弊至于人伦道尽，其所谈者，《老》、《庄》也。后人以为戒，无复言矣。自宋以来，好谈天人性命，其持论似正，而高而不切，空而无实，亦与《老》、《庄》无殊。此陆放翁之诗所云"夷甫诸人骨作尘，至今黄屋尚东巡"也。今之谈汉学者，草木虫鱼，支离破碎；谈宋学者，良知性理，虚无渺茫。所学不同，而其无益于时，亦同浴而讥裸裎耳，岂独《老》、《庄》能误国乎？夫古今之大患，在空谈其理，而不习其事。坐谈则逸，习事则劳。人情莫不好逸而恶劳，故议论多而成功少。晋尚清言，始于竹林诸公，及王弼、何晏，崇虚无而薄世务。当时裴颜著《崇有论》以矫之，而不能变。沿及南渡，此风犹盛，王导、谢安虽贤，皆未免于积习。惟陶士行起于鄱阳孤寒，未染中原名士之风，故不尚空谈，专求实事。其时有卞壶，欲矫正一时之弊，而死于苏峻，未竟其用，惜哉！

苻坚以数十万之众，侵至淝水。当时晋之将相，皆战栗束手，即桓冲亦惧有左衽之患。独谢安石命驾出游山墅，与谢玄围棋，桓冲以游谈不暇疑之。不知安之游谈，非以国事为戏，正以安人之心也。夫安为大臣，苟恐惧形于色，则人心愈扰，将士赖谁镇抚？必取败亡，又安有淝水之大捷哉？

评：凡任国家大事者，无事之时，当未雨绸缪，不可狃于闲暇，而般乐怠傲；至有事之时，当临机应变，反宜示以闲暇，而毋震动张皇。蜀汉费祎之拒魏兵，宋寇准之御契丹，皆用此法。虽云矫情镇物，实亦识量过人。若无过人之量，恐即欲矫情，而莫能矫矣。谢安石夷然赌墅，人但服其镇静，不知其先用谢玄募北府兵，战无不胜，所以有恃无恐。若全无可恃而徒然镇静，岂非真以国为戏耶？

魏主焘灭佛教，诛沙门，似能辟邪崇正。然不先下禁约之令，而猝加以非常之刑，是不教而杀也。且魏主与崔浩皆崇奉寇谦之天师道，信道教而毁佛教，是以邪攻邪，非真能辟邪而崇正者，何怪其不能除佛教而反张其焰乎？

评：自汉时佛教入中国，至六朝、唐时尤盛。韩文公愤之，有"人其人，火其书，庐其居"之语。文公至今又千年矣，未闻见之施行。即六朝、唐时，亦有志灭佛教者，而不旋踵即复其故。说者以为佛真有神，不可灭矣。以予观之，亦未尽然。释子尝云"天生三武祸吾宗"，所谓三武者，魏道武、北周武帝、唐武宗也。魏道武、唐武宗皆信道不信佛，其灭佛教，由道士所从臾，是皆不能无惑于邪说，以邪攻邪，宜乎不行。道武因盖吴反，疑僧人同谋，见寺有兵器，室藏妇女，遂下令杀僧。天下之僧，岂皆应杀？刑尤滥矣。惟周武于释、道皆无所惑，亦不滥杀僧人，惜不永年而国旋亡耳。有国者果能复古制，行教化，使人人皆不惑于二氏之说，何不可去二氏而专行孔教乎？

（以上录自《鉴古斋日记》，卷二）

隋之和亲突厥，与西汉和亲匈奴不同。隋之和亲，突厥畏隋之强而突厥求和也。汉之和亲，汉畏匈奴之强而汉求和也。魏绛和戎，后人责其为主和误国之人。不知绛之和戎，戎求和而与之和，非晋求和而与戎和也。彼求和而与之和，故有五利。后世之与外夷和者，中国求和于戎狄，故无一利也。若隋之与突厥和亲，与魏绛之和戎相似，与汉之和匈奴不同也。

评：能战能守，而后能和，是一定之理。必操纵在我，则不至为彼要挟矣。若一时不能战，姑与之和，而暗修战备，如勾践之于吴，亦是一法。乃偷安之懦夫，惟知有和，而愤激之愚夫，又不问利害是非，若"和"之一字必不可出诸口，甚至谓"宁可亡国，不可言和"，皆不通古今之瞽言也。

天下之势，如人之一身，必气血周流，而后人身安康。有天下者，宜使臣下进谏，下情上达，上情下宣，如血气之周流于一身也。故古来言路开则治，言路闭则乱。孙伏伽上表请开言路，谓隋以杀谏臣、闭言路而覆国，其言甚是。唐高祖省表大悦，下诏褒称，可谓君臣皆贤。

评：言路开乃国家最要之事，然既开之后，不得因一事一人而复闭。或疑人人尽言，则言语纷咙，国是莫定，喧争斗阋，流为党祸。言路之流弊，亦不可不防，然此亦在听言者之从违决断而已。若防其流弊而预杜言路，是因噎废食矣。至于事急而求言，事定即拒言，如北宋之亡，有"城门闭，言路开；城门开，言路闭"之谣，是亡国之覆辙，可为后世殷鉴者也。

中国强盛，则夷狄称藩入贡；中国衰弱，则夷狄猾夏乱华。唐太宗时，外国争入贡，骨利干自古未通中国者，亦在朝贡之列，可见唐之强盛。若后世四夷交侵，肆其要挟，中国犹是唐之中国，远不及唐之强盛矣。贾谊以为夷狄居上，中国居下，天下之势方倒悬。若贾生见后世衰弱之形，岂止倒悬之慨哉！

评：骨利干尚未甚远，结骨人皆长大，赤发绿睛，自古未通中国。考其地望，即今之俄罗斯。唐时入贡称臣，其视今之俄人，为何如哉！元时尝灭俄矣。我朝康熙时，亦尝逐俄人，毁其城。彼时俄畏中国之威，未尝敢桀骜。今则兴安岭之碑已移，黑龙江之地已占，骎骎乎据东三省矣，能不令人慨想英雄天可汗乎？

吐蕃遣使入贡，高宗问吐蕃风俗，仲琮对以"法令严肃，上下一心，议事尝自下而起"。西人开议院，即议事自下而起之意。所以西国行一事，必由询谋佥同而后行，非若议事自上而下，即有不合，而下莫敢如何也。

评：观由余之对秦穆公，知外国所以能胜中国之故。中国能变其积习，足以胜外国。仲琮所说，亦可为鉴。中国正坐法令不严肃，上下不一心，议事自上而下情不通。故唐不能制吐蕃，而反为吐蕃所制也。泰西议院之法，由下议院达上议院，乃达其主。据仲琮言，则唐时外国已如是。外国议院之法，中国固不可行，而法令严肃，上下一心，不当加意而勉其所未至乎？

孔子曰："言忠信，行笃敬，虽蛮貊之邦行矣。"郭子仪单骑见回纥，而回纥诸酋长下马罗拜，不敢谋害子仪，无非忠诚素著而见知于外国也。汉武帝时，张骞以币招降外国，傅介子以一人远适西域，刺楼兰王之头。此汉之威足以慑服外国，非必张骞、傅介子真有服外国之技也。唐当安、史乱后，仆固怀恩继之，元气大伤，不能如汉时之威足以服外国也。子仪能服回纥，非由其忠诚感之耶？

评：外国人亦人耳。犹是人类，即犹是情理。我以诚信待彼，则彼亦必以诚信待我。彼即渝约，是曲在彼，无伤于我。我能自固，亦不患彼负我。汉文帝所云："和亲之后，汉过不先也。"程子论宋朝有五不可及，一曰至诚待夷狄。北宋规模远大，尚可想见。南宋以后，议论过于愤激，动曰"彼夷狄犹禽兽也，杀之不为不仁，欺之不为不义"，不与孔子之言大相背谬乎？

仇士良教群宦官固宠之术，曰："天子不可令常闲，宜以奢靡娱其耳目，使日新月盛，无暇更及他事，然后吾辈可以得志。慎勿使之读书，亲近儒生。彼见前代兴亡，心知忧惧，则吾辈疏斥矣。"士良此言，思所以蛊君者密矣。人君苟知此数端之弊，能反观之以自惕，则奄宦无所用其计以愚弄其君矣。然昏君往往堕其计中而不悟，岂有他术哉？盖以此数端惑之，使不亲近儒生所致也。程伊川曰："亲贤士大夫之时多，亲宦官宫妾之时少。"人主宜三复此言。

评：始皇焚书坑儒，以愚民也。后世不焚书，而用科举程序为焚书之秘术，亦所以愚民，且愚士也。始皇愚民，民不必读书，而能揭竿为乱，是愚民无效矣。赵高即用其术以愚二世，独处深宫，不使登高，至于鹿、马不辨。后世取士之法，始皇愚民所传之心法也。仇士良教其徒党勿使君读书、近儒生，赵高愚君所传之心法也。上下交相愚，中国安得不愚？中国人皆愚，何能敌外国之智？且此愚君之法，非独奄人知之，凡奸人欲擅大权，不欲其君从师读书，皆士良之意也。人君知此，即当礼贤下士，重道尊师，庶不至为奸人愚弄，亦不宜用愚民之术以弱其民，而亟当设法开民智矣。

张承范发京师神策，军士闻当出征，父子聚泣，多以金帛雇病坊贫人代行，往往不能操兵，故不足以当黄巢，一战即溃。夫驱市人而用之，如韩信犹必设背水阵以置之死地，况无信之才，驱市人用之乎？唐末兵皆不可战，至闻出征相泣，岂可用之以战哉？宜其使人代行也。今夫兵之强弱，视夫将帅之得人不得人；将帅之才能，视夫兵之能练不能练。后世之弊，每在将不知兵，兵不知将，将视兵如儿戏，兵视将如弁髦。于是上则扣饷缺额，耽逸乐而罔事操防；下则结队成群，忘纪律而滋生事变。而彼虎符坐握者，养尊处优，深居简出，虽春秋简阅，亦属虚文，一旦有事，欲用若辈折冲御侮，可恃而无恐乎？此有心人所以慨叹也。

评：前年日本之事，凡平日以贿赂求得兵轮管带者，闻之对泣，复用贿赂求免于行。湖南所招之兵，中途溃散甚众。以如此之将，率如此之兵，其必败，岂必交锋而后知哉！彼昏不知，开口主战，以为中国养兵百万，岂不可以一试？湘军威名震天下，必可倚以成功。举国若狂，有同梦呓。有言宜和不宜战者，即曰"此汉奸也"、"此卖国也"，其后竟如何耶！

（以上录自《鉴古斋日记》，卷三）

契丹有八部，部各有大人，推一人为王，建旗鼓以号令诸部，三年一代，以次为之。此即欧美诸国立民主之法。外国之所以强，在立法简易，付之公论，故事有实济。欧美诸国有君主，有君民共主，有民主。民主之国，立一总统，由众公举，三年一易，殆与契丹之部有王、三年一代之意相符耶？

评：以契丹之事证欧美诸国，可谓巨眼，前人未尝论及此也。《后汉书》："大秦王无有常人，皆简立贤者。"大秦即罗马，与罗马古史所言合。是外国旧有此制，而罗马后亦改为世及。契丹自阿保机后，子孙世及，亦未尝如其故俗三年一代也。然则民主之法，非可常用，亦不能无弊。必谓其法无弊，何以罗马既立民主，又易为君主耶？

杨洞潜为刘䶮谋，先以立学校、设选举为务，诚知治国之法。盖治国必须人才，人才出于学校。不设学校，不能育才；不设选举，不能拔才。故必先立学校，使人皆通晓事宜，然后可以为治。德国胜法，以学校致胜，且以学校致富强。是欲强国，必兴学校，不兴学校而但用科举，何异伐根而求木茂，塞源而欲流远乎？

评："兴国必须人才，人才必出学校"，古今中外不易之理。今人乃以开学堂为非急务，不知所谓急务安在？谓宜练兵致强，兴工商致富，其说固是，然不兴学校，不教养人才，安有知练兵、兴工商之人？若欲以帖括人才坐致富强，真如此记所言"伐根而求木茂，塞源而欲流远"矣。

契丹围幽州，李嗣源将兵救之，谓契丹曰："汝无故犯我疆场，晋王命我将百万众，直抵西楼，灭汝种族。"因跃马奋挝，三入其阵，斩酋长一人。后军齐进，契丹兵却，后卒大败契丹。夫中国强则夷狄畏之，不敢与吾敌，即责以大义，彼亦无辞。若中国屡弱，受制于夷狄，使嗣源生于其时，岂能以言折之哉？

评：兵力不足，非徒口舌所能折冲。故使才不可不亟求，其要尤在自强，然后使臣能申其说。若强弱异势，但恃使臣口舌争之，即苏、张复生，岂有济乎？

古今之驭夷狄，不外战、守、和三策。能战则战，不能战则守，不能守则和。汉文帝之于匈奴，以守为和。然彭阳之役，亲逐匈奴出塞。武帝之于匈奴，以战为和，匈奴远遁，幕南无王庭，其后卒和。匈奴亦以不和，而兵终不解耳。夫能战、能守而后可和，若不能守、不能战而徒讲和偷安，此国家所以日削也。石晋得国，契丹拥戴之力。契丹侵晋，李守贞败之。晋称臣称孙于契丹而能败之，可以稍雪其耻。若南宋称侄于金，但知言和，不能与金一战，不曾石晋之不若耶？

评：中国之于外国，不和，兵终不解，故中国不必讳言和。但能战、守而后能和，乘战胜之威而与之和，则和更可久。石晋幸而胜契丹，当此时与之和，乃不失计。而争战不已，晋终非契丹敌，宜一败不救矣。

孟子曰："国必自伐，然后人伐之。"齐王重贵恃阳城之一捷，责四方之贡献，赏优伶，置宫室。当旱蝗水潦，括民财谷，虐政横行。契丹兵至，犹调鹰苑内，抑阻人言。以此数端观之，则晋之亡，非契丹能亡之，实晋自亡之也。夫人君政令不修，放肆乱为，积怨于民，是假人以伐我之柄也，安能禁人之不伐耶？若恃一胜而责贡献，是自处于骄盈，尤致败之道。谚曰："蚁慕腥膻，闻风即至。"可引以喻重贵。

评：有国者忿敌国之侵陵，谋用兵以雪耻，未始非发愤自强之心。然欲发愤自强，必须卧薪尝胆，积二三十年之功力，求贤辅佐，讲武练兵，方可转弱为强。胜负兵家之常，傲倖一胜，断不可恃。若无坚忍之力，徒逞嚣动之气，一战偶胜，志满气盈，此骄兵必败之道。况责贡献，赏优伶，则不惟必败，而且必亡。非敌国亡之也，亦非天亡之也，自取败亡而已。十万横磨剑，大言奚益乎？

《酒诰》曰："厥或诰曰：群饮，汝勿佚，尽执拘以归于周，予其杀。"夫群饮，小罪也；杀，大刑也。加小罪以大刑，此先王以权术治国也。汉制：三人无故群饮，罚金四两。非有庆典，民间不得饮酒，故有赐大酺三日。宋太宗赐大酺，盖行此法。宋制：酒醋设官管理，谪官多监酒税。后世烟、酒二宗为利甚大，重税酒、烟，亦榷酤之法耳。

评：榷酤始于汉，即酒税也。曹操尝禁酒，孔融讥之。刘先主亦禁酒，简雍有酿具之戏。是当时亦禁民私酿矣。淡巴菰，明始有之，鸦片则始于今。西人不吸鸦片而吸吕宋烟，故亦有烟、酒之税，且税甚重，以非人之所必需也。今重加烟、酒税，仿西法耳。

今有经纪之家，拥数十万之资产，奢侈无节，不知量入为出，酌盈剂虚，则所用之款无数可稽，不数十年而家贫乏矣。夫治国犹治家也，必会计以为准，而后一岁之款目用度多寡，悉在掌握之中。若不能会计，则人君糜费，人臣侵蚀，不至贫穷不已。自唐李吉甫，始上《元和国计簿》。宋真宗时，丁谓上《景德会计录》。谓之为人，实不足道，而其上会计录，则不愧大臣之用心。哲宗时，苏辙上《元祐会计录》，亦即此意。呜乎！中国历代数千年以来，惟唐、宋有此三事，吾不能为后世之司农解矣。

评：古者冢宰制国用，必于岁之杪，用地大小，视年之丰耗，以三十年之通制国用，量入以为出。是古每年终，必数计一年之出入，以告之其君也。夫款目出入，必每年结算一过，则年清年款，不难按籍而稽。若数十年甚至数百年不曾综核其数，一旦清理，势必难行。外国有豫计表，每年结算晓众，无侵蚀之弊，此其国所以能富也。

文彦博曰："人心未安，更张之过也。"祖宗法未必皆不可行，潞公之为是言，以王安石之变法为多事，擅更祖制耳。夫祖法果善，则后人奉行，不必改弦更张；祖法不善，岂得守成法而不改乎？此当分别言之，不可徒以祖宗成宪塞人之口也。宋太祖收兵权、夺利权，故国患贫弱。欲转弱为强，不得不行新法。责安石不善变，可也；责安石不应变，则非也。

评：良法美意行之数百年，亦必不能无弊。祖宗法即尽善，亦当时行之见为美耳，数传之后，积久弊生，固不得以此归咎祖宗，亦岂祖宗所逆料乎！况后世所行者，又未皆祖宗所定之法。凡一代之兴，其法多沿前代之旧。汉沿秦旧，唐沿隋旧，此在前人已有定论。宋沿五代之旧，故其取民之苛碎、设官之不正、郊赏之滥、法令之烦，太祖开国之时并未厘正。而宋所立之法，又不过收兵权、设通判以理民事、置转运以理财赋之类，皆不得为善政。此无论其为祖制，并急宜更改者，惜安石未能尽去之耳！朽老旧臣，动以祖制压人，以安石言"祖宗不足法"

为罪案。试问当时所行，皆太祖手定之法否？即太祖所手定，使其尚在，亲见日后之流弊，亦岂有不愿更改者乎？

周穆王将征犬戎，祭公谋父谏。穆王不从而卒伐之，犬戎由是不朝。宋神宗时，交阯降附。沈起邀功生事，启衅于夷，交阯遂入寇，陷钦、廉州。夫小国既已称藩入贡，附为属国，何必伐之以生事端？宋武功不振，欲示威于外国，宜选练强兵壮马，与契丹、西夏为敌，何为伐已臣服之国哉！即伐交阯获胜，集天下之兵以攻一隅，亦为不武，况未能胜，徒致其叛，真要功生事也。

评：中国驭夷狄，宜怀之以德，慑之以威，则彼畏服，不敢为患。而待夷狄者，多不得其道。震其强，则奉之如骄子；欺其弱，则践之如禽兽。中国信义之国，乃不讲信义，专视强弱以为轻重，何能使彼心服？且同一夷狄也，避其强者，而欺其弱者，岂圣人一视同仁之意乎？《传》曰："蜂虿有毒，胜之不武，不胜为笑。"今欺人之弱而攻之，一击不胜，徒为强国所笑，并弱者亦不服矣。宋收熙河已无谓，伐交阯尤生事。盖亦托于兵家攻瑕之旨而实非也。

古之人君失政，君子在野，小人在位，未有不亡国者。徽宗用蔡京、童贯开边，至社稷不血食，身为人俘，且贬死陈瓘于楚州。瓘诋章惇之奸，直言无隐，亦朱云、梅福之流亚也。徽宗贬之，宜其有金人之祸。

评：《易》以君子道长、小人道消为泰，小人道长、君子道消为否，人皆知之。然临乱之君，各贤其臣，必以己所用者为君子，己所弃者为小人，则君子、小人何从辨之？而有一法，辨之甚易。凡进忠直谏者，君子也；阿谀顺旨者，小人也。非特人君用人然也，即大臣之待属员，士大夫之择朋友，以此验之，百不一失。

世祖本无伐宋之心，使宋人不拘郝经，不害廉希贤，必将通和讲好，而中国不至尽归于夷矣。惜乎，宋人之自速其咎也！虽然，宋太祖收兵权，武功不振，不足以御外侮，元人侵轶，遂成瓦解之势，即不杀戮元之使者，其祸亦不过少缓耳。

评：宋祖用赵普之计，削藩镇，收诸将兵权，一时虽足救尾大之弊，而国势遂失之弱。文文山请立四镇，曰："至一州则一州破，至一县则一县残。"盖至是而其弊已显然共见，即立四镇，已患其晚，乃犹讳疾忌医，以为迂阔而莫之省。此宋所以终于亡也。而自宋以后，中国之削弱仍如宋也。敌国外患，莫之能御，幅员万里，荡然无复藩篱之限，至一州则一州破，与文山所言如出一辙。皆由削藩镇，收兵权，但知自防其臣，而不知防外患。虽有忠义之士，不过一死自靖，以手无斧柯之故也。欲如汉、唐之强盛，安可得乎？

张江陵秉政，毁天下书院为公廨，后人多訾议之。不知明末处士横议，书院即横议之渊薮。顾亭林《废生员》篇曰："开门降贼者生员，捆县官送贼者生员，几于魏博之牙军、成都之突将。"据此，足见当日生员之为害，而书院有不能不毁之势矣。张公秉政，太后倚任，颇有雄才霸气。当时人多怨之，故身后而其子不保。后世相臣醇谨，尸位以求免祸，安得复有如张公救时之相乎？

评：书院起于宋，所以补学校之不足也。然书院办理得法，足以培植人才；办理不善，反足以败坏人才。明末讲学盛行，议论国是，遂开东林、复社之祸。江陵此举，未始非防患于未然，但惜其不知将书院整顿一番，教人读书，勿空讲学，则书院不必毁而人才可以兴矣。

（以上录自《鉴古斋日记》，卷四）

# 湖南师范馆经学讲义 *
# （1903）

## 第一章

《王制》："乐正崇四术，立四教，顺先王《诗》、《书》、《礼》、《乐》以造士。春秋教以《礼》、《乐》，冬夏教以《诗》、《书》。"② 《文王世子》："春诵，夏弦，大师诏之。秋学《礼》，执《礼》者诏之。冬读《书》，典《书》者诏之。"古时学校首重经术，时日、课程皆有一定，而其所以为教，则《诗》、《书》、《礼》、《乐》四经而已。《易》，卜筮之书，不以教。孔子作《十翼》以发明其义，始列为经。孔子又作《春秋》，明褒贬，为后世立法，于是六经始备。《庄子·天运》篇："孔子谓老聃曰：丘治《诗》、《书》、《易》、《礼》、《乐》、《春秋》六经。"六经名始于此。

孔门弟子身通六艺者七十二人，六艺即六经，惟高才者能兼通《易》、《春秋》，其余惟通《诗》、《书》、《礼》、《乐》而已。孔门弟子之传经者，《韩非子·显学》篇云："孔子之后，儒分为八，有子张氏、子思氏、颜氏、孟氏、漆雕氏、仲良氏、公孙氏、乐正氏之儒。"陶潜《圣贤群辅录》云："颜氏传《诗》，为讽谏之儒。③ 孟氏传《书》，为疏通致远之儒。漆雕氏传《礼》，为恭俭庄敬之儒。仲良氏传《乐》，为移风易俗之儒。乐正氏传《春秋》，为属词比事之儒。公孙氏传《易》，为

---

＊《湖南师范馆经学讲义》原刊《湖南学报》，为光绪二十九年（1903）皮锡瑞受聘湖南师范馆讲授经学课程的讲义。因《湖南学报》中途停刊等原因，今所见非完篇。

② "春秋"、"冬夏"，原误作"春夏"、"秋冬"，据《礼记·王制》改。

③ "讽"，原误作"诵"，据《圣贤群辅录》改。

洁静精微之儒。"惜诸儒所传之经，今皆亡佚，不复能考其家法。

经学家法最古而流传至今者，首推先贤卜氏子夏。汉徐防曰："纂修删定，始于孔子。发明章句，始于子夏。"今以徐氏所云"发明章句"考之：子夏于《易》有《传》。《经典释文·序录》："《子夏易传》三卷。卜商字子夏，卫人，孔子弟子，魏文侯师。"《周易正义》："初，卜商作《易传》，至西汉传之，有能名家者。"《隋书·经籍志》："《周易》二卷，魏文侯师卜子夏传，残缺。"陆德明、孔颖达皆隋、唐大儒，其说必有所据。《释文》间录子夏之说。或以《汉书》、《史记》不载疑之，以为《子夏易传》出于丁宽，又云出于韩婴，皆无明文。或又云唐人张弧伪作，而陆、孔所见，非唐人所作也。于《诗》有《序》。《经典释文·序录》：《毛诗》，"子夏授高行子，高行子授薛仓子，薛仓子授帛妙子，帛妙子授河间大毛公。一云：子夏传曾申，申传魏人李克，克传鲁人孟仲子，孟仲子传根牟子，根牟子传赵人孙卿子，孙卿子传鲁人大毛公。"于《礼》有《丧服传》，马融、王肃为之训说，今在《仪礼》十七篇中。于《春秋》，则《孝经纬》引孔子曰"《春秋》属商"。《公羊》、《穀梁》皆出子夏，《风俗通》云穀梁为子夏门人。则徐氏云"发明章句，始于子夏"，洵不诬矣。郑君《六艺论》云"《论语》，子夏、仲弓合撰"，是《论语》亦出于子夏。故考经学家法，当以卜子为首。

# 第二章

孔庭四配，颜子早夭，未必有书。《韩非子》言八儒有颜氏之儒，孔门颜氏有八，未必即子渊氏。

《子思子》二十三篇，列于《汉志》儒家，今已亡佚。沈约以为《礼记·中庸》、《坊记》、《缁衣》皆出《子思子》。休文去汉未远，当有所据。《坊记》、《表记》、《缁衣》之"子言之"、"子曰"，当即属子思子之言，非必孔子，故中有引《论语》一条。

《曾子》十八篇，亦列儒家，今存十篇于《大戴礼记》中，上皆冠以"曾子"：《曾子立事》第一，《曾子本孝》第二，《曾子立孝》第三，《曾子大孝》第四，《曾子事父母》第五，《曾子制言上》第六，《曾子制言中》第七，《曾子制言下》第八，《曾子疾病》第九，《曾子天员》第十。《立事》诸篇所言，皆纯粹精实，诣其极可以希圣贤，次亦不失为寡过君子。《天员》一篇，与今地球之说相合，尤可考见西法本原于中国，而古圣贤之学无所不通。篇云："单居离问于曾子曰：'天员而地方者，诚有之乎？'曾子曰：'离而闻之云乎？'单居离曰：'弟子不察，此以敢问也。'曾子曰：'天之所生上首，地之所生下首。上首之谓员，下首之谓方。如诚天员而地方，则是四角之不揜也。'"据曾子之说，所云谓员谓方者，谓其道，非谓其形也。方员同积，则员者必不能揜方之四角。今地为天所揜，明地在天中，天体浑员，地体亦员矣。《曾子》及《周髀算经》皆言地员，自周末畴人子弟分散，古法始微，而海外得其遗法。元西域札马鲁丁造西域仪象，以木为圆球，七分为水，其色绿；三分为土，其色白；画江湖海贯串于其中，兼作小方井，以计幅员之广袤、道里之远近。此元、明以来西说地员之祖，而《曾子》已先发其端。

《大戴记》首篇《王言》，皆孔子语曾子以明王之道，"是以蛮夷、诸夏，虽衣冠不同，言语不合，莫不来至，朝觐于王"①。孔子不以语他人而独语曾子，其辞郑重而出之，则曾子亦王佐才，与颜子问为邦，孔子告以损益四代不异。《小戴记·曾子问》一篇，穷极《礼经》之变，非孔子不能答，非曾子不能问，可见曾子学问之精。

《孝经》一书，孔子特传曾子。《孝经纬·钩命诀》："孔子曰：《春秋》属商，《孝经》属参。"又曰："吾志在《春秋》，行在《孝经》。"皆圣门微言，赖纬书以存者。汉人以为《礼》、《乐》、《诗》、《书》，孔子但加删订，惟《春秋》、《孝经》为孔子所作，故推尊孔子，首举二经。《鲁相史晨奏祀孔子庙碑》云"乃作《春秋》，复演《孝经》"，《百石卒史碑》云"孔子作《春秋》，制《孝经》"，皆以《春秋》、《孝经》并举。两汉、六朝人，无不先通《孝经》者。明皇亲制御注，《十三经注疏·孝经注》即其文；又亲书八分，今石台《孝经》亦尚在。《孝经》有今、古文之别，明皇注者今文，汉古《孝经》不传，传者乃隋刘炫伪造，宋人信伪古文，又疑《孝经》非孔子所作，删其字句，不入四子书内，而《孝经》始微矣。

# 第三章

《孟子》七篇，人皆诵之，又有《外篇》，赵岐已云不能闳深，疑其

---

① "朝"，原误作"相"，据《大戴礼记·王言》改。

依托，然则可征者七篇已耳。赵岐谓孟子长于《诗》、《书》，实则孟子于《春秋》尤深，"《春秋》，天子之事"、"其义则丘窃取"等语，皆《春秋》微言大义。朱子注云："罪孔子者，以谓无其位而托二百四十年南面之权。""托南面之权"即托王于鲁也，"无其位"即素王也。盖《春秋》义本如是，惜孟子之学不传。《群辅录》云："乐正氏传《春秋》，为属词比事之儒。"乐正氏不知即孟门乐正克否？其书亦无可考。

年比孟子稍后，而学可与孟子抗衡者，惟荀子。《史记》以孟、荀合传，又《儒林传》云："孟子、荀卿之列，咸遵夫子之业而润色之，以学显于当世。"并举两贤，可称特识。荀子传经之功尤伟。《释文·序录》云"孙卿子传鲁人大毛公"，则《毛诗》为荀子所传。《汉书·楚元王交传》："少时尝与鲁穆生、白生、申公同受《诗》于浮丘伯。伯者，孙卿之门人。"《鲁诗》出于申公，则《鲁诗》亦荀子所传。《韩诗》今存《外传》，引荀子以说《诗》者凡四十有四，则《韩诗》与荀子相出入。《释文·序录》云"左丘明作《传》以授曾申，申传卫人吴起，起传其子期，期传楚人铎椒，椒传赵人虞卿，卿传同郡荀卿名况，况传武威张苍，苍传洛阳贾谊"，则《左氏春秋》为荀子所传。《儒林传》云"瑕丘江公受《穀梁春秋》及《诗》于鲁申公"，申公为荀子再传弟子，则《穀梁春秋》亦荀子所传。《大戴·曾子立事》篇载荀子《修身》、《大略》二篇文，《小戴·乐记》、《三年问》、《乡饮酒义》篇载《荀子·礼论》、《乐论》篇文，则二戴之《礼》为荀子所传。刘向称荀卿善为《易》，其义略见《非相》、《大略》二篇。是荀子之学，于《易》、《诗》、《礼》、《乐》、《春秋》无所不通，门弟子之传其学者，于汉初为极盛。

《史记》孟子受业子思之门人，荀子不知所出。其书始《劝学》，终《尧问》，篇次实仿《论语》。郑君《六艺论》云："《论语》，子夏、仲弓合撰。"《荀子·非相》、《非十二子》、《儒效》三篇[①]，皆以仲尼、子弓并称。或云子弓即仲弓，犹子路亦称季路。荀子之学，盖出仲弓，或即子弓，即传《易》之馯臂子弓，《史记》作子弘。《仲尼弟子列传》："商瞿传楚人馯臂子弘，弘传江东人矫子庸疵。"《汉书·儒林传》："商瞿授鲁矫庇子庸，子庸授江东馯臂子弓。"二家之说不同，一云子弘传子庸，一云子庸传子弓。据《史记》，则子弘为孔门再传弟子。据《汉书》，则子弓为孔门三传弟子。《史记正义》曰："颜师古云：'《汉书》及《荀卿

---

① "效"，原误作"教"，据《荀子》改。

子》皆云字子弓。此作弘，盖误也。'应劭云：'子弓，子夏门人。'"据颜说，是以《荀子》所云子弓为馯臂子弓。据应说，子弓为子夏门人，亦孔门再传弟子也。

孟子开宋学宗派，功在明道。荀子开汉学宗派，功在传经。故汉儒多推尊荀，宋儒多推尊孟。

（以上录自《湖南学报》，第一帙，光绪二十九年四月初一日出版）

# 第四章

汉儒有一种天人之学，齐学尤为专长。伏生《尚书》有五行，《齐诗》有五际。公羊子齐人，亦多言灾异，其说皆非无据。《尚书·洪范》本以五行配五事，有休征，有咎征。伏《传》所云"视之不明，是谓不悊，厥咎舒，厥罚恒燠，厥极疾，时则有草妖"云云，皆推《洪范》本旨言之，不得谓之傅会，惟不当如《汉书·五行志》逐事比附，凌杂米盐。又引董仲舒、刘向、刘歆三人之说，各不相符，适启后人之疑。三人所以不同者，董据《公羊》，向据《穀梁》，歆据《左氏》故也。《诗》不多言灾异，而《十月之交》篇云日食、震电、川沸、山崩，亦详言之。《春秋》一经，如日食、星孛、石陨、鹢退之类必书。孔子大圣人，岂不知日食、星变可以推算；石陨、鹢退，物理偶变，皆于人事无干；大雨雪、大雨霖、大雨雹、无冰、陨霜不杀菽之类，寒暑偶愆，更非变异甚大。乃必详其事以示后者，正以人君至尊，无所忌惮，惟畏天而已，借天象以示儆，庶使人君有失德者，能知恐惧修省，犹可挽回一二。此《春秋》以元统天、以天统君之义，亦即神道设教之微旨也。汉人言《易》有象数占验，言《礼》有明堂阴阳，与《诗》、《书》、《春秋》略同，皆本此旨以匡其失，故遇日食、地震，君必下诏罪己，责免三公。虽未必能如周之宣王，遇灾而惧，尚有君臣交儆遗意。后人不明此旨，动诋汉儒不当言灾异、信谶纬，于是"天变不足畏"之说起矣。今西法入中国，以为日食、星变可以预测，信之者更以为不宜傅会灾祥。然则孔子书于《春秋》，岂真不知天道者耶？

汉儒言灾异，亦实有征验。如昭帝时，大石立，僵柳起，眭孟以为当有匹夫为天子，而应在宣帝。昌邑王时，久阴不雨，夏侯胜以为当有臣下谋上，而应在霍光。成帝时，夏贺良以为汉有再受命之祥，而应在光武。"刘秀当为天子"，尤为显著。故光武以赤伏符受命，遂深信谶纬，读之虎下，五经之义，皆以谶决。当时以七纬为内学，五经为外学，遂开一代风气，正以身试有验之故。至诚可以前知，天人初不相远。解此，不必非光武，亦不必非董、刘、何、郑诸儒。

《隋书·经籍志》云："说者谓孔子既叙六经，知后世不能稽同其意，故别立纬及谶，以遗来世。其书出于前汉。"《书·洪范》孔疏云："纬候之书，不知谁作？通人讨覈，谓伪起哀、平。① 虽复前汉之末始有此书，以前学者必相传此说。"然则谓纬起哀、平，孔颖达亦不以为然矣。《史记·赵世家》云："扁鹊言秦穆公寤而述上帝之言，公孙支书而藏之，秦谶于是出矣。"是春秋时已有谶。《秦本纪》云②："亡秦者胡也"，"今年祖龙死"③，皆谶文。特图谶皆方士之言，与经义不相涉。后儒造为纬书，乃因图谶牵合经义。其合于经义者多醇，其涉于图谶者多驳，醇驳互见，未可一例诋之。今中国所最重者三纲，而经无明文，出《礼纬·含文嘉》。周天三百六十度，地有四游，出《书纬·考灵耀》，乃天文、地理学之最古者。欧阳修不信祥异，请删九经疏中所引谶纬之文，幸而不行。若从其说④，将并经之"河出图，洛出书"而删之，岂止注疏无完本哉！

（以上录自《湖南学报》，第二帙，光绪二十九年四月十一日出版）

# 第五章

两汉经学家法，有今、古文之分。今文即隶书，在汉时以为今文，世所传熹平石经及孔庙等处汉碑是也。古文即籀书，在汉时已为古文，世所传岐阳石鼓及《说文》所载古文是也。隶书汉时通行，故谓之今文，犹今人之于楷书，人人尽识。籀书汉时已不通行，故谓之古文，犹今人之视篆、隶，不能人人尽识。凡文字必人人尽识，方可以教初学。

---

① "伪"，原误作"纬"，据《尚书正义》改。
② 按，下引两条均出《史记·秦始皇本纪》，非出《秦本纪》。
③ "今"，原误作"明"，据《史记·秦始皇本纪》改。
④ "从"，原误作"充"，据皮锡瑞《师伏堂经学杂记》所存底稿改。

汉人已不尽识古文，于何征之？① 《汉书·郊祀志》云②："美阳得鼎，献之。张敞好古文字，按鼎铭曰：王命尸臣'官此枸邑，赐尔旗鸾③、黼黻、雕戈'。尸臣拜手稽首曰：'敢对扬天子丕显休命。'"当时汉廷之臣，惟敞一人能辨其字。此汉人不识古文之证。《礼记》载孔悝鼎铭，如"兴旧耆欲"等语，不可强通，说者皆疑文有讹误。又汉以前人不识古文之证也。孔子写定六经，皆用古文，见许氏《说文自序》。秦时博士所藏之经必皆古文，至汉发藏以授生徒，必易为通行之隶书，始便诵习。近儒江艮庭疏《尚书》，用篆文书之，书不通行。艮庭又为毕秋帆校《释名》，用篆文书之。毕恐其不通行，《经训堂丛书》兼用楷字，并列两本。观今人不识篆文、不能通行，即知汉人不识古文、不能通行之故。是以汉儒教授，皆用今文。

十四博士，《易》施、孟、梁丘、京氏，《书》欧阳、大小夏侯，《诗》齐、鲁、韩，《礼》大、小戴，《春秋》严、颜，皆后世所谓今文家。汉初既未别立古文，故亦未标今文之名。至刘歆创立古文学，古文《尚书》、《毛诗》、《周礼》、《左氏春秋》，王莽时皆置博士。莽败，旋废，而其书既出，卫宏、郑兴、贾逵皆好之。《后汉书·贾逵传》曰："建初八年，乃诏诸儒各选高才生，受《左氏》、《穀梁春秋》、古文《尚书》、《毛诗》。由是四经遂行于世，皆拜逵所选弟子及门生为千乘、王国郎，朝夕受业黄门署。学者皆欣欣羡慕焉。"凡学术之盛，必导以利禄之途。汉古文不立学，故不能兴。明帝从贾逵言，导以利禄之途，而古文行于世矣。古文既行，遂以博士所传别为今文。许慎《五经异义》有古《尚书》说，今《尚书》夏侯、欧阳说；古《毛诗》说，今韩、鲁说；古《周礼》说，今《礼》戴说；古《春秋左氏》说，今《春秋公羊》说，今、古文遂分门角立。

# 第六章

汉今文先出，古文后出。《公羊传疏》云："《左氏》先著竹帛，故汉时谓之古学。《公羊》汉世乃兴，故谓之今学。"而《春秋》三传，惟

---

① "于"，原误作"如"，据皮锡瑞《师伏堂经学杂记》所存底稿改。
② "祀"，原误作"社"，据《汉书》改。
③ "旗鸾"，原误作"龙旗"，据《汉书·郊祀志》及皮锡瑞《师伏堂经学杂记》所存底稿改。

《公羊氏》立学。《左氏》，王莽时、东汉初皆立博士，旋罢。范升云：
"《左氏》不祖孔子而出于丘明，师徒相传又无其人。"所谓《左氏》晚
出，先儒致疑也。按：汉今文家有师承，古文家无师承，非独《春秋》
一经。《史记·儒林传》曰："言《诗》，于鲁则申培公，于齐则辕固生，
于燕则韩太傅。言《尚书》，自济南伏生。言《礼》，自高堂生。言
《易》，自菑川田生。言《春秋》，于齐、鲁自胡毋生，于赵自董仲舒。"
《儒林传》："自孔子论次《诗》、《书》，修起《礼》、《乐》，因史记作
《春秋》，以及七十子之徒，孟子、荀卿之列，咸遵夫子之业而润色之。"
以逮汉初，传经之儒，只此数人。此数人者，皆后世所谓今文家，无所
谓古文也。《毛诗》、《周礼》、《左氏传》，史公于《儒林传》皆未列入。
又《自序》云"太史公受《易》于杨何"、"余闻之董生曰"云云，是史
公所学《春秋》，乃今文《公羊》家，其父太史谈所学之《易》，乃田何
所传今文《易》，无所谓古文也。史公所受《尚书》，不知出于何人。考
其年，不逮事伏生，当是伏生弟子欧阳、张生之门人。《汉书》云史迁
从孔安国问故，不见于《太史公自序》，《儒林传》但云："孔氏有古文
《尚书》，而安国以今文读之，因以起其家。逸《书》得十余篇，盖《尚
书》滋多于是矣。"今文、古文之分，始见于此。所谓以今文读古文者，
盖以隶书字改古文字而绎其义，如今人之翻译。即此可见汉人不识古
文，必改今文乃便授读之故。伪孔安国《古文尚书序》云隶古定，亦从
此文出也。

太史公书屡言"古文"：《五帝本纪》云"总之不离古文者近是"，
《三代世表》云"古文咸不同，乖异"，《十二诸侯年表》云"为成学治
古文者要删焉"，《封禅书》云"牵拘于《诗》、《书》古文而不能骋"，
《吴世家》云"余读《春秋》古文"，《仲尼弟子传》云"则论言弟子籍，
出孔氏古文近是"，《太史公自序》云"年十岁，则诵古文"，又云"秦
拨去古文"。凡此诸文所云"古文"，或亦指文字言，非如东汉以来所谓
古文家也。

# 第七章

尝疑卫、贾、马、郑皆东汉通儒，岂不知今文远有师承，乃必崇
奉古文，尽易其义，始思之，殊不解其故，及徐考之，而知其故
有二：

一则学术久而必变。自汉以来，变者屡矣。六朝及唐，皆沿汉学，时有"宁道孔、孟误，讳言郑、服非"之语。宋初犹遵注疏，及刘原父、王介甫，始创新说，拨弃汉、唐。至南宋，朱子集其大成。元、明以来，专宗宋儒，一字不敢出入，亦可谓"宁道孔、孟误，讳言朱子非"矣。国初诸儒，复治注疏之学，始犹汉、宋兼采；乾隆以后，乃专从汉，自标汉学，以别异于宋儒；嘉、道以来，又推而上之，专求西汉今文之传，以别异于东汉。风气之变，有莫知其然而然者。自汉初至西汉末，近二百年，专行今文家说，渐至文繁义复，说《尧典》十余万言、"若稽古"三万言，颇为人厌恶矣。刘歆建立古文《尚书》、《毛诗》、《周官》、《左氏春秋》，创通大义。至东汉卫、贾、马、郑继之，既立古文诸经，遂易今文诸说，正如宋儒之变汉学，国朝诸儒之变宋学。其始不过一二巨子，自撼心得。从而和之者，遂取前人之说而尽易之，如拔赵帜，立汉赤帜，以为不如此，不足以别成一家。名虽古而实新，喜新者靡然而从之。此其一也。

一则文字久而致讹。汉儒改古文为今文，教授生徒，取其通俗。当时无刷印板本，专凭口授手钞，讹以传讹，自不能免。据今所传熹平石经残字，及孔庙等处汉碑，中多谐俗之字，不合六书，召古文家之攻击，半由于此。大凡承平日久，海内清明，朝廷无事，学士大夫无所用心，多喜摩挲古物，以为赏心乐事。乾、嘉之时，此风极盛。阮文达、翁覃溪诸公为之倡，王德甫、钱竹汀、孙渊如、洪稚存诸公，亦喜谈金石学，以为可证经史。愚谓石可信，金不可信。何也？碑刻难于伪造，以文字多，不易拟作，点画波磔，亦非后人所能摹仿，或造赝本，人知其伪。此石所以可信。非止证史，并可证经。锡瑞尝作《汉碑引经考》、《引纬考》，据汉之碑碣，以证汉之经学、纬学矣。若夫钟鼎彝器，字及百名者甚鲜，多云"某某作某器物，子子孙孙永宝用享"之类，其字可摹钟鼎彝器款识为之。今京师市贾多擅此技①，山东人且开炉专铸古铜，作伪欺世，取证经史，将有向壁虚造之讥。此金不如石之可信也。汉至成、哀，承平已久，张敞以能识古文字，传之张竦，后传杜林，作《苍颉故》及《训纂》。扬雄亦作《训纂》，刘棻尝从学作奇字。好古之风既盛，遂以通古文者为硕学，不通古文者为俗儒。其始不过以古文正今文之讹误，后遂开辟途径，别创新义，并据古文改今文之训解。义虽

---

① "师"，原误作"卿"，据皮锡瑞《师伏堂经学杂记》所存底稿改。

新而文古，好古者靡然而从之。又一说也。

（以上录自《湖南学报》，第四帙，光绪二十九年五月初一日出版）

# 第八章

郑康成集汉学之大成，李申耆以为败坏家法，非轻诋先儒也。两汉诸儒笃守家法，见两汉《儒林传》，班班可考。后汉古学渐盛，与今学分门角立。而今学守今学之门户，古学守古学之门户，每相攻伐，不肯和同。古学以今学为党同妒真，今学以古学为乡壁虚造。如卫、贾、马、许，皆宗古学，其先亦皆尝通今文，而其论学则以古学为宗，与今学不相杂厕。许氏《五经异义》明引今文说如何、古文说如何，分别甚晰。若皆如此说，则流传至今，人人皆知今、古文之分别，开卷了然矣。

郑君亦先通今文、后通古文者。《后汉书·郑玄传》曰："造太学受业，师事京兆第五元先，始通《京氏易》、《公羊春秋》。又从东郡张恭祖受《周官》、《礼记》、《左氏春秋》、《韩诗》、古文《尚书》。以山东无足问者，乃西入关，因涿郡卢植，事扶风马融。"郑先事第五元先[①]，受《京氏易》、《公羊春秋》，是先通今文也。后事张恭祖，受《周官》、《左氏》、古文《尚书》，是后通古文也。事马融所受者，亦古文学。郑既兼通今、古文学，见当时今、古文家相击如仇，意欲和同两家之说，自成一家之言，虽以古学为宗，亦兼采今学，以附益其义。故郑学不尽属古文，亦不尽属今文。如注《尚书》既用古文，而与马融又异。详考今、古文之异义，以马、郑说证之，或马从古而郑从今，或马从今而郑从古，皆有明文可据。郑注伏生《大传》，间用古文，改伏《传》字。是郑君注《书》，兼采今、古文也。笺《诗》以毛为主，而自云"若有不同，便下己意"，所谓己意，多本三家，亦间以三家改《毛诗》字。是郑君笺《诗》，兼采今、古文也。郑本习《小戴》，后以古经校之，取其义长者为郑氏学。注《仪礼》兼存今、古文，从今文则注内叠出古文，从古文则注内叠出今文。是郑君注《礼》，兼采今、古文也。注

---

① "先"，原脱，据文义补。

《论语》，就《鲁论》篇章，考之《齐》、《古》为之注。考定之字，见于《释文》，郑云"《鲁》读某为某，今从《古》"。是郑君注《论语》，兼采今、古文也。

汉今、古文家各持一说，莫能相通，见郑君独出手眼，为之沟通，如以《王制》为殷制、《周礼》为周制之类，和同两说，大费苦心，按之皆有左证，于是众论翕然宗之，皆舍其今、古文专门之学，而师法郑氏。范蔚宗曰："东京学者，亦各名家，而守文之徒，滞固所禀，异端纷纭，互相诡激，遂令经有数家、家有数说，章句多者或乃百余万言，学徒劳而少功，后生疑而莫正。郑玄囊括大典，网罗众家，删裁繁芜，刊改漏失，自是学者略知所归。"据此，可知郑君所以能集大成，而今文家法之亡亦始此。

# 第九章

前汉言师法，后汉言家法。必先有师法，而后能成一家之言。师法溯其源，家法衍其流也。《后汉·质帝纪》："本初元年夏四月，令郡国举明经年五十以上、七十以下诣太学。自大将军至六百石，皆遣子受业。四姓小侯先能通经者，令各随家法。"是汉之举明经必严家法也。《左雄传》："雄上言郡国所举孝廉，请皆诣公府，诸生试家法。"注曰："儒有一家之学，故称家法。"是汉之举孝廉必严家法也。《儒林传》："光武中兴，爱好经术，于是立五经博士，各以家法教授。"是汉之博士教授无不遵家法也。《宦者蔡伦传》："元初四年，帝以经传之文多不正定，乃选通儒谒者刘珍及博士、良史诣东观，各校雠家法。"是汉之宦者亦知有家法也。《徐防传》：永元十四年上疏云："伏见太学试博士弟子，皆以意说，不修家法，以遵师为非义，意说为得理，诚非诏书实选本意。"是当时不修家法者禁戒甚严也。

治经必严家法，方不至臆说乱经。五经博士各治本经，方不至变改经说。晋承两汉之后，犹置五经博士十九人。永嘉之乱，或减为九人，或增为十四人，不复分列五经，而家法荡然矣。

专门之学亡于汉末，固由郑君盛名所压，亦由三国纷争，经籍道息。重以晋世戎狄乱华，永嘉南渡，《易》亡梁丘、京氏；《书》亡欧阳、大小夏侯；《齐诗》在魏已亡，《鲁诗》不过江东，《韩诗》虽存无传者；孟、京之《易》，亦无传人；《公》、《穀》二家，在若存若灭之间。今文之传绝矣。范蔚宗曰："王父豫章君每考先儒经训，而长于玄，常以为仲尼之门不能过也。及传授生徒，并专以郑氏家法云。"自是以后，言家法者止郑氏一家。

# 第十章

经学以两汉为极盛。前汉之末出一刘歆，创立古文，而十四博士家法乱。后汉之末出一王肃，伪造古书，而郑氏家法亦乱。两人皆经学之蟊贼，而其人亦皆非善类。歆，楚元王之后。其父向忠于汉，成帝时，常极言王氏。歆党王莽篡汉，于国为不忠，于父为不孝。闻"刘秀为天子"，改名欲应图谶，后谋叛莽，事泄而死。肃父朗为会稽太守，被孙策所擒，不能死，又归曹操，为魏三公，名列《受禅碑》。肃女适司马昭，故党于司马氏。父助曹操篡汉，肃又助司马氏篡魏，早死，不及事两朝耳。《魏志》云："肃善贾、马之学，而不好郑氏，采会同异，为《尚书》、《诗》、《论语》、三《礼》、《左氏》解，及撰定父朗所作《易传》，皆立于学官。"晋武帝，肃之外孙，故一代典礼，多用肃说，不用郑说。肃序《家语》云："郑氏学行五十载矣，义理不安，违错者多，是以夺而易之。"夫人所见不同，肃不好郑氏，不妨自为一家之说，乃必有意立异，作伪欺人，则小人之所为矣。郑学通行，徒党遍天下。肃以为不托于孔子，不足以压抑之，乃作伪安国《尚书传》、《论语注》、《孝经注》、《孔子家语》、《孔丛子》，凡书五种，互相援引，皆托于孔子及孔氏子孙，使其徒孔衍为之证，以为可以欺天下后世。不知《史记》、《汉书》皆言安国早卒，并未言有著述。《家语》虽列《汉志》，师古注云"非今所有《家语》"，是《家语》虽古有其书，经肃改窜，亦非原本，余皆作伪而已。

郑学阂通，杂揉今、古，后人议其败坏家法。肃善贾、马之学，其父朗师杨赐，杨氏世传《欧阳尚书》，是肃亦兼通今、古文。既欲攻郑，正可分别家法，辨郑杂揉今、古之非，乃不能分别，反效郑君而又甚之，伪造《家语》、《孔丛》，取两汉今、古文家纷争不决之大典礼，尽托于孔子之言以为折衷。不知汉时经有数家，家有数说，正以去圣久远，疑莫能定，至于石渠、虎观，天子称制临决。若孔子之言如此彰灼，群言淆乱折诸圣，尚安用此哓哓为哉！两汉诸儒皆不见，而肃独见之，虽愚者亦知叵信矣。《魏志》云肃作《圣证论》以讥短玄，盖自谓取证于圣人之言，《家语》一书是其根据。所注《家语》，如五帝、七庙、郊丘之类，皆牵引攻郑之语，适自发其作伪之覆。当时郑学之徒，皆云"《家语》，王肃增加"，或云"《家语》，王肃所作"，则肃所谓圣证，人皆知其不出于圣。《圣证论》今亡佚，玉函山房辑得三十余条。锡瑞据之作《圣证论补评》，以评郑、王两家之异义，补马昭、张融之缺文。书已刊行，览之亦可考见家法。

（以上录自《湖南学报》，第五帙，原刊未署出版时间）

# 湖南师范馆伦理讲义<sup>*</sup>（1903）

## 第一章

　　伦理首重忠孝。当春秋列国时，吾楚人以忠孝著者，有申包胥、伍子胥。二人本同志之友，而一欲复楚，一欲兴楚，卒皆能践其言。包胥于秦乞师，日依于庭墙而哭，日夜不绝声，勺饮不入口七日，秦师乃出，败吴复楚。其忠无可议矣。子胥以吴师伐楚，至于处宫鞭尸，虽报父仇，未免已甚，论者以为忠孝不两全之证。此事当先明复仇之义。《公羊传》曰："父不受诛，子复仇可也。父受诛，子复仇，此推刃之道。"《左氏传》曰："君讨臣，谁敢仇之？君命，天也。若死天命，将谁仇？"二《传》之义不同。《公羊》以为父有罪应受诛，不可仇君；父无罪不应受诛，可以仇君。《左氏》以为无论有罪、无罪，君比于天，无仇天之理。后人多谓当以《左氏》之说为正，而详考此事，二《传》之义亦有可通。《左氏》之文，乃鄝公辛所言。其父蔓成然，故事蔡公。蔡公之立为王，成然有功，以恃功而骄诛。《左氏传》曰："楚令尹子旗有德于王，不知度，与养氏比，而求无厌。王患之，杀斗成然，而灭养氏之族，使鬬辛居鄝，以无忘旧勋。"是成然有功，亦有罪，王加罪而未尝不念其功，正《公羊》所云父受诛子不可复仇者。且王杀其父，而用其子以为鄝公，既臣事王，自无仇君之理。故其弟将弑王，而辛不听，曰："灭宗废祀，非孝也。"辛不报仇，且从君逃亡，忠孝两全，不

---

　　<sup>*</sup>《湖南师范馆伦理讲义》原刊《湖南学报》，为光绪二十九年（1903）皮锡瑞受聘湖南师范馆讲授伦理课程的讲义。因《湖南学报》中途停刊等原因，今所见非完篇。

得以为忠而不孝。若子胥，父、兄被杀，由平王父纳子妻，忿伍胥直言而杀之，正《公羊》所谓父不受诛子可复仇者。王杀奢，并及其子尚，复捕伍胥，"伍胥贯弓执矢向使者，使者不敢进，遂亡"。事见《史记》。是其不死者，幸免耳。子胥几为王杀，未为王臣，与鬭辛为王所用者大异。郧公之言固正，亦与子胥所处之境不同。且三代以上之君臣，亦与后世异。古者天子于诸侯，谊不纯臣；诸侯于大夫，谊不纯臣。天子、诸侯分土而治，不纯以臣礼待之。诸侯上有天子，不能专制，故于大夫亦不纯以臣礼待之。齐桓葵丘之命，无专杀大夫。《春秋》书法，君杀其大夫皆有罪。孟子曰："君之视臣如土芥，则臣视君如寇仇。"后人疑孟子之言为过，不知孟子明言"导之出疆，先于所往"，其所谓君亦是国君。国君不得专杀大夫，故滥杀有可复仇之理。汉人论子胥事，已引《孟子》为证。春秋列国时事，本是如此。后世四海一主，则义当别论，应以《左氏》之说为正，而在春秋列国，则《公羊》之说亦不得谓之不正也。

且子胥之事，更有可论者。其事《左氏》不详，见于《史记·列传》曰："伍胥遂亡。闻太子建之在宋，往从之。宋有华氏之乱，乃与太子建俱奔于郑。郑人甚善之。太子又适晋，晋顷公曰：'太子既善郑，郑信太子。太子能为我内应，而我攻其外，灭郑必矣。灭郑而封太子。'太子乃还郑。事未会①，会自私欲杀其从者。从者知其谋，乃告之于郑。郑定公与子产诛杀太子建。建有子名胜。伍胥惧，乃与胜俱奔吴。"是子胥由太子得罪，即从太子出亡。若太子反国为王，子胥必为令尹、司马，断无处宫鞭尸之事。不幸太子被杀，子胥奔吴，则其返国之念已绝。吴、楚世仇，加以唐、蔡积怨，入楚而愤盈以逞，与项羽入秦杀子婴、焚阿房相类。子胥即不欲如是，亦不能禁其不如是矣。《史记》载申包胥使人谓子胥报仇已甚，子胥谕以"日暮途远，倒行逆施"。盖事变至此，并非出亡之初志矣。子胥为报仇之孝子，不得为故国之忠臣。其后强谏吴王，至有属镂之赐，不能尽忠于楚，而反使之尽忠于吴，又可为弃人才以资敌国之戒。

（以上录自《湖南学报》，第一帙，光绪二十九年四月初一日出版）

---

① "会"，原误作"发"，据《史记·伍子胥列传》改。

# 第二章

当战国时，吾楚有忠臣曰三闾大夫屈原，其事迹见《史记·列传》。太史公曰："余读《天问》、《招魂》、《哀郢》，悲其志。适长沙，观屈原所自沉渊，未尝不垂涕，想见其为人。及见贾生吊之，又怪屈原以彼其才，游诸侯，何国不容，而自令若是。"史公所云，即指贾生九州相君之说。春秋战国，本可九州相君，孔、孟尝历聘诸侯矣。屈子作《离骚》，篇中亦有远游择君之意，而卒不能"从灵氛之吉占"者，楚之同姓世为宗臣，与孔、孟不同，故旁皇不忍去也。扬雄《反骚》劝其委蛇从俗，亦即《离骚》女媭之詈，《渔父》"堀泥扬波"、"铺糟啜醨"之意。屈子未尝不知，而终不忍变者，不能以己之察察受物之汶汶也。论者以为露才扬己，怨怼其君，尤非屈子之意。惟怀沙之死，无益于国，似乎可以死、可以无死者，今以《哀郢》考之。所云"夏之为丘，东门可芜"，疑是篇作于秦拔鄢郢之后，若郢未亡，不应先为咒诅之语。后人泥于《史记》"顷襄怒而迁之"，"乃作《怀沙》之赋"，以为一时之事，故臆断为死于顷襄十一年。案：顷襄二十一年，秦白起拔郢；二十二年，秦复拔巫、黔中郡。屈子之死，当在此时。盖屈子迁江南，即今湖南。郢即今湖北江陵县。秦拔郢，则归楚路绝；拔巫、黔中，则长沙、沅澧之地皆不属楚而属秦。秦、楚世仇，屈子不肯为秦民，故甘死于楚地，正犹夷、齐不食周粟，饿死首阳。鲁仲连义不帝秦，曰："连有蹈东海而死耳，不忍为之臣也。"屈之沉江，即连之蹈海。蹈海不过托之空言，沉江则已见之实事。明乎此，乃知屈子非无益之死，亦可以解怨怼其君之疑。试观《离骚》诸篇，正如太史公言："存心君国，而欲反复之，一篇之中，三致意焉。"此是何等忠爱！

近人或分忠君、爱国为二，谓但当爱国，不必忠君。说殊非是。国与君为一体。"抚我则后，虐我则仇。"虽古人有此言，必若桀、纣无道之君，方可为此说。若君非无道，未有爱国不忠君者。孟子曰："民为贵，社稷次之，君为轻。"近之言民权者以此藉口，而正君权者又以此并诋孟子。不知孟子所谓君，是指诸侯而言。何以知为诸侯？下文明云"诸侯危社稷，则变置"，是其显证。君轻于社稷者，古天子大社用五色土为之，封某方诸侯，即取某方色之土与之，诸侯拜受以归立社。汉武帝封三王策，犹有"受兹青社"、"受兹赤社"、"受兹玄社"之文。所谓分茅胙土①，故社稷重于君。古天子祭天地，诸侯祭社稷，惟诸侯以社稷为贵祀。若天子郊祀天地，用大裘而冕，宗庙衮冕，社稷鷩冕。天子不以社稷为贵祀②，岂有社稷贵于天子之理？"国君死社稷"，亦指诸侯而言。天子君临万国，非一国之君，且以天下为家，无死社稷之理。惟诸侯受茅土于天子，当为天子守土。于今督抚受天子命守封疆，失守则必死之。此义不明，明人以此误崇祯殉国。前年朝鲜之役、联军之役，上谕亦引此文。是今人亦有误援此义者，幸不为所误耳。

# 第三章

前言忠君、爱国，不分两义。诸君欲振起中国，当振起忠君爱国之精神。《庄子·人间世》云："君臣之义，无所逃于天地之间。"庄子是极放逸人，犹知名教之重。毛西河有"忠臣不必死节"论，人多疵议。西河亦是一说，然不必泥看。古者谋人之军师，败则死之；谋人之邦邑，危则亡之。志士仁人，有杀身以成仁，不为无益之死。屈子之死，似属无益，前已明辨之矣。而如弘演纳肝，齐感其义而卫以存，王蠋绝脰，燕叹其忠而齐以复，皆以一死激发人心，使国亡而复存，正所谓重如泰山者，不得视为无益之死也。若晏子曰："君为社稷死，则死之；为社稷亡，则亡之。若为己死而为己亡，非其私昵，谁敢任之？"晏子此言，是因庄公无道，不欲与诸嬖幸同死。观其枕尸而哭，三踊而出，又仰天叹曰："婴所不为忠于君，利社稷者是与，有如上帝！"晏子非畏死者，特崔杼不杀之耳。

至社稷为重、君为轻，别是一义。春秋时，多有此事。《公羊传》言楚执宋公，公子目夷曰："君虽不言国，国固臣之国也。"于是归，设守械以守国。楚人谓宋人曰："子不与我国，吾将杀子君矣。"宋人应之曰："吾赖社稷之神灵，吾国已有君矣。"楚人知虽杀宋公，犹不得宋国，于是释宋公。此即社稷为重之说。其必以社稷神灵为言者，《礼》曰："丧国之社屋之，不受天阳也。"古以亡国之社为庙屏，亦谓之戒社。是国亡社稷亦不保，故必托于社稷神灵。此与孟子言"民为贵，社稷次之，君为轻"之义不同，而亦可以参看。《左氏传》亦多载此事，

---

① "分茅"，原误作"芬芳"，据文义改。
② "贵"，原误作"祀"，据上文"贵祀"改。

如："晋执郑伯，郑人围许，示吾不急君也。是则公孙申谋之，曰：'我出师以围许，为将改立君者，而纾晋，使晋必归君。'郑公子班闻叔申之谋，立公子繻。郑人杀繻，立髡顽。子如奔许。栾武子曰：'郑人立君，我执一人焉，何益？不如伐郑而归其君，以求成焉。'"又秦获晋侯以归，吕甥曰："征缮以辅孺子。诸侯闻之，丧君有君。"楚昭王之奔随，"子西为王舆服以保路，国于脾泄。闻王所在，而后从王"。此数臣，皆当师丧国危，君或被执，安危呼吸之际，或从权自立，或别立一君，以靖人心而壮国势。敌之执其君者，知国已有备，不可得，但挟空质而受恶名，不如因而归之，于是君国两全。此孟子所谓"有安社稷臣者"，不得谓之不爱国，亦不得谓之不忠君也。明土木之变，英宗被执，额森挟以入寇。于少保推立景泰，固守京师，额森卒归英宗。此正与目夷守国、楚归宋公、郑人立君、晋归郑伯一辙，示以不急，敌自归君。若急于祈请，势必居为奇货，而君不得归。若开城迎之，更将因此并吞，而国且不保矣。英宗复辟而杀少保，正与郑伯讨立君者，杀叔申、叔禽同。虽受诛于君，其忠亦与被杀于敌者无异。久而论定，少保卒得赠官予谥，立旌功坊，至今犹存。或议少保不迎英宗，不讲于《春秋》之义矣。

（以上录自《湖南学报》，第三帙，光绪二十九年四月廿一日出版）

# 第四章

古有托于忠义而实非忠义者，如韩侂胄伐金是也。宋与金不共戴天之仇，报雪仇耻，恢复中原，名目未尝不正大。开禧北伐诏云："天道好还，中国有必伸之理；人心效顺，匹夫无不报之仇。"又云："言乎远，言乎近，孰无忠义之心？为人子，为人臣，当念祖宗之愤。"诏书未尝不严厉。秦桧主和议，杀岳飞，乃千古共愤者。开禧时，封岳飞鄂王，以励将士，夺秦桧官爵，谥缪丑，诏数其罪云："天生五材，谁能去之，首弛封疆之禁；臣无二心，天之制也，忍忘君父之仇！"人心未尝不痛快。而王师一败，沿江皆溃，卒至割地谢罪，函首畀金。侂胄死不足惜，而宋益以不振。岂真不可言报仇恢复哉？

《大学》引《秦誓》言休休有容与媢疾之臣，而于媢疾之臣深恶痛绝，必放流之，屏诸四夷，诚以妒贤病国之臣为害甚巨。说者谓休休有容之臣似房玄龄，媚疾之臣似李林甫。秦桧奸甚林甫。侂胄奸不及桧，而妒贤病国无异。侂胄主战，与桧主和不同，而其奸则同。和与战，其迹也。奸，其心也。《宋史》同列入《奸臣传》，正诛其心，岂得以其口谈恢复，即许之以忠义？秦桧之所以为奸者，亦不专在主和，不专在杀岳飞。赵鼎中兴良相，桧逼使死，执其子汾，使引张浚、李光、胡铨诸大将兴大狱，一网打尽。狱成，桧不能书，乃免。其时以文字疑忌受祸者，不胜指屈，摧抑士气，败坏人才。孝宗欲谋恢复，已无人可用。此桧之大罪案。侂胄逼死赵汝愚，与桧逼死赵鼎正同。伪学党禁，甚于秦桧。选人余嘉上书，请斩朱熹以绝伪学。丞相谢深甫抵其书于地，乃免。朱子对门人云："某今日头是寄在颈上的。"沈继祖劾朱子窃程颐、张载之绪余，寓以吃菜事魔之妖绪①，簧鼓后学，为鬼为魅，其徒蔡元定佐师为妖云云。学之真伪难辨，诋为伪学，犹之可也；诋朱子为妖魔鬼魅，不亦异乎！吃菜事魔，即今斋匪。朱子与门人山中讲学，尚俭约，不肉食。胡纮以此致憾，继祖遂以斋匪诬之。小人诬善之辞，无所不至。朱子没时，党禁未解，且禁伪徒送伪师之葬，盖既死犹未能释然。此侂胄大罪案。

人才者，国家之元气。宋之元气，一败于桧，再败于侂胄，救亡不暇，何暇恢复？以恢复论，开禧时未尝无恢复之机也。金势已衰，蒙鞑已起，论者以为金有必亡之理，辛弃疾亦云用兵不可缓。使侂胄能推贤下士，选将练兵，亦可以复中原。而侂胄非其人，既兴党禁，尽锢正人。谄附侂胄者，"由窦尚书，屈膝执政"之许及之，献妾之程松寿②，犬吠之赵师睾，带计诸葛之郭倪。侂胄所用，又非其人。且侂胄伐金，初非为国。韩后薨，杨后立，内无所恃而颇自危，欲立盖世之功以自固，其心已不堪问。又用无耻小人以当大敌，妄托忠义，有如病狂。是以国事为儿戏也，以国家为孤注也。兵挫地削，一死不足塞责。千载以下，谁实以忠义许之哉！后之为侂胄者，可以鉴矣。

# 第五章

古有忠义愤发，不顾身家，谋事不成，反致误国，如汉党锢诸贤是

---

① "魔"，原误作"摩"，据文义改。
② "寿"，原脱，据《宋史》补。

也。汉、唐、宋、明皆有党祸，而汉为最酷。《党锢传》曰：朱并告张俭与同乡二十四人共为部党，图危社稷。灵帝时年十四，问太监曹节等曰："党人何用为恶而尽诛之乎？"对曰："欲为不轨。"帝问不轨如何，对曰："欲危社稷。"帝乃可其奏。① 党人谋诛宦官，正忠于社稷者，然不坐以图危社稷，不能尽杀，所谓"欲加之罪，何患无辞"，以致刘淑、杜密、李膺等百余人皆死狱中。又诏州郡更考党人门生故吏、父子兄弟，其在位者，免官禁锢，爰及五属。夫唐、宋党祸，止于流窜；明末东林，受祸最惨，下狱枉死，亦止十数；而汉枉杀"三君"、"八俊"等至百余人，且及疏属缌麻、门生故吏，株连遍天下。此古来未有之奇变。

船山论曰："党锢诸贤，或曰忠以忘身，大节也；或曰激以召祸，畸行也。言畸行者，奖容容之福以堕士气。言大节者，较为长矣，而犹非定论也。"船山之意，以为太上直纠君心之非，其次视巨奸祸本，不与俱生，犹忠臣之效也；若夫琐琐小人，不胜诛，不足诛，不满于李膺、杜密击羊元群、张朔、张汜、张成诸人，谓张俭、岑晊之徒有以累之。其论诚高人一层矣，然以桓、灵为君，黄琼、陈蕃为三公，无能改于其德，况李、杜诸公未得大任，何能格君心之非？杨秉尝诛左悺矣，而阉人为奸者皆左悺也。阳球尝诛王甫矣，而奄人为奸者皆王甫也。左悺亡而侯览在，王甫死而曹节横，何能去巨奸以绝祸本？然则党锢诸公，欲如船山所云格君，不能也；即如船山所云诛奸，亦无益也。

《通鉴》论之曰："党人生昏乱之世，不在其位，四海横流而欲以口舌救之，以至身被淫刑，祸及朋友，士类歼灭，而国随以亡，不亦悲乎！夫惟郭泰既明且哲，以保其身，申屠蟠见几而作，不俟终日，卓乎其不可及矣。"司马公此论，极为平允。《易》曰："括囊无咎。"子曰："危行言孙。"士生此时，当为申屠蟠隐遁山中，或如郭泰周旋人间，不为危言覈论，方合"括囊"、"言孙"之义。诸贤不忍小忿，轻犯大难，以致一网打尽，人才尽而国运亦倾。然则忠以忘身，激以召祸，二者实皆有之。忠以忘身，是原其心；激以召祸，是惩其事。后之君子，所当戒也。

---

① 按，以上文字不见于《后汉书·党锢传》，实出自《资治通鉴》。

# 第六章

京师大学堂管学大臣演说，四曰合群。群与党相似而不同，学者所当深辨。子曰："君子群而不党。"朱注曰："和以处众曰群。然无阿比之意，故不党。"敬业乐群，《学记》所称；离群索居，子夏所慨。今但当言合群，不当言立党。不分门户，不立意见，所谓群也；立社结会，则近于党矣。汉、唐、宋、明党祸，皆起于中衰之后。其倡首者，多能发忠愤、持清议，而依草附木者，亦不尽端人正士。汉之党祸，始自萧望之。望之得祸，起于郑朋、华龙，求附不得，乃叛而反攻之。即党人如张俭、岑晊，望门投止，移祸于人，为之死者不计其数，至于一路残破，而二人安然无恙。张俭年逾八十，位至九卿，何以对死者于地下，岂得谓之忠义？党人最得志者，惟一刘表。表坐谈客，何关汉室安危？卒之能扶汉业、延国祚者，乃躬耕南阳，不求闻达之武侯。试思其卧隆中、吟《梁父》时，与庞德公、司马德操、徐元直、崔州平诸人，如何读书，如何讲学，亦未尝无师友之助，而不闻结徒党，私立名字，如"三君"、"八俊"之所为，足见所养之深。

武侯曰："澹泊足以明志，宁静足以致远。"其后一出而指挥若定，皆由平日澹泊宁静，养之有素。若使不能韬晦，求闻达于诸侯，必为曹操等所物色。物色之而出，将列受禅之碑；物色之而不出，将有膏兰之祸。又使务名立党，如党锢诸贤之所为，则亦身填牢户而已，何能建三分之业乎？司马德操曰："儒生、俗士，岂识时务？识时务者，在乎俊杰。"彭躬庵极赞此语，谓可与虞廷十六字相配。虞廷十六字出伪古文，配不配无足深论，德操此语自是名言。所谓儒生者，专治儒术，但守旧学文字，而不知古今之通变者也。所谓俗士者，囿于流俗，但知向来章程，而不识天下之大势者也。必超乎二者之上，乃可谓之俊杰，然亦必如伏龙、凤雏，乃足以当之，今之儒生、俗士固无论矣。自命为俊杰者，亦多恃才跅弛，负气嚣张，与武侯澹泊宁静之宗旨全然相反。圣人之道，一龙一蛇。必能静而后能动，亦必能静而后可以制天下之动。若躁动而不静，适足以乱天下，安能为天下拨乱？宗旨一误，举止必乖，反为儒生、俗士所笑。此不得以德操之言借口，尤不得以武侯自命也。

（以上录自《湖南学报》，第五帙，原刊未署出版年月）

# 天津寄王益吾阁学书
# （1903）

　　前在通州，肃启陈谢。到馆，得陈佩翁家报，录示钧函，乃知别后事变。仰承斡旋，专函叩谢，亮达左右。昨得舍间家报，诵悉手谕二函。屡渎清神，曷胜铭溯！

　　瑞之此行，实因避谤。所谓穷猿投林，岂暇择木；文豹隐雾，但愿保身。不图畏罪而行，反为获罪之本。黄鹄远举，不免于罻罗；冥鸿远游，更厄于弋篡。此则浮云苍狗，难喻幻奇；命宫磨蝎，又遭颠倒。三千世界，更无容足之区；十二金牌，竟有追逋之事。极于所往，邹峄所以咨嗟；窃无复之，步兵为之痛哭者也。

　　瑞小心畏慎，初非冒昧。若知必不见许，何敢遽而远行？即到江西，闻谕亦当中道而返。因避风暴，直抵津通。既已入幕，难即辞馆。瑞之窘境，久在洞鉴。仓黄回籍，何以为生？弃繻复返，终军已惭；赠策壮行，绕朝谁是？江湖逆旅，将蒙夺鬲之羞；沧海乘槎，谁界支机之石？是尤羝羊触藩，不能进退；狼跋其胡，艰于前却。败兴而返，难回剡溪之舟；计划无俚，有蹈东海而死者已。

　　夫一夫不获，保衡引为予辜；小过宜赦，宣圣垂有明训。中丞明见万里，坐镇专圻。国君不仇匹夫，岂必重绳一士？无如穆公之侧，阒其无人；忌者之口，掎及前事。昔叔向罹罪，乘驷者必祁大夫；越石缧绁，脱骖者惟晏平仲。方今援手，但求鼎力。既蒙从容旋转，更望始终保全。志馆本非长局，亦已久在洞鉴。但期宽假数月，蒇事自当南归。则白驹之留，勉从遁思之计；金鸡之赦，深感挽救之恩矣。

　　　　　　　　　　　　（录自皮名振：《皮鹿门年谱》，88 页）

# 长芦盐法志例言
# （1903）

　　兰台续龙门之编，易"书"名"志"；紫阳沿涑水之旧，变"鉴"为"纲"。虽袭前人，间下己意。岂尽心裁别识，亦由时异势殊。旧志通行，多历年所，自宜赓续，奚取纷更？因其体例未纯，纂次多复。今时代旷远，事实加多，皆若率由旧章，更应填委增倍。徒繁篇幅，无裨实征。兹拟变通，稍更凡例。裴子野之删《宋》，毋使名略反详；欧阳修之改《唐》，所贵事增文省。拟立：

　　《皇言纪》第一。皇言宜皆恭录，旧志颇失限制。或通谕天下督抚，不关盐法。或专谕两淮盐法，何与长芦？揆以体裁，理宜别出。旧志《天章》二卷，多与盐法无干。当时所以恭录者，以御制储行宫之中，行宫为盐政所掌，既有收藏之责，藉增志乘之光。今秩秩斯干，流连遗构；煌煌奎藻，想望春风。先后异时，记载殊法。兹拟恭录御制《长芦盐法志序》，及柳墅行宫、海河楼、安福舻诗，列于谕旨之后，已足光昭云汉，晖丽日月。

　　《恩泽纪》第二。繁古时巡，必称行幸。良以复除租赋，免出征徭。望恩幸泽之情，即在瞻云之下。我朝銮辂，屡幸津门。万乘亲临，周方岳之朝见；六飞暂驻，沛父老之攀留。或荣奖官衔，或特颁珍物。概归《恩泽》，以志尊崇。至于减课宽逋，尤为盛事；沐浴膏泽，巨细毕陈。其寻常蠲免，仍归《优恤》，以示区别。

　　《优恤考》第三。施舍纡积，晋以息民；宽政毁关，齐云修德。我朝重熙累洽，厚泽深仁。民租既已蠲除，盐课亦多豁免。偏灾每告，即动皇情；滞积偶形，弥回天眷。悯商人之重困，宽灶户以缓征。逾格洪施，皆宜著录。旧志奏疏后加"从之"二字，颇失体裁，改为"下部议行"，以昭画一。

《律令考》第四。汉志艺文，不载律令。近人搜辑汉律，常憾未睹全书。史官但举宏纲，方志宜详细目。且全布令甲，早定章程；石室藏书，皆资故实。若必嫌案牍之俚俗，易典册以高文，示以剪裁，则首尾不具，加之润色，则面目非真。汉博士三箧之驴，援为笑柄；郑余庆万蹄之马，难索解人。嗜古虽深，通今则蔽。兹仍旧式，更益新章。

《场灶考》第五。盐产于场，犹之谷生于地。李雯化私之议，幻等空花；亭林通变之文，虚同海枣。编为灶户，主以场官。地十所而无迁，法一成而不变。海滨广斥，如指掌之可稽；户籍胪分，罔察眉而弗了。前书隐括，既就绳墨；后事比次，无俪矩规。

《转运考》第六，附表。秦、汉之际，已有转输；唐、宋以还，尤重转运。有宋钞盐之法，藉裕边储；前明中盐之规，遥通塞外。方今行引，皆在内地。利贵通而恶塞，道酌盈以剂虚。务在官商协心，流转不滞。法求精密，仿刘晏之理财；利析秋毫，戒桑羊之苛敛。探纂前记，缀辑旧闻。并取直书，不加修饰。

《赋课考》第七，附表。《管子·海王》，谨正盐策；汉家郡国，遍置盐官。禹策之商，牢盆之利。盐有赋课，等于正供。我朝沿明故制，去彼横征。一条鞭之定名，简明易识；五毫下之删省，丝忽全除。古云凌杂米盐，甚言计数烦碎。清厘之后，本末犁然。前既备书，今惟踵续。

以上五考，均仍旧志。不以文语，易其质言。诚以掌故所资，无取心裁之异。惟多复沓，可以并归。或前后两见，则去后而存前；或详略互陈，则取详而舍略。既从名言之简，亦省翻阅之劳。

《职官表》第八。旧志表前，详列职掌。准之《汉书·百官公卿表》，前胪官制，后著人名。名表而不尽表，则亦无乖商榷。犹旧志《转运》、《赋课》，不名为表，而后可以附表。准之《汉书·律历志》，似表而不名表。异名同实，体制不妨参差；方智圆神，变通本无定格也。旧志场官有表，新志应续。旧志宦绩不载，新志宜增。

《选举表》第九。科目选举，无关盐法。缘此诸君，籍系商灶；考由盐吏，不属县官。则是本隶诸场，亦可增光志乘。惟应立表，乃合史例。旁行斜上，庶乎一览周知；进士举贡，不至一人数见。《登科》之记，无越次而失伦；贤能之书，益有条而不紊。

《人物传》第十。人物列传，亦以籍隶盐场。既与《选举》相同，不妨简端附载。乃使《华阳》士女，不憾遗珠；《会稽先贤》，有同编玉。惟是数步之内，必有芳草；十室之间，岂无忠信？今兹补辑，恐有缺遗。列传一门，尚须采访。即如庚子之变，天津殉难甚多。其中忠义节烈之人，均当撰次著录，庶可免旧闻之放失，发潜德之幽光。

《建置图》第十一。旧列诸图，兼详故实。烽燹之后，榛芜已多。建章千门，莫问张华指画；《黄图》三辅，略存天汉规模。今官署重修，新增轮奂；租界大辟，倏变沧桑。自应别创图经，昭兹沿革。旧志所载，仍存以志饩羊；新书所增，详绘以明现象。庶使新丰鸡犬，尚识家门；起陆龙蛇，常留鉴戒。

《征文》第十二。旧志《艺文》，篇次人物。据《汉书·艺文志》，应编著书目录，不载名作诗文。今既书目不传，难以"艺文"名志。《文史通义》志列三书，后为《文征》，首列奏疏。兹仿其例，改为《征文》，奏疏先登，诗文次列。或无关于盐法，亦并录其篇章。文献兼存，异玉卮之无当；符采克炳，匪布帛之不华。所录诗文，或以作者籍隶盐场，或可存为盐场故实，余皆不录。

《前志》第十三。常璩《国志》，半袭谯周；百药《齐书》，或源王劭。所谓述而不作，未能前无所承。使同覆瓿之书，岂免忘筌之诮？故司马论列虞、吕，著《春秋》之支流；班、范列传迁、固，明史氏之家学。递相祖述，不废师承。后世增修志书，尽删前人姓字。喜新厌故，既属人情之常；由后溯前，谁知创造之力。有同攘善，安取折衷？兹仿《天津志》例，附存前志，备列姓名、官职，并书题本例言，以明沿革之规，而志渊源所自。

（录自皮名振：《皮鹿门年谱》，83～86 页）

# 纂修《长芦盐法志》条议
## （1903）

一、采访。志书非可凭空结撰，必须信而有征。头白有期，汗青无日，皆由采访不得不详，太史公所谓网罗放失旧闻。志本官书体例，非可驰骋文辞。别识心裁，惟在删并。旧志原本所无，非加采访，不能增补。如旧志《职官》有《场官表》，续修底稿无有，必须补入。其余人物事迹，亦须搜辑详赡，方免缺遗之憾。

一、限断。叙事止于何年，修志必有限断。《太史公自序》"至于麟止"，谓其书止于元狩获麟之岁，以比《春秋》止于西狩获麟。续修底稿，在庚子之前。时局变迁，在庚子之后。今兹编纂，当明年限。断从庚子，则增补尚少；直至今日，则采访倍多。拟定庚子为止，斠若画一。

一、沿革。志书最重沿革，非但建置图识。或古无今有，古有今无，当兼列旧图，而续以兴废之文；别创新图，而记其加增之事也。即律令格式，虽属定制，而数十年之后，改章必多，宜详损益，以明沿革。

一、核对。盐法一志，重在律令。志书必极矜慎，泯其参差，吏案方可引援，以为档册。今昔递变，前后不同，非老于案牍者，莫能周知。宜择其人，使之详细核对，并取《畿辅通志》、《天津府志》互勘，若者为旧制，若者为新章，若为新旧相同，若为大同小异，逐条标识，加以案语，庶可常昭法守，以法检查。①

一、覆查。志载人物、选举、诗文，本非官书所重，然有举莫废，允宜续旧增新。惟界限不可不明，籍外无庸滥入。续修底稿，多未明

---

① "法"，疑当作"备"、"俟"。

了。或不书贯籍，未审生于何乡；或但著天津，即宜别入府志。诸如此类，宜更覆查。必须籍隶盐场，乃可名载新志。

一、校定。旧志及续修底稿，尚少讹误之文，间有省俗之字。又或沿袭前志，未加更正。如"盐臣"二字，当改"巡盐御史"；"从之"二字，当改"下部议行"。均宜更正，使归一律。至于章程详悉，款目细碎，公牍之文，难于校雠，更宜检校，以为定本。

（录自皮名振：《皮鹿门年谱》，86～88 页）

# 分类编次十朝上谕凡例
## （1903）

　　《春秋》大义，宪章文、武之功；《论语》终篇，祖述尧、舜之道。恭读《钦定四库全书总目·世祖章皇帝圣训提要》曰："夫天不可测，测以星辰之行；地不可度，度以山川之纪；圣不可知，知以典籍之所传。尧诫汤铭，贻留奕祀，亦庶几稍窥高厚于万一矣。"伏念如天如地，匪直《世祖章皇帝圣训》有然。其见于《十朝圣训》、《东华录》诸书，巍乎焕乎，无能名焉，先圣后圣，其揆一也。凡食毛践土，咸宜周知，而僻壤遐方，或未尽窥。敢以愚管所见，编冠教科之书，庶乎昭章云汉，晖丽日月。

　　庠序之教，共美成周；学校如林，常称建武。左史书动，事重编年；右史记言，理宜分类。伏读《十朝圣训》，卷帙不齐，门类各别，高深莫测，钻仰难穷。惟次列全文，书宜详备，编成要义，意取简明。兹量加变通，分为十二类：一曰制法，二曰垂范，三曰敬天，四曰勤民，五曰育才，六曰审官，七曰恤刑，八曰轻赋，九曰订礼，十曰崇文，十一曰经武，十二曰柔远。庶乎了然一目，朗若列眉。

　　历观前代帝王，未见多传文字。《汉书》列高祖歌诗，篇止于二；《隋志》纪孝武文集，卷甫盈一。唐宗英武，乃学庾信为文；宋祖默识，实由廷臣代撰。惟我列圣，天宣作后，日昃诫民。本都俞吁咈之心，传累牍连篇之笔。玉音纶诰，史不胜书；《尧典》、《禹谟》，文常充栋。异词臣之内制，非学士之代言。斯实旷古希闻，前朝未有。

　　今将标举闳义，撰集大文。譬游、夏之传经，一辞莫赞；如刘昼之作赋，六合安穷。惟自异说繁兴，莠言间出，必使人知义书，实可开天，士识轩经，非徒铸鼎，乃足示尊王之大义，明法祖之隆规。见知见仁，任其性之所近；识大识小，皆为道之所传。窥日于牖，意取明于寸光；测海以蠡，心求润于一勺。

编次只宜恭录，讵敢加以剪裁？惟观公牍文书，宣扬谕旨，或有未能全引，亦专摘其要言。今兹类编，略仿成例。但无增易一字，不必具录全文。比于乐师之诵诗歌，断章取义；《史记》之援经语，摘句成篇。求简文辞，毋疑僭妄。其或兼明二事，亦当比类分编。但期条理分明，体裁正大。执中之义，传示千秋；丕显之谟，昭垂万世。

（录自皮名振：《皮鹿门年谱》，89～90 页）

# 刘氏谱序
## （1904）

太史公作《史记》，《表》旁行斜上，说者以为仿周谱。六朝、唐人极重谱学，经五季之乱，耗矣，传于世者，有宋欧、苏二家。《集古录·刘宽碑阴》云："唐世谱牒尤备，士大夫务以世家相高。至其蔽也，或陷轻薄，婚姻附托，邀求货赂，君子患之。然而士子修饬，喜自树立，兢兢惟恐坠其世业，亦以有谱牒而能知其世也。今之谱学亡矣，虽名臣巨族，未尝有家谱者。然而俗习苟简，废失者非一，岂止家谱而已哉！"欧公此言，深有感于谱学废失，而士子不修世业。老泉《族谱引》，亦深有感于一身之分为途人。然则二公之创为谱学，殆皆有不能已之情欤？自宋迄今，以二公为之倡，士大夫家莫不有谱，而以世家相高，或失限断，亦间未免于唐人之弊。

今观宝庆刘氏家谱，而叹其体例之谨严也。其先取"别子为祖"之义，断自始迁祖继宗公。比年，有与继寿公后相善者，获观嘉庆间所修谱暨荣才公后水湄先生修五房合谱，始知远祖先进公宋初人，有欧公所撰神道碑铭。其子玉盛公官邵州刺史，遂家于今宝庆。继宗迁安南山，所居僻左，与各房遂不通问。故水湄修五房合谱，而继宗一支不著录。今重修家谱，乃增其前之未著者。世系表自玉盛公始，以其官于邵而即家于邵也。《礼记·大传》云"别子为祖"，郑注："若始来在此国者，后世以为祖也。"正义曰："此谓非君之戚，或是异姓始来在此国者，故亦谓之别子。"然则准之古礼，别子为祖自当属玉盛公，若继宗公迁安南山，相去未远，不得谓之别子。而其先未知继宗所自出，即以为始迁祖，亦阙疑之义，不得不然。今既知之，而增其前数代，更以玉盛公为始迁祖，尤完美无憾。非后裔尊祖敬宗，殷心咨访，亦未能元本殚洽，增补更正，则观其谱之完善，而知其后之必昌。刘生希纲索序于予，予嘉其用意之精，体例之善，为略述其端末，并勉以修饬树立之义云。

（录自湖南师范大学图书馆藏：《师伏堂经学杂记》，第一册）

# 汉碑引经考附引纬考自序
# （1905）

  圣人谟训，比日月之常新；寿世文章，垂金石而不朽。惟此残珪断璧，胜于雅记故书。然而捃逸吉金，或售欺于赝鼎；窥刊贞石，益重价于名山。翠琰镌文，必非乡壁虚造；青编落简，实藉磨崖表遗。讵止演《易》系辞，诏称删述；获麟趣作，铭著见征。乃自熹平诸经，仅留片羽；正始三体，但剩碎金。散见各碑，丛残可拾。沿及赵宋以降，始多著录之家，而嗜骨董者鲜发明，侈收藏者歉考据。"三条"，《夏书》显著，覃溪不信其文；"屏摄"，《左氏》明言，蔼吉未探所出。不识庙制宜证《汉书》，安知碑铭足征故训？

  在昔水精毓圣，尼山手订六经；火德当阳，儒林首推两汉。十四博士所授，并属今文；五三载籍之传，莫参异义。厥后《尚书》崇古，取代欧阳、夏侯；《诗》义遵毛，失传齐、鲁、韩说。《正义》编于仲达，《定本》出自小颜。黑白既统于一尊，丹墨孰追乎前代？惑经疑古，常为末学所诃；订坠拾遗，惟此残碑是赖。而定宇《古义》，不及阐明；仲林《钩沉》，无闻采掇。揽诸儒之撰述，未见勒为成书；惜百度之《征经》，亦止传有《周易》。朱百度《汉碑征经》止传《周易》一卷。然则搜奇虎观，抉秘鸿都，不犹待补全经，而折衷一是乎？

  锡瑞束发受书，喜治今学，抗心希古，嗜录旧碑，藉考群经，实有六善：

  夫黄图立学，极重师承；赤制尊经，尤严家法。乃或偏执国史，献疑《公羊》；误信孔《传》，反诋司马。碑则《三统》引证，"五让"褒称。"蔡足谲权"，不取贾逵之谬；"宋甫厉色"，可箴杜预之诬。以及《尧典》"广被"，《皋谟》"翊明"，《般庚》"肆勤"，《无逸》"密靖"。公刘"行苇"之仁，单甫"杖策"之义。山甫有封齐之事，南仲与邵虎同时。足以抉微，其善一也。

北海改经，群疑专辄；南阁解字，众谓诡更。碑则"彪蒙"异"包"，"富谦"通"福"，"昌言"作"谠"，"黎献"为"仪"。"敖详"亦即"翱翔"，"厉蛊"犹云"烈假"。"不"作"丕"而"亦"作"奕"，"懿"即"抑"而"光"即"洸"。"迊遅"、"祔隋"、"逶随"之殊，"西迟"、"偮偮"、"栖迟"之异。"弜害"之"弜"为"辟"，彰《礼注》之有征；"皐己"之"皐"从"辛"，记传文之存古。足以通诂，其善二也。

"稽古"训"考"，不释"同天"；"旋机"为星，讵宜从玉？奚斯、考父，诗人各颂其君；《凯风》"劬劳"，孝子能念其母。是皆先汉遗说，大受俗儒非訾。匪藉镌劖，难求左证。足以广义，其善三也。

"晖光日新"，"其德"下属；"克谐顽傲"，"以孝"不连。"命不少延"，见伪孔"延洪"之失；"优贤扬历"，知《书疏》"忧肾"之非。他如"御劝不迷"，"衡"写作"劝"；"山有夷行"，"岐"易以"山"。文义皆可会通，句绝初无舛错。足以正读，其善四也。

《大田》"兴云"，并非"雨"字；《禹贡》"敦物"，不作山名。"有椒"因"有馥"传讹，"强衙"非"强梁御善"。"百揆、四门"并举，具见官名之乖；"高阳重、黎"连文，堪释义疏之惑。"贫而乐道"，"道"实脱文；"岁其有年"，"年"当补字。足以订讹，其善五也。

"埋埋"非"裡"，试征《郑志》；"干侯"异"豻"，不改正文。"囹圄"殊秦狱之名，"社稷"合《孝经》之说。《大章》尧乐，何必强傅《周官》；"谅暗"凶庐，岂得解为"信默"？"二代三恪"，似非《集解》所云；秩祭"三望"，当属通行之礼。足以征典，其善六也。

若此者，单词只义，似获真珠之船；赡学渊闻，如登天禄之阁。语韩陵之片石，助我校雠；享敞帚以千金，供兹搜讨。马肿多怪，陋末师之拘墟；蝌文博求，期达者之理董。

至于纬书内学，尝与经部辅行，虽曰支流，实为绝绪。"八皇三代"，莫解所言；"九头什言"，每訾其诞。翼火精而常羊出，罗氏谓非神农；玄丘制而帝卯行，欧公讥为狭陋。讵知孔提可按，汉学非诬。兹附《考纬》一篇，列诸《引经》之后。岂真《诗》、《礼》发冢，验彼荒唐之言；犹望汉水出碑，广予征信之学云尔。

光绪乙巳孟春，善化皮锡瑞自序。

（录自《汉碑引经考》，卷首）

# 经学通论自序
## （1907）

　　经学不明，则孔子不尊。孔子不得位，无功业表见，晚定六经，以教万世。尊之者以为万世师表，自天子以至于士庶，莫不读孔子之书，奉孔子之教。天子得之以治天下，士庶得之以治一身，有舍此而无以自立者。此孔子所以贤于尧、舜，为生民所未有，其功皆在删定六经。孟子称孔子作《春秋》，比禹与周公，为天下一治，其明证矣。汉初诸儒，深识此义，以六经为孔子所作，且谓孔子为汉定道。太史公谓："言六艺者折衷于孔子，可谓至圣。"董仲舒奏武帝表章六经，抑黜百家，诸不在六艺之科、孔子之术者，勿使并进。故其时上无异教，下无异学。君之诏旨，臣之章奏，无不先引经义。所用之士，必取经明行修。此汉代人才所以极盛而治法最近古，由明经术而实行孔教之效也。后汉以降，始有异议，不尽以经为孔子作。《易》，则以为文王作卦辞，周公作爻辞。《春秋》，则以"凡例"为出周公。《周礼》、《仪礼》，皆以为周公手定。《诗》、《书》二经，亦谓孔子无删定事。于是孔子无一书传世，世之尊孔子，特名焉而已，不知所以为万世师表者安在！唐时乃尊周公为先圣，降孔子为先师，配享从祀，与汉《韩勑》、《史晨》诸碑所言大异，岂非经学不明、孔子不尊之过欤？

　　近世异说滋多，非圣无法，至欲以祖龙之一炬，施之圣经。在廷儒臣，上言尊孔，恭奉谕旨，升孔子为大祀，尊崇盛典，远轶百王。锡瑞窃以为，尊孔必先明经。前编《经学历史》以授生徒，犹恐语焉不详，学者未能窥治经之门径，更纂《经学通论》，以备参考。大旨以为：

　　一、当知经为孔子所定，孔子以前，不得有经；二、当知汉初去古未远，以为孔子作经，说必有据；三、当知后汉古文说出，乃尊周公，以抑孔子；四、当知晋、宋以下，专信古文《尚书》、《毛诗》、《周官》、

《左传》，而大义微言不彰；五、当知宋、元经学虽衰，而不信古文诸书，亦有特见；六、当知国朝经学复盛，乾、嘉以后，治今文者尤能窥见圣经微旨。执此六义，以治诸经，乃知孔子为万世师表之尊，正以其有万世不易之经。经之大义微言，亦甚易明。治经者当先去其支离不足辨，及其琐细无大关系，而用汉人存大体、玩经文之法，勉为汉时通经致用之才，斯不至以博而寡要与迂而无用疑经矣。

锡瑞思殚炳烛之明，用捄燔经之祸，钻仰既竭，不知所裁，尚冀达者谅其僭愚而匡所不逮，则幸甚！

光绪丁未，善化皮锡瑞自序。

（录自《经学通论》，卷首）

# 王制笺自序
## （1907）


朱子谓《周礼》、《王制》皆制度之书，以二书说制度最详，举以并论，初无轩轾。说者以《周礼》为周公作，则扬之太高；以《王制》为汉博士作，则抑之太甚。惟何劭公以《周礼》为六国时书，郑康成以《王制》在赧王之后，当得其实。据二君说，则二书时代不甚远，而古、今说异，当由各记所闻。汉主今文博士说，多与《王制》合。《白虎通》引《王制》最多，是其明证。郑君以《王制》为孔子之后大贤所记，则亦知其书出孔门。惟过信《周礼》出周公，解《王制》必引以为证，则昧于家法，而自生葛藤。今考郑注，其失有六：

一曰土地。《王制》云"九州州方千里"，三三如九，为方三千里。今文说如《欧阳尚书》、《公羊春秋》、《盐铁论》、《说苑》、《汉书》、《白虎通》、《论衡》，皆云中国方五千里。《白虎通》以为平土三千，盖合山陵、林麓等三分去一者，为五千里。郑据古文说中国万里，而强为弥缝，云"此文改周之法，关盛衰之中，三七之间以为说"。其失一。

二曰封国。《王制》云"公、侯田方百里"，与《孟子》、《公羊》、《白虎通》合。张、包、周皆不信《周礼》有五百里之封，郑据《周礼·大司徒》文，创为"周公斥大九州之界"，以自圆其说。其失二。

三曰官制。《王制》云"天子三公、九卿"，篇中所云大司徒、大司马、大司空即三公，冢宰、司寇、大乐正、市当在九卿之列。郑据《周礼》六卿，以《王制》之司徒诸官，为《周礼》之司徒诸官，考其职掌，不甚相符。其失三。

四曰征税。《王制》云"市廛而不税，关讥而不征，林麓川泽以时入而不禁，夫圭田无征"，与《孟子》合。《孟子》以关市不征、泽梁无禁为文王治岐之政，必无周公立法不遵文王而创为苛政者。郑引《周礼》"门关有征，士田有税"，以为殷、周异制。其失四。

五曰祀典。《王制》云"天子犆礿，祫禘、祫尝、祫烝"，当如皇氏所引先儒之说，每年祫祭。郑谓"周改夏祭为礿，以禘为殷祭"，又谓"三年一祫，五年一禘，百王通义"，与经不合。其失五。

六曰学制。《王制》云"小学在公宫南之左，大学在郊"。大学人众，国不能容，八岁太子不能入郊学，此乃定理，当是通制。郑误据下文养老，谓"王者相变，或贵在国，或贵在郊"，贻惑后人，学制至今不明。其失六。

郑君所注偶失，人不知为注误，而以为经误，遂集矢于此经。如孙希旦谓汉初未见《周礼》及古文《尚书·周官》篇，舛谬殊甚。《王制》固非汉人作，汉人安得见魏、晋之伪古文哉？

《周礼》、《王制》皆详制度，用其书皆可治天下。《周礼》详悉，《王制》简明。《周礼》难行而多弊，《王制》易行而少弊。王莽、苏绰、王安石强行《周礼》，未有行《王制》者。盖以《周礼》为出周公而信用之，《王制》出汉博士而不信用之耳。

今据俞樾说《王制》为素王所定之制，疏通证明其义，有举而措之者，知王道之易易，岂同于郢书治国乎？郑君笺《诗》，以毛为主，"若有不同，便下己意"。今用其法以笺《王制》，专据今文家说，不用古《周礼》说汨乱经义。全载郑注，间纠其失。孔疏择其合者录之。后儒之说，或采一二，而附以己意，俟达者理董之。

光绪丁未季夏月，善化皮锡瑞自序。

（录自《王制笺》，卷首）

# 四川易古田先生遗说序
## （1907）

　　文翁使相如东受七经，而《易》学传于蜀。蜀人赵宾说"阴，阳气无：箕子"，见称于孟喜。蜀庄沈冥，扬雄称之。雄准《易》，作《太玄》。后有蜀才，不知何人，或谓即范长生，见资州李鼎祚《集解》。苏轼、张浚，皆有《易传》。程子《易传》解《未济》"三阳失位"，本于成都隐者。朱子以为《易》学在蜀，使蔡季通入蜀求图书。然则天彭、井络之交，玉垒、铜梁之胜，高人逸士，多集于此，空山冥悟，具有神解。《易》学在蜀，朱子之说，其信然欤？

　　秀山易古田先生，博学多通，尤邃于《易》。身后其家不戒于火，著作皆付煨烬，仅存《易说》数纸。哲嗣镜龛大令将付剞氏，属锡瑞为之序。锡瑞经学疏浅，于《易》义尤不解，安能有所发明？顾尝通考圣经之传，惟《易》最明；圣经古义之亡，惟《易》最甚。《史记·仲尼弟子列传》曰："孔子传《易》于商瞿，瞿传𬴂臂子弘，弘传矫疵，疵传周竖，竖传光羽，羽传田何，何传王同，同传杨何。"《儒林传》曰："自鲁商瞿受《易》孔子，传六世至齐人田何。"《汉书·儒林传》大同小异。诸经授受，未有如此之分明者，乃至今而杨叔、丁将军之书无一字传，施、孟、梁丘三家立学官，其学皆不可考。岂《易》道神奇，而天故秘之欤？汉人说《易》，以为文王重卦。《史记·周本纪》曰："西伯囚羑里，盖益《易》之八卦为六十四卦。"《日者传》曰："自伏羲作八卦，周文王演三百八十四爻。"扬子《法言》曰："《易》始八卦，而文王六十四。"又曰："文王渊懿也。""重《易》六爻，必亦渊。"《汉书》、《论衡》所说略同。据其说，文王但重卦而无辞，则卦、爻辞亦当属孔子作。马、郑始以为文王作卦、爻辞，又以为文王作卦辞，周公作爻辞。以爻辞为文王作，则"王用享于岐山"，与东邻、西邻，文王不应自言；以为出于周公，则羲、文、周、孔凡四人，与《易》历三圣之数不合。当以汉初古说为正，而后世知此者甚鲜。扬子《玄》文渊奥，读者尤不得解。先生蜀人，必通其旨，憾不及见先生而亲质所疑也。

（录自《南强旬刊》，第一卷第十期《艺苑》）

# 上吴子修学使书
## （1907）

锡瑞奉读《议设优级师范学堂章程》，以育材之盛心，筹兴学之良法，规条备具，经画周详，加以崇重圣经，推尊旧学。先圣笔削，不坠遗文；申公蒲轮，特从优礼。微言大义，永昭晰于麟编；老生常谈，不赀讥于狗曲。极其美善，众口同称；比于《春秋》，一辞莫赞。乃蒙虚衷下问，博采刍荛，各抒所见，以备呈核，不揣冒昧，敢陈愚管。窃以议设优级师范，其不可缓者有三，其不易办者亦有三。

科举既停，学堂肇启。以为振神州之大势，赖此生徒；挽沧海之横流，惟兹胄子。于是定其阶级，许以推升。谨遵《奏办章程》，明有优级师范。其学因层累而下，其堂当次第渐开。各省既已争先，吾湘不得独后。岂可不完不备，致背定章；或有或无，自为风气？此不可缓者一。

昔在汉世，盛极儒林。考之班书，实为利禄。湖南开办师范，于今五年。旋分地区，更划三路。或以一年毕业，或以二岁速成。譬诸萌芽，洵属草创。始而需才孔亟，遽发凭单；继仿专门之科，判分文理。学者非只求卒业，并冀得有出身。凤骞发轫于丹山，龙鬒先阶于尺木。是以担簦景附，鼓箧云蒸。若仕进之阶，比登天之乏术；恐奋勉之气，将坠地而难兴。此不可缓者二。

大匠绳墨，不为拙工而改；君子成美，恒以诱掖为先。学必期于大成，志不安于小就。即程途或有未逮，而想望不能不高。方今诸生思入优级，非止三路师范，兼有各处学堂。人握随珠，争求速化之术；家持和璧，自诩冠伦之奇。自应合通省之众才，悬优胜以为的。庶使翩翩楚梓，共盼高迁；济济湘英，胥求上进。此不可缓者三。

惟是长沙贫国，不足回旋；广厦万间，难偿志愿。当此经费支绌，财政困难，测绘地图，圮修试院。号舍则比屋鳞次，小而难容；公堂则百堵翚飞，大而无当。虽曰旧基改造，实同扫地更新。鸠工庀材，未免造端宏大；因陋就简，复无以壮观瞻。而且仪器图书，必求珍于海外；脯薪服膳，宜预算于将来。即能力戒虚糜，严加撙节，创办必须数万，常款亦应半之。此不易办者一。

中人以上，可以语上；中人以下，不可语上。是故躐等之弊，儒先所惩；陵节而施，《学记》斯戒。今生徒虽夥，而等级鲜优。即令竭力搜罗，殚精采择，剔崑冈而取玉，网丽水以求金。窃恐轶群之才，只有此数；夹袋之选，未必皆贤。鲁国而儒者一人，特患其少；齐廷之滥竽充数，虽多奚为？此不易办者二。

程度高则讲授愈难，人才萃则师资尤乏。庚桑才小，谢南荣而自惭；郑君学成，谓山东无足问。今横舍即有高足，而讲席尚少名师。若以其昏昏，使人昭昭；自谓察察，不免汶汶。恐未能答弟子之问，将何以据皋比之尊？加以优级学科，重在理化、博物。求师内地，既鲜专门；借材异邦，必需重聘。甚或噉名无实，好龙未得真龙；应聘而来，市骏仍非神骏。千金虚掷，一士难求。未能出蓝而谢青，更恐近墨而反黑。此不易办者三。

综而论之，添设既不可缓，开办又不易成，计惟勿务虚名，专求实际。规模不必太广，可以徐图扩充；学额不必太多，可以续以增补。费用务期覈实，乃不至于空糜；宗旨无取过新，乃不至于滋弊。精心组织，硕画经营，则士林深沐栽培，而学界自饶进步矣。至于规则如何周详，学程如何支配，似宜临时斟酌，遇事变通。敢陈大略，约举数端。狂夫之言，伏维圣择。

（录自皮名振：《皮鹿门年谱》，97～100 页）

# 消夏百一诗序
## （1907）

　　緊昔景纯《图赞》，山海呈形；少文卧游，川原绚采。缩万里于咫尺，顿开满壁蓬瀛；以博物资多识，非止豳风耕织。徐熙没骨，花草争妍；周昉写真，士女臻妙。是以杜陵咏物，直如元气淋漓；道园题图，兼擅奎章鉴别。礼通绘事，无玩物丧志之讥；诗杂仙心，有对景摅怀之乐。若夫西京史传，标便面之称；南宋扇名，别聚头之号。制成折叠，取便卷舒。什袭易于珍藏，六法从而渲染。掌握之物，价重兼金；尺幅之工，宝同拱璧。朱明中叶，画箑盛行。此文、沈诸家，所以擅艺林之胜，而仇、唐妙笔，已见于《湖海》之诗也。陈其年送阶六叔诗云："我家画扇百余轴，乃是仇、沈、文、唐之妙笔。"自注：先府君有画扇百余，《楼山集》中为作画扇记者。

　　焕彬先生雅好储藏，尤精考证。俯仰陈迹，如对古人；坐参画禅，几忘尘累。烟云供养，假特健药以延年；粉本研摩，藉无声诗而遣日。令弟默庵适收旧扇，尽属名家，爰择殊尤，各加题咏。考其流派，钟记室之善品题；列为小传，朱长芦之作诗话。宋元两代，师承不必尽同；南北二宗，神妙皆能独到。却炎官之火盖，棐几静观；来故人之清风，琼枝细袅。名为消夏，仿退谷之成书；数取百一，如应璩之托讽。嗟呼！横流感夫沧海，痛哭比于长沙。斯实文学绝续之交，岂徒流连光景之作乎？

　　诗已付刊，属为喤引。锡瑞不解绘事，独爱题词。当美术之风行，恐灵光之迹绝。搏沙聚散，发思古之幽情；铜狄摩挲，睹多年之故物。譬之收藏汉镜，识上都文字之奇；玩赏宣炉，窥先朝制作之妙。一艺之末，具征前辈风流；薄物虽微，足征世运升降。幸斯文之未丧，讵小道之可观。君希陶令之踪，能为画赞；我拜谢公之赐，雅愿奉扬。

光绪丁未季冬，愚弟皮锡瑞谨序。

（录自叶德辉：《消夏百一诗》，卷首）

# 应诏陈言谨拟增订学堂章程六条摺
## （1907）

　　为应诏陈言谨拟增订学堂章程六条恭摺仰祈圣鉴事：伏读二十二日上谕，以士习浇漓，著将学堂定章严切申明，前章有未备者补行增订，仰见朝廷造士安民之至意。庄诵之下，钦佩莫名。窃见近日学堂诸生，诚笃好学者，固不乏人；离经畔道者，亦间有之。揆厥由来，似宜将前章稍为增订变通，以期办法尽善，用敢缕析陈之。

　　一、科学太多宜分设也。孔门诸贤，四科并列。唐、宋取士，亦分数科。诚以人之聪明，各有所长，才力止有此数。专精一艺，则人人可以勉为。若各艺兼通，非特中材竭蹶不遑，即上智亦难身兼数器。且天下之人，中材多而上智少。今欲教育普及，必使人人皆可仰企，学校乃无弃材。前章自初级小学各科八门，增至高等学堂二十四门，意欲兼揽中西，以臻完备，而学者顾此失彼，未免骛广而荒。名为各学皆通，实则皆不精通。上谕以圣教为宗，以艺能为辅，本末先后，次序秩然。今学堂因功课繁多，往往偏重艺能，反轻圣教。经、史、国文钟点甚少，或且并无经学、国文。虽由办理学堂之人本末倒置，亦以科学烦杂，不能兼顾。前见初级小学止有经、史、国文、舆地、算学、体操六门，似宜扩充推广。凡普通学堂，自小学至高等，皆以六门为定，但分程度高下，已足以兼道艺之长。至于外国语言文字、理化、博物各科，当别设立格致学堂于各省会及繁盛地方，如津、沪、甬、汉等处。其程度亦分高下，用高等中小学名目，以次推升，择各学堂聪颖子弟愿学格致者入之。出身奖励，与普通各学同。则士子用志不纷，而所学易于成就矣。

　　一、教科诸书宜颁定也。考日本学堂教科书，皆由文部审定颁行，是以整齐划一。今学堂林立，教科书尚未颁行，教员人自为书，家自为说，新旧异趣，高下殊途。每换一人，则教法不同，甚或全然反对，生徒莫知所从，以致师弟冲突。其所沿用之教科书，乃日本人与留学生所编辑，宗旨既不尽合，教授殊不相宜。教员之学问稍深者，犹能择取其长，自编讲义。其学问不深者，但知钞录原文，一字不易。师以此教，弟子以此学。近日学生离经畔道，皆由此等教科书有以启之。即有提学认真调查讲义，而讲义由教科书出，不清其源，终不能绝其流。似宜亟催学部编辑成书，颁行学堂，以收道一风同之效。有不遵守而用别本教科书者，罪其监督、教员。则士习不入奇邪，而所学胥同一律矣。

一、经学一门宜特重也。孔子删定五经，自汉以来，莫不尊奉孔子为万世师表，五经即万世教科书。世道人心，赖以维系；纲常名教，确有持循。但使人人皆以圣经熟于口耳，则人人皆有圣教在其心胸。近日邪说流行，乃谓中国欲图富强，止应专用西学，五经四书皆当付之一炬。办学堂者，惑于其说，敢于轻蔑圣教。民立学堂，多无经学一门；即官立者，亦不过略存饩羊之遗。功课无多，大义茫昧。离经畔道，职此之由。前者恭奉上谕，升孔子为大祀。尊崇盛典，上迈百王。窃谓尊孔必先尊经，废经即是废孔。似宜定章严饬各处学堂，无经学者，亟加一门；有经学者，更加程课。凡学堂不教经学者，即行封禁；不重经学者，罪其监督、堂长。则圣教益以昌明，而所学皆归纯正矣。

一、修身、伦理宜并入经学也。修身、伦理，本圣经所常言。修身明见《大学》、《中庸》。伦理虽非专言五伦，而五伦为最重。前见学部复周爱诹禀云：修身、伦理，本无所庸其新说。益以前章程，修身、伦理教授之书，皆有明文，如《朱子小学》、《五种遗规》、《宋元》、《明儒学案》、《名臣言行录》之类，其旨皆正大纯粹。无如学生好尚新异，以此等为老生常谈。教员以之教人，听者思卧，甚或以为迂谬，噪而逐之。今学堂所用教科书，皆多自编。言修身，必牺牲一身，又或以为修身务在卫生。一视其身太轻，一视其身太重，自相矛盾，与圣经所言修身皆不合。言伦理，以中国有所谓五伦者最为儒学之谬。皆由分科别出修身、伦理于经学之外，又无修身、伦理教科书颁行，妄人之编教科书，务与经学背驰，悖谬为千古所未有。今欲使遵前章所定，学生惑溺已久，恐未必能实行。前见湖南举人李钟奇请以修身、伦理归并经学，似宜准照所请，去此两科。则圣经定于一尊，而歧途不至别出矣。

一、出身奖励宜从宽实行也。前章所定学堂出身，高等小学卒业者，奖给廪、增、附生；中学堂卒业，奖拔、优、岁贡；高等学堂卒业，奖举人。待士未尝不优，而近日多未实行，或云学生程度不及。今学堂举办未久，尚属萌芽，年限虽满，程度诚有未及。而科举初停，乡人但知举贡生员之荣，即学生理想独高，不能家喻户晓。开办数载，年限已过，奖励不及，怨望必生，横议妄言，未必不由于此。乡人见入学者久无所得，听信旧党，阻挠学堂。似宜遵照前章，从宽奖励，使其得者欢欣鼓舞，未得者各加奋勉，有希望之目的，不敢轻弃资格，动起风潮。其未入学者，歆羡求入。乡人相劝，学校如林。则学界可以扩充，而教育易于普及矣。

一、学堂新律宜亟定颁发也。前见保定学堂教习李某请定学律，以为朝廷约束士子，向有《学政全书》，其时尚无学堂，今学堂大开，宜定学律颁发，庶使办事有所遵守，士子有所儆戒。奉旨交管学大臣议奏，今历数载，未见颁发。《王制》之论立学，简不帅教者，移之郊遂，屏诸远方。先王非不爱惜人才，恐其乱群，不得不示惩儆。今学生不帅教者，轻则记过，重则开缺而止。彼荒弃功课、不守规则者，止于开缺可也。至于上谕所云侮辱官师之类，非开缺所能蔽罪，而未颁学律，不能再加以法。即非办事姑息，亦实无可惩治。王者之治天下，不外赏罚二字。今学堂之赏，在从宽奖励；学堂之罚，在严定法律。赏罚并用，宽严得中，学生有所劝惩，未有不束身就范者。似宜定律颁发，则士林莫不懔遵，必不至姑息酿乱矣。

臣草茅下士，迂阔无知，惟自学堂开办以来，常充监督、教习之任，学堂利弊得失，颇能窥见万一。现今与创办学堂之始，情形稍有不同，前章虽极美备，更宜增补变通。幸逢广开言路之时，有整顿学堂之意，敢即愚管所及，谨拟章程六条，冒昧上陈，不胜战慄屏营之至。

（录自湖南省博物馆藏：《鹿门文稿》）

# 李荔村同年遗诗序
## （1907）

昔者巨卿死友，乃有素车之弛；钟期赏音，曾痛朱弦之绝。儽人亡而郢人为之罢斲，惠子逝而庄子无与共谈。岂徒致慨芳兰，而伤心宿草哉？

忆当癸亥，试集府廷，彼参差之乌胕，咸拊髀而雀跃。惟李君荔邨，稚齿相若，雄才不羁。雷、陈交情，早定胶漆之契；孙、周总角，本同年月之生。盖在兰成射策之时，已敦子来莫逆之好矣。俄而予掇芹香，君伤瓠落。高轩之过，不遇巨公；租船之咏，未逢知己。贫而兼病，困而求亨。虽由大任之加，实极人间之苦，而君不以是自沮也。充符在德，无憾夫支离；用志不纷，疑神于痀偻。盖十余年，而君与予同举贤书。南北殊途，京师重晤。予俛得而复失，君联捷以高骞。于是才名著闻，人知杜牧；理窟勃窣，众美张凭，而君不以是自满也。文章大进，如转羊角之风；诗格愈高，有翻鹦洲之概。东方玩世，大隐金门；颜泗郎潜，尚非白首。意将优游终老，而著述自娱焉。孰意臧洪忠义，恃黑山以为援；马武雄豪，期绿林以自奋。遂致兵缠黄阁，彗扫紫微。百官逃墙壁之间，九马叹金鞭之折。齐国高士，坐困围城；唐家秘书，几投乳赟。虽谈笑自若，夏侯之色无惊；而忧能伤人，孝章之年不永。盖又十余年，而君以疾终于京邸。

时值扰攘，书多散亡。高弟陈君，哀其遗集；节吾同年，为序槩行。喆嗣铜士，以君与予旧交，属予更为之序。予惟君负著作之才，既不获天禄校文，润色鸿业；复未能礼堂写定，藏之名山。远知著书，几为六丁收去；长卿遗稿，不过一卷丛残。金石之编，惟存录本；考订之作，未见成书。泰山一毫，传者特其流落；文人九命，言之不免累欷。窃叹天之于君，厄其遭逢，又重以幽忧之疾，促其年寿，并吝其身后之名。予初不料君止于斯，而著作亦止于斯也。一樽论文，无由共赏；千里命驾，空复相思。顾念垂髫之交，敢辞后死之责。学非元晏，讵能增价《三都》；才尽文通，幸睹吉光片羽。回思当日，握手大噱，把卷高吟，能不咏青枫之魂，兴黄垆之感乎？

　　光绪丁未季冬月，年愚弟皮锡瑞谨序。

（录自湖南省博物馆藏：《鹿门文稿》）

# 教育论
## （1908）

教育之义古矣。《孟子》曰："得天下英才而教之，三乐也。""教育"二字，本于《虞书》，非孟子创说。《说文》十四篇《𠫓部》曰："育，养子使作善也。从𠫓，肉声。《虞书》曰：'教育子。'"许引今文《尚书》作"育"，与古文《尚书》作"胄"不同。《周礼·大司乐》注云："若舜命夔典乐教育子是也。"郑注《礼》用今文。扬雄《宗正箴》云："各有育子，世以不错。"亦用今文。《史记·五帝本纪》作"教稚子"。《尔雅·释言》曰："育，稚也。"《邶风》郑笺曰："昔育之育，稚也。"《豳风》"鬻子之闵斯"，毛传云："鬻子，稚子也。"《史记》以训故代经文，此"稚子"即"育子"之证。

古言"教"必兼言"育"者，以教人之恳至，比于育人之恩勤。故古者弟子事师如事父母，由师之视弟子，如父母之爱其子也。教育子必使典乐者，以乐能陶情酬性，使人入于善而不觉。《周礼·大司乐》"掌教国子"，《王制》"乐正崇四术，立四教，以造士"，《文王世子》教干戈、诵弦，使小乐正、乐师、大师诏之，皆即此义。《说文》"育"训"养"，教育犹云教养。"养"有二义：养其身家为养，养其德性亦为养。以养身家为养，则教与养当分二事；以养德性为养，则教与养合为一事。惟古井田、学校并重，身家、德性皆得所养。后世井田、学校皆废，教养之义无复实行。马端临云："所以临乎其民者，未尝有以养之也，苟使之自无失其养，斯可矣；未尝有以教之也，苟使之自无失其教，斯可矣。"夫以教养分为二，养身家乃养之粗者，后世犹不能行，况以教养合为一，将使人涵濡其德性，以默化潜移于不觉乎？

方今学校如林，教育之义大著，然未深求教育之古义，则其为说，或偏驳而不纯全，或琐屑而鲜包括，教人者无所遵守。其严者失之束缚驰骤，则有教无育，尊而不亲；其宽者失之放任自由，则有育无教，亲而不尊。试取《学记》之文观之，当知古人教法之善，情义兼尽，宽严得中，必如此乃能乐育天下之英才。

今湘省立《教育官报》，开示远近，以期教育普及。不揣梼昧，特举教育之义，著之简端，以备学者之参考云尔。

（录自湖南省博物馆藏：《鹿门文稿》）

专

著

# 经学历史
## （1906）

## 经学开辟时代

凡学不考其源流，不能通古今之变；不别其得失，无以获从入之途。古来国运有盛衰，经学亦有盛衰；国统有分合，经学亦有分合。历史具在，可明征也。

经学开辟时代，断自孔子删定六经为始。孔子以前，不得有经，犹之李耳既出，始著五千之言；释迦未生，不传七佛之论也。《易》自伏羲画卦，文王重卦，止有画而无辞，史迁、扬雄、王充皆止云文王重卦，不云作卦辞。亦如《连山》、《归藏》，止为卜筮之用而已。《连山》、《归藏》不得为经，则伏羲、文王之《易》亦不得为经矣。《春秋》，鲁史旧名，止有其事、其文而无其义，亦如晋《乘》、楚《梼杌》，止为记事之书而已。晋《乘》、楚《梼杌》不得为经，则鲁之《春秋》亦不得为经矣。古《诗》三千篇，《书》三千二百四十篇，虽卷帙繁多，而未经删定，未必篇篇有义，可为法戒。《周礼》出山岩屋壁，汉人以为渎乱不验，又以为六国时人作，未必真出周公。《仪礼》十七篇虽周公之遗，然当时或不止此数而孔子删定，或并不及此数而孔子增补，皆未可知。观"孺悲学士丧礼于孔子，《士丧礼》于是乎书"，则十七篇亦自孔子始定，犹之删《诗》为三百篇、删《书》为百篇，皆经孔子手定而后列于经也。《易》自孔子作卦爻辞、《史记·周本纪》不言文王作卦辞，《鲁世家》不言周公作爻辞，则卦辞、爻辞亦必是孔子所作。《彖》、《象》、《文言》，阐发羲、文之旨，而后《易》不仅为占筮之用。《春秋》自孔子加笔削褒贬，为后王立法，而后《春秋》不仅为记事之书。此二经为孔子所作，义尤

显著。汉初旧说，分明不误。东汉以后，始疑所不当疑。疑《易》有
"盖取诸《益》"、"盖取诸《噬嗑》"，谓重卦当在神农前；疑《易》有
"当文王与纣之事邪"，谓卦、爻辞为文王作；疑爻辞有"箕子之明夷"、
"王用亨于岐山"，谓非文王所作，而当分属周公。于是《周易》一经不
得为孔子作，孔《疏》乃谓文王、周公所作为经，孔子所作为传矣。疑
《左氏传》韩宣适鲁见《易·象》与鲁《春秋》，有"吾乃今知周公之
德"之言，谓周公作《春秋》。于是《春秋》一经不得为孔子作，杜预
乃谓周公所作为旧例、孔子所修为新例矣。或又疑孔子无删《诗》、
《书》之事，《周礼》、《仪礼》并出周公，则孔子并未作一书，章学诚乃
谓周公集大成，孔子非集大成矣。

　　读孔子所作之经，当知孔子作六经之旨。孔子有帝王之德，而无帝
王之位，晚年知道不行，退而删定六经，以教万世，其微言大义，实可
为万世之准则。后之为人君者，必遵孔子之教，乃足以治一国，所谓
"循之则治，违之则乱"。后之为士大夫者，亦必遵孔子之教，乃足以治
一身，所谓"君子修之吉，小人悖之凶"。此万世之公言，非一人之私
论也。孔子之教何在？即在所作六经之内。故孔子为万世师表，六经即
万世教科书。惟汉人知孔子维世立教之义，故谓孔子为汉定道、为汉制
作。当时儒者尊信六经之学可以治世，孔子之道可为弘亮洪业、赞扬迪
哲之用。朝廷议礼、议政，无不引经；公卿大夫士吏，无不通一艺以
上。虽汉家制度，王、霸杂用，未能尽行孔教，而通经致用，人才已为
后世之所莫逮。盖孔子之以六经教万世者，稍用其学，而效已著明如是
矣。自汉以后，暗忽不章。其尊孔子，奉以虚名，不知其所以教万世者
安在；其崇经学，亦视为故事，不实行其学以治世，特以为历代相承，
莫之敢废而已。由是古义茫昧，圣学榛芜。孔子所作之《易》，以为止
有《十翼》，则孔子于《易》，不过为经作传，如后世笺注家。陈抟又杂
以道家之图书，乃有伏羲之《易》、文王之《易》加于孔子之上，而
《易》义大乱矣。孔子所定之《诗》、《书》，以为并无义例，则孔子于
《诗》、《书》，不过如昭明之《文选》、姚铉之《唐文粹》，编辑一过，稍
有去取。王柏又作《诗疑》、《书疑》，恣意删改，使无完肤，而《诗》、
《书》大乱矣。孔子所作之《春秋》，以为本周公之凡例，则孔子于《春
秋》，不过如《汉书》之本《史记》、《后汉书》之本《三国志》，钞录一
过，稍有增损。杜《注》、孔《疏》又不信一字褒贬，概以为阙文疑义，
王安石乃以《春秋》为断烂朝报，而《春秋》几废矣。凡此皆由不知孔

子作六经教万世之旨，不信汉人之说，横生臆见，诋毁先儒。始于疑经，渐至非圣。或尊周公以压孔子，如杜预之说《春秋》是。或尊伏羲、文王以压孔子。如宋人之说《易》是。孔子手定之经，非特不用以教世，且不以经为孔子手定，而属之他人。经学不明，孔教不尊，非一朝一夕之故，其所由来者渐矣。故必以经为孔子作，始可以言经学；必知孔子作经以教万世之旨，始可以言经学。

孔子以前，未有经名，而已有经说，具见于《左氏内外传》。《内传》所载元亨利贞之解，黄裳元吉之辨，夏后之九功、九歌，文、武之九德、七德，《虞书》数舜功之四凶、十六相，以及《外传》之叔向、单穆公、闵马父、左史倚相、观射父、白公子张诸人，或释《诗》，或征《礼》，详见王应麟《困学纪闻》。非但比汉儒故训为古，且出孔子删订以前。惟是《左氏》浮夸，未必所言尽信。穆姜明《随卦》之义，何与《文言》尽符？季札在正乐之前，岂能《雅》、《颂》得所？《困学纪闻》引"克己复礼"、"出门如宾"二条，云："左氏粗闻阙里绪言，每每引用而辄有更易。穆姜于《随》举《文言》，亦此类。"《三坟》、《五典》、《八索》、《九丘》，见《左氏》昭十二年。《周礼》外史掌《三坟》、《五典》之书，郑注："楚灵王所谓《三坟》、《五典》。"据此，则《三坟》、《五典》乃《书》之类。伪孔安国《尚书传序》曰："伏牺、神农、黄帝之书，谓之《三坟》。少昊、颛顼、高辛、唐、虞之书，谓之《五典》。八卦之说，谓之《八索》。九州之志，谓之《九丘》。"其解《三坟》、《五典》，本于郑注；《八索》、《九丘》，本于马融。据其说，则《八索》乃《易》之类。皆无明据，可不深究。今所传惟《帝典》，伏生传《尚书》止有《尧典》，而《舜典》即在内。盖二帝合为一书，故《大学》称《帝典》。而宋人伪作《三坟》书。若夫伏羲十言，义著消息；神农并耕，说传古初。黄帝、颛顼之道，具在丹书；少皞纪官之名，创于白帝。洪荒已远，文献无征，有裨博闻，无关闳旨。惟伏羲什言之教，于八卦之外，增"消"、"息"二字，郑、荀、虞《易》皆本之以立说。

《王制》："乐正崇四术，立四教，顺先王《诗》、《书》、《礼》、《乐》以造士。春秋教以《礼》、《乐》，冬夏教以《诗》、《书》。"《文献通考》应氏曰："乐正崇四术以训士，则先王之《诗》、《书》、《礼》、《乐》，其设教固已久。《易》虽用于卜筮，而精微之理非初学所可语。《春秋》虽公其记载，而策书亦非民庶所得尽窥。故《易·象》、《春秋》，韩宣子适鲁始得见之。则诸国之教，未必尽备六者。盖自夫子删定赞修笔削之余，而后传习滋广，经术流行。"案：应氏之说近是，而未尽也。文王重六十四卦，见《史记·周本纪》，而不云作卦辞，《鲁周公世家》亦无作爻辞事。盖无文辞，故不可以教士。若当时已有卦爻辞，则如后世御纂、钦定之书，必颁学官以教士矣。观乐正之不以《易》教，知文王、周公无作卦爻辞之事。《春秋》，国史相传，据事直书，有文无义，故亦不可以教士。若当时已有褒贬笔削之例，如朱子《纲目》有《发明》、《书法》，亦可以教士矣。观乐正之不以《春秋》教，知周公无作《春秋》凡例之事。《论衡·须颂》篇曰："问说《书》者：'钦明文思'以下，谁所言也？曰：篇家也。篇家谁也？孔子也。"匡衡上疏曰："孔子论《诗》，以《关雎》为首。"张超《诮青衣赋》曰："周渐将衰，康王晏起。毕公喟然，深思古道。感彼关雎，德不双侣。孔氏大之，列冠篇首。"是汉人以为《诗》、《书》皆孔子所定，而《易》与《春秋》更无论矣。

　　孔子出而有经之名。《礼记·经解》："孔子曰：入其国，其教可知也。其为人也，温柔敦厚，《诗》教也；疏通知远，《书》教也；广博易良，《乐》教也；洁净精微，《易》教也；恭俭庄敬，《礼》教也；属辞比事，《春秋》教也。"始以《诗》、《书》、《礼》、《乐》、《易》、《春秋》为六经。然篇名《经解》，而孔子口中无"经"字。《庄子·天运》篇："孔子谓老聃曰：丘治《诗》、《书》、《礼》、《乐》、《易》、《春秋》六经。"孔子始明言"经"。或当删定六经之时，以其道可常行，正名为"经"。又《庄子·天道》篇："孔子西藏书于周室，往见老聃，而老聃不许，于是翻十二经以说。"《经典释文》："说者云：《诗》、《书》、《礼》、《乐》、《易》、《春秋》，又加六纬，合为十二经也。一说云：《易》上、下经并《十翼》，为十二。又一云：《春秋》十二公经也。"三说不同，皆可为孔子时正名为"经"之证。经名正，而惟皇建极，群下莫不承流；如日中天，众星无非拱向矣。龚自珍曰："仲尼未生，先有六经。仲尼既生，自明不作。仲尼曷尝率弟子使笔其言以自制一经哉！"如龚氏言，不知何以解夫子之作《春秋》？是犹惑于刘歆、杜预之说，不知孔子以前不得有经之义也。

　　六经之外有《孝经》，亦称经。《孝经纬·钩命诀》："孔子曰：吾志在《春秋》，行在《孝经》。"又曰："《春秋》属商，《孝经》属参。"是孔子已名其书为《孝经》。其所以称经者，《汉书·艺文志》曰："夫孝，天之经，地之义，民之行也。举大者言，故曰《孝经》。"郑注《孝经序》曰："《孝经》者，三才之经纬，五行之纲纪。孝为百行之首；经者，不易之称。"郑注《中庸》"大经大本"曰："大经，谓六艺而指《春秋》也。大本，《孝经》也。"汉人推尊孔子，多以《春秋》、《孝经》并称。《史晨奏祀孔子庙碑》云①："乃作《春秋》，复演《孝经》。"《百石卒史碑》云："孔子作《春秋》，制《孝经》。"盖以《诗》、《书》、《易》、《礼》为孔子所修，而《春秋》、《孝经》乃孔子所作也。郑康成《六艺论》云："孔子以六艺题目不同，指意殊别，恐道离散，后世莫知根源，故作《孝经》以总会之。"据郑说，是《孝经》视诸经为最要，故称经亦最先。魏文侯已有《孝经传》，是作传者亦视诸经为先②，与子夏《易传》同时矣。二书，《艺文志》皆不载。

删定六经之旨，见于《史记》。《孔子世家》云："孔子之时，周室微而礼乐废，《诗》、《书》缺。追迹三代之礼③，序《书》传，上纪唐、虞之际，下至秦缪，编次其事。曰：'夏礼吾能言之，杞不足征也；殷礼吾能言之，宋不足征也；足，则吾能征之矣。'观殷、夏所损益，曰：'后虽百世可知也，以一文一质。周监二代，郁郁乎文哉！吾从周。'故《书》传、《礼》记自孔氏。孔子语鲁太师：'乐其可知也。始作，翕如；纵之，纯如，皦如，绎如也，以成。''吾自卫反鲁，然后乐正，《雅》、《颂》各得其所。'古者《诗》三千余篇，及至孔子，去其重，取可施于礼义，上采契、后稷，中述殷、周之盛，至幽、厉之缺，始于衽席。故曰：'《关雎》之乱以为《风》始，《鹿鸣》为《小雅》始，《文王》为《大雅》始，《清庙》为《颂》始。'三百五篇，孔子皆弦歌之，以求合《韶》、《武》、《雅》、《颂》之音。礼乐自此可得而述，以备王道，成六艺。孔子晚而喜《易》，序《彖》，系《象》、《说卦》、《文言》。读《易》，韦编三绝，曰：'假我数年，若是，我于《易》则彬彬矣。'孔子以《诗》、《书》、《礼》、《乐》教，弟子盖三千焉，身通六艺者七十有二人。"据此，则孔子删定六经，《书》与《礼》相通，《诗》与《乐》相通，而《礼》、《乐》又相通。以《诗》、《书》、《礼》、《乐》教④，弟子三千，而通六艺止七十二人，则孔门设教，犹乐正四术之遗，而《易》、《春秋》非高足弟子莫能通矣。

---

① "奏"，各本均误作"奉"，此碑本名《史晨奏祀孔子庙碑》，据改。初稿本正作"奏"。
② "先"上，初稿本有"最"。
③ "迹"，原误作"述"，据《史记·孔子世家》及初稿本改。
④ "以"，原无，据初稿本补。

《史记》以《春秋》别出于后，云："子曰：'弗乎！弗乎！君子疾殁世而名不称焉。吾道不行矣，吾何以自见于后世哉？'乃因史记作《春秋》，上至隐公，下讫哀公十四年。据鲁，亲周，故殷，运之三代，约其文辞而指博。故吴、楚之君自称王，而《春秋》贬之曰子；践土之会实召周天子，而《春秋》讳之曰'天王狩于河阳'。推此类以绳当世贬损之义，后有王者举而开之。《春秋》之义行，则天下乱臣贼子惧焉。孔子在位听讼，文辞有可与人共者，弗独有也。至于为《春秋》，笔则笔，削则削，子夏之徒不能赞一辞。弟子受《春秋》，孔子曰：'后世知丘者以《春秋》，罪丘者亦以《春秋》。'"案：《史记》以《春秋》别出于后，而解说独详，盖推重孔子作《春秋》之功比删订诸经为尤大，与孟子称孔子作《春秋》比禹抑洪水、周公兼夷狄相似。其说《春秋》大义，亦与《孟子》、《公羊》相合。知有"据鲁，亲周，故殷"之义，则知《公羊》家三科九旨之说未可非矣；知有"绳当世贬损"之文，则知《左氏》家经承旧史、史承赴告之说不足信矣；知有"后世知丘、罪丘"之言，则知后世以史视《春秋》，谓褒善贬恶而已者尤大谬矣。程子曰："后世以史视《春秋》，谓褒善贬恶而已，至于经世之大法，则不知也。"切中汉以后说《春秋》之失。

## 经学流传时代

经名昉自孔子，经学传于孔门。《韩非子·显学》篇云："孔子之后，儒分为八，有子张氏、子思氏、颜氏、孟氏、漆雕氏、仲良氏、公孙氏、乐正氏之儒。"陶潜《圣贤群辅录》云："颜氏传《诗》，为讽谏之儒。孟氏传《书》，为疏通致远之儒。漆雕氏传《礼》，为恭俭庄敬之儒。仲良氏传《乐》，为移风易俗之儒。乐正氏传《春秋》，为属辞比事之儒。公孙氏传《易》，为洁静精微之儒。"诸儒学皆不传，无从考其家法，可考者惟卜氏子夏。洪迈《容斋续笔》云①："孔子弟子，惟子夏于诸经独有书。虽传记杂言未可尽信，然要为与他人不同矣。于《易》，则有《传》。于《诗》，则有《序》。而《毛诗》之学，一云子夏授高行子，四传而至小毛公；一云子夏传曾申，五传而至大毛公。于《礼》，则有《仪礼·丧服》一篇，马融、王肃诸儒多为之训说。于《春秋》，

---

① "续"，原误作"随"，下引文实见《容斋续笔》卷十四，据改。

所云'不能赞一辞'，盖亦尝从事于斯矣。公羊高实受之于子夏。《穀梁》赤者，《风俗通》亦云子夏门人。于《论语》，则郑康成以为仲弓、子夏等所撰定也。后汉徐防上疏曰：'《诗》、《书》、《礼》、《乐》，定自孔子；发明章句，始于子夏。'斯其证云。"朱彝尊《经义考》云："孔门自子夏兼通六艺而外，若子木之受《易》，子开之习《书》，子舆之述《孝经》，子贡之问《乐》，有若、仲弓、闵子骞、言游之撰《论语》，而传《士丧礼》者，实孺悲之功也。"

《韩非子》言八儒，有颜氏。孔门弟子颜氏有八，未必即是子渊。八儒有子思氏，《子思》二十三篇列《汉志》儒家，今亡。沈约谓《礼记·中庸》、《表记》、《坊记》、《缁衣》皆取《子思子》。然则《坊记》、《表记》、《缁衣》之"子言之"、"子曰"，或即子思子之言，故中有引《论语》一条。后人以此疑非孔子之言，解此，可无疑矣。诸篇引《易》、《书》、《诗》、《春秋》，皆可取证古义。刘瓛以《缁衣》为公孙尼子所作，沈约以《乐记》取《公孙尼子》，或即八儒之公孙氏欤？《曾子》十八篇，《汉志》列儒家，今存十篇于《大戴礼记》中：《曾子立事》弟一、《曾子本孝》弟二、《曾子立孝》弟三、《曾子大孝》弟四、《曾子事父母》弟五、《曾子制言上》弟六、《曾子制言中》弟七、《曾子制言下》弟八、《曾子疾病》弟九、《曾子天员》弟十。中引经义，皆极纯正，《天员》篇尤足见大贤之学无不通云。"单居离问于曾子曰：'天员而地方者，诚有之乎？'曾子曰：'天之所生上首，地之所生下首。上首之谓员，下首之谓方。如诚天员而地方，则是四角之不揜也。'"据曾子说，谓员、谓方，谓其道，非谓其形。方、员同积，员者不能揜方之四角。今地为天所揜，明地在天中。天体浑员，地体亦员，与地球之说合。《周髀算经》、《黄帝内经》皆言地员，非发自西人也。

《史记·儒林传》曰："孟子、荀卿之列，咸遵夫子之业而润色之，以学显于当世。"赵岐谓孟子通五经，尤长于《诗》、《书》。今考其书，实于《春秋》之学尤深，如云"《春秋》，天子之事"、"其义则丘窃取"之类，皆微言大义。惜孟子《春秋》之学不传。《群辅录》云"乐正氏传《春秋》"，不知即孟子弟子乐正克否？其学亦无可考。惟荀卿传经之功甚巨。《释文·序录》：《毛诗》，一云孙卿子传鲁人大毛公，则《毛诗》为荀子所传。《汉书·楚元王交传》："少时尝与鲁穆生、白生、申公同受《诗》于浮丘伯。伯者，孙卿之门人。"《鲁诗》出于申公，则《鲁诗》亦荀子所传。《韩诗》今存《外传》，引《荀子》以说《诗》者四十有四，则《韩诗》亦与《荀子》合。《序录》："左丘明作《传》以授曾申，申传卫人吴起，起传其子期，期传楚人铎椒，椒传赵人虞卿，卿传同郡荀卿。"则《左氏春秋》，荀子所传。《儒林传》云："瑕丘江公受《穀梁春秋》及《诗》于鲁申公。"申公为荀卿再传弟子，则《穀梁春秋》亦荀子所传。《大戴·曾子立事》篇载《荀子·修身》《大略》二篇文，《小戴·乐记》《三年问》《乡饮酒义》篇载《荀子·礼论》《乐论》篇文，则二戴之《礼》亦荀子所传。刘向称荀卿善为《易》，其义略见《非相》、《大略》二篇。是荀子能传《易》、《诗》、《礼》、《乐》、《春秋》，汉初传其学者极盛。

五三六经载籍，见司马相如《封禅书》。五三，谓五帝、三王。定自尼山；七十二子支流，分于战国。馯臂子弓之传《易》，实授兰陵；荀子书称仲尼、子弓，或即传《易》之馯臂子弓。高行、孟仲之言《诗》，传《毛诗》之高行子、孟仲子，当即《孟子》书所载者。或师邹峄。《王制》在赧王之后，说本郑君；《周官》为六国之书，论原何氏。凡今、古学之两大派，皆鲁东家之三四传。《王制》为今学大宗，《周官》为古学大宗。郑君欲和同今、古文，以《王制》为殷制、《周官》为周制，调停其说。虽云枝叶扶疏，实亦波澜莫二。是以文侯贵显，能言大学明堂；蒙吏荒唐，解道《诗》、《书》、《礼》、《乐》。秦廷议礼，援天子七庙之文；见《秦始皇本纪》。汲冢《纪年》，仿《春秋》一王之法。良由祖龙肆虐，博士尚守遗书；获麟成编，西河能传旧史。当时环堵之士，遁世之徒，崎岖戎马之间，展转纵横之际。惜年代绵邈，姓氏湮沦，如《公羊》有沈子、司马子、女子、北宫子、鲁子、高子六人①，《穀梁》有沈子、尸子二人，皆独抱遗经，有功后学者。

墨子之引《书传》，每异孔门；吕氏之著《春秋》，本殊周制。其时九流竞胜，诸子争鸣，虽有古籍留遗，并非尼山手订。引《书》间出百篇之外，引《诗》或在三千之中，但可胪为异闻，不当执证经义。《万章》之问井廪，难补《舜典》逸文；郑君之注南风，不取《尸子》杂说。诬伊尹以婴戮，据周公之出奔，疑皆处士横议之词，流俗传闻之误。虽《魏史》出安釐之世，蒙恬见未焚之书，而义异常经，说难凭信。此其授受，本别参商；惜乎辞辟，未经邹孟。宜有别裁之识，乃无泥古之讥。《竹书》所云尧幽囚，益干启位，太甲杀伊尹，与咸丘蒙之说何异？

---

① "女子"，原无，据初稿本补。

蒙恬言周公奔楚，亦战国人之说。恬非经师，虽古，不足信也。

秦政晚谬，乃致燔烧；汉高宏规，未遑庠序。而叔孙生、伏生皆博士故官，杜田生、申公亦先朝旧学，摭拾秦灰之后，宝藏汉壁之先，岂但礼器归陈，弦歌怀鲁？刘歆《移太常博士书》曰："汉兴，去圣帝明王遐远，仲尼之道又绝，法度无所因袭。时独有一叔孙通，略定礼仪。天下但有《易》卜，未有他书。至孝惠之时，乃除挟书之律。然公卿大臣绛、灌之属，咸介胄武夫，莫以为意。至孝文皇帝，始使掌故晁错从伏生受《尚书》。《尚书》初出于屋壁，朽折散绝，今其书见在，时师传读而已。《诗》始萌芽。天下众书往往颇出，皆诸子传说，犹广立于学官，为置博士。在朝之儒，惟贾生而已。至孝武皇帝，然后邹、鲁、梁、赵颇有《诗》、《礼》、《春秋》先师。当此之时，一人不能独尽其经，或为《雅》，或为《颂》，相合而成。《泰誓》后得，博士集而读之。故诏书曰：'礼坏乐崩，书缺简脱，朕甚悯焉。'时汉兴已七八十年，离于全经，固已远矣。"案：歆欲兴古文，故极诋今学，所说不无过当，而亦可见汉初传经之苦心。

孔子所定谓之经。弟子所释谓之传，或谓之记。弟子展转相授谓之说。惟《诗》、《书》、《礼》、《乐》、《易》、《春秋》六艺乃孔子所手定，得称为经，如释家以佛所说为经，禅师所说为律、论也。《易》之《系辞》、《礼》之《丧服》，附经最早，而《史记》称《系辞》为传，以《系辞》乃弟子作，义主释经，不使与正经相混也。《丧服传》，子夏作，义主释礼，亦不当与《丧礼》相混也。《论语》记孔子言，而非孔子所作，出于弟子撰定，故亦但名为传。汉人引《论语》，多称传。《孝经》虽名为经，而汉人引之亦称传，以不在六艺之中也。汉人以《乐经》亡，但立《诗》、《书》、《易》、《礼》、《春秋》五经博士，后增《论语》为六，又增《孝经》为七。唐分三《礼》、三《传》，合《易》、《书》、《诗》为九。宋又增《论语》、《孝经》、《孟子》、《尔雅》，为十三经。皆不知经、传当分别，不得以传、记概称为经也。《易》之"系辞"即卦爻辞。今之《系辞》乃《系辞传》，盖商瞿诸人所作，故其中明引"子曰"。《释文》：王肃本有"传"字。《史记》引《系辞》，谓之《易大传》。

## 经学昌明时代

《史记·儒林传》曰："今上即位，赵绾、王臧之属明儒学，而上亦乡之，于是招方正、贤良、文学之士。自是之后，言《诗》，于鲁则申培公，于齐则辕固生，于燕则韩太傅。言《尚书》，自济南伏生。言《礼》，自鲁高堂生。言《易》，自菑川田生。言《春秋》，于齐、鲁自胡母生，于赵自董仲舒。"《申公传》曰："申公者，鲁人也。独以《诗经》为训以教，无传疑，疑者则阙不传。弟子为博士者十余人，至于大夫、郎中、掌故以百数。言《诗》虽殊，多本于申公。"《辕固生传》曰："辕固生者，齐人也。以治《诗》，孝景时为博士。齐言《诗》，皆本辕固生也。诸齐人以《诗》显贵，皆固之弟子。"《韩婴传》曰："韩生者，燕人也。孝文帝时，为博士。推《诗》之意，而为《内外传》数万言。其语颇与齐、鲁间殊，其归一也。燕、赵间言《诗》者由韩生。"《传》言《诗》，止有鲁、齐、韩三家，而无《毛诗》。《伏生传》曰："伏生者，济南人也。故为秦博士。孝文帝时，欲求能治《尚书》者，天下无有，乃闻伏生能治，欲召之。是时伏生年九十余，老不能行。于是乃诏太常，使掌故朝错往受之。秦时焚书，伏生壁藏之。其后兵大起，流亡。汉定，伏生求其书，亡数十篇，独得二十九篇，即以教于齐、鲁之间。学者由是颇能言《尚书》，诸山东大师无不涉《尚书》以教矣。孔氏有古文《尚书》，而安国以今文读之，因以起其家。逸《书》得十余篇，盖《尚书》滋多于是矣。"《传》言《尚书》，止有伏生，虽及孔氏古文，而不云安国作传。《高堂生传》曰："诸学者多言《礼》，而鲁高堂生最。本《礼》固自孔子时而其经不具，及至秦焚书，书散亡益多。于今独有《士礼》，高堂生能言之。"《传》言《礼》，止有《仪礼》，而无《周官》。《田何传》曰："自鲁商瞿受《易》孔子，传六世至齐人田何字子庄，而汉兴。田何传东武人王同子仲，子仲传菑川人杨何。言《易》者本于杨何之家。"《传》言《易》，止有杨何，而无费氏古文。《董仲舒传》曰："董仲舒，广川人也。以治《春秋》，孝景时为博士。汉兴至于五世之间，唯董仲舒名为明于《春秋》，其传公羊氏也。"《胡母生传》曰："胡母生，齐人也。孝景时，为博士。齐之言《春秋》者[①]，多受胡母生。公孙弘亦颇受焉。瑕丘江生为《穀梁春秋》。自公孙弘得用，尝集比其义，卒用董仲舒。"《传》言《春秋》，唯《公羊》董、胡二家，略及《穀梁》，而不言《左氏》。史迁当时，盖未有《毛诗》、古文《尚书》、《周官》、《左氏》诸古文家也。经学至汉武始昌明，

---

① "言"，各本均误作"为"，据《史记·儒林列传》及初稿本改。

而汉武时之经学为最纯正。

《困学纪闻》：“后汉翟酺曰：‘文帝始置一经博士。’考之汉史，文帝时，申公、韩婴以《诗》为博士。五经列于学官者，唯《诗》而已。景帝以辕固生为博士，而余经未立。武帝建元五年春，初置五经博士。《儒林传》赞曰：‘武帝立五经博士，《书》唯有欧阳，《礼》后，《易》杨，《春秋》公羊而已。’立五经而独举其四，盖《诗》已立于文帝时，今并《诗》为五也。”案《史记·儒林传》，董仲舒、胡母生皆以治《春秋》，孝景时为博士，则景帝已立《春秋》博士，不止《诗》一经矣，特至武帝，五经博士始备。此昌明经学一大事，而《史记》不载，但云：“武安侯田蚡为丞相，绌黄老、刑名百家之言，延文学儒者数百人。而公孙弘以《春秋》，白衣为天子三公，封以平津侯。天下之学士，靡然乡风矣。公孙弘为学官，悼道之郁滞，乃请为博士官置弟子五十人。郡国县道邑有好文学、敬长上、肃政教、顺乡里者，诣太常，得受业如弟子。一岁皆辄试，能通一艺以上，补文学掌故缺，其高第可以为郎中者，太常籍奏。即有秀才异等，辄以名闻。”此汉世明经取士之盛典，亦后世明经取士之权舆。史称之曰：“自此以来，则公卿大夫士吏彬彬多文学之士矣。”方苞谓：“古未有以文学为官者。诱以利禄，儒之途通，而其道亡。”案：方氏持论虽高，而三代以下既不尊师，如汉武使束帛加璧、安车驷马迎申公，已属旷世一见之事。欲兴经学，非导以利禄不可。古今选举人才之法至此一变，亦势之无可如何者也。

刘歆称先师皆出于建元之间，自建元立五经博士，各以家法教授。据《儒林传》赞，《书》、《礼》、《易》、《春秋》四经，各止一家；惟《诗》之鲁、齐、韩，则汉初已分，申公、辕固、韩婴，汉初已皆为博士。此三人者，生非一地，学非一师，《诗》分立鲁、齐、韩三家，此固不得不分者也。其后五经博士分为十四，《易》立施、孟、梁丘、京四博士，《书》立欧阳、大小夏侯三博士，《诗》立鲁、齐、韩三博士，《礼》立大、小戴二博士，《春秋》立严、颜二博士，共为十四。《后汉·儒林传》云“《诗》，齐、鲁、韩、毛”，则不止十四，而数共十五矣。《儒林传》明云：“又有毛公之学，自谓子夏所传，而河间献王好之，未得立。”是汉时《毛诗》不立学。《日知录》以为衍一“毛”字，考订甚确。汉人治经，各守家法。博士教授，专主一家。而诸家中，惟鲁、齐、韩《诗》本不同师，必应分立。若施雠、孟喜、梁丘贺同师田王孙，大、小夏侯同出张生，张生与欧阳生同师伏生，夏侯胜、夏侯建又同出夏侯始昌，戴德、戴圣同师后仓，严彭祖、颜安乐同师眭孟，皆以同师共学而各专门教授，不知如何分门？是皆分所不必分者。

汉人最重师法。师之所传，弟之所受，一字毋敢出入，背师说即不用。师法之严如此。而考其分立博士，则有不可解者。汉初，《书》唯有欧阳，《礼》后，《易》杨，《春秋》公羊，独守遗经，不参异说，法至善也。《书》传于伏生，伏生传欧阳，立欧阳已足矣。二夏侯出张生，而同原伏生，使其学同，不必别立；其学不同，是背师说，尤不应别立也。试举《书》之二事证之。伏生《大传》以"大麓"为"大麓之野"，明是"山麓"。《史记》以为"山林"，用欧阳说。《汉书·于定国传》以为"大录"，用大夏侯说。是大夏侯背师说矣。伏生《大传》以"孟侯"为"迎侯"，《白虎通·朝聘》篇用之。而《汉书·地理志》"周公封弟康叔，号曰孟侯"，用小夏侯说。是小夏侯背师说矣。小夏侯乃大夏侯从子，从之受学，而谓大夏侯疏略难应敌，大夏侯亦谓小夏侯破碎大道。是小夏侯求异于大夏侯，大夏侯又求异于欧阳。不守师传，法当严禁，而反为之分立博士，非所谓大道多歧亡羊者乎？《史记》云"言《易》者本于杨何"，立《易》杨已足矣。施、孟、梁丘师田王孙，三人学同，何分专门？学如不同，必有背师说者。乃明知孟喜改师法，不用，后又为立博士，此何说也？京房受《易》焦延寿，而托之孟氏，孟氏弟子不肯，皆以为非，而亦为立博士，又何说也？施、孟、梁丘今不可考，惟京氏犹存其略，飞伏、世应多近术数。是皆立所不当立者。二戴、严、颜不当分立，亦可以此推之。

刘歆《移太常博士书》曰："往者博士，《书》有欧阳，《春秋》公羊，《易》则施、孟，然孝宣皇帝犹复广立《穀梁春秋》、《梁丘易》、大小《夏侯尚书》。义虽相反，犹并置之。何则？与其过废也，宁过而存之。"《汉书·儒林传》赞曰："初，《书》唯有欧阳，《礼》后，《易》杨，《春秋》公羊而已。至孝宣世，复立大小《夏侯尚书》、大小《戴礼》、《施》《孟》《梁丘易》、《穀梁春秋》。至元帝世，复立《京氏易》。平帝时，又立《左氏春秋》、《毛诗》、逸《礼》、古文《尚书》。所以罔罗遗失，兼而存之，是在其中矣。"案：二说于汉立博士叙述略同，施、孟、梁丘先后少异。刘歆欲立古文诸经，故以增置博士为例。然义已相反，安可并置？既知其过，又何必存？与其过存，无宁过废。强词饰说，宜博士不肯置对也。博士于宣、元之增置，未尝执争，独于歆所议立，力争不听。盖以诸家同属今文，虽有小异，尚不若古文乖异之甚。

然防微杜渐，当时已少深虑。范升谓："近有司请置《京氏易》博士，群下执事莫能据正。京氏既立，费氏怨望。《左氏春秋》复以比类，亦希置立。京、费已行，次复高氏。《春秋》之家，又有驺、夹。如今左氏、费氏得置博士，高氏、驺、夹五经奇异，并复求立。"据范氏说，可见汉时之争请立学者所见甚陋，各怀其私。一家增置，余家怨望。有深虑者，当预绝其萌，而不可轻开其端矣。平帝时，立《左氏春秋》、《毛诗》、逸《礼》、古文《尚书》，王莽、刘歆所为，尤不足论。光武兴，皆罢之。此数经，终汉世不立。赵岐《孟子题辞》云："孝文皇帝欲广游学之路，《论语》、《孝经》、《孟子》、《尔雅》皆置博士。"案：宋以后以《易》、《书》、《诗》、三《礼》、三《传》及《论语》、《孝经》、《孟子》、《尔雅》为十三经。如赵氏言，则汉初四经已立学矣。后世以此四经并列为十三经，或即赵氏之言启之。但其言有可疑者。《史记》、《汉书》《儒林传》皆云"文帝好刑名，博士具官，未有进者"，既云具官，岂复增置？五经未备，何及传记？汉人皆无此说，惟刘歆《移博士书》有孝文时诸子传说立于学官之语。赵氏此说当即本于刘歆，恐非实录。

刘歆《移博士书》又曰："鲁共王得古文，逸《礼》有三十九篇，《书》十六篇，及《春秋》左氏丘明所修，皆古文旧书。"而诋博士"抑此三学，以《尚书》为备，谓《左氏》为不传《春秋》"。案：此乃前汉经师不信古文之明证也。"以《尚书》为备"，即王充《论衡》云"或说《尚书》二十九篇者，法曰疑"北"字误。斗与七宿。① 四七二十八篇，其一曰斗矣，故二十九"是也。《尚书》百篇，其《序》略见《史记》。伏生传篇止二十九，汉人以为即此已足，故有配斗与二十八宿之说。若逸《书》十六篇，其目见于马、郑所传，绝无师说。马、郑本出杜林，未知即刘歆所云孔壁古文否。伪孔篇目与马、郑又不符，其伪更不待辨。"谓《左氏》为不传《春秋》"，即范升云"《左氏》不祖孔子而出于丘明，师徒相传又无其人"是也。《释文·序录》：左丘明作《传》，授曾申，递传至张苍、贾谊。传授如此分明，何得谓相传无人？而范升云云，足见《序录》乃后出之说，汉人所未见也。《史记》称《左氏春秋》，不称《春秋左氏传》，盖如《晏子春秋》、《吕氏春秋》之类，别为一书，不依傍圣经。《汉书·刘歆传》曰："初，《左氏传》多古字古言，学者传训故而已。

_____

① "与"，《论衡·正说》本无。

及歆治《左氏》，引传文以解经，转相发明，由是章句、义理备焉。"据《歆传》，刘歆以前，《左氏传》文本不解经，故博士以为《左氏》不传《春秋》。近人刘逢禄以为《左氏》凡例、书法皆刘歆窜入者，由《史》、《汉》之说推之也。《汉书·艺文志》曰："鲁共王得古文《尚书》及《礼记》、《论语》、《孝经》，皆古字也。"据此，则共王得孔壁古文，不止逸《礼》、《尚书》，并有《礼记》、《论语》、《孝经》。《尚书》古文经四十六卷，《论语》古二十一篇，《孝经》古孔氏一篇，皆明见《艺文志》。《志》于《礼》但云"《礼古经》五十六卷，《经》七十篇，当作十七篇，即今《仪礼》。《记》百三十一篇"，无《礼记》，而今之《礼记》亦无今、古文之分。《志》云"礼记"，即《礼古经》与《记》。《仪礼》有今、古文之别，郑注云"古文作某，今文作某"是也。郑以《古论语》校《鲁论》，见《经典释文》云："《鲁》读某为某，今从《古》。"《孝经》古孔氏，许慎尝遣子冲上《说文》，并上其古文说。桓谭《新论》以为今异者四百余字。其书亡，不可考。隋刘炫伪作《古文孝经》，唐、宋人多惑之。浅人但见"古文"二字，即为所震，不敢置议，不知前汉经师并不信古文也。

　　两汉经学有今、古文之分。今、古文所以分，其先由于文字之异。今文者，今所谓隶书，世所传熹平石经及孔庙等处汉碑是也。古文者，今所谓籀书，世所传岐阳石鼓及《说文》所载古文是也。隶书汉世通行，故当时谓之今文，犹今人之于楷书，人人尽识者也。籀书汉世已不通行，故当时谓之古文，犹今人之于篆、隶，不能人人尽识者也。凡文字必人人尽识，方可以教初学。许慎谓孔子写定六经皆用古文，然则孔氏与伏生所藏书，亦必是古文。汉初发藏以授生徒，必改为通行之今文，乃便学者诵习，故汉立博士十四皆今文家。而当古文未兴之前，未尝别立今文之名。《史记·儒林传》云"孔氏有古文《尚书》，而安国以今文读之"，乃就《尚书》之古今文字而言。而鲁、齐、韩《诗》，《公羊春秋》，《史记》不云今文家也。至刘歆，始增置古文《尚书》、《毛诗》、《周官》、《左氏春秋》。既立学官，必创说解。后汉卫宏、贾逵、马融又递为增补，以行于世，遂与今文分道扬镳。许慎《五经异义》有古《尚书》说，今《尚书》夏侯、欧阳说；古《毛诗》说，今《诗》韩、鲁说；古《周礼》说，今《礼》戴说；古《春秋》左氏说，今《春秋》公羊说；古《孝经》说，今《孝经》说，皆分别言之。非惟文字不同，而说解亦异矣。

治经必宗汉学，而汉学亦有辨。前汉今文说，专明大义微言；后汉杂古文，多详章句、训诂。章句、训诂不能尽餍学者之心，于是宋儒起而言义理。此汉、宋之经学所以分也。惟前汉今文学能兼义理、训诂之长。武、宣之间，经学大昌，家数未分，纯正不杂，故其学极精而有用。以《禹贡》治河，以《洪范》察变，以《春秋》决狱，以三百五篇当谏书，治一经得一经之益也。当时之书，惜多散失。传于今者，惟伏生《尚书大传》，多存古礼，与《王制》相出入，解《书》义为最古；董子《春秋繁露》，发明《公羊》三科九旨，且深于天人性命之学；《韩诗》仅存《外传》，推演诗人之旨，足以证明古义。学者先读三书，深思其旨，乃知汉学所以有用者，在精而不在博。将欲通经致用，先求大义微言，以视章句、训诂之学，如刘歆所讥"分文析字①，烦言碎辞，学者罢老且不能究其一艺"者，其难易得失何如也！古文学出刘歆，而古文训诂之流弊，先为刘歆所讥，则后世破碎支离之学，又歆所不取者。

太史公书成于汉武帝时经学初昌明、极纯正时代，间及经学，皆可信据。云"孔子晚而喜《易》，序《彖》，系《象》、《说卦》、《文言》"，则以《序卦》、《杂卦》为孔子作者，非矣。云"文王囚于羑里，重八卦为六十四卦"，则以为伏羲重卦，又以为神农、以为夏禹者，皆非矣。云"伏生独得二十九篇"，则二十九篇外无师传矣。其引《书》义，以"大麓"为山麓，"旋机玉衡"为北斗，"文祖"为尧太祖，"丹朱"为胤子朱，二十二人中有彭祖，"夔曰"八字实为衍文，《般庚》作于小辛之时，《微子》非告比干、箕子，《君奭》为居摄时作，《金滕》在周公薨后，《文侯之命》乃命晋重，鲁公《费誓》初代守国。凡此故实，具有明征，则后人臆解《尚书》、变乱事实者，皆非矣。云"《诗》三百篇，孔子皆弦歌之，以合《韶》、《武》、《雅》、《颂》之音"，则朱子以为淫人自言，王柏以为杂有郑、卫者，非矣。既云"《关雎》为《风》始，《鹿鸣》为《小雅》始"，而又云"周道缺，诗人本之衽席，《关雎》作；仁义陵迟，《鹿鸣》刺焉"，本《鲁诗》以《关雎》、《鹿鸣》为陈古刺今，则毛、郑以下皆以《关雎》属文王，又以为后妃求淑女者②，非矣。云"正考父善宋襄公，作《商颂》"，则毛、郑以为正考父得《商颂》于周太师者③，非矣。云"《春秋》笔削，子夏不能赞一辞"，则杜预以为"周公之志，仲尼从而明之"者，非矣。云"七十子之徒口受其

---

传指"，于后别出"鲁君子左丘明"云云，则知丘明不在弟子之列，亦未尝口受传指，荀崧以为孔子作《春秋》、丘明造膝亲受者，非矣。

荀悦《申鉴》曰："仲尼作经，本一而已；古、今文不同，而皆自谓真本经。古今先师，义一而已；异家别说，而皆自谓真本说。"案：今、古文皆述圣经，尊孔教，不过文字、说解不同而已，而其后古文家之横决，则有不可训者。《左氏》昭二年传："韩宣子来聘，见《易·象》与鲁《春秋》，曰：'周礼尽在鲁矣。吾乃今知周公之德与周之所以王也。'"夫鲁《春秋》，即孟子与《乘》、《梼杌》并称者，止有其事、其文而无其义。既无其义，不必深究。而杜预据此孤证，遂以《传》中五十凡例皆出周公，书、不书、先书、故书、不言、不称、书曰之类乃为孔子新例。如此，则周公之例多，孔子之例少；周公之功大，孔子之功小。夺尼山之笔削，上献先君；饰冢宰之文章，下诬后圣。故唐时以周公为先圣、孔子为先师，孔子止配享周公，不得南面专太牢之祭。刘知幾《史通·惑经》《申左》，极诋《春秋》之略不如《左氏》之详，非圣无法，并由此等谬说启之。孔《疏》云："先儒之说《春秋》者多矣，皆以丘明作传，说仲尼之经，凡与不凡，无新旧之例。"据此，则杜预以前，未有云周公作凡例者。陆淳曰："按其传例，云'弑君称君，君无道也'，然则周公先设弑君之义乎？"驳难极明，杜之谬说不待辨矣。若《易·象》，则伏羲画卦、文王重卦、孔子系辞，故曰"《易》历三圣"。而郑众、贾逵、马融等皆以为周公作爻辞，或亦据韩宣子之说，与"《易》历三圣"不合矣。刘歆以《周官》为周公致太平之迹，《周礼》一书遂巍然为古文大宗，与今文抗衡；周公亦遂与孔子抗衡，且驾孔子而上之矣。太史公曰："言六艺者，折衷于孔子。"徐防曰："《诗》、《书》、《礼》、《乐》，定自孔子。"六经皆孔子手订，无有言周公者。作《春秋》尤孔子特笔，自孟子及两汉诸儒皆无异辞。孟子以孔子作《春秋》比禹抑洪水、周公兼夷狄驱猛兽，又引孔子"其义窃取"之言，继舜、禹、汤、文、武、周公之后，足见孔子功继群圣，全在《春秋》一书。尊孔子者，必遵前汉最初之古义，勿惑于后起之歧说。与其信杜预之言，降孔子于配享周公之列，不如信孟子之言，尊孔子以继禹、周公之功也。

# 经学极盛时代

经学自汉元、成至后汉，为极盛时代。其所以极盛者，汉初不任儒者，武帝始以公孙弘为丞相，封侯，天下学士靡然乡风。元帝尤好儒生，韦、匡、贡、薛并致辅相。自后公卿之位，未有不从经术进者。青紫拾芥之语，车服稽古之荣。黄金满籝，不如教子一经。以累世之通显，动一时之羡慕。后汉桓氏代为师傅，杨氏世作三公。宰相须用读书人，由汉武开其端，元、成及光武、明、章继其轨。经学所以极盛者，此其一。武帝为博士官置弟子五十人，复其身。昭帝增满百人。宣帝末，增倍之。元帝好儒，能通一经者皆复；数年，以用度不足，更为设员千人，郡国置五经百石卒史。成帝增弟子员三千人。平帝时，增元士之子得受业如弟子，勿以为员，岁课甲、乙、丙科，为郎中、太子舍人、文学掌故。后世生员科举之法，实本于此。经生即不得大用，而亦得有出身。是以四海之内，学校如林。汉末，太学诸生至三万人，为古来未有之盛事。经学所以极盛者，又其一。

汉崇经术，实能见之施行。武帝罢黜百家，表章六经，孔教已定于一尊矣。然武帝、宣帝皆好刑名，不专重儒，盖宽饶谓"以法律为《诗》、《书》"，不尽用经术也。元、成以后，刑名渐废，上无异教，下无异学。皇帝诏书，群臣奏议，莫不援引经义以为据依，国有大疑，辄引《春秋》为断。一时循吏多能推明经意，移易风化，号为"以经术饰吏事"。汉治近古，实由于此。盖其时公卿大夫士吏，未有不通一艺者也。后世取士偏重文辞，不明经义；为官专守律例，不引儒书。既不用经学，而徒存其名，且疑经学为无用，而欲并去其实。观两汉之已事，可以发思古之幽情。孔子道在六经，本以垂教万世。惟汉专崇经术，犹能实行孔教。虽《春秋》太平之义、《礼运》大同之象尚有未逮，而三代后政教之盛、风化之美，无有如两汉者。降至唐、宋，皆不能及。尊经之效，已有明征。若能举太平之义、大同之象而实行之，不益见玄圣缀学立制，真神明之式哉？此顾炎武所云"光武、明、章果有变齐至鲁之功，而惜其未纯乎道也"。

汉有一种天人之学，而齐学尤盛。伏《传》五行、《齐诗》五际、《公羊春秋》多言灾异，皆齐学也。《易》有象数占验，《礼》有明堂阴阳，不尽齐学，而其旨略同。当时儒者以为人主至尊，无所畏惮，借天象以示儆，庶使其君有失德者犹知恐惧修省。此《春秋》以元统天、以天统君之义，亦《易》神道设教之旨。汉儒藉此，以匡正其主。其时人主方崇经术、重儒臣，故遇日食、地震，必下诏罪己，或责免三公。虽未必能如周宣之遇灾而惧，侧身修行，尚有君臣交儆遗意。此亦汉时实行孔教之一证。后世不明此义，谓汉儒不应言灾异、引谶纬，于是"天变不足畏"之说出矣。近西法入中国，日食、星变皆可预测，信之者以为不应附会灾祥。然则孔子《春秋》所书日食、星变，岂无意乎？言非一端，义各有当，不得以今人之所见轻议古人也。

汉儒言灾异，实有征验。如昌邑王时，夏侯胜以为久阴不雨，臣下有谋上者，而应在霍光。昭帝时，眭孟以为有匹夫为天子者，而应在宣帝。成帝时，夏贺良以为汉有再受命之祥，而应在光武。王莽时，谶云"刘秀当为天子"，尤为显证。故光武以赤伏符受命，深信谶纬。五经之义，皆以谶决。贾逵以此兴《左氏》，曹褒以此定汉礼。于是五经为外学，七纬为内学，遂成一代风气。光武非愚暗妄信者，实以身试有验之故。天人本不相远，至诚可以前知。解此，则不必非光武，亦不必非董、刘、何、郑矣。且纬与谶有别。孔颖达以为"纬候之书，伪起哀、平"，其实不然。《史记·赵世家》云："秦谶于是出。"《秦本纪》云[①]："亡秦者胡也。""明年祖龙死。"皆谶文。图谶本方士之书，与经义不相涉。汉儒增益秘纬，乃以谶文牵合经义。其合于经义者近纯，其涉于谶文者多驳。故纬纯驳互见，未可一概诋之，其中多汉儒说经之文，如六日七分出《易纬》，周天三百六十度四分度之一出《书纬》，夏以十三月为正云云出《乐纬》，后世解经，不能不引。三纲大义，名教所尊，而经无明文，出《礼纬·含文嘉》，马融注《论语》引之，朱子《注》亦引之，岂得谓纬书皆邪说乎？欧阳修不信祥异，请删五经注疏所引谶纬。幸当时无从其说者；从其说，将使注疏无完书。其后魏了翁编《五经要义》，略同欧阳之说，多去实证而取空言。当时若删注疏，其去取必如《五经要义》，浮词无实，古义尽亡，即惠、戴诸公起于国朝，亦难乎其为力矣。

观汉世经学之盛衰，而有感焉。《后汉书·儒林传》曰："光武中兴，爱好经术。建武五年，修起太学。中元元年，初建三雍。明帝即位，亲行其礼。天子始冠通天，衣日月。备法物之驾，盛清道之仪。坐明堂而朝群后，登灵台以望云物。衵割辟雍之上，尊事三老、五更。飨射礼毕，帝正坐自讲，诸儒执经问难于前。冠带搢绅圜桥门而观听者，盖亿万计。其后复为功臣子孙、四姓末属别立校舍，搜选高能以授其业。自期门、羽林之士，悉令通《孝经》章句。匈奴亦遣子入学。济济

---

① 按，下引两条均出《秦始皇本纪》。

乎，洋洋乎，盛于永平矣！"案：永平之际，重熙累洽，千载一时，后世莫逮。至安帝以后，博士倚席不讲。顺帝更修黉宇，增甲乙之科。梁太后诏大将军下至六百石，悉遣子入学。自是游学增盛，至三万余生。古来太学人才之多，未有多于此者。而范蔚宗论之曰："章句渐疏，多以浮华相尚，儒者之风盖衰。"是汉儒风之衰，由于经术不重。经术不重，而人才徒侈其众多；实学已衰，而外貌反似乎极盛。于是游谈起太学，而党祸遍天下。人之云亡，邦国殄瘁，实自疏章句、尚浮华者启之。观汉之所以盛与所以衰，皆由经学之盛衰为之枢纽，然则立学必先尊经，不尊经者，必多流弊。后世之立学者，可以鉴矣。

非天子不议礼，不制度，不考文。议礼、制度、考文，皆以经义为本。后世右文之主，不过与其臣宴饮赋诗，追《卷阿》矢音之盛事，未有能讲经议礼者。惟汉宣帝博征群儒，论定五经于石渠阁。章帝大会诸儒于白虎观，考详同异，连月乃罢，亲临称制，如石渠故事；顾命史臣著为《通义》，为旷世一见之典。《石渠议奏》今亡，仅略见于杜佑《通典》。《白虎通义》犹存四卷，集今学之大成。十四博士所传，赖此一书稍窥崖略。国朝陈立为作《疏证》，治今学者当奉为瑰宝矣。章帝时，已诏高才生受古文《尚书》、《毛诗》、《穀梁》《左氏春秋》，而《白虎通义》采古文说绝少，以诸儒杨终、鲁恭、李育、魏应皆今学大师也。灵帝熹平四年，诏诸儒正定五经，刊于石碑。蔡邕自书丹，使工镌刻，立于太学门外。后儒晚学咸取则焉，尤为一代大典。使碑石尚在，足以考见汉时经文。惜六朝以后渐散亡，仅存一千九百余字于宋洪氏《隶释》。有《鲁诗》、《小夏侯尚书》、《仪礼》、《公羊春秋》、《鲁论语》，盖合《易》为六经。而五经外增《论语》，《公羊春秋》有传无经，汉时立学官本如此。宋蓬莱阁刻石又坏。今江西南昌、浙江绍兴两府学重刻，止有六百七十五字，与世传古文经字多不同。汉石经是隶书，非魏三体石经；是立于太学门外，非鸿都门。前人说者多误，详见杭世骏《石经考异》、冯登府《石经补考》。

王充《论衡》曰："夫五经亦汉家之所立，儒生善政大义皆出其中。董仲舒表《春秋》之义，稽合于律，无乖异者。然则《春秋》，汉之经，孔子制作，垂遗于汉。"案：王仲任以"孔子制作，垂遗于汉"，此用《公羊春秋》说也。《韩勑碑》云："孔子近圣，为汉定道。"《史晨碑》云："西狩获麟，为汉制作。"欧阳修以汉儒为狭陋，"孔子作《春秋》，岂区区为汉而已哉！"不知圣经本为后世立法，虽不专为汉，而继周者汉，去秦闰位不计，则以圣经为汉制作，固无不可。且在汉当言汉，推崇当代，即以推崇先圣。如欧阳修生于宋，宋尊孔子之教，读孔子之经，即谓圣经为宋制法，亦无不可；今人生于大清，大清尊孔子之教，读孔子之经，即谓圣经为清制法，亦无不可。欧公之言，何拘阂之甚乎！汉经学所以盛，正以圣经为汉制作，故得人主尊崇。此儒者欲行其道之苦衷，实圣经通行万世之公理。或疑获麟制作出自谶纬家言，赤鸟端门，事近荒唐，词亦鄙俚，《公羊传》并无明说，何休不应载入《解诂》。然观《左氏传》"其处者为刘氏"，孔疏云："插注此辞，将以媚世。明帝时，贾逵上疏云：'五经皆无证图谶明刘氏为尧后者，而《左氏》独有明文。'窃谓前世藉此欲求道通，故后引之以为说耳。"据疏，是后汉尚谶记，不引谶记，人不尊经。而《左氏》家增窜传文，《公羊》家但存其说于注，则《公羊》家引谶之罪，视《左氏》家当末减矣。

后汉取士必经明行修，盖非专重其文，而必深考其行。前汉匡、张、孔、马，皆以经师居相位，而无所匡救。光武有鉴于此，故举逸民、宾处士，褒崇节义。尊经必尊其能实行经义之人。后汉三公，如袁安、杨震、李固、陈蕃诸人，守正不阿，视前汉匡、张、孔、马，大有薰莸之别。《儒林传》中所载如戴凭、孙期、宋登、杨伦、伏恭等，立身皆有可观。范蔚宗论之，以为："所谈者仁义，所传者圣法也。故人识君臣父子之纲，家知违邪归正之路。自桓、灵之间，君道秕僻，朝纲日陵，国隙屡启，自中智以下，靡不审其崩离，而权强之臣息其窥盗之谋，豪俊之夫屈于鄙生之议者，人诵先王言也，下畏逆顺势也。迹衰敝之所由致，而能多历年所者，斯岂非学之效乎！"顾炎武以范氏为知言，谓："三代以下风俗之美，无尚于东京者。"然则国家尊经重学，非直肃清风化，抑可搘拄衰微。无识者以为经学无益而欲去之，观于后汉之时，当不至如秦王谓儒无益人国矣。

后汉经学盛于前汉者，有二事：一则前汉多专一经，罕能兼通。经学初兴，藏书始出，且有或为《雅》、或为《颂》，不能尽一经者。若申公兼通《诗》、《春秋》，韩婴兼通《诗》、《易》，孟卿兼通《礼》、《春秋》，已为难能可贵。夏侯始昌通五经，更绝无仅有矣。后汉则尹敏习《欧阳尚书》，兼善《毛诗》、《穀梁》《左氏春秋》。景鸾能理《齐诗》、《施氏易》，兼受河洛图纬，又撰《礼内外说》。何休精研六经，许慎五经无双，蔡玄学通五经。此其盛于前汉者一也。一则前汉笃守遗经，罕有撰述。章句略备，文采未彰。《艺文志》所载者，说各止一二篇，惟

《灾异孟氏京房》六十六篇为最夥。董子《春秋繁露》，《志》不载。韩婴作《内外传》数万言，今存《外传》。后仓说《礼》数万言，号曰《后氏曲台记》，今无传者。后汉则周防撰《尚书杂记》三十二篇、四十万言。景鸾作《易说》及《诗解》，又撰《礼略》及作《月令章句》，著述五十余万言。赵晔著《吴越春秋》、《诗细》、《历神渊》。程曾著书百余篇，皆五经通难，又作《孟子章句》。何休作《公羊解诂》，又训注《孝经》、《论语》，以《春秋》驳汉事六百余条，作《公羊墨守》、《左氏膏肓》、《穀梁废疾》。许慎撰《五经异义》，又作《说文解字》十四篇。贾逵集《古文尚书同异》三卷，撰《齐鲁韩诗与毛氏异同》，并作《周官解故》。马融著《三传异同说》，注《孝经》、《论语》、《诗》、《易》、三《礼》、《尚书》。此其盛于前汉者二也。风气益开，性灵渐启，其过于前人之质朴而更加恢张者在此，其不及前人之质朴而未免杂糅者亦在此。至郑君出而遍注诸经，立言百万，集汉学之大成。

《汉书·儒林传》赞曰："自武帝立五经博士，开弟子员，设科射策，劝以官禄，讫于元始，百有余年，传业者寖盛，支叶繁滋，一经说至百余万言，大师众至千余人。盖禄利之路然也。"案：经学之盛由于禄利，孟坚一语道破。在上者欲持一术以耸动天下，未有不导以禄利而翕然从之者。汉遵《王制》之法，以经术造士，视唐、宋科举尚文辞者为远胜矣。大师众至千余人，前汉末已称盛。而《后汉书》所载，张兴著录且万人，牟长著录前后万人，蔡玄著录万六千人，楼望诸生著录九千余人，宋登教授数千人，魏应、丁恭弟子著录数千人，姜肱就学者三千余人，曹曾门徒三千人，杨伦、杜抚、张玄皆千余人，比前汉为尤盛。所以如此盛者，汉人无无师之学，训诂、句读皆由口授，非若后世之书音训备具，可视简而诵也；书皆竹简，得之甚难，若不从师，无从写录，非若后世之书购买极易，可兼两而载也。负笈云集，职此之由。至一师能教千万人，必由高足弟子传授，有如郑康成在马季长门下三年不得见者，则著录之人不必皆亲受业之人矣。

孟坚云"大师众至千余人"，学诚盛矣。"一经说至百余万言"，则汉之经学所以由盛而衰者，弊正坐此，学者不可以不察也。孟坚于《艺文志》曰："古之学者耕且养，三年而通一艺，存其大体，玩经文而已。是故用日少而畜德多，三十而五经立也。后世经传既已乖离，博学者又不思多闻阙疑之义，而务碎义逃难，便辞巧说，破坏形体，说五字之文至于二三万言。后进弥以驰逐，故幼童而守一艺，白首而后能言。安其所习，毁所不见，终以自蔽。此学者之大患也。"案：两汉经学盛衰之故，孟坚数语尽之。凡学有用则盛，无用则衰。存大体、玩经文则有用，碎义逃难、便辞巧说则无用。有用则为人崇尚，而学盛；无用则为人诟病，而学衰。汉初，申公《诗训》疑者弗传，丁将军《易说》仅举大谊，正所谓存大体、玩经文者。甫及百年，而蔓衍支离，渐成无用之学，岂不惜哉！"一经说至百余万言"、"说五字至二三万言"，皆指秦恭言之。桓谭《新论》云："秦近君能说《尧典》篇目两字之谊至十余万言，但说'曰若稽古'三万言。"《汉书》云①："信都秦恭延君，守小夏侯说文，增师法至百万言。"延君、近君是一人，其学出小夏侯。小夏侯师事夏侯胜及欧阳高，左右采获，又从五经诸儒问与《尚书》相出入者，牵引以次章句，具文饰说，夏侯胜讥其破碎。是小夏侯本碎义逃难之学，恭增师法，益以支蔓。故愚以为如小夏侯者，皆不当立学也。

前汉重师法，后汉重家法。先有师法，而后能成一家之言。师法者溯其源，家法者衍其流也。师法、家法所以分者，如《易》有施、孟、梁丘之学，是师法；施家有张、彭之学，孟有翟、孟、白之学，梁丘有士孙、邓、衡之学，是家法。家法从师法分出，而施、孟、梁丘之师法，又从田王孙一师分出者也。施、孟、梁丘已不必分，况张、彭、翟、白以下乎？《后汉书·儒林传》云："立五经博士，各以家法教授。"《宦者蔡伦传》云："帝以经传之文多不正定，乃选通儒谒者刘珍及博士、良史诣东观，各校雠家法。"是博士各守家法也。《质帝纪》云："令郡国举明经，年五十以上、七十以下诣太学。自大将军至六百石，皆遣子受业。四姓小侯先能通经者，各令随家法。"是明经必守家法也。《左雄传》云雄上言郡国所举孝廉，请皆"诣公府，诸生试家法"，注曰："儒有一家之学，故称家法。"是孝廉必守家法也。《徐防传》防上疏云："伏见太学试博士弟子，皆以意说，不修家法，以遵师为非义、意说为得理，诚非诏书实选本意。"汉时不修家法之戒，盖极严矣。然师法别出家法，而家法又各分专家，如干既分枝，枝又分枝，枝叶繁滋，浸失其本；又如子既生孙，孙又生孙，云礽旷远，渐忘其祖。是末师而非往古，用后说而舍先传。微言大义之乖，即自源远末分始矣。

凡事有见为极盛，实则盛极而衰象见者，如后汉师法之下复分家法，今文之外别立古文，似乎广学甄微，大有裨于经义，实则矜奇炫

---

① "汉书"，原误作"后汉书"，下引文实见《汉书·儒林传》之文。

博，大为经义之蠹。师说下复分家法，此范蔚宗所谓"经有数家，家有数说，学徒劳而少功，后生疑而莫正"也。今文外别立古文，此范升所谓"各有所执，乖戾分争，从之则失道，不从则失人"也。盖凡学皆贵求新，惟经学必专守旧。经作于大圣，传自古贤。先儒口授其文，后学心知其意。制度有一定而不可私造，义理衷一是而非能臆说。世世递嬗，师师相承，谨守训辞，毋得改易，如是，则经旨不杂而圣教易明矣。若必各务创获，苟异先儒，骋怪奇以钓名，恣穿凿以标异，是乃决科之法，发策之文，侮慢圣言，乖违经义。后人说经，多中此弊；汉世近古，已兆其端。故愚以为明、章极盛之时，不及武、宣昌明之代也。①

## 经学中衰时代

经学盛于汉，汉亡而经学衰。桓、灵之间，党祸两见，志士仁人多填牢户，文人学士亦抨文网，固已士气颓丧而儒风寂寥矣。郑君康成，以博闻强记之才，兼高节卓行之美，著书满家，从学盈万。当时莫不仰望，称伊、雒以东，淮、汉以北，康成一人而已，咸言先儒多阙，郑氏道备。自来经师，未有若郑君之盛者也。然而木铎行教，卒入河海而逃；兰陵传经，无救焚坑之祸。郑学虽盛，而汉学终衰。《三国志》董昭上疏陈末流之弊云："窃见当今年少不复以学问为本，专更以交游为业；国士不以孝弟清修为首，乃以趋势游利为先。"杜恕上疏云："今之学者，师商、韩而上法术，竞以儒家为迂阔不周世用。此则风俗之流弊。"鱼豢《魏略》以董迈、贾洪、邯郸淳、薛夏、隗禧、苏林、乐祥七人为儒宗，其《序》曰："正始中，有诏议圜丘，普延学士。是时郎官及司徒领吏二万余人，而应书与议者略无几人。又是时朝堂公卿以下四百余人，其能操笔者未有十人，多皆饱食相从而退。嗟夫！学业沉陨，乃至于此。是以私心常区区贵乎数公者，各处荒乱之际而能守志弥敦者也。"鱼豢《序》见《三国志注》，令人阅之悚然。夫以两汉经学之盛，不百年而一衰至此，然则文明岂可恃乎？

范蔚宗论郑君："括囊大典，网罗众家，删裁繁芜，刊改漏失，自是学者略知所归。"盖以汉时经有数家，家有数说，学者莫知所从。郑

---

① "及"，各本均误作"加"，据初稿本改。

君兼通今、古文，沟合为一，于是经生皆从郑氏，不必更求各家。郑学之盛在此，汉学之衰亦在此。《郑君传》云："凡玄所注《周易》、《尚书》、《毛诗》、《仪礼》、《礼记》、《论语》、《孝经》、《尚书大传》、《中候》、《乾象历》，又著《七政论》、《鲁礼禘祫义》、《六艺论》、《毛诗谱》、《驳许慎五经异义》、《答临孝存〈周礼〉难》，凡百余万言。"案：郑注诸经，皆兼采今、古文。注《易》用费氏古文，爻辰出费氏分野。今既亡佚，而施、孟、梁丘《易》又亡，无以考其同异。注《尚书》用古文，而多异马融，或马从今而郑从古，或马从古而郑从今。是郑注《书》兼采今、古文也。笺《诗》以毛为主，而间易毛字，自云："若有不同，便下己意。"所谓己意，实本三家。是郑笺《诗》兼采今、古文也。注《仪礼》并存今、古文，从今文则注内迭出古文，从古文则注内迭出今文。是郑注《仪礼》兼采今、古文也。《周礼》古文，无今文，《礼记》亦无今、古文之分，其注皆不必论。注《论语》，就《鲁论》篇章，考之《齐》、《古》，为之注，云："《鲁》读某为某，今从《古》。"是郑注《论语》兼采今、古文也。注《孝经》多今文说，严可均有辑本。

所谓郑学盛而汉学衰者：汉经学近古可信，十四博士今文家说远有师承。刘歆创通古文，卫宏、贾逵、马融、许慎等推衍其说，已与今学分门角立矣。然今学守今学门户，古学守古学门户。今学以古学为变乱师法，古学以今学为党同妒真，相攻若仇，不相混合。杜、郑、贾、马注《周礼》、《左传》，不用今说。何休注《公羊传》，亦不引《周礼》一字。许慎《五经异义》分今文说、古文说甚晰。若尽如此分别，则传至后世，今、古文不杂厕，开卷可了然矣。郑君先通今文，后通古文。其传曰："造太学受业，师事京兆第五元先，始通《京氏易》、《公羊春秋》、《三统历》、《九章算术》。又从东郡张恭祖受《周官》、《礼记》、《左氏春秋》、《韩诗》、古文《尚书》。以山东无足问者，乃西入关，因涿郡卢植，事扶风马融。"案：《京氏易》、《公羊春秋》为今文，《周官》、《左氏春秋》、古文《尚书》为古文。郑君博学多师，今、古文道通为一，见当时两家相攻击，意欲参合其学，自成一家之言，虽以古学为宗，亦兼采今学以附益其义。学者苦其时家法繁杂，见郑君阄通博大，无所不包，众论翕然归之，不复舍此趋彼。于是郑《易注》行而施、孟、梁丘、京之《易》不行矣；郑《书注》行而欧阳、大小夏侯之《书》不行矣；郑《诗笺》行而鲁、齐、韩之《诗》不行矣；郑《礼注》

行而大、小戴之《礼》不行矣；郑《论语注》行而齐、鲁《论语》不行矣。重以鼎足分争，经籍道息。汉学衰废，不能尽咎郑君，而郑采今、古文不复分别，使两汉家法亡不可考，则亦不能无失。故经学至郑君一变。

事有不可一概论者，非通观古今不能定也。《毛诗》、《左传》乃汉时不立学之书，而后世不可少。郑君为汉儒败坏家法之学，本李兆洛说。而后世尤不可无。汉时《诗》有鲁、齐、韩三家，《春秋》有公、穀二传。《毛诗》、《左传》不立学，无害，且不立学，而三家、二传更不至淆杂也。汉后三家尽亡，二传殆绝，若无《毛诗》、《左传》，学者治《诗》、《春秋》更无所凭依矣。郑君杂糅今、古，使专门学尽亡，然专门学既亡，又赖郑注得略考见。今、古之学若无郑注，学者欲治汉学，更无从措手矣。此功过得失互见而不可概论者也。郑君徒党遍天下，即经学论，可谓小统一时代。《传》云"齐、鲁间宗之"，非但齐、鲁间宗之，《传》列郗虑等五人，《郑志》、《郑记》有赵商等十六人。《三国志·姜维传》云"好郑氏学"，不知其何所受。昭烈帝尝自言周旋郑康成间，盖郑君避地徐州，时昭烈为徐州牧，尝以师礼事之。然则蜀汉君臣亦郑学支裔矣。有与郑君同时而学不尽同者，荀爽、虞翻并作《易注》，荀用《费易》，虞用《孟易》，今略存于李鼎祚《集解》中。虞尝驳郑《尚书注》，又以郑《易注》为不得。王粲亦驳郑，而其说不传。有视郑稍后而学不尽同者，王弼《易注》尽扫象数，虽亦用《费易》，而说解不同。故李鼎祚云："刊辅嗣之野文，补康成之逸象。"何晏《论语集解》虽采郑注，而不尽主郑。若王肃，尤显与为敌者。

郑学出而汉学衰，王肃出而郑学亦衰。肃善贾、马之学，而不好郑氏。贾逵、马融皆古文学，乃郑学所自出。肃善贾、马而不好郑，殆以贾、马专主古文，而郑又附益以今文乎？案王肃之学，亦兼通今、古文。肃父朗师杨赐，杨氏世传《欧阳尚书》。洪亮吉《传经表》以王肃为伏生十七传弟子。是肃尝习今文，而又治贾、马古文学。故其驳郑，或以今文说驳郑之古文，或以古文说驳郑之今文。不知汉学重在专门，郑君杂糅今、古，近人议其败坏家法，肃欲攻郑，正宜分别家法，各还其旧而辨郑之非，则汉学复明，郑学自废矣。乃肃不惟不知分别，反效郑君而尤甚焉。伪造孔安国《尚书传》、《论语》、《孝经注》、《孔子家语》、《孔丛子》，共五书，以互相证明，托于孔子及孔氏子孙，使其徒孔衍为之证。不思《史》、《汉》皆云安国早卒，不云有所撰述，伪作三书，已与《史》、《汉》不合矣。而《家语》、《孔丛子》二书，取郊庙大典礼两汉今、古文家所聚讼不决者，尽托于孔子之言以为定论。不思汉儒议礼聚讼，正以去圣久远，无可据依，故石渠、虎观，天子称制临决。若有孔子明文可据，群言淆乱折诸圣，尚安用此纷纷为哉！肃作《圣证论》以讥短郑君，盖自谓取证于圣人之言，《家语》一书是其根据。其注《家语》，如"五帝"、"七庙"、"郊丘"之类，皆牵引攻郑之语，适自发其作伪之覆。当时郑学之徒，皆云"《家语》，王肃增加"，或云王肃所作。是肃所谓圣证，人皆知其不出于圣人矣。孙志祖《家语疏证》已明著其伪。

两汉经学极盛，而前汉末出一刘歆，后汉末生一王肃，为经学之大蠹。歆，楚元王之后，其父向极言刘氏、王氏不并立。歆党王莽篡汉，于汉为不忠，于父为不孝。肃父朗，汉会稽太守，为孙策虏，复归曹操，为魏三公。肃女适司马昭，党司马氏篡魏，但早死，不见篡事耳。二人党附篡逆，何足以知圣经！而歆创立古文诸经，汩乱今文师法；肃伪作孔氏诸书，并郑氏学亦为所乱。歆之学行于王莽。肃以晋武帝为其外孙，其学行于晋初，《尚书》、《诗》、《论语》、三《礼》、《左氏》解及撰定父朗所作《易传》，皆立学官。晋初郊庙之礼皆王肃说，不用郑义。其时孔晁、孙毓等申王驳郑，孙炎、马昭等又主郑攻王，断断于郑、王两家之是非，而两汉专门无复过问。重以永嘉之乱，《易》亡梁丘、施氏、高氏，《书》亡欧阳、大小夏侯，《齐诗》在魏已亡，《鲁诗》不过江东，《韩诗》虽存无传之者，孟、京、费《易》亦无传人，《公》、《榖》虽在若亡。晋元帝修学校，简省博士，置《周易》王氏，《尚书》郑氏，古文《尚书》孔氏，《毛诗》郑氏，《周官》、《礼记》郑氏，《春秋左传》杜氏、服氏，《论语》、《孝经》郑氏，博士各一人。太常荀崧上疏，请增置郑《易》、《仪礼》及《春秋》公羊、榖梁博士各一人。时以为《榖梁》肤浅，不足立。王敦之难，复不果行。晋所立博士，无一为汉十四博士所传者，而今文之师法遂绝。

世传十三经注，除《孝经》为唐明皇御注外，汉人与魏、晋人各居其半。郑君笺《毛诗》，注《周礼》、《仪礼》、《礼记》，何休注《公羊传》，赵岐注《孟子》，凡六经，皆汉人注。孔安国《尚书传》，王肃伪作，王弼《易注》，何晏《论语集解》，凡三经，皆魏人注。杜预《左传集解》，范宁《榖梁集解》，郭璞《尔雅注》，凡三经，皆晋人注。以注而论，魏、晋似不让汉人矣，而魏、晋人注卒不能及汉者：孔《传》多同王肃，孔《疏》已有此疑；宋吴棫与朱子及近人阎若璩、惠栋历诋其失，以为伪作。丁晏《尚书余论》考定其书实出王肃。据《晋书·荀崧传》，崧疏称武帝时置博士已有孔氏，是晋初已立学，永嘉之乱亡失，东晋时梅颐复献之，非梅颐伪作也。王弼、何晏祖尚玄虚，范宁常论其罪浮于桀、纣。① 王弼《易注》空谈名理，与汉儒朴实说经不似，故宋赵师秀云"辅嗣《易》行无汉学"。何晏《论语集解》合包、周之《鲁论》，孔、马之《古论》，而杂糅莫辨，所引孔《注》亦是伪书。如"孰谓鄹人之子知礼乎"，孔注："鄹，孔子父叔梁纥所治邑。"不自称几世祖，此大可疑者。丁晏谓孔《注》亦王肃伪作。杜预《左传集解》多据前人说解而没其名，后人疑其杜撰。谅暗短丧，倡为邪说。《释例》于"凡弑君称君，君无道也"一条，亟扬其波。郑伯射王中肩之类，曲为出脱。焦循论预背父党篡之罪，谓为司马氏饰。其注多伤名教，不可为训。范宁《穀梁集解》虽存《穀梁》旧说，而不专主一家。《序》于三《传》皆加诋诺，宋人谓其最公，此与宋人门径合耳。若汉时三《传》各守专门，未有兼采三《传》者也。郭璞《尔雅注》亦没前人说解之名，余萧客谓为攘善无耻。此皆魏、晋人所注经，准以汉人著述体例，大有径庭，不止商、周之判。盖一坏于三国之分鼎，再坏于五胡之乱华，虽绪论略传，而宗风已坠矣。

## 经学分立时代

自刘、石十六国并入北魏，与南朝对立，为南北朝分立时代，而其时说经者亦有南学、北学之分。此经学之又一变也。《北史·儒林传序》曰："江左，《周易》则王辅嗣，《尚书》则孔安国，《左传》则杜元凯。河、洛，《左传》则服子慎，《尚书》、《周易》则郑康成。《诗》则并主于毛公，《礼》则同遵于郑氏。"案：南、北学派，《北史》数言尽之。夫学出于一，则人知依归；道纷于歧，则反致眩惑。郑君生当汉末，未杂玄虚之习、伪撰之书，笺注流传，完全无缺。欲治汉学，舍郑莫由。北学《易》、《书》、《诗》、《礼》皆宗郑氏，《左传》则服子慎。郑君注《左传》未成，以与子慎，见于《世说新语》。是郑、服之学本是一家，宗服即宗郑，学出于一也。南学则尚王辅嗣之玄虚、孔安国之伪撰、杜

---

① "常"，初稿本作"尝"。

元凯之臆解，此数家与郑学枘凿，亦与汉儒背驰。乃使泾渭混流，薰莸同器，以致后世不得见郑学之完全，并不得存汉学之什一，岂非谈空空、核玄玄者阶之厉乎？南方玄学不行于北魏，李业兴对梁武帝云："少为书生，止习五典。素不玄学，何敢仰酬？"此北重经学、不杂玄学之明证。南学之可称者，惟晋、宋间诸儒善说礼服。宋初雷次宗最著，与郑君齐名，有雷、郑之称。当崇尚老、庄之时，而说礼谨严，引证详实，有汉石渠、虎观遗风，此则后世所不逮也。其说略见于杜佑《通典》。

《北史》又云："汉世郑氏并为众经批注，服虔、何休各有所说。郑《易》、《诗》、《书》、《礼》、《论语》、《孝经》，虔《左氏春秋》，休《公羊传》，大行于河北。"案：汉儒经注，当时存者止此三家，河北大行，可谓知所宗尚。而据《北史》，河、洛主服氏《左传》外，不闻更有何氏《公羊》，且云"《公羊》、《穀梁》，多不措意"。《儒林传》载习《公羊春秋》者止有梁祚一人，而刘兰且排毁《公羊》。则此所云《公羊》大行，似非实录。《公羊传何氏解诂疏》二十八卷，《唐志》不载，《崇文总目》始著录，称"不著撰人名氏，或云徐彦"，而徐彦亦不知何代人。近人王鸣盛谓即《北史》之徐遵明，以其文气似六朝人，不似唐人所为。洪颐煊引《疏》"司空掾"云"若今之三府掾"，"三府掾，六朝时有之，至唐以后则无此称矣。此《疏》为梁、齐间旧帙无疑"。姚范云："隋、唐间不闻有三府掾，亦无三府之称，意者在北齐、萧梁之前乎？"[①] 据此二说，则以为徐遵明，不为无见。惟据《北史》，遵明传郑《易》、《尚书》、三《礼》，服氏《春秋》，不闻传何氏《公羊》，其弟子亦无传《公羊》学者，则谓彦即遵明，尚在疑似之间。《公羊疏》设问答。梁有《公羊传问》九卷，苟爽问，魏安平太守徐钦答；又晋车骑将军庾翼问，王愆期答。其书在隋并亡，或即徐《疏》所引。王愆期注《公羊》，"以为春秋制，文王指孔子"，见《书·泰誓》疏引。两汉人无此说，亦未可据。

《北史》又云："南人约简，得其英华。北学深芜，穷其枝叶。"盖唐初人重南轻北，故定从南学，而其实不然。说经贵约简，不贵深芜，自是定论。但所谓约简者，必如汉人之持大体，玩经文，口授微言，笃守师说，乃为至约而至精也。若唐人谓"南人约简，得其英华"，不过

---

① "前"，原误作"间"，据姚范《援鹑堂笔记》卷十三改。

名言霏屑，骋挥麈之清谈；属词尚腴，侈雕虫之余技。如皇侃之《论语义疏》，名物、制度略而弗讲，多以老、庄之旨，发为骈俪之文，与汉人说经相去悬绝。此南朝经疏之仅存于今者，即此可见一时风尚。江藩以其得自日本，疑为足利赝鼎。不知此等文字，非六朝以后人所能为也。《礼记疏》本皇、熊二家。熊安生北学，皇侃南学。孔颖达以为熊违经多引外义，释经唯聚难义。此正所谓"北学深芜"者。又以皇"虽章句详正，微稍繁广。以熊比皇，皇氏胜矣"。此则皇氏比熊为胜①，正所谓"南人约简"者。而《郊特牲》疏云："皇氏于此经之首，广解天地、百神用乐委曲及诸杂礼制，繁而不要，非此经所须。又随事曲解，无所凭据。今皆略而不载。"此又孔颖达之所谓"繁广"者。说礼本宜详实，不嫌稍繁。皇氏之解《礼记》，视《论语义疏》为远胜矣。《南史·皇侃传》："所撰《论语义》、《礼记义》见重于世，学者传焉。"今《论语义》佚而复存，《礼记义》略见孔《疏》。

《南史·儒林传序》："宋、齐国学时或开置，而劝课未博，建之不能十年，盖取文具而已。是时乡里莫或开馆，公卿罕通经术。朝廷大儒，独学而弗肯养众；后生孤陋，拥经而无所讲习。至梁武创业，深愍其弊。天监四年，乃诏开五馆，建立国学，总以五经教授，置五经博士各一人。于是以平原明山宾、吴郡陆琏、吴兴沈峻、建平严植之、会稽贺玚补博士，各主一馆。馆有数百生，给其饩廪。其射策通明经者，即除为吏。于是怀经负笈者云会矣。又选学生遣就会稽云门山，受业于庐江河胤；分遣博士、祭酒到州郡立学。七年，又诏皇太子、宗室、王侯始就学受业。武帝亲屈舆驾，释奠于先师先圣，申之以燕语，劳之以束帛。济济焉，洋洋焉，大道之行也如是。及陈武创业，时经丧乱，敦奖未遑，稍置学官，成业盖寡。"案：南朝以文学自矜，而不重经术。宋、齐及陈皆无足观；惟梁武起自诸生，知崇经术。崔、严、何、伏之徒，前后并见升宠，四方学者靡然向风。斯盖崇儒之效。而晚惑释氏，寻遘乱亡，故南学仍未大昌。姚方兴得《舜典》篇首二十八字于大桁头，梁武时为博士，议驳，有汉宣、章二帝称制临决之风；而至今流传，伪中之伪，是又梁武所不料也。

《北史·儒林传序》："魏道武初定中原，始建都邑，便以经术为先。立太学，置五经博士，生员千有余人。天兴二年春，增国子太学生员至

---

① "胜"，初稿本作"约"，似较佳。

三千人。明元时，改国子为中书学，立教授博士。太武始光三年春，起太学于城东。后征卢玄、高允等，而令州郡各举才学，于是人多砥尚①，儒术始兴②。天安初，诏立乡学。太和中，改中书学为国子学，建明堂、辟雍，尊三老、五更，又开皇子之学。及迁都洛邑，诏立国子太学、四门小学。刘芳、李彪诸人以经术进。宣武时，复诏营国学，树小学于四门，大选儒生以为小学博士，员四十人。虽黉宇未立，而经术弥显。时天下承平，学业大盛。故燕、齐、赵、魏之间，横经著录，不可胜数，大者千余人，小者犹数百。周文受命，雅重经典。明皇纂历，敦尚学艺，内有崇文之观，外重成均之职。征沈重于南荆，待熊安生以殊礼。是以天下慕向，文教远覃。"案：北朝诸君，惟魏孝文、周武帝能一变旧风，尊崇儒术。考其实效，亦未必优于萧梁，而北学反胜于南者，由于北人俗尚朴纯，未染清言之风、浮华之习，故能专宗郑、服，不为伪孔、王、杜所惑。此北学所以纯正胜南也。焦循曰："正始以后，人尚清谈。迄晋南渡，经学盛于北方。大江以南，自宋及齐，遂不能为儒林立传。梁天监中，渐尚儒风，于是《梁书》有《儒林传》。《陈书》嗣之，仍梁所遗也。魏儒学最隆，历北齐、周、隋，以至唐武德、贞观，流风不绝，故《魏书·儒林传》为盛。"

"北方戎马，不能屏视月之儒；南国浮屠，不能改经天之义。"此孔广森以为经学万古不废，历南北朝之大乱，异端虽炽，圣教不绝也。而南北诸儒抱残守缺，其功亦未可没焉。夫汉学重在明经，唐学重在疏注。当汉学已往，唐学未来，绝续之交，诸儒倡为义疏之学，有功于后世甚大。南如崔灵恩《三礼义宗》、《左氏经传义》，沈文阿《春秋》、《礼记》、《孝经》、《论语义疏》，皇侃《论语》、《礼记义》，戚衮《礼记义》，张讥《周易》、《尚书》、《毛诗》、《孝经》、《论语义》，顾越《丧服》、《毛诗》、《孝经》、《论语义》，王元规《春秋》、《孝经义记》；北如刘献之《三礼大义》，徐遵明《春秋义章》，李铉撰定《孝经》、《论语》、《毛诗》、《三礼义疏》，沈重《周礼》、《仪礼》、《礼记》、《毛诗》、《丧服经义》，熊安生《周礼》、《礼记义疏》、《孝经义》，皆见南北史《儒林传》。今自皇、熊二家见采于《礼记疏》外，其余书皆亡佚。然渊源有自，唐人五经之疏，未必无本于诸家者。论先河后海之义，亦岂可忘筚

---

① "多"，原误作"才"，据《北史·儒林传》改，初稿本正作"多"。

② "始兴"，原阙，据《北史·儒林传》补。

路蓝缕之功乎？

《北史》又云："自魏末，大儒徐遵明门下讲郑玄所注《周易》。遵明以传卢景裕，景裕传权会、郭茂。能言《易》者，多出郭茂之门。河南及青、齐之间，儒生多讲王辅嗣所注，师训盖寡。齐时，儒士罕传《尚书》之业，徐遵明兼通之。遵明受业于屯留王聪，传授浮阳李周仁及渤海张文敬、李铉、河间权会，并郑康成所注，非古文也。下里诸生，略不见孔氏注解。武平末，刘光伯、刘士元始得费甝《义疏》，乃留意焉。其《诗》、《礼》、《春秋》，尤为当时所尚，诸生多兼通之。三《礼》并出遵明之门。徐传业于熊安生，其后生能通《礼经》者，多是安生门人。诸生尽通《小戴礼》，于《周》、《仪礼》兼通者十二三焉。通《毛诗》者，多出于魏朝刘献之。其后能言《诗》者，多出二刘之门。河北诸儒能通《春秋》者，并服子慎所注，亦出徐生之门。姚文安、秦道静初亦学服氏，后兼更讲杜元凯所注。其河外儒生，俱伏膺杜氏。"案：史言北学极明晰，而北学之折入于南者，亦间见焉。青、齐之间，多讲王辅嗣《易》、杜元凯《左传》。盖青、齐居南北之中，故魏、晋经师之书，先自南传于北。北学以徐遵明为最优，择术最正。郑注《周易》、《尚书》、三《礼》，服注《春秋》，皆遵明所传，惟《毛诗》出刘献之耳。其后则刘焯、刘炫为优，而崇信伪书，择术不若遵明之正。得费甝《义疏》，传伪孔古文，实始于二刘。二刘皆北人，乃传南人费甝之学，此北学折入于南之一证。盖至隋，而经学分立时代变为统一时代矣。

# 经学统一时代

学术随世运为转移，亦不尽随世运为转移。隋平陈而天下统一，南北之学亦归统一。此随世运为转移者也。天下统一，南并于北，而经学统一，北学反并于南。此不随世运为转移者也。《北史·儒林传序》："自正朔不一，将三百年，师训纷纶，无所取正。隋文平一寰宇，顿天网以掩之①，于是四海九州强学待问之士，靡不毕集。齐、鲁、赵、魏，学者尤多。负笈追师，不远千里。讲诵之声，道路不绝。中州之盛，自汉、魏以来，一时而已。及帝暮年，不悦儒术，遂废天下之学，

---

① "网"，原误作"纲"，据《北史·儒林传》改。

唯存国子一所，弟子七十二人。炀帝即位，复开庠序，国子、郡县之学，盛于开皇之初。征辟儒生，远近毕至，使相与讲论得失于东都之下，纳言定其差次，一以闻奏焉。于时旧儒多已凋亡，惟信都刘士元、河间刘光伯拔萃出类，学通南北，博极古今，后生钻仰。所制诸经义疏①，搢绅咸师宗之。既而外事四夷，其风渐坠。方领矩步之徒，亦转死沟壑。凡有经籍，因此湮没于煨烬矣。"案：史于隋一代经学盛衰及南北学统一，说皆明晰，而北学所以并入于南之故，尚未了然。南朝衣冠礼乐，文采风流，北人常称羡之。高欢谓江南萧衍老公"专事衣冠礼乐，中原士大夫望之，以为正朔所在"。是当时北人称羡南朝之证。经本朴学，非专家莫能解，俗目见之，初无可悦。北人笃守汉学，本近质朴，而南人善谈名理，增饰华词，表里可观，雅俗共赏。故虽以亡国之余，足以转移一时风气，使北人舍旧而从之。正如王褒入关，贵游并学褒书，赵文深之书遂被遐弃。文深知好尚难反，亦改习褒书。庾信归周，群公碑志多出其手，信有"韩陵一片石可共语，余皆驴鸣犬吠"之言。此皆北人重南、南人轻北之证。北方经学折入于南，亦犹是也。

经学统一之后，有南学，无北学。南学、北学，以所学之宗主分之，非以其人之居址分之也。当南北朝时，南学亦有北人，北学亦有南人。如崔灵恩本北人而归南，沈重本南人而归北。及隋并陈，褚晖、顾彪、鲁世达、张冲，皆以南人见重于炀帝。南方书籍，如费甝《义疏》之类，亦流入于北方。人情既厌故喜新，学术又以华胜朴。当时北人之于南学，有如"陈相见许行而大悦，尽弃其学而学焉"矣。《隋书·经籍志》于《易》云："梁、陈，郑玄、王弼二《注》列于国学。齐代，唯传郑义。至隋，王《注》盛行，郑学浸微。"于《书》云："梁、陈所讲，有郑、孔二家。齐代，唯传郑义。至隋，孔、郑并行，而郑氏甚微。"于《春秋》云："《左氏》唯传服义。至隋，杜氏盛行，服义浸微。"是伪孔、王、杜之盛行，郑、服之浸微，皆在隋时。故天下统一之后，经学亦统一，而北学从此绝矣。隋之二刘，冠冕一代。唐人作疏，《诗》、《书》皆本二刘，而孔颖达《书疏序》云："焯乃组织经文，穿凿孔穴，使教者烦而多惑，学者劳而少功。炫嫌焯之烦杂，就而删焉。义既太略，辞又过华。虽为文笔之善，乃非开奖之路。"据孔氏说，是二刘以北人而染南习，变朴实说经之体，蹈华腴害骨之讥。盖为风气

―――――――――――

① "义"，原误作"议"，据《北史·儒林传》改。

所转移，不得不俯从时尚也。

唐太宗以"儒学多门，章句繁杂，诏国子祭酒孔颖达与诸儒撰定五经义疏，凡一百七十卷，名曰《五经正义》"。颖达既卒，博士马嘉运驳其所定义疏之失，有诏更定，未就。永徽二年，诏诸臣复考证之，就加增损。永徽四年，颁孔颖达《五经正义》于天下，每年明经依此考试。自唐至宋，明经取士皆遵此本。夫汉帝称制临决，尚未定为全书；博士分门授徒，亦非止一家数。以经学论，未有统一若此之大且久者。此经学之又一变也。其所定五经疏，《易》主王注，《书》主孔传，《左氏》主杜解；郑注《易》、《书》，服注《左氏》，皆置不取。论者责其朱紫无别，真赝莫分。唐初编定诸儒，诚不得辞其咎。而据《隋·经籍志》，郑注《易》、《书》，服注《左氏》，在隋已浸微将绝，则在唐初已成广陵散矣。北学既并于南，人情各安所习，诸儒之弃彼取此，盖亦因一时之好尚，定一代之规模。犹之唐行诗赋，本炀帝科举之遗；明用时文，沿元人经疑之式。名为新义，实袭旧文。《尚书·舜典》疏云："鞭刑，大隋造律，方始废之。"《吕刑》疏云："大隋开皇之初，始除男子宫刑。"以唐人而称"大隋"，此沿袭二刘之明证。是则作奏虽工，葛龚之名未去；建国有制，节度之榜犹存。疏失可嗤，不能为诸儒解矣。

议孔《疏》之失者，曰彼此互异，曰曲徇注文，曰杂引谶纬。案：著书之例，注不驳经，疏不驳注；不取异义，专宗一家。曲徇注文，未足为病。谶纬多存古义，原本今文，杂引释经，亦非巨谬。惟彼此互异，学者莫知所从，既失刊定之规，殊乖统一之义。即如谶纬之说，经、疏并引，而《诗》、《礼》从郑，则以为是；《书》不从郑，又以为非。究竟谶纬为是为非，矛盾不已甚欤？官修之书不满人意，以其杂出众手，未能自成一家。唐修《晋书》，大为子玄呵诋；梁撰《通史》，未见一字留遗。《正义》奉敕监修，正中此弊。颖达入唐，年已耄老，岂尽逐条亲阅，不过总揽大纲。诸儒分治一经，各取一书以为底本，名为创定，实属因仍。书成而颖达居其功，论定而颖达尸其过。究之功过非一人所独擅，义疏并非诸儒所能为也。其时同修《正义》者，《周易》则马嘉运、赵乾叶，《尚书》则王德韶、李子云，《毛诗》则王德韶、齐威，《春秋》则谷那律、杨士勋，《礼记》则朱子奢、李善信、贾公彦、柳士宣、范义頵、张权。标题孔颖达一人之名者，以年辈在先，名位独重耳。

朱子谓："五经疏，《周礼》最好，《诗》、《礼记》次之，《书》、

《易》为下。"《困学纪闻》云："考之《隋志》，王弼《易》、孔安国《书》，齐、梁始列国学，故诸儒之说，不若《诗》、《礼》之详实。"其说亦未尽然。《正义》者，就传注而为之疏解者也。所宗之注不同，所撰之疏亦异。《易》主王弼，本属清言，王《注》河北不行。"江南义疏十有余家，皆辞尚虚玄，义多浮诞"，《正义序》已明言其失，而疏文仍失于虚浮，以王《注》本不撅实也。《书》主伪孔，亦多空诠。孔《传》河北不行，《正义》专取二刘，《序》又各言其失，由伪《传》本无足征也。《诗》、《礼》、《周礼》皆主郑氏，义本详实，名物度数，疏解亦明，故于诸经《正义》为最优。朱子分别次序极当。窃谓《周礼》是一代之制，犹不如《礼记》可以通行，学术、治术无所不包。《王制》一篇，体大物博，与《孟子》、《公羊》多合，用其书可以治天下，比之《周礼》，尤为简明，治注疏者当从此始。《左氏传》，朱子所未言者。案：《左氏正义》虽详亦略，尽弃贾、服旧解，专宗杜氏一家。刘炫规杜，多中杜失。乃驳刘申杜，强为饰说。尝读《正义》，怪其首尾横决，以为必有讹脱。考各本皆如是，疑莫能释。后见刘文淇《左传旧疏考证》，乃知刘炫规杜，先申杜，而后加规，《正义》乃翦截其文，以刘之申杜者列于后，而反以驳刘，又不审其文义，以致不相承接。首尾横决，职此之由。《易》、《书》之疏，间亦类此，特未若《左传疏》之甚耳。刘文淇谓"唐人删定者，仅驳刘炫说百余条，余皆光伯述议也"。刘毓崧又作《周易》、《尚书旧疏考证》。[①]

　　唐人义疏，其可议者诚不少矣，而学者当古籍沦亡之后，欲存汉学于万一，窥郑君之藩篱，舍是书无征焉。是又功过互见，未可概论者也。前乎唐人义疏，为经学家所宝贵者[②]，有陆德明《经典释文》。《经典释文》亦是南学。其书创始于陈后主元年，成书在未入隋以前，而《易》主王氏，《书》主伪孔，《左》主杜氏，为唐人义疏之先声。中引北音，止一再见。《序录》于王晓《周礼音》，注云："江南无此书，不详何人。"于《论语》云："北学有杜弼《注》，世颇行之。"北方大儒如徐遵明，未尝一引。陆本南人，未通北学，固无怪也。与义疏同时并出者，唐初又有《定本》，出颜师古，五经疏尝引之。师古为颜之推后人。之推本南人，晚归北，其作《家训》引江南、河北本，多以江南为是。师古《定本》从南，盖本《家训》之说，而《家训》有不尽是者。如

---

《诗》"兴云祁祁"，《家训》以为当作"兴雨"，《诗正义》即据《定本》作"兴雨"，以或作"兴云"为误。不知古本作"兴云"，汉《无极山碑》可证。《毛诗》亦当与三家同。古无虚实两读之分，下云"雨我公田"，若上句又作"兴雨"，则文义重复。《家训》据班固《灵台诗》"祁祁甘雨"，不知班氏是合"兴云祁祁，雨我公田"为一句。班作《汉书·食货志》，引《诗》正作"兴云"，尤可证也。自《正义》、《定本》颁之国胄，用以取士，天下奉为圭臬。唐至宋初数百年，士子皆谨守官书，莫敢异议矣。故论经学，为统一最久时代。

唐以《易》、《书》、《诗》、三《礼》、三《传》合为九经取士。《礼记》、《左传》为大经，《毛诗》、《周礼》、《公羊》为中经，《周易》、《尚书》、《仪礼》、《穀梁》为小经。[①] 以经文多少，分大、中、小三等，取士之法不得不然。开元八年，国子司业李元瓘上言："三《礼》、三《传》及《毛诗》、《尚书》、《周易》等，并圣贤微旨，生人教业。今明经所习，务在出身，咸以《礼记》文少，人皆竞读。《周礼》，经邦之轨则。《仪礼》，庄敬之楷模。《公羊》、《穀梁》，历代宗习。今两监及州县以独学无友，四经殆绝。事资训诱，不可因循。"开元十六年，杨玚为国子祭酒，奏言："今明经习《左氏》者十无二三。又《周礼》、《仪礼》、《公羊》、《穀梁》殆将绝废，请量加优奖。"据此二说，则唐之盛时，诸经已多束阁。盖大经《左氏》文多于《礼记》，故多习《礼记》，不习《左氏》；中、小经《周礼》、《仪礼》、《公羊》、《穀梁》难于《易》、《书》、《诗》，故多习《易》、《书》、《诗》，不习《周礼》、《仪礼》、《公羊》、《穀梁》。此所以四经殆绝也。唐帖经课试之法，以其所习经掩其两端，中间惟开一行，裁纸为帖，凡帖三字，随时增损，可否不一，或得四、或得五、或得六为通。专考记诵，而不求其义，故明经不为世重，而偏重进士。宋初因唐明经之法，王安石改用墨义，是为空衍义理之始，元、明经义时文之滥觞。

汉熹平刊石经之后，越五百余年而有唐开成石经。此一代之盛举，群经之遗则也。惟唐不重经术，故以文宗右文之主，郑覃以经术位宰相，而所刊石经不满人意，史臣以为名儒不窥。当时并无名儒，窥不窥无足论，而自熹平石经散亡之后，惟开成石经为完备，以视两宋刻本，

---

① 按，据《新唐书·选举志上》，《仪礼》当为中经，《公羊》当为小经；据《旧唐书·归崇敬传》，《公羊》与《穀梁》可当中经。

尤为近古。虽校刊不尽善，岂无佳处足证今本之讹脱者？顾炎武考监本《仪礼》，脱误尤多，《士昏礼》脱"婿授绥"一节十四字，赖有长安石经可据以补。此开成石经有功经学之一证也。顾又考出唐石经误字甚夥，实不尽属开成原刻，一经乾符之修造，再经后梁之补刊，三经北宋之添注，四经尧惠之谬作，其中误字，未可尽咎唐人。精审而详究之，亦治经之一助也。

唐人经说传今世者，惟陆淳本啖助、赵匡之说，作《春秋纂例》、《微旨》、《辨疑》，谓：左氏，六国时人，非《论语》之丘明，杂采诸书，多不可信；《公》、《穀》口授，子夏所传，后人据其大义，散配经文，故多乖谬，失其纲统。此等议论，颇能发前人所未发。惟三《传》自古各自为说，无兼采三《传》以成一书者，是开通学之途，背专门之法矣。史徵《周易口诀》，成伯玙《毛诗指说》，韩、李《论语笔解》，皆寥寥短篇，无关闳旨。惟李鼎祚《周易集解》多存古义。后人得以窥汉《易》之大略，考荀、虞之宗旨，赖有此书。

唐人经学，有未可抹杀者。《说郛·令狐澄〈大中遗事〉》云："大中时，工部尚书陈商立《春秋左传》学议：'以孔子修经，褒贬善恶，类例分明，法家流也；左丘明为鲁史，载述时政，惜忠贤之泯灭，恐善恶之失坠，以日系月，修其职官，本非扶助圣言、缘饰经旨，盖太史氏之流也。举其《春秋》，则明白而有实[①]；合之《左氏》，则丛杂而无征。杜元凯曾不思夫子所以为经，当以《诗》、《书》、《周易》等列，丘明所以为史，当与司马迁、班固等列，取二义乖剌不侔之语，参而贯之，故微旨有所不周，宛章有所未一。'"孙光宪《北梦琐言》亦载此说。案：自汉后《公羊》废搁，《左氏》孤行，人皆以《左氏》为圣经，甚且执杜解为传义，不但《春秋》一经汩乱已久，而《左氏》之传受诬亦多。孔《疏》于经、传不合者，不云传误，反云经误。刘知幾《史通》诋毁圣人，尤多狂悖。皆由不知《春秋》是经，《左氏》是史。经垂教立法，有一字褒贬之文；史据事直书，无特立褒贬之义。体例判然不合，而必欲混合为一，又无解于经、传参差之故，故不能据经以正传，反信传而疑经矣。陈商在唐时无经学之名，乃能分别夫子是经、丘明是史，谓杜元凯参贯二义非是，可谓千古卓识。谓《左传》"非扶助圣言"，即博士云"《左氏》不传《春秋》"之意也；非"缘饰经旨"，即

---

① "实"，原误作"识"，据《说郛》卷四十九及《北梦琐言》卷一改。

范升云"《左氏》不祖孔子"之说也。治《春秋》者，诚能推广陈商之言，分别经是经，《左氏》是史，离之双美，毋使合之两伤，则不至误以史视《春秋》，而《春秋》大义微言可复明于世矣。

# 经学变古时代

经学自唐以至宋初，已陵夷衰微矣，然笃守古义，无取新奇，各承师传，不凭胸臆，犹汉、唐注疏之遗也。宋王旦作试官，题为"当仁不让于师"，不取贾边解"师"为"众"之新说，可见宋初笃实之风。乃不久而风气遂变。《困学纪闻》云："自汉儒至于庆历间，谈经者守训故而不凿。《七经小传》出，而稍尚新奇矣。至《三经义》行，视汉儒之学若土梗。"据王应麟说，是经学自汉至宋初未尝大变，至庆历始一大变也。《七经小传》，刘敞作。《三经新义》，王安石作。或谓《新义》多剿敞说。元祐诸公排斥王学，而伊川《易传》专明义理，东坡《书传》横生议论，虽皆传世，亦各标新。司马光《论风俗劄子》曰："新进后生，口传耳剽。读《易》未识卦、爻，已谓《十翼》非孔子之言。读《礼》未知篇数，已谓《周官》为战国之书。读《诗》未尽《周南》、《召南》，已谓毛、郑为章句之学。读《春秋》未知十二公，已谓三《传》可束之高阁。"陆游曰："唐及国初，学者不敢议孔安国、郑康成，况圣人乎？自庆历后，诸儒发明经旨，非前人所及，然排《系辞》，毁《周礼》，疑《孟子》，讥《书》之《胤征》、《顾命》，黜《诗》之《序》，不难于议经，况传、注乎！"案：宋儒拨弃传、注，遂不难于议经。排《系辞》，谓欧阳修。毁《周礼》，谓修与苏轼、苏辙。疑《孟子》，谓李觏、司马光。讥《书》，谓苏轼。黜《诗序》，谓晁说之。此皆庆历及庆历稍后人。可见其时风气实然，亦不独咎刘敞、王安石矣。

孔子以《易》授商瞿，五传而至田何，又三传为施雠、孟喜、梁丘贺。此《易》之正传也。京房受《易》于焦延寿，托之孟氏，不相与同，多言卦气、占验。此《易》之别传也。郑注言爻辰，虞注言纳甲，不过各明一义，本旨不尽在此。郑与荀爽皆《费氏易》。惟虞翻言家传孟氏，而注引《参同契》，又言梦道士使吞三爻，则间本于道家。王弼亦《费氏易》，而旨近老氏，则亦涉道家矣。然诸儒虽近道家，或用术数，犹未尝驾其说于孔子之上也。宋道士陈抟乃本太乙下行九宫之法，作先天、后天之图，托伏羲、文王之说，而加之孔子之上。三传得邵子，而其说益昌。邵子精数学，亦《易》之别传，非必得于《河》、《洛》。程子不信邵子之数，其识甚卓；《易传》言理，比王弼之近老氏者为最纯正。朱子以程子不言数，乃取《河》、《洛》九图冠于所作《本义》之首。于是宋、元、明言《易》者，开卷即说先天、后天。不知图是点画，书是文字，故汉人以《河图》为八卦、《洛书》为九畴。宋人所传《河图》、《洛书》，皆黑白点子，是止可称图，不可称书。而乾南、坤北之位，是乾为君而北面朝其臣。此皆百喙不能解者。是以先天、后天说《易》者，皆无足观。

《尚书》传自伏生，今存《大传》。而《洪范五行传》专言祥异，则《书》之别传也。太史公当武帝立《欧阳尚书》之时，所引《尚书》必欧阳说，与伏《传》多吻合。大、小夏侯出，始小异。古文说出，乃大不同。今考《五经异义》引古《尚书》说，五经疏引马、郑遗说，如六卿、六宗、广地万里、服十二章之类，多援《周礼》以解唐、虞。夫《周礼》即属周公手定之书，亦不可强尧、舜下从成周之制，是古文说已不可信矣。伪孔《传》出，王肃杂采今、古，与马、郑互有得失。诸儒去古未远，虽间易其制度，未尝变乱其事实也。至宋儒，乃以义理悬断数千年以前之事实，谓：文王不称王；戡黎是武王；武王但伐纣，不观兵；周公惟摄政，未代王；无解于"王若曰：孟侯，朕其弟，小子封"之文，乃以为武王封康叔；《君奭》是周公留召公，"王命周公后"是留后治洛。并与古说不合。考之《诗》、《书》，皆言文王受命。伏《传》、《史记》皆言文王称王，以戡黎为文王事，非武王事。武王既可伐纣，何以必不可观兵？伏《传》言周公居摄。《史记》言周公践位，又言武王时，康叔幼，未得封。《左氏传》祝鮀明言周公封康叔。鮀以卫人说卫事，岂犹有误？《史记》言《君奭》作于周公居摄时，非留召公；又言周公老于丰、薨于丰，未尝留后治洛。唐置节度留后，古无此官名。皆变乱事实之甚者。孔《传》尚无此说，故孔《传》虽伪，犹愈于蔡《传》也。疑孔《传》始于宋吴棫，朱子继之，谓："某尝疑孔安国书是假。""《书序》是魏、晋间人作。""《书》凡易读者皆古文，伏生所传皆难读，如何偏记其所难，而易者全不能记？"朱子所疑，真千古卓识。蔡《传》不从师说，殆因其《序》以传心为说，传心出虞廷十六字，不敢明著其伪乎？阎若璩作《古文疏证》，攻伪《书》、伪《传》，毛奇龄为古文作《冤词》。人多是阎非毛，实亦未可概论。阎攻伪《书》、伪《传》极精，而据蔡《传》则误。毛不信宋儒所造事实而一从孔《传》，此则毛是而阎非者，学者当分别观之。

《诗》鲁、齐、韩三家，《艺文志》以为鲁最近之。《齐诗》五际六情，独传异义，则《诗》之别传也。《韩诗》唐时尚存，惜无传人而亡。毛《传》孤行，郑《笺》间采鲁、韩。自汉以后，说《诗》皆宗毛、郑。宋欧阳修《本义》始辨毛、郑之失，而断以己意。苏辙《诗传》始以毛《序》不可尽信，止存其首句而删去其余。南宋郑樵《诗传辨妄》始专攻毛、郑而极诋《小序》，当时周孚已反攻郑樵。朱子早年说《诗》，亦主毛、郑。吕祖谦《读诗记》引"朱氏曰"，即朱子早年之说也。后见郑樵之书，乃将大小《序》别为一编而辨之，名《诗序辨说》。其《集传》亦不主毛、郑，以《郑》、《卫》为淫诗，且为淫人自言。同时陈傅良已疑之，谓："以城阙为偷期之所，彤管为淫奔之具，窃所未安。"马端临《文献通考》辨之尤详，谓："夫子尝删《诗》，取《关雎》乐而不淫。今以文公《诗传》考之，其为男女淫泆而自作者凡二十有四，何夫子犹存之不删？"又引郑六卿饯韩宣子所赋诗皆文公所斥以为淫奔之人所作，而不闻被讥，乃知当如序者之说，不当如文公之说也。是朱子《诗集传》，宋人已疑之。而朱子作《白鹿洞赋》，引《青衿》伤学校语，门人疑之而问，朱子答以《序》亦不可废。是朱子作《集传》，不过自成一家之言，非欲后人尽废古说而从之也。王柏乃用其说而删《诗》，岂朱子之意哉？

《春秋公羊》、《穀梁》，汉后已成绝学。《左氏》传事不传义，后人专习《左氏》，于《春秋》一经多不得其解。王安石以《春秋》为断烂朝报而废之，后世以此诟病安石。安石答韩求仁问《春秋》曰："此经比他经尤难，盖三《传》不足信也。"尹和靖云："介甫不解《春秋》，以其难之也，废《春秋》非其意。"据尹氏说，安石本不欲废《春秋》者，然不信三《传》，则《春秋》已废矣。若以《春秋》为断烂朝报，则非特安石有是言，专执《左氏》为《春秋》者皆不免有此意。信《左氏》家经承旧史、史承赴告之说，是《春秋》如朝报矣；不信《公》、《穀》家日月褒贬之例，而概以为阙文，是《春秋》如朝报之断烂者矣。宋人治《春秋》者多，而不治专门，皆沿唐人啖、赵、陆一派，如孙复、孙觉、刘敞、崔子方、叶梦得、吕本中、胡安国、高闶、吕祖谦、程公说、张洽、吕大圭、家铉翁，皆其著者。以刘敞为最优，胡安国为最显。元、明用胡《传》取士，推之太高。近人又诋之太过，而胡《传》卒废。平心而论，胡氏《春秋》大义本《孟子》，一字褒贬本

《公》、《穀》，皆不得谓其非，而求之过深，务出《公》、《穀》两家之外；锻炼太刻，多存托讽时事之心。其书奏御经筵，原可藉以纳约，但尊王攘夷虽《春秋》大义，而王非唯诺趋伏之可尊，夷非一身两臂之可攘。胡《传》首戒权臣，习艺祖惩艾黄袍之非，启高宗猜疑诸将之意。王夫之谓："岳侯之死，其说先中于庸主之心。"此其立言之大失，由解经之不明也。崔子方《春秋本例》以日、月为本，在宋儒中独能推明《公》、《穀》，而所作《经解》并纠三《传》，未能专主一家。朱子云："《春秋》义例不能自信于心，故未尝敢措一辞。"此朱子矜慎之处，亦由未能专信《公》、《穀》，故义例无所依据也。

三《礼》本是实学，非可空言。故南北学分，而三《礼》皆从郑注；皇、熊说异，而皆在郑注范围之中。宋时，三《礼》之学讲习亦盛。王安石以《周礼》取士，后有王昭禹、易祓、叶时皆可观。《仪礼》有李如圭《集释》、《释宫》，张淳《识误》，并实事求是之学。《礼记》，卫湜《集说》一百六十卷，采摭宏富，可比李鼎祚之集《周易》。而陈祥道之《礼书》一百五十卷，贯通经、传，晁公武、陈振孙服其精博。窃谓祥道之书，博则有之，精则未也。宋人治经，务反汉人之说。以礼而论，如谓郊、禘是一，有五人帝，无五天帝，魏王肃之说也；禘是以祖配祖，非以祖配天，唐赵匡之说也。此等处，前人已有疑义，宋人遂据以诋汉儒。三代之礼久亡，汉人去古未远，其说必有所受。古时宫室制度，至汉当有存者。如周之灵台，汉时犹在，非后人臆说所能夺也。若古礼之不宜于今者，郊禘一岁屡行，天子难于亲出；宗庙四代迭毁，人情必疑不安。后世天则每岁一郊，祖则同堂异室。此皆不必强摹古礼，亦不必以古礼为非。宋人尽反先儒，一切武断。改古人之事实，以就我之义理；变三代之典礼，以合今之制度。是皆未敢附和以为必然者也。朱子《仪礼经传通解》以十七篇为主，取大、小戴及他书传所载系于礼者附之，仅成家、乡、邦国、王朝礼，丧、祭二礼未就而朱子殁，黄榦续成之。其书甚便学者，为江永《礼经纲目》、秦蕙田《五礼通考》所自出。

宋人不信注疏，驯至疑经，疑经不已，遂至改经、删经、移易经文，以就己说。此不可为训者也。世讥郑康成好改字，不知郑《笺》改毛，多本鲁、韩之说，寻其依据，犹可征验。注《礼记》用卢、马之本，当如卢植所云"发起纰缪"；注云某当为某，亦必确有凭依。《周礼》故书，不同《仪礼》。今、古文异，一从一改，即以《齐》、《古》

考《鲁论》之意。《仪礼》之《丧服传》，《礼记》之《玉藻》、《乐记》，虽明知为错简，但存其说于注，而不易其正文。先儒之说经，如此其慎，岂有擅改经字者乎！唐魏徵作《类礼》，改易《礼记》次序。张说驳之，不行，犹得谨严之意。乃至宋而风气大变。朱子注《论语》，不删重出之章，"与其进也"三句，不钩转其文，但存其说于注。注《诗》"爱其适归"，云《家语》作"奚"，而不改为"奚"；据古本。"上帝甚蹈"，云《国语》作"神"，而不改为"神"，体例犹未失也。独于《大学》，移其文，又补其传，《孝经》分经、传，又删经文，未免宋人习气。而移《大学》，先有二程子，删《孝经》，云本胡侍郎、汪端明，则未可尽为朱子咎。若王柏作《书疑》，将《尚书》任意增删；《诗疑》删《郑》、《卫》，《风》、《雅》、《颂》亦任意改易，可谓无忌惮矣。《四库提要》斥之曰："柏何人斯，敢奋笔以进退孔子哉！"经学至斯，可云一厄。他如俞廷椿《复古编》割裂五官以补《冬官》，吴澄《礼记纂言》将四十九篇颠倒割裂，私窜古籍，使无完肤。宋、元、明人说经之书若此者多，而实宋人为之俑始。

## 经学积衰时代

唐、宋明经取士，犹是汉人之遗，而唐不及汉，宋又不及唐者，何也？汉以经术造士，上自公卿，下逮掾吏，莫不通经。其进用或由孝廉、茂才，或由贤良、对策。若射策中科，止补文学掌故、博士弟子员，非高选也。唐之帖经，犹汉之射策。其学既浅，而视之又不重。所重视者，诗赋之辞、时务之策，皆非经术。援经义对策者仅一刘蕡，引《春秋》正始之文，发宦侍无君之隐。以直言论，固属朝阳之凤，以经义论，亦同独角之麟，而唐不能用。此其所以不及汉也。宋仁宗始复明经科，神宗变帖经为墨义。帖经之记诵属实，非数年不为功；墨义之文字蹈空，即一时可猝办。唐时帖括全写注疏，议者病其不能通经。权德舆谓：注疏犹可以质验，不者，俔有司率情，上下其手，既失其末，又不得其本，则荡然矣。宋用墨义，正如权德舆所料，又专用王氏新学，不遵古义。苏轼以为黄茅白苇，徐禧言窃袭人语不求心通者相半。此其所以并不及唐也。且宋以后，非独科举文字蹈空而已，说经之书亦多空衍义理，横发议论，与汉、唐注疏全异。朱子答人问胡文定云①：“寻常亦不满于胡说，解经不使道理明白，却就其中多使故事②，大与做时文答策相似。”夫以胡安国《春秋传》后世颁之学官用以取士者，犹不免与时文答策相似，皆由科举之习深入人心，不可涤除。故论经学，宋以后为积衰时代。

科举取士之文而用经义，则必务求新异，以歆动试官；用科举经义之法而成说经之书，则必创为新奇，以煽惑后学。经学宜述古，而不宜标新。以经学文字取人，人必标新，以别异于古。一代之风气，成于一时之好尚，故立法不可不慎也。元、明之经义，本于宋熙宁中王安石所立墨义之法，命吕惠卿、王雱等为之，而安石自撰《周礼》义，使雱撰《诗》、《书》义，名为《三经新义》，颁行天下。夫既名为《新义》，则明教人弃古说以从其新说。陈后山《谈丛》言：荆公《新义》行，举子专诵王氏章句而不解义，荆公悔之曰：“本欲变学究为秀才，不谓变秀才为学究。”是安石立法不善，当时已自悔其失，而其书至南宋始废。赵鼎谓安石设虚无之学，败坏人才。陈公辅谓安石使学者习其所为《三经新义》，皆穿凿破碎无用之空言也。南宋虽废《新义》，而仍用其墨义之法。朱子谓：“经义甚害事，分明是侮圣人之言；诗赋却无害。”朱子岂不知经义取士优于诗赋？而其言如是，则当时经义为经之蠹可知。元人因之，而制为四书五经疑。明初用四书疑，后乃改四书五经义。其破承原起之法，本于元王充耘《书义矜式》，又本于吕惠卿、王雱之墨义。名为明经取士，实为荒经蔑古之最。明时所谓经学，不过蒙存浅达之流，即自成一书者，亦如顾炎武云：“明人之书，无非盗窃。弘治以后，经解皆隐没古人名字，将为己说而已。”其见于《四库存目》者，新奇谬戾，不可究诘。五经扫地，至此而极。

宋人说经之书传于今者，比唐不止多出十倍，乃不以为盛而以为衰者，唐人犹守古义，而宋人多矜新义也。唐人经说传世绝少，此亦有故。考《唐书·经籍志》，唐人自为之书二万八千余卷，五经义说著于录者凡数十种，则亦未为鲜矣。而今所传不及什一，由于其时刊本未出，传钞不易，一遇兵燹，荡为煨烬。世传古籍，唐以前什一二，宋以后什八九。此非特唐人所著之书为然，亦非特唐人所著经说为然也。又自宋末、元、明，专用宋儒之书取士，注疏且束高阁，何论注疏之外？

----

① “文”，原误作“安”，据《朱子语类》及初稿本改。
② “就”，原误作“说”，据《朱子语类》改。

于是唐以前古籍之不亡于兵燹者，尽亡于宋以后，所以唐人经说传世寥寥。宋则刊刻已行，流传甚易，宜其存多佚少。今所传宋人文集、说部，皆十倍于唐人，非止经说。是未可以经说之多寡，判唐、宋之优劣也。五代极乱之时，忽开文明之象，如镂木一事，实为艺林之珍。《五代会要》后唐长兴三年，始依石经文字刻九经印板。经书之有木板，实始于此，逮两宋而刻本多。此宋以后之书所以多传于今日也。

汉学至郑君而集大成，于是郑学行数百年。宋学至朱子而集大成，于是朱学行数百年。懿彼两贤，师法百祀。其巍然为一代大宗者，非特以学术之阔通，实由制行之高卓也。以经学论，郑学、朱学皆可谓小统一时代。郑学统一，惟北学为然，所谓"宁道孔、孟误，讳言郑、服非"。若南学，则兼用伪孔、王、杜，而不尽宗郑、服。是犹未得为统一也。朱学统一，惟南方最早。金、元时，程学盛于南，苏学盛于北。北人虽知有朱夫子，未能尽见其书。元兵下江、汉，得赵复，朱子之书始传于北，姚枢、许衡、窦默、刘因辈翕然从之。于是元仁宗延祐定科举法，《易》用朱子《本义》，《书》用蔡沈《集传》，《诗》用朱子《集传》，《春秋》用胡安国《传》，惟《礼记》犹用郑《注》。是则可谓小统一矣。尤可异者，隋平陈而南并于北，经学乃北反并于南；元平宋而南并于北，经学亦北反并于南。论兵力之强，北常胜南；论学力之盛，南乃胜北。隋、元前后遥遥一辙，是岂优胜劣败之理然欤？抑报复循环之道如是欤？

论宋、元、明三朝之经学，元不及宋，明又不及元。宋刘敞、王安石诸儒，其先皆尝潜心注疏，故能辨其得失。朱子论疏，称《周礼》而下《易》、《书》，非于诸疏功力甚深，何能断得如此确凿？宋儒学有根柢，故虽拨弃古义，犹能自成一家。若元人，则株守宋儒之书，而于注疏所得甚浅。如熊朋来《五经说》，于古义古音多所抵牾。是元不及宋也。明人又株守元人之书，于宋儒亦少研究。如季本、郝敬多凭臆说，杨慎作伪欺人，丰坊造《子贡诗传》、《申培诗说》以行世而世莫能辨。是明又不及元也。顾炎武论《书传会选》云："其《传》中用古人姓名、古书名目必具出处，兼亦考证典故。盖宋、元以来诸儒之规模犹在。而其为此书者，皆自幼为务本之学，非由八股出身之人。故所著之书虽不及先儒，而尚有功于后学。自八股行而古学弃，《大全》出而经说亡。"其论明之不及宋、元，可谓深切。元、明人之经说，惟元赵汸《春秋属词》义例颇明。孔广森治《公羊》，其源出于赵汸。明梅鷟《尚书考异》

辨古文之伪，多中肯綮，开阖若璩、惠栋之先。皆铁中铮铮、庸中佼佼者也。

明永乐十二年，敕胡广等修《五经大全》，颁行天下。此一代之盛事，自唐修《五经正义》后，越八百余年而再见者也。乃所修之书，大为人姗笑。顾炎武谓："《春秋大全》全袭元人汪克宽《胡传纂疏》，《诗经大全》全袭元人刘瑾《诗传通释》。其三经，后人皆不见旧书，亦未必不因前人也。取已成之书，钞誊一过，上欺朝廷，下诳士子。唐、宋之时，有是事乎？经学之废，实自此始。"《四库提要》更加考定，谓《周易大全》割裂董楷、董真卿、胡一桂、胡炳文四家之书，饾饤成编；《书传大全》亦剿袭陈栎《尚书集传纂疏》、陈师凯《书蔡传旁通》；《礼记大全》采诸儒之说凡四十二家，而以陈澔《集说》为主。澔书之列于学官，自此书始。案：官修之书多剿旧说，唐修《正义》已不免此。惟唐所因者，六朝旧籍，故该洽犹可观；明所因者，元人遗书，故谫陋为尤甚。此《五经正义》至今不得不钻研，《五经大全》入后遂尽遭唾弃也。元以宋儒之书取士，《礼记》犹存郑注。明并此而去之，使学者全不睹古义，而代以陈澔之空疏固陋，《经义考》所目为兔园册子者。故经学至明，为极衰时代。而剥极生复，贞下起元，至国朝，经学昌明，乃再盛而骎骎复古。

## 经学复盛时代

经学自两汉后越千余年，至国朝而复盛。两汉经学所以盛者，由其上能尊崇经学、稽古右文故也。国朝稽古右文，超轶前代。康熙五十四年，御纂《周易折中》二十二卷。乾隆二十年，御纂《周易述义》十卷。康熙六十年，钦定《书经传说汇纂》二十四卷，钦定《诗经传说汇纂》二十卷，《序》二卷。① 乾隆二十年，御纂《诗义折中》二十卷。乾隆十三年，钦定《周官义疏》四十八卷，钦定《仪礼义疏》四十八卷，钦定《礼记义疏》八十二卷。康熙三十八年，钦定《春秋传说汇纂》三十八卷。乾隆二十三年，御纂《春秋直解》十五卷。② 乾隆四十七年，钦定《四库全书总目》，以经部列首，分为十类。夫汉帝称制临

---

① "卷"，原误作"传"，据周注本改。
② "十五"，原误作"十六"，据周注本改。

决，未及著为成书；唐宗御注《孝经》，不闻遍通六艺。今鸿篇巨制，照耀寰区，颁行学官，开示蒙昧；发周、孔之蕴，持汉、宋之平。承晚明经学极衰之后，推崇实学，以矫空疏，宜乎汉学重兴，唐、宋莫逮。乾隆五十八年，诏刊十三经于太学，依开成石经，参以善本，多所订正。嘉庆八年，复命廷臣磨改，以期尽善，尤为一代盛典，足以别黑白而定一尊。

凡事有近因，有远因。经学所以衰而复盛者，一则明用时文取士，至末年而流弊已甚。顾炎武谓"八股之害，甚于焚书"。阎若璩谓"不通古今，至明之作时文者而极"。一时才俊之士，痛矫时文之陋，薄今爱古，弃虚崇实，挽回风气，幡然一变。王夫之、顾炎武、黄宗羲皆负绝人之姿，为举世不为之学。于是毛奇龄、阎若璩等接踵继起，考订校勘，愈推愈密。斯为近因。一则朱子在宋儒中学最笃实，元、明崇尚朱学，未尽得朱子之旨。朱子常教人看注疏，不可轻议汉儒。又云："汉、魏诸儒，正音读，通训诂，考制度，辨名物，其功博矣。"后以宋孝宗崩，宁宗应承重，而无明据，未能折服异议。及读《仪礼疏》郑答赵商问父有废疾而为其祖服制三年斩，乃大佩服，谓："《礼经》之文，诚有阙略，不无待于后人。向使无郑康成，则此事诚未有断决。"朱子晚年修《仪礼经传通解》，盖因乎此，惜书未成而殁。元、明乃专取其中年未定之说取士，士子乐其简易。而元本不重儒，科举不常行；明亦不尊经，科举法甚陋。慕宗朱之名，而不究其实，非朱子之过也。朱子能遵古义，故从朱学者如黄震、许谦、金履祥、王应麟诸儒，皆有根柢。王应麟辑三家《诗》与郑《易注》，开国朝辑古佚书之派。王、顾、黄三大儒，皆尝潜心朱学而加以扩充，开国初汉、宋兼采之派。斯为远因。圣人之经，本如日月，光景常新，有此二因，而又恭逢右文之朝，宜其由衰而复盛矣。

由衰复盛，非一朝可至；由近复古，非一蹴能几。国初诸儒治经，取汉、唐注疏及宋、元、明人之说，择善而从。由后人论之，为汉、宋兼采一派；而在诸公当日，不过实事求是，非必欲自成一家也。江藩作《汉学师承记》，以为梨洲、亭林两家之学，"皆深入宋儒之室，但以汉学为不可废，多骑墙之见、依违之言，岂真知灼见者"，乃以黄、顾二公附于册后。窃谓如江氏说，国初诸儒无一真知灼见者矣，岂独黄、顾二公？《师承记》首列阎若璩，江氏必以阎为真知灼见。案：阎氏之功在考定古文之伪，而其《疏证》信蔡《传》臆造之事实、邵子意推之年代；其说《诗》，以王柏《诗疑》为然，谓《郑》、《卫》为可删，乃误沿宋学，显背汉儒者。江刻于黄、顾而宽于阎，是并阎氏之书未之考也。当时如胡渭《易图明辨》能辟图书之谬，而《洪范》并攻汉儒；陈启源《毛诗稽古编》能驳宋以申毛，而经说间谈佛教；万斯大、方苞等兼通三《礼》，多信宋而疑汉。其不染宋学者惟毛奇龄，而毛务与朱子立异。朱子疑伪孔古文，而毛以伪孔为可信；朱子信《仪礼》，而毛以《仪礼》为可疑。此则朱是而毛非者。虽由门户之见未融，实以途径之开未久也。此等处宜分别观之，谅其求实学之苦心，勿遽责以守专门之绝业。

雍、乾以后，古书渐出，经义大明。惠、戴诸儒为汉学大宗，已尽弃宋诠，独标汉帜矣。惠周惕、子士奇、孙栋，三世传经。栋所造尤邃，著《周易述》、《古文尚书考》、《春秋补注》、《九经古义》等书。论者拟之汉儒，在何劭公、服子慎之间。而惠氏红豆山斋楹帖云："六经宗孔、孟，百行法程、朱。"是惠氏之学未尝薄宋儒也。戴震著《毛郑诗考正》、《考工记图》、《孟子字义疏证》、《仪礼正误》、《尔雅文字考》，兼通历算、声韵。其学本出江永，称永学"自汉经师康成后，罕其俦匹"。永尝注朱子《近思录》，所著《礼经纲目》亦本朱子《仪礼经传通解》。戴震作《原善》、《孟子字义疏证》，虽与朱子说经抵牾，亦只是争辨一"理"字。《毛郑诗考正》尝采朱子说。段玉裁受学于震，议以震配享朱子祠，又跋朱子《小学》云："或谓汉人言小学谓六书，非朱子所云，此言尤悖。夫言各有当。汉人之小学，一艺也；朱子之小学，蒙养之全功也。"段以极精小学之人，而不以汉人小学薄朱子《小学》。是江、戴、段之学未尝薄宋儒也。宋儒之经说，虽不合于古义，而宋儒之学行，实不愧于古人，且其析理之精，多有独得之处。故惠、江、戴、段为汉学帜志，皆不敢将宋儒抹杀。学求心得，勿争门户；若分门户，必起讼争。江藩作《国朝汉学师承记》，焦循贻书诤之①，谓当改《国朝经学师承记》，立名较为浑融。江藩不从，方东树遂作《汉学商兑》，以反攻汉学。平心而论，江氏不脱门户之见，未免小疵；方氏纯以私意肆其谩骂，诋及黄震与顾炎武，名为扬宋抑汉，实则归心禅学，与其所著《书林扬觯》，皆阳儒阴释，不可为训。

国朝经师能绍承汉学者，有二事。一曰传家法。如惠氏祖孙父子，

---

① 按，贻书相诤者实是龚自珍，非焦循。

江、戴、段师弟，无论矣。惠栋弟子有余萧客、江声。声有孙沅，弟子有顾广圻、江藩。藩又受学余萧客。王鸣盛、钱大昕、王昶皆尝执经于惠栋。钱大昕有弟大昭，从子塘、坫、东垣、绎、侗。段玉裁有婿龚丽正，外孙自珍。金榜师江永。王念孙师戴震，传子引之。孔广森亦师戴震。具见《汉学师承记》。他如阳湖庄氏《公羊》之学，传于刘逢禄、龚自珍、宋翔凤；陈寿祺今文《尚书》、三家《诗》之学，传子乔枞。皆渊源有自者。一曰守专门。阮元云："张惠言之《虞氏易》，孔广森之《公羊春秋》，皆孤家专学也。"阮氏所举二家之外，如王鸣盛《尚书后案》专主郑义，孙星衍《尚书今古文注疏》兼明今、古，陈乔枞《今文尚书经说考》专考今文，胡承珙《毛诗后笺》、陈奂《毛氏传疏》专宗《毛诗》，迮鹤寿《齐诗翼奉学》发明《齐诗》，陈乔枞《三家诗遗说考》兼考鲁、齐、韩《诗》，凌曙、孔广森、刘逢禄皆宗《公羊》，陈立《义疏》尤备，柳兴宗《穀梁大义述》、许桂林《穀梁释例》皆主《穀梁》，钟文烝《补注》尤备，《周官》有沈彤《禄田考》、王鸣盛《军赋说》、戴震《考工记图》，《仪礼》有胡匡衷《释官》、胡培翚《正义》，《论语》有宋翔凤《说义》、刘宝楠《正义》，《孟子》有焦循《正义》，《尔雅》有邵晋涵《正义》、郝懿行《义疏》，皆卓然成家者。家法、专门，汉后已绝[1]，至国朝乃能寻坠绪而继宗风。传家法则有本原，守专门则无淆杂。名家指不胜屈，今姑举其荦荦大者。

国朝经师有功于后学者，有三事。一曰辑佚书。两汉今文家说，亡于魏、晋。古文家郑之《易》，马、郑之《书》，贾、服之《春秋》，亡于唐、宋以后。宋王应麟辑三家《诗》、郑氏《易注》，虽搜采未备，古书之亡而复存者，实为首庸。至国朝而此学极盛。惠栋教弟子，亲授体例，分辑古书。余萧客《古经解钩沉》，采唐以前遗说略备。王谟《汉魏遗书钞》、章宗源《玉函山房丛书》，辑汉、魏、六朝经说尤多。孙星衍辑马、郑《尚书注》，李贻德述《左传》贾、服注，陈寿祺、乔枞父子考今文《尚书》、三家《诗》。其余间见诸家丛书。抱阙守残，得窥崖略，有功后学者，此其一。一曰精校勘。校勘之学，始于《颜氏家训》、《匡谬正俗》等书。至宋，有三刘、宋祁之校史。宋、元说部，间存校订，然未极精审，说经亦非专门。国朝多以此名家，戴震、卢文弨、丁杰、顾广圻尤精此学。阮元《十三经校勘记》，为经学之渊海。余亦间

---

① "汉后"，原倒，据初稿本乙正。

见诸家丛书。刊误订讹，具析疑滞，有功后学者，又其一。一曰通小学。古人之语言、文字，与今之语言、文字异。汉儒去古未远，且多齐、鲁间人，其说经有长言、短言之分，读为、读若之例。唐人已不甚讲，宋以后更不辨，故其解经如冥行摘埴，又如郢书燕说，虽可治国，而郢人之意不如是也。小学兼声音、故训。宋吴棫、明陈第讲求古音，犹多疏失。顾炎武《音学五书》始返于古，江、戴、段、孔益加阐明。是为音韵之学。段玉裁《说文解字注》昌明许慎之书。同时有严可均、钮树玉、桂馥，后有王筠、苗夔诸人，益加阐明。是为音韵兼文字之学。经师多通训诂、假借，亦即在音韵、文字之中。而经学训诂以高邮王氏念孙、引之父子为最精，郝懿行次之。是为训诂之学。有功于后学者，又其一。

国朝经学凡三变。国初，汉学方萌芽，皆以宋学为根柢，不分门户，各取所长。是为汉、宋兼采之学。乾隆以后，许、郑之学大明，治宋学者已鲜，说经皆主实证，不空谈义理。是为专门汉学。嘉、道以后，又由许、郑之学导源而上，《易》宗虞氏以求孟义，《书》宗伏生、欧阳、夏侯，《诗》宗鲁、齐、韩三家，《春秋》宗《公》、《穀》二传。汉十四博士今文说，自魏、晋沦亡千余年，至今日而复明，实能述伏、董之遗文，寻武、宣之绝轨。是为西汉今文之学。学愈进而愈古，义愈推而愈高。屡迁而返其初，一变而至于道。学者不特知汉、宋之别，且皆知今、古文之分。门径大开，榛芜尽辟。论经学于今日，当觉其易而不患其难矣，乃自新学出而薄视旧学，遂有烧经之说。圣人作经以教万世，固无可烧之理，而学之简明者有用、繁杂者无用，则不可以不辨。《汉·艺文志》曰："古者三年通一艺，用日少而畜德多。"此简明有用之学也。又曰："后世便辞巧说，幼童守一艺，白首而后能言。"此繁杂无用之学也。今欲简明有用，当如《汉志》所云"存大体，玩经文"而已。如《易》主张惠言《虞氏义》，参以焦循《易章句》、《通释》诸书[1]；《书》主伏《传》、《史记》，辅以两汉今文家说；《诗》主鲁、齐、韩三家遗说，参以毛《传》、郑《笺》；《春秋》治《公羊》者主何《注》、徐《疏》，兼采陈立之书，治《左氏》者主贾、服遗说，参以杜《解》；三《礼》主郑《注》，孔、贾《疏》。先考其名物制度之大而可行于今者，细碎者姑置之，后儒臆说概屏勿观，则专治一经固属易事，兼

---

[1] "通释"，原误作"通解"，据焦循原书名改。

通各经亦非甚难。能考其源流而不迷于途径，本汉人治经之法，求汉人致用之方，如《禹贡》治河、《洪范》察变之类，两汉人才之盛，必有复见于今日者，何至疑圣经为无用而以孔教为可废哉！

《皇清经解》、《续皇清经解》二书，于国朝诸家搜辑大备，惟卷帙繁富，几有累世莫殚之疑，而其中卓然成家者实亦无几，一知半解，可置不阅。今之治经者欲求简易，惟有人治一经、经主一家，其余各家皆可姑置，其他各经更可从缓。汉注古奥，唐疏繁复，初学先看注疏，人必畏难，当以近人经说先之，如前所列诸书，急宜研究。或犹以为陈义太高，无从入手，则《书》先看孙星衍《今古文注疏》，《诗》先看陈奂《毛氏传疏》亦可，但能略通大义，确守古说，即已不愧专门之学。此古之治经者所以重家法而贵专门也。国朝诸儒，有承家法而守专门者，亦有无家法而非专门者。今主一家，当取其有家法与专门者主之。《国朝汉学师承记》具列家法、专门甚详，其成书在乾、嘉之间，故后出者未著于录。嘉、道后治今文说者，《师承记》皆不载，《皇清经解》亦未收其书，书具见于《续经解》中，故《续经解》更切要于前《经解》也。学者诚能于经学源流、正变研究一过，即知今之经学，无论今文古文、专学通学，国朝经师莫不著有成说，津逮后人，以视前人之茫无途径者，实为事半功倍。盖以了然于心目，则择从甚易，不至费日力而增葛藤。惟西汉今文近始发明，犹有待于后人之推阐者，有志之士，其更加之意乎！

《四库提要·经部·总叙》曰："自汉京以后，垂二千年，儒者沿波，学凡六变。其初专门授受，递禀师承，非惟训诂相传，莫敢同异，即篇章字句，亦恪守所闻。其学笃实谨严，及其弊也拘。王弼、王肃稍持异议，流风所扇，或信或疑。越孔、贾、啖、陆，以及北宋孙复、刘敞等，各自论说，不相统摄，及其弊也杂。洛、闽继起，道学大昌，摆落汉、唐，独研义理，凡经师旧说，俱排斥以为不足信。其学务别是非，及其弊也悍。原注：如王柏、吴澄考驳经文，动辄删改之类。学脉旁分，攀援日众，驱除异己，务定一尊。自宋末以逮明初，其学见异不迁，及其弊也党。原注：如《论语集注》误引包咸"夏瑚商琏"之说，张存中《四书通证》即阙此一条以讳其误。又如王柏删三十二篇，许谦疑之，吴师道反以为非之类。主持太过，势有所偏；才辨聪明，激而横决。自明正德、嘉靖以后，其学各抒心得，及其弊也肆。原注：如王守仁之末派皆以狂禅解经之类。空谈臆断，考证必疏。于是博雅之儒，引古义以抵其隙。国初诸家，其学征实不诬，及其弊也琐。原注：如一字音训动辨数百言之类。"案：二千年经学升降得失，《提要》以数十言包括无遗，又各以一字断之。所谓拘者，两汉之学也；杂者，魏、晋至唐及宋初之学也；悍者，宋庆历后至南宋之学也；党者，宋末至元之学也；肆者，明末王学也；琐者，国朝汉学也。《提要》之作，当惠、戴讲汉学专宗许、郑之时，其繁称博引，间有如汉人三万言说"若稽古"者。若嘉、道以后讲求今文大义微言，并不失之于琐，学者可以择所从矣。

# 书经通论
# （1907）

## 论《尚书》分今、古文最先，而《尚书》之今、古文最纠纷难辨

两汉经学有今、古文之分，以《尚书》为最先，亦以《尚书》为最纠纷难辨。治《尚书》不先考今、古文分别，必至茫无头绪，治丝而棼。故分别今、古文，为治《尚书》一大关键，非徒争门户也。汉时今文先出，古文后出；今文立学，古文不立学。汉立十四博士，《易》施、孟、梁丘、京氏，《尚书》欧阳、大小夏侯，《诗》鲁、齐、韩，《礼》大、小戴，《春秋》严、颜，皆今文立学者也。费氏古文《易》、古文《尚书》、《毛诗》、《周官》、《左氏春秋》，皆古文不立学者也。其后今文立学者皆不传，古文不立学者反盛传。盖自东汉以来，异说渐起，非一朝一夕之故矣。谓今、古文之分，《尚书》最先者：《史记·儒林传》举汉初经师，《诗》自申培公、辕固生、韩太傅，《礼》自高堂生，《易》自田何，《春秋》自胡毋生、董仲舒，皆今文，无古文。惟于《尚书》云："孔氏有古文《尚书》，而安国以今文读之，因以起其家。"是汉初已有古文《尚书》，与今文别出。故曰今、古文之分，以《尚书》为最先也。谓今、古文以《尚书》为最纠纷难辨者：太史公时，《尚书》立学者惟有欧阳，太史公未言受《书》何人。《史记》引《书》多同今文，而《汉书·儒林传》云："司马迁从安国问故，迁书载《尧典》、《禹贡》、《洪范》、《微子》、《金縢》诸篇多古文说。"然则《史记》引《书》为欧阳今文乎，抑安国古文乎？此难辨者一。《汉书·艺文志》曰："古文《尚书》者，出孔子壁中，安国献之，遭巫蛊事，未列于学官。刘向

以中古文，校欧阳、大小夏侯三家经文。"又《儒林传》曰："世所传百两篇者，出东莱张霸，分析合二十九篇以为数十，又采《左氏传》、《书叙》为作首尾，凡百二篇。成帝时，求其古文者，霸以能为百两征。以中书校之，非是。"《后汉书·儒林传》曰："扶风杜林传古文《尚书》，林同郡贾逵为之作训，马融作传，郑玄注解。由是古文《尚书》遂显于世。"据此，则汉时古文《尚书》已有三本：一、孔氏之壁书；一、张霸之百两；一、杜林之漆书。此难辨者二。东晋梅颐献古文《尚书》孔安国《传》，孔颖达作疏，以孔氏经、传为真，马、郑所注为张霸伪书。宋儒以孔安国书为伪。近儒毛奇龄以孔氏经、传为真，马、郑所注本于杜林漆书者为伪。阎若璩、惠栋则以孔氏经、传为伪，马、郑所注本于杜林者即孔壁真古文。刘逢禄、宋翔凤、魏源又以孔氏经、传与马、郑本于杜林者皆伪，逸十六篇亦非孔壁之真。此难辨者三。锡瑞案：张霸书之伪，《汉书》已明辨之。孔安国书之伪，近儒已明辨之。马、郑古文《尚书》出于杜林者，是否即孔壁真古文，至今犹无定论。故曰今、古文之分，以《尚书》为最纠纷难辨也。若唐玄宗诏集贤学士卫包改古文从今文，乃以当时俗书改隶书，与汉时今文不同。《文献通考》曰："汉之所谓古文者，科斗书；今文者，隶书也。唐之所谓古文者，隶书；今文者，世所通用之俗字也。"宋时又有古文《尚书》出宋次道家，尤不足据。阮元曰："卫包以前，未尝无今文；卫包以后，又别有古文也。"

## 论汉时今、古文之分由文字不同，亦由译语各异

汉时所谓今文，今谓之隶书，世所传熹平石经与孔庙等处汉碑是也。汉时所谓古文，今谓之古籀，世所传钟鼎、石鼓与《说文》所列古文是也。隶书汉时通行，故谓之今文，犹今人之于楷书，人人尽识者也。古籀汉时已不通行，故谓之古文，犹今人之视篆、隶，不能人人尽识者也。《史记·儒林传》曰："伏生者，济南人也，故为秦博士。秦时焚书，伏生壁藏之。其后兵大起，流亡。汉定，伏生求其书，亡数十篇，独得二十九篇，即以教于齐、鲁之间。"锡瑞案：孔子写定六经，皆用古文，见许氏《说文·自叙》。伏生为秦博士，所藏壁中之书，必与孔壁同为古文，至汉发藏以教生徒，必易为通行之隶书，始便学者诵习。江声《尚书集注音疏》始用篆文，书不通行，后卒改用今体楷书。

观今人不识篆文，不能通行，即知汉人不识古文，不能通行之故。此汉时立学所以皆今文，而古文不立学也。古文《尚书》之名虽出汉初，尚未别标今文之名，但云《欧阳尚书》、《夏侯尚书》而已。刘歆建立古文《尚书》之后，始以今《尚书》与古《尚书》别异。许慎《五经异义》列古《尚书》说，今《尚书》夏侯、欧阳说，是其明证。龚自珍《总论汉代今文古文名实》曰："伏生壁中书，实古文也，欧阳、夏侯之徒以今文读之，传诸博士，后世因曰伏生今文家之祖。此失其名也。孔壁固古文也，孔安国以今文读之，则与博士何以异？而曰孔安国古文家之祖，此又失其名也。今文、古文，同出孔子之手，一为伏生之徒读之，一为孔安国读之。未读之先，皆古文矣；既读之后，皆今文矣。惟读者人不同，故其说不同。源一流二，渐至源一流百。此如后世翻译，一语言也，而两译之，三译之，或至七译之，译主不同，则有一本至七本之异。未译之先，皆彼方语矣；既译之后，皆此方语矣。其所以不得不译者，不能使此方之人晓殊方语故；经师之不能不读者，不能使汉博士及弟子员悉通周古文故。① 然而译语者未尝取所译之本而毁弃之也，殊方语自在也。读《尚书》者，不曰以今文读后而毁弃古文也，故其字仍散见于群书及许氏《说文解字》之中，可求索也。又译字之人，必华夷两通而后能之；读古文之人，必古今字尽识而后能之。此班固所谓晓古、今语者，必冠世大师如伏生、欧阳生、夏侯生、孔安国庶几当之，余子皆不能也。此今文、古文家之大略也。若夫'读之'之义，不专指以此校彼而言，又非谓以博士本读壁中本而言，具如予外王父段先生言②，详见段氏《古文尚书撰异》。"案：段氏解"读"字甚精，龚氏通翻译，解"读"字尤确。据此，可知今、古文本同末异之故，学者不必震于古文之名而不敢议矣。

## 论伏生传经二十九篇，非二十八篇，当分《顾命》、《康王之诰》为二，不当数《书序》与《大誓》

孔子弟子漆雕开传《尚书》，其后授受源流皆不可考。汉初传《尚书》者，始自伏生。伏生传经二十九篇，见《史记·儒林传》、《汉书·

---

① "故"，原脱，据龚自珍《大誓答问第二十四》补。
② "具"，原误作"其"，据龚自珍《大誓答问第二十四》改。

艺文志》。《儒林传》亦云伏生求得二十九篇，无所谓二十八篇者。乃孔颖达《正义》云："《尚书》遭秦而亡，汉初不知篇数。武帝时，有太常、蓼侯孔臧者，安国之从兄也，与安国书云：时人惟闻《尚书》二十八篇，取象二十八宿，谓为信然，不知其有百篇也。"锡瑞案：此引《论衡》"法四七宿"之说，而遗"其一曰斗"之文。段玉裁谓孔臧书不可信。王引之谓二十八篇之说见于伪《孔丛子》，及《汉书·刘歆传》臣瓒注，盖晋人始有此说。据段、王说，则今文二十八篇之说非是，孔臧书即伪《孔丛子》所载也。惟王充《论衡·正说》篇云："至孝宣皇帝之时，河内女子发老屋，得逸《易》、《礼》、《尚书》各一篇，奏之。宣帝下示博士，然后《易》、《礼》、《尚书》各益一篇，而《尚书》二十九篇始定。"如其说，则益一篇乃有二十九，伏生所传者止二十八矣。所益一篇是《大誓》。《尚书正义》引刘向《别录》曰："武帝末，民有得《大誓》书于壁内者，献之。与博士使读说之，数月皆起传以教人。"《文选注》引《七略》同，且曰"今《太誓》篇是也"。《论衡》言宣帝时，与《别录》、《七略》言武帝末不合。王引之、陈寿祺皆以《论衡》为传闻之误，则其言《尚书》篇数亦不可信。而即《论衡》之说考之，亦自有不误者。《正说》篇云："传者或知《尚书》为秦所燔，而谓二十九篇，其遗脱不烧者也。审若此言，《尚书》二十九篇，火之余也。七十一篇为炭灰，二十九篇独遗耶？夫伏生年老，晁错从之学时，适得二十余篇。伏生死矣，故二十九篇独见，七十一篇遗脱。"据此，则王仲任亦以为伏生传晁错已有二十九篇，与马、班说不异。其以为益一篇而二十九篇始定者，盖当时传闻之辞，仲任非必坚持其说，而其说亦有所自来。伏生所传二十九篇，《尧典》一，《皋陶谟》二，《禹贡》三，《甘誓》四，《汤誓》五，《般庚》六，《高宗肜日》七，《西伯戡耆》八，《微子》九，《牧誓》十，《鸿范》十一，《大诰》十二，叶梦得云：伏生以《大诰》列《金滕》前。《金滕》十三，《康诰》十四，《酒诰》十五，《梓材》十六，《召诰》十七，《洛诰》十八，《多士》十九，《毋佚》二十，《君奭》二十一，《多方》二十二，《立政》二十三，《顾命》二十四，《康王之诰》二十五，《鲜誓》二十六，《甫刑》二十七，《文侯之命》二十八，《秦誓》二十九。《释文》："'王若曰：庶邦侯、甸、男、卫'，马本从此以下为《康王之诰》。欧阳、大小夏侯同为《顾命》。"故或谓今文二十九篇，当合《顾命》、《康王之诰》为一。而以《大誓》当一篇者，王引之《经义述闻》是也。或以《书序》当一篇者，陈寿祺《左海经辨》是也。案：以《书序》当一篇，《经义述闻》已辨之矣。以《大誓》当一篇，《大誓答问》已辨之矣。当从《大誓答问》，分《顾命》、《康王之诰》为二，不数《大誓》、《书序》为是。惟龚氏论夏侯、欧阳无增篇，无解于《释文》所云。欧阳、夏侯既无增篇，又并二篇为一，则仍止二十八，而无二十九矣。《史记·周本纪》云"作《顾命》"、"作《康诰》"，《康诰》即《康王之诰》。则史公所传伏生之书明分二篇，其后欧阳、夏侯乃合为一。疑因后得《大誓》，下示博士，使读说以教人，博士乃以《顾命》、《康王之诰》合为一篇，而挽入《大誓》。此夏侯篇数所以仍二十九，欧阳又分《大誓》为三，所以篇数增至三十一也。《论衡》所云益一篇而《尚书》二十九篇始定，乃据其后言之；云伏生传晁错适得二十九篇，乃据其先言之。如此解，则二说皆可通，而伏生所传篇数与博士所传篇数名同而实不同之故，亦可考而知矣。若《书正义》谓："司马迁在武帝之世，见《太誓》出而得行，入于伏生所传内，故为史总之，并云伏生所出，不复曲别分析，云民间所得也。"史公不应谬误至此，其说非是。汉所得《大誓》今残缺，考其文体，与二十九篇不类。白鱼赤乌之瑞，颇近纬书。伏生《大传》虽载之，似亦说经之文，而非引经之文。故董子但称为《书传》，马融疑之，是也。唐人信伪孔古文，以此《大誓》为伪，遂致亡佚。近人以为不伪，复掇拾丛残而补之，似亦可以不必矣。

## 论古文增多十六篇见《汉志》，增二十四篇为十六卷见孔《疏》，篇数分合、增减皆有明文

伏生壁藏之书，汉立学，今传诵者也。孔氏壁藏之书，汉不立学，今已不传者也。书既不传，则真伪不必辨。而既考今文之篇数，不能不并考古文之篇数。《史记·儒林传》曰"逸《书》得十余篇"，《汉书·艺文志》曰"以考二十九篇，得多十六篇"，皆未列其篇名。《书正义》曰："案壁内所得，孔为传者，凡五十八篇，为四十六卷。三十三篇与郑《注》同，二十五篇增多郑《注》也。其二十五篇者，《大禹谟》一，《五子之歌》二，《胤征》三，《仲虺之诰》四，《汤诰》五，《伊训》六，《太甲》三篇九，《咸有一德》十，《说命》三篇十三，《泰誓》三篇十六，《武成》十七，《旅獒》十八，《微子之命》十九，《蔡仲之命》二十，《周官》二十一，《君陈》二十二，《毕命》二十三，《君牙》二十

四,《冏命》二十五。但孔君所传,值巫蛊不行以终。前汉诸儒知孔本有五十八篇,不见孔《传》,遂有张霸之徒于郑《注》之外,伪造《尚书》,凡二十四篇,以足郑《注》三十四篇为五十八篇。其数虽与孔同,其篇有异。孔则于伏生所传二十九篇内,无古文《泰誓》,除《序》,尚二十八篇,分出《舜典》、《益稷》、《盘庚》二篇、《康王之诰》,为三十三,增二十五篇为五十八篇。郑玄则于伏生二十九篇之内,分出《盘庚》二篇、《康王之诰》,又《泰誓》三篇,为三十四篇,更增益伪书二十四篇为五十八。所增益二十四篇者,则郑注《书序》,《舜典》一,《汩作》二,《九共》九篇十一,《大禹谟》十二,《益稷》十三,《五子之歌》十四,《胤征》十五,《汤诰》十六,《咸有一德》十七,《典宝》十八,《伊训》十九,《肆命》二十,《原命》二十一,《武成》二十二,《旅獒》二十三,《冏命》二十四。以此二十四为十六卷,以《九共》九篇共卷,除八篇,故为十六。故《艺文志》、刘向《别录》云五十八篇。"锡瑞案:孔《疏》以伪孔古文为真,以郑注古文为伪,诚为颠倒之见,而所数篇目,必有所据。其引郑注《书序》,《益稷》当作《弃稷》,《冏命》当作《毕命》。云增二十五篇,据伪孔《序》文,实当作二十四,盖作伪孔书者,知伏生二十九篇不数《泰誓》与《序》,遂误以为二十八篇,而不知当数《康王之诰》也。桓谭《新论》云:"古文《尚书》旧有四十五卷,为五十八篇。"《汉书·艺文志》云:"《尚书》古文经四十六卷,为五十七篇。"二说不同。桓云四十五卷,盖不数《序》,五十八篇兼数《武成》。班云四十六卷,则并数《序》,五十七篇不数《武成》。《武成》正义引郑云"《武成》逸书,建武之际亡",故比桓谭时少一篇矣。篇数分合、增减,皆有明文可据。俞正燮谓"《艺文志》本注云五十七篇者,与众本皆不应,'七'是误文;《正义》引刘向《别录》云五十八篇,'八'亦误文",轻诋前人,殊嫌专辄。龚自珍不信《大誓》,极是,而必以为博士无增《大誓》之事,则二十九篇之数不能定,乃谓刘向袭称五十八、班固袭称五十七为误,则亦未尽得也。

## 论《尚书》伪中作伪,屡出不已,其故有二,<br>一则因秦燔亡失而篇名多伪,<br>一则因秦燔亡失而文字多伪

孔子所定之经,惟《尚书》真伪难分明。至伪中作伪,屡出不已

者，其故有二：一则秦时燔经，《尚书》独受其害。《汉书·艺文志》曰："及秦燔书，而《易》为筮卜之事，传者不绝。"又曰："凡三百五篇遭秦而全者，以其讽诵，不独在竹帛故也。"据此，则《易》、《诗》二经皆全，未尝受秦害也。《史记·儒林传》曰："《礼》固自孔子时，而其经不具。及至秦焚书，书散亡益多。"《十二诸侯年表》曰："孔子次《春秋》，七十子之徒口受其传指，为有所刺讥褒讳挹损之文辞，不可以书见也。"据此，则《礼》虽因焚书而散亡，其先本不完全；《春秋》本是口传，今犹完全，亦未尝受秦害也。独《尚书》一经，《史记》云："秦时焚书，亡数十篇。"《汉书》云："《书》凡百篇，秦燔书禁学，汉兴亡失。"《论衡·正说》篇云："盖《尚书》本百篇，孔子所授也。遭秦用李斯之议，燔烧五经，济南伏生抱百篇藏于山中。孝景皇帝时，始存《尚书》。伏生已出山中，景帝遣晁错往，从受《尚书》二十余篇。伏生老死，《书》残不竟。晁错传于倪宽。"又云："至孝景帝时，鲁共王坏孔子教授堂以为殿，得百篇于墙壁中。武帝使使者取视，莫能读者，遂秘于中，外不得见。至孝成皇帝时，征为古文《尚书》学，东海张霸案百篇之《序》，空造百两之篇，献之成帝。帝出所秘百篇以较之，皆不相应。于是下霸于吏，吏白霸罪当至死。成帝高其才而不诛，亦惜其文而不灭，故百两之篇传在世间者。传见之人，则谓《尚书》有百两篇矣。"据此，则以孔子所定本有百篇，遭燔残缺不全。王充且以为孔壁所得亦有百篇，因秘于中而不得见。学者既不得见，而徒闻百篇之名，遂有张霸出而作伪。后之作伪孔古文者，正袭张霸之故智也。张霸与孔皆伪，究不知真古文安在。马、郑注古文十六篇，世以为孔壁真古文，而马融云"逸十六篇绝无师说"。既无师说，真伪难明，《史》、《汉》皆不具其篇目。刘逢禄以为《逸周书》之类，非真古文《尚书》，证以刘歆引《武成》即《逸周书·世俘解》，似亦有据。其书既亡，是非莫决。此因秦燔亡失而篇名多伪者也。一则今文、古文，《尚书》分别独早。孔壁古文藏于中秘，刘向以中古文校三家，成帝以秘百篇校张霸，皆必是真古文。后遭新莽、赤眉之乱，西京图籍未必尚存。《后汉书·杜林传》云："林前于西州得漆书古文《尚书》一卷，常宝爱之，虽遭艰困①，握持不离身。出以示卫宏、徐巡曰：'林流离兵乱，常恐斯经将绝，何意东海卫子、济南徐生复能传之，是道竟不坠于地也。古文虽

———————
① "艰"，原误作"难"，据《后汉书·杜林传》改。

不合时务，然愿诸生无悔所学。'宏、巡益重之，于是遂行。"案：杜林古文，马、郑本之以作传注，所谓古文遂行也。此漆书，或是中秘古文遭乱佚出者。杜林作《苍颉训纂》、《苍颉故》，《汉书》云"世言小学者由杜公"。杜既精于小学，得古文一卷，可以校刊俗本之讹。故贾逵作训，马融作传，郑玄注解，皆据以为善本。许慎师贾逵，《说文》所列古文，当即贾逵所传杜林漆书一卷，故其字亦无多。或以为杜林见孔壁全书，固非；或又以漆书为杜林伪作，亦非也。《说文》"黼"字注引卫宏说。《隋书·经籍志》："《古文官书》一卷，后汉卫敬仲撰。"《史记·儒林传》正义、《汉书·儒林传》注皆引作卫宏《诏定古文尚书》。卫宏传杜林之学，《官书》一卷盖本杜林。东汉诸儒多压今文以尊古文，马融诋为俗儒，郑君疾其蔽冒，于是伪孔所谓隶古定乃乘虚而入。自唐卫包改为今文，而隶古定又非其旧，于是宋人之伪古文又继踵而起。而据《经典释文·叙录》曰："今齐、宋旧本及徐、李等音所有古字，盖亦无几。穿凿之徒务欲立异，依傍字部，改变经文，疑惑后生，不可承用。"段玉裁谓："按：此则唐以前久有此伪书，盖集《说文》、《字林》、魏石经及一切离奇之字为之。传至郭忠恕，作《古文尚书释文》。此非陆德明《释文》也，徐楚金、贾昌朝、夏竦、丁度、宋次道、王仲至、晁公武、宋公序、朱元晦、蔡仲默、王伯厚皆见之。公武刻石于蜀，薛季宣取为《书古文训》。此书伪中之伪，不足深辨。今或以为此即伪孔《序》所谓隶古者，亦非也。"又谓："按：《尚书》自有此一种与今本绝异者，如郭氏璞说'茂才茂才'，贾氏公彦说'三岳三海'，释玄应说'高宗梦导说'、'砆砥砮丹'，陆氏德明说'眘徽五典'，孔氏颖达说壁内之书'治'皆作'乿'，颜氏师古说'汤斳奴翳'，徐氏锴说'才生明'、说'欢呿'，皆在宋次道以前也。"江声好改字，深信之。段不信，识优于江。据此，则伪中之伪，至于擅造文字。此又因秦燔亡失而文字多伪者也。

## 论伏生所传今文不伪，治《尚书》者<br>不可背伏生《大传》最初之义

　　篇名、文字多伪，皆属古文。古文有伪，伏生所传今文二十九篇固无伪也。《史》、《汉》皆云伏生得《书》止二十九篇，《论衡》则云"伏生老死，《书》残不竟"，则伏生所得不止此数，当以《史》、《汉》为是。晁错景帝时已大用，受《书》伏生在文帝时。兒宽受《书》欧阳

生、孔安国，非晁错所传授。《论衡》多传闻之失，惟以发孔壁在景帝时，足证《汉书》之误。《史》、《汉》与《论衡》虽少异，而二十九篇之不伪，固昭昭也。《史》、《汉》皆云二十九篇之外，亡数十篇。刘歆《移太常博士书》谓博士"以《尚书》为备"，臣瓒《汉书注》曰："当时学者谓《尚书》唯有二十八篇，不知本存百篇也。"《论衡》引或说："《尚书》二十九篇者，法斗四七宿也。四七二十八篇，其一曰斗矣，故二十九。"汉时谓《尚书》唯有二十九篇，故以为备。《尚书》不止此数，而秦燔亡失，所得止此，则虽不备，而不得不以为备矣。《史》、《汉》与博士说少异，而二十九篇之不伪，又昭昭也。全经几烬，一老憖遗。以九十余岁之人，传二十九篇之经，又有四十一篇之传，今虽残缺，犹存大略。其传兼明大义，不尽释经，而释经者确乎可据，如：大麓之野，必是山林；旋机之星，实为北极。四方上下，"六宗"之义可寻；三才四时，"七政"之文具在。祢祖归假，知事死如事生；鸟兽咸变，见物性通人性。十二州之兆祀，是祭星辰；三千条之肉刑，难解画象。七始七律，文犹见于唐山；五服五章，制岂同于周世。三公绌陟，在巡守之先；重华禅让，居宾客之位。西伯受命，逮六载而称王；元公居摄，阅七年而致政。成王抗法，为世子以迎侯；皇天动威，开金縢而改葬。此皆伏生所传古义，必不可创新解而背师说者。其后三家之传，渐失初祖之义。《汉书·于定国传》"万方之事，大录于君"，是用大夏侯说，背伏生"大麓"之说一矣。《地理志》"周公封弟康叔，号曰孟侯"，是用小夏侯说，背伏生"迎侯"之说二矣。《白虎通》以"虞宾在位"为"不臣丹朱"，亦是用夏侯说，背伏生"舜为宾客"之说三矣。欧阳、夏侯说天子服十二章，公卿服九章，背伏生"五服五章"之说四矣。说详见后。古文后出，异说尤多。马、郑以"璇机玉衡"为浑天仪，背伏生"旋机，北极"之说五矣。马、郑又以日、月、五星为"七政"，背伏生"三才四时"之说六矣。刘歆以"六宗"为水、火、雷、风、山、泽，贾、马、许以为日、月、星、河、海、岱，郑以为星、辰、司中、司命、风师、雨师，背伏生"上下四方"之说七矣。马、郑训"肇十二州"之"肇"为始，分置并、幽、营三州，背伏生"兆祭分星"之说八矣。[①] 郑以"艺祖"犹周明堂，背伏生"归假祖祢"之说九矣。马以"鸟兽"为"笋虡"，背伏生"鸟兽咸变"之说十矣。"七始

---

训"，古文作"在治忽"，郑本又作"曶"，解为"笏"，背伏生"七始七律"之说十一矣。马、郑古文以成王感雷雨，迎周公反国，背伏生"公薨改葬"之说十二矣。说详见后。刘歆欲立古文，诋博士"是末师而非往古"。试问传《尚书》者，有古于伏生者乎？岂伏生《大传》不足信，末师之说乃足信乎？郑君为《大传》作注，可谓伏生功臣，乃于《虞传》六宗、《夏传》三公、《周传·多士》之言郊遂，皆引《周礼》为说。又谓《虞传》"仪"当为"羲"，以傅合羲仲；《洪范》"容"当为"睿"，而改从古文。则郑君之于伏书，亦犹注《礼》笺《诗》，杂糅今、古，而非笃守伏书者矣。近儒王鸣盛说《牧誓》司徒、司马、司空，以伏生为不可解；段玉裁说《金縢》，以今文为荒谬。彼祖护古文者，犹不足怪。孙星衍始治今文，于《多方》泥于郑注践奄在摄政时，谓《大传》不出自伏生。陈乔枞专治今文，乃于文王受命、周公避居两事，皆诋伏生老耄，记忆不全。此经义所以不明，皆由不守师说，诚无解于孔颖达"叶不归根"之诮矣。

## 论伏《传》之后，以《史记》为最早，《史记》引《书》多同今文，不当据为古文

汉武帝立博士，《尚书》惟有欧阳。太史公《尚书》学，不言受自何人。考其年代，未能亲受伏生，当是欧阳生所传者。陈寿祺曰："司马子长时，《书》惟有欧阳，所据《尚书》乃欧阳本也。"臧琳《经义杂记》分别《史记》引《尚书》为今文，马、郑、王本为古文，已列《尧典》一篇，余可类推。其说甚是。今考《史记》一书，如：大麓是林麓，非录尚书；百揆即百官，匪云宰相。尧太祖称文祖，异于祢祖之亲；胤子朱是丹朱，知非胤国之爵。舜年凡百岁，见"征庸三十"之讹；帝咨廿二臣，有彭祖一人在内。九官、十二牧，四岳即在十二牧内，合以彭祖，正是二十有二人。"夔曰"八字，本属衍文；"予乘四载"，更当分列。"戛击鸣球"以下，记自虞史伯夷；"明良喜起"之歌，义即舜传大禹。《般庚》属小辛时作，比于陈古刺今；微子咨乐官乃行，何与剖心胥靡？太师、少师皆乐官，非箕子、比干。《多士》文兼《毋佚》，意在两义互明；《君奭》告以勿疑，事在初崩居摄。成王开金匮，不因管、蔡之言；重耳赐彤弓，乃作《文侯之命》。鲁公就国，誓众征戎；秦伯封殽，

惩前悔过。皆与古文不合，而与《大传》略同。惟文王囚羑里之后，乃出戡耆；箕子封朝鲜之前，已先访范，此二事与《大传》年代先后稍异耳。司马贞《索隐》见与伪孔古文不符，谓史公采杂说，非本义。此其谬，人皆知之矣。《汉书》谓"迁从孔安国问故，迁书载《尧典》、《禹贡》、《洪范》、《微子》、《金縢》多古文说"，其言亦无确证。陈寿祺曰："今以此五篇考之，如《五帝纪》之载《尧典》'居郁夷'、'曰柳谷'、'便在伏物'、'黎民始饥'、'五品不训'、'归至于祖祢庙'、'五流有度，五度三居'，《夏本纪》之载《禹贡》'惟箘簵楛'、'荥播既都'，《周本纪》之载《洪范》'毋侮鳏寡'，文字皆与今文吻合，则所谓多古文说者，特指其说义耳。"段玉裁曰："按：此谓诸篇有古文说耳，非谓其文字多用古文也。《五经异义》每云古某说、今某说，皆谓其义，非谓其文字，如：说'内于大麓'，云'尧使舜入山林川泽'，不云大录万机之政；说《禹贡》，云天子之国千里，以外甸、侯、绥、要、荒，每服五百里，方六千里，不云甸服千里，加侯、绥、要、荒，每服五百里，方五千里；说《洪范》，云'思曰睿'，不云'思心曰容'；说《微子》，云'大师若曰：今诚得治国，死不恨。不得治，不如去'，不云'微子若曰：我旧云孩子，王子不出'；说《金縢》，虽用今文说，而亦云'或谮周公，周公奔楚。成王发府，见周公祷书，乃泣，反周公'。皆古文说之异于今文家，约略可言者也。"锡瑞案：史迁从安国问故，《史记》所未载，不知班氏何据。若《史记》所引《尚书》，多同今文，不同古文。班氏所云，惟'方六千里'同于贾、马古文，'思曰睿'与'曰涕'同于马、郑古文。若"大麓"不作"大录"，是用欧阳说，与夏侯异。"大师"不作"父师"，是今文说，与马、郑古文异，特不同于《论衡》一家之说耳。《金縢》在周公薨后，是今文说，与马、郑古文异。而又云"或谮周公，周公奔楚"，虽与《论衡》引古文说颇合，而以为公归政后，与马、郑古文避居之说不同。皆不足为《史记》用古文说之证。自孙星衍以后，皆误用班氏说，以为《史记》一书引《尚书》者尽属古文，于是《尚书》今、古文家法大乱。不知分别家法，确有明征，非可执疑似之单文，掩昭晰之耳目。孙星衍过信班氏，其解《金縢》，误分《史记》以"居东"为东征与《毛诗》同者为古文说，郑以周公居东在成王禅后者为今文说，而无以处《论衡》明言"古文家"，乃曰"王氏充以为古文者，今文亦古说也"，岂知《论衡》分今、古文甚明，乃欲厚诬古人，岂不谬哉！

## 论伏《传》、《史记》之后，惟《白虎通》 多引今文，两《汉书》及汉碑引《书》， 亦皆汉时通行之本

《尚书》有今、古文之分，人皆知之，而未有一人能分别不误者。孔壁古文，罕传于世。至东汉，卫、贾、马、郑古文之学渐盛。其原出于杜林，与孔壁古文是一是二，未有明据。至东晋，伪孔古文出。唐以立学，孔颖达见其篇目与马、郑异，乃强谓马、郑为今文。近人皆知孔《疏》之谬矣，而又误执班《志》"迁书多古文说"，遂以《史记》所载皆属古文，而无以处马、郑与《史记》异者，又强谓马、郑为今文。夫《史记》据《欧阳尚书》，明明属今文矣，而必以为古文；马、郑据杜林漆书，明明属古文矣，而必以为今文，则谓未有一人能分别不误者，非过论也。经义最久远难分明者，莫如《尚书》；经义最有确凭据者，亦莫如《尚书》。《尚书》之确凭据，首推伏生《大传》，次则司马《史记》。其说已见前矣。又次则《白虎通德论》，多载今《尚书》说，陈寿祺曰：《白虎通义》用今文《尚书》。如：琼、璜，五玉；麋、鹿，二牲。九族亲睦，兼列异闻；三考黜陟，不拘一义。放勋非号，说见于郊天；伯夷不名，义彰于敬老。鸣球堂上，尤贵降神之歌；燔柴岱宗，即为封禅之礼。考绩事由二伯，州牧旁立三人。五行衰王之宜，八音方位之别。受铜即位，大敛即可称王；改朔应天，太平亦须革正。周公薨当改葬，康叔封据平安。皆不背于伏书，亦无违于迁史。《白虎通》为今文各经之总汇，具唐、虞三代之遗文。碎璧零珪，均称瑰宝。虽不专为《尚书》举证，而《尚书》之故实、典礼，要皆信而有征。治今文《尚书》者，于伏《传》、《史记》外，当以此书为最。他如两《汉书》纪、志、传之引《尚书》，汉碑之引《尚书》，以汉家四百年之通行，证伏书二十九篇之古义，虽不能备，而《尚书》之大旨，可以了然于心，而不为异说所惑矣。至于孔壁古文，久已不传，其余真伪难明，或且伪中作伪，既无裨于经学，学者可姑置之。与其信疑似难明之古文而乡壁虚造，不如信确实有据之今文而抱缺守残。《尚书》本出伏生，不当求《书》义于伏生所传之外。兒宽受学于欧阳生，又受学于孔安国。欧阳、大小夏侯之学，皆出于宽。是安国古文之传，已并入欧阳、夏侯，更不当求《书》义于欧阳、夏侯三家之外也。

## 论古文无师说，二十九篇之古文说
## 亦参差不合，多不可据

古文《尚书》之名旧矣，今止以今文二十九篇为断，古文置之不论。其说似乎骇俗，不知真古文之亡久矣，且真古文亦无师说。凡今文早出有师说，古文晚出无师说，各经皆然，非独《尚书》。孔安国以今文读古文，或略缀以文字，如后之《释文》、《校勘记》，亦未可知，要之必无章句、训义。《汉书·孔光传》曰："忠生武及安国，武生延年，延年生霸，霸生光焉。安国、延年皆以治《尚书》，为武帝博士；安国至临淮太守。霸亦治《尚书》，事太傅夏侯胜，昭帝末年为博士。"案：此孔安国古文《尚书》但有经而无传之明证也。汉人重家法。欧阳生至歙八世，皆治《欧阳尚书》。霸为安国从孙，如安国有师说，霸岂得舍而事夏侯？大夏侯有孔、许之学，则孔氏之家学转在夏侯，而非传安国矣。盖古文无师说，博士必以今文师说教授，故夏侯师说有与古文《尚书》相出入者。班氏世习《夏侯尚书》。《汉书》引经，与《史记》引欧阳说颇不同，而《汉书》又间用古字，其异同皆可考而知。孔氏所谓"起其家"者，不过守此孤本，传为家学耳。逸十六篇本之杜林，托之孔壁，卫、贾、马、郑递相授受。马融以为绝无师说，郑亦不注逸《书》。观于逸《书》之无师说，又安国古文《尚书》有经无传之明证也。有经而无师说，与无经同，况并此真经而亡之，乃以赝鼎乱真，奚可哉！二十九篇以外之古文既不可信，二十九篇之中有古文说，盖创始于刘歆。歆欲建立古文，必有说义，方可教授。《周礼》、《左氏传》皆由刘歆创通大义，有明文可据，则古《尚书》说出于东汉之初者，亦由刘歆创立可知。如以"三公"为太师、太傅、太保，以"六宗"为乾坤六子，以"父师"为箕子，以文王为受命九年而崩，歆说至今可考见者，皆不与今《尚书》说同，是其明证。刘歆为国师，王璜、涂恽皆贵显。涂恽授桑钦，则《汉书》、《禹贡》引桑钦说，又在刘歆之后。《汉书·地理志》于《禹贡》引古文说必分别言之，则其余皆今文可知。《五经异义》引古《尚书》说，盖出卫宏、贾逵，亦或本之于歆。卫、贾所作训，今不传。郑君《书赞》曰："卫、贾、马二三君子之业，则雅才好博，既宜之矣。"是郑注古文《尚书》多本于卫、贾、马。今马、郑注解犹存其略，而郑不同于马，马又不同于卫、贾。盖古文本无师授，所以人自为说。其说互异，多不可据，不当以卫、贾、马、郑后起之说，违伏生最初之义也。

## 论《禹贡》山川当据经文解之，据汉人古义解之，不得从后起之说

郡县有时而更，山川终古不易。山川之名，自禹始定。《甫刑》曰："禹平水土，主名山川。"郭璞《尔雅注》曰："从《释地》已下至九河，皆禹所名也。"据此，则禹奠高山大川之后，始一一为之定名，相传至今。其支峰、支流不必皆禹所定，而大山川之名终古不易。即或山有崩坏，水道有迁徙，而准其地望，考其形势，大致犹可推求。《禹贡》一书，为后世山经水记之祖，《史记·河渠书》、《汉书·地理志》皆全载其文。《汉志》又于郡县下，备载《禹贡》某山某水在今郡县某处。汉时去古未远，其说必有所受。后之治《禹贡》者，吾惑焉。经有明文，习而不察，其数可稽者，乃释以颟顸之辞。此大惑者一。汉人引经有明文，诳而不信，其地可据者，反傅会不经之说。此大惑者二。试举数条证之。《禹贡》曰："九山刊旅，九川涤源，九泽既陂。"经明言九山、九川、九泽，则必数实有九，注、疏乃以九州之山、川、泽解之。据《史记》云"道九山，道九川"，其为实有九数，而非泛说九州可知。今以经文考之，"岍及岐，至于荆山"，一也。"壶口、雷首，至于太岳"，二也。"砥柱、析城，至于王屋"，三也。"太行、恒山，至于碣石"，四也。"西倾、朱圉、鸟鼠，至于太华"，五也。"熊耳、外方、桐柏，至于陪尾"，六也。"嶓冢，至于荆山"，七也。"内方，至于大别"，八也。"岷山之阳，至于衡山"，九也。盖山之数不止于九，而脉络相承，数山实是一山。故经言某山至于某山，合之适得九数。《史记索隐》曰："汧、壶口、砥柱、太行、西倾、熊耳、嶓冢、内方、岐是九山也。"其说不误，惟专举为首一山言之，未明言一山合数山之故，又误"岍山"为"岐"。"岷"，《史记》作"汶"，或作"岐"，"岐"与"岐"相似致误。《索隐》"岍"作"汧"，"岷"作"岐"，与今文合，盖出今文遗说。后人不能订正误字，又不能按合经文，故《索隐》虽有明文，而莫之遵信矣。九川者，《索隐》曰："弱、黑、河、漾、江、沇、淮、渭、洛为九川。"按之经文，其数适合。"漾"作"漾"，亦与今文合，足见其说皆出今文。九泽，《索隐》无说，以经考之，雷夏一，大野二，彭蠡三，震泽四，云

梦五，荥波六，菏泽七，孟猪八，猪野九，其数亦适合。雷夏、彭蠡、
震泽、菏泽，经明言泽。云梦、孟猪、大野以泽名，见《周礼·职方》。
荥泽见《左氏传》。都野泽见《水经》。即猪野。"猪"，今文作"都"。或一
州有二泽、三泽，或一州无一泽，盖无一定，非若《职方》每一州一泽
也。楚人名"泽中"谓"梦中"，见王逸《楚辞注》。是"云梦"即云泽。若分为
二，谓云在江北，梦在江南，则有十泽，非止九泽矣。此大山川明见经者，人
且忽而不察。自来说《禹贡》者，无一人能确指其数，何论其他！九
河，当从许商，以为"古说九河之名有徒骇、胡苏、鬲津，见在成平、
东光、鬲界中。自鬲以北至徒骇间，相去二百余里"。《汉志》东光"有
胡苏亭"，成平"虖沱河①，民曰徒骇河"，鬲"平当以为鬲津"，皆与
许商说同。班固、许商，皆习《夏侯尚书》者。若王横言"九河之地，
为海所渐"，乃古文异说，不可从。三江，《汉志》会稽郡吴县"南江在
南"，毗陵"江在北"，丹阳郡芜湖"中江出西南"。据《水经》，过毗陵
县北为北江，则《汉志》毗陵"江在北"，"江"上脱一"北"字。合南
江、北江、中江，为三江。九江，《史记》云"余登庐山，观禹疏九
江"。《汉志》庐江郡寻阳"《禹贡》九江在南，皆东合为大江"，又豫章
郡"莽曰九江"。有鄱水、余水、修水、豫章水、盱水、蜀水、南水、
彭水，皆入湖汉，合湖汉水为九，入江，则九江在汉庐江、豫章二郡之
地。宋胡旦、毛晃始傅会《山海经》，以九江为洞庭，近治《禹贡》者
多惑之。案：古有云梦，无洞庭。至战国时，吴起说魏武侯，始言"昔
三苗氏左洞庭"；苏秦说楚威王，言"南有洞庭、苍梧"；张仪说秦王，
言"大破荆，袭郢，取洞庭、五渚"。屈子《楚辞》屡称洞庭，而云梦
罕见称述。至汉以巴丘湖为云梦，又言云梦，不言洞庭。盖水道迁徙而
异名，要与九江无涉。《山海经》，太史公所不敢言，岂可据以证《禹
贡》乎？《山海经》疑战国人作，必非禹时之书。九河、三江，亦多异说。九
河或并简絜为一，三江或并三江为一。庾仲初以后，各创新说，反疑
《汉志》是《职方》三江，非《禹贡》三江。又《汉志》大别在安丰，
而或以为翼际；东陵在金兰，而或以为巴陵，皆与古说不同。胡渭《禹
贡锥指》有重名，亦多惑于后起之说。惟焦循《禹贡郑注释》、成蓉镜
《禹贡班义述》专明古义，治《禹贡》者当先观之。郑引《地记》，与班
《志》微不同，盖各有所据。郑以"九江孔殷"为其孔甚多；"因桓是

---

① "沱"，原误作"池"，据《汉书·地理志》改。

来"，"桓是"为陇坻之名，颇近于新巧，乃古文异说，不必从。

## 论五福、六极明见经文，不得以为术数，
## 五行配五事当从伏《传》、《汉志》

陈澧曰："洪范九畴，天帝不锡鲧而锡禹，此事奇怪，而载在《尚书》。反复读之，乃解所谓'我闻在昔'者，箕子上距鲧与禹千年矣，天帝之锡不锡，乃在昔传闻之语也。《洪范》之文奇古奥博，千年以来奉为秘宝，以为出自天帝。箕子告武王，述其所闻如此耳。至以为龟文，则尤当存而不论。二刘辈乃或以为龟背有三十八字，或以为惟有二十字，徒为臆度，徒为辨论而已，孰从而见之乎！《洪范》以庶征为五事之应。伏生《五行传》以五事分配五行，又以皇极与五事为六，又以五福、六极分配之。《汉书·五行志》云：'董仲舒治《公羊春秋》，始推阴阳。刘向治《榖梁春秋》，傅以《洪范》，与仲舒错。至向子歆治《左氏传》，其《春秋》意亦已乖矣，言《五行传》又颇不同。'澧谓：此汉儒术数之学，其源虽出于《洪范》，然既为术数之学，则治经者存而不论可矣。"锡瑞案：经学有正传，有别传。《洪范》五行，犹《齐诗》五际，专言术数，皆经学之别传。而《洪范》之五行、五事、皇极、庶征、五福、六极，明见经文，非比《齐诗》五际存于传说，尤为信而有征，不得尽以为汉儒术数矣。《系辞传》曰："河出图，洛出书，圣人则之。"汉儒以《河图》为八卦，《洛书》为九畴。古时天人本不相远，龙官、鸟纪以命氏，《龙图》、《龟书》以授人，所谓天锡当有是事。三国魏时，张掖涌石有牛马之形及"大讨曹"字，足见祥异之兆，有不可据理以断有无者，安见三代以前必无石见文字之事乎？岂真如杜镐附会天书，云圣人以神道设教乎？陈氏以为奇怪，不应载在《尚书》，乃以"我闻在昔"为传闻之语，殊属非是。周公曰"君奭，我闻在昔伊尹格天"之类，并非奇怪之事。以箕子曰"我闻在昔"为传闻之怪事，然则周公曰"我闻在昔"，亦为传闻之怪事乎？《洪范》自《洪范》，《春秋》自《春秋》。《洪范》言阴阳五行，《春秋》不言阴阳五行。孔子作《春秋》经，但书灾异，藉以示儆，未尝云某处之灾应某处之事也。伏生作《洪范传》，但言某事不修则有某灾，亦未尝引《春秋》某事应《洪范》某灾也。董、刘牵引《洪范》五行，以说《春秋》灾异，某灾应在某事，正如《汉志》所讥凌杂米盐。董据《公羊》，刘向据《榖

梁》，歆据《左氏》，三《传》又各不同，尤为后人所疑。《隋书·经籍志》云："济南伏生之传，唯刘向父子所著《五行传》是其本法，而又多乖戾。"《隋志》所云"乖戾"，指向、歆之说不同，而谓伏生之传惟"《五行传》是其本法"，则误以伏生之学仅有五行。不知《尚书》一经皆出伏生所传，而五行特其一端。故伏生《大传》四十一篇，而《洪范五行传》别出于后。此以《五行传》为别传之证，伏生已明著之。《隋志》祖伪古文，抑今文，故不知伏生之本法何在，其言殊不足据。陈氏云汉儒术数，亦少别白。董、刘强《洪范》合《春秋》，谓之术数，可也；伏生以五行配五事，谓之术数，不可也。以《洪范传》为术数，《洪范》经亦术数乎？五行配五事见《汉志》，曰："视之不明，其极疾；顺之，其福曰寿。听之不聪，其极贫；顺之，其福曰富。言之不从，其极忧；顺之，其福曰康宁。貌之不恭，其极恶；顺之，其福曰攸好德。思心之不容，其极曰凶短折；顺之，其福曰考终命。"皆本《大传》为说。《书正义》引郑注，惟"听聪则致富"与《汉志》同，余皆不同，盖古文异说。孙星衍以为郑说皆逊于今文，是也。元胡一中《定正洪范图》穿凿支离，与《易》之先后天图同一怪妄。

## 论古文《尚书》说误以《周官》
## 解唐、虞之制

子曰："殷因于夏礼，所损益可知也。周因于殷礼，所损益可知也。"又曰："行夏之时，乘殷之辂，服周之冕，乐则《韶》、《舞》。"知一代有一代之制度，所谓"五帝殊时，不相沿乐；三王异世，不相袭礼"，未有唐、虞、夏、商、周一切皆沿袭不变者。强后人以尽遵前人，固不能行；强前人而预法后人，尤为乖谬。今文家之说《尚书》也，唐、虞之《书》，即以唐、虞之制解之。此其理甚易明，而至当不可易者也。古文家说《尚书》，务创新说，以别异于今文。其所谓新说者，大率本于《周官》一书。《周官》出山岩屋壁，汉人多不信为周公所作。即使真是周公手定，而唐、虞、夏、商诸帝王，远在千载以上，安能预知姬周之代，有一周公其人，有一周公手定之书名曰《周官》，而事事效法之？此其理甚易明，而至当不可易者也。乃自刘歆以至马、郑，鲜知此义，而《尚书》之制度大乱。今试略举数事言之。如尧命羲、和，"敬授人时"，又分命四子，《史记·天官书》、《历书》，《汉书·成帝纪》、《律历志》、《食货志》、《艺文志》、《百官公卿表》、《魏相传》，以及《论衡》、《中论》、《后汉书》、《续汉志》，皆以羲、和专司天文，四子即是羲、和。郑注《尚书》，乃云："官名。盖春为秩宗，夏为司马，秋为士，冬为共工，通稷与司徒，是六官之名见。"又云："仲、叔，羲、和之子，又主方岳之事，是为四岳。"案：唐、虞以羲、和司天文，四岳主方岳，九官治民事，各分其职。郑乃混而一之。是本《周官》六卿，以乱唐、虞之官制。其失一矣。"天命有德，五服五章"，《大传》云："山龙，青也。华虫，黄也。作绘，黑也。宗彝，白也。藻火，赤也。天子服五，诸侯服四，次国服三，大夫服二，士服一。"《续汉·舆服志》："孝明皇帝永平二年，初诏有司采《周官》、《礼记》、《尚书·皋陶》篇，乘舆、服从欧阳说，日、月、星辰十二章；公、卿以下从大、小夏侯氏说，山龙九章，华虫七章。"与经"五服五章"不合。当时诏以《周官》列首，故三家舍伏《传》而从《周官》。郑注又本于欧阳、夏侯。是本《周官》十二章，以乱唐、虞之服制。其失二矣。"弼成五服，至于五千"，欧阳、夏侯说中国方五千里，《汉书·贾捐之传》、《盐铁论》、《说苑》、《论衡》、《白虎通》说同。惟《史记》以为天子之国以外五服各五百里，似为贾、马说六千里所本。《异义》古《尚书》说五服旁五千里，相距万里。郑云五服已五千，又弼成为万里。盖以夏之五服，与周九服相同。是本《周官》九服，以乱唐、虞土地之制。其失三矣。"辑五瑞"，《白虎通·瑞贽》篇曰："何谓五瑞？谓珪、璧、琮、璜、璋也。盖璜以征召，璧以聘问，璋以发兵，珪以质信，琮以起土功之事也。"《公羊》定八年传解诂曰："不言璋言玉者，起珪、璧、琮、璜、璋五玉尽亡之也。珪以朝，璧以聘，琮以发兵，璜以发众，璋以征召。"与《白虎通》所施略异而名正同。马注云："五瑞，公、侯、伯、子、男取执以为瑞信也。"案：《礼记·王制》郑注、《白虎通·爵》篇引《礼纬·含文嘉》，皆云殷爵三等，则周以前不得有五等之爵。是以《周官》五等，乱唐、虞瑞玉之制。其失四矣。他如"六宗"为天、地、四方，郑引《周官》以为星、辰、司中、司命、风师、雨师。"同律、度、量、衡"，"同"训"齐同"；郑引《周官·典同》，以为"同"是阴吕。"象以典刑，流宥五刑"，《大传》、《孝经纬》、《公羊注》、《白虎通》、《风俗通》皆云唐、虞象刑。马融注云："五刑，墨、劓、剕、宫、大辟。"是以周制说虞制。"大战于甘，乃召六卿"，《异义》："今《尚书》夏侯、欧阳说：天子三公、九卿。古《周礼》说：天子立三公，又立三少；冢宰、司徒、宗伯、司马、司寇、司空，是为六卿之属。许君谨案：此周之制。”是周以前不得有六卿。《甘誓》所云，郑注以为“六军之将”，是也；又引“《周礼》六军将皆命卿，则三代同”，与许义不合。不知一代有一代之制，非可强前人以从后人也。

## 论古文《尚书》说变易今文，乱唐、虞三代之事实

一代有一代之制度，未可据后王而强同之也；一代有一代之事实，尤未可凭胸臆而强易之也。伏生《大传》、太史公书所载事实，大致不异。古来口授相传，本是如此。两汉今文，并遵师说。东汉古文始有异义，所改制度，多本《周官》；所改事实，不知何本，大率采杂说，凭臆断，为宋、明人作俑。自此等臆说出，不仅唐、虞三代之制度乱，并唐、虞三代之事实亦乱。今略举数事以证之。《尧典》“乃命羲、和”，专为授时，“帝曰：畴咨若时登庸”，别为一事。张守节《史记正义》云：“言将登用之嗣位。”张说盖本汉人。扬雄《美新》云：“陛下以至圣之德，龙兴登庸。”是汉人以“登庸”为登帝位之证。马、郑乃连合上文为一事。马云：“羲、和为卿官，尧之末年，皆以老死，庶绩多阙。故求贤顺四时之职，欲用以代羲、和。”郑注《大传》云：“尧始得羲、和，命为六卿。后稍死，欢兜、共工等代之。”马、郑以“羲、和”为六卿，“登庸”为代羲、和，以致孔疏有“求贤而荐太子”之疑，信伪孔以“胤子朱”为“胤，国；子，爵”，而违《史记》“嗣子丹朱”之明证。此乱唐、虞之事实者一也。“帝曰：我其试哉”，《史记·五帝本纪》作“尧曰：吾其试哉”，《论衡·正说》篇引“尧曰：我其试哉”，是今文有“帝曰”。孔疏云：“马、郑、王本皆无‘帝曰’，当时庸生之徒漏之也。”是古文无“帝曰”。如其说，当直以“我其试哉”为四岳语。四岳如何试舜？必不可通。古文不如今文，即此可证。此乱唐、虞之事实者二也。“四罪而天下咸服”，《夏本纪》云[①]：舜摄政巡狩，见鲧治水无状，请于尧而殛之。是殛鲧在禹治水成功之前。郑注云：“禹治水事毕，乃流四凶。”王肃难云：“若待治水功成，而后以鲧为无功殛之，是舜用人子之功而流放其父，则禹之勤劳，适足使父致殛。舜失五典克从之义，

---

① “夏”，原误作“五帝”，据《史记·夏本纪》改。

禹陷三千莫大之罪，进退无据，亦甚迂哉!"如郑说，诚无以解王肃之难。此乱唐、虞之事实者三也。《盘庚》，《殷本纪》："帝盘庚之时，殷已都河北。盘庚渡河南，复居成汤之故居，乃五迁，无定处。帝盘庚崩，弟小辛立，殷复衰，百姓思盘庚，乃作《盘庚》三篇。"郑云"阳甲立，盘庚为之臣，乃谋徙居汤旧都。上篇，盘庚为臣时事；下篇，盘庚为君时事"。又云"汤自商徙亳，数商、亳、嚣、相、耿为五"，而不数所迁之殷，与经文"于今五邦""今"字不符。石经《盘庚》三篇合为一篇。依郑说，非一时事，不当合。此乱三代之事实者四也。《微子》，《殷本纪》："微子数谏，不听，乃与太师、少师谋，遂去。比干强谏纣，纣杀比干，囚箕子。殷之太师、少师，乃持其祭乐器奔周。"《宋微子世家》："微子度纣终不可谏，欲死之。及去，未能自决，乃问于太师、少师。"古文"太师"作"父师"，郑云："父师者，三公也，时箕子为之。少师者，太师之佐孤卿也，时比干为之。"伪孔传从郑义。此乱三代之事实者五也。《金縢》"周公居东二年，则罪人斯得"，《鲁世家》："周公乃奉成王命，兴师东伐，作《大诰》。遂诛管叔，杀武庚，放蔡叔，收殷余民。① 宁淮夷、东土，二年而毕定。"是"居东"即东征，"罪人"即武庚、管、蔡，甚明。《异义》引古《尚书》说云："武王崩时，成王年十三。后一年，管、蔡作乱，周公东辟之。王与大夫尽弁，以开金縢之书。"此说当出于刘歆、卫、贾诸人，始以"我之弗辟"为"弗避"，"居东"为"东辟"，不为东征；开金縢为周公生前，不在薨后。郑云："罪人，周公之属党与知居摄者。周公出，皆奔。今二年尽为成王所得。"王肃以为横造。此乱三代之事实者六也。"秋，大熟，未获。天大雷电以风"，《大传》曰："周公死，成王欲葬之于成周。天乃雷雨以风，禾尽偃，大木斯拔。国人大恐。王与大夫开金縢之书，执书以泣。"《鲁世家》、《论衡·感类》篇、《白虎通·封公侯》篇《丧葬》篇、《汉书·梅福传》《杜邺传》《儒林传》、《后汉书·周举传》《张奂传》、《公羊何氏解诂》说同。是"秋，大熟"不知何年秋，在周公薨后。郑云："秋，谓周公出二年之后明年秋也。② 新逆，改先时之心，更自新以迎周公于东，与之归，尊任之。"此乱三代之事实者七也。《多士》在前，《多方》在后，《史记》所载今文《书序》与马、郑古文《书序》同。伪孔传云

① "收"，原误作"放"，据《史记·鲁世家》改。
② "后"，原脱，据《毛诗正义》引郑注改。

奄再叛再征，盖本汉人旧说。按之经文，其说不误。郑君误合为一，《多方》疏引郑云："此伐淮夷与践奄，是摄政三年伐管、蔡时事。其编篇于此，未闻。"盖谓不应编于《多士》、《无逸》、《君奭》之后，遂启后人《多士》、《多方》先后倒置之疑。此乱三代之事实者八也。《无逸》，石经"肆高宗之飨国百年"下接"自时厥后"，则其在祖甲。今文作"昔在殷王太宗"，以为太甲，在"周公曰：呜乎"下，以后乃云"其在中宗"、"其在高宗"。古文《尚书》于前遗"太宗"，而于后增"祖甲"。《殷本纪》"帝甲淫乱"，《国语》亦云"帝甲乱之"，则祖甲非贤主，不当在三宗之列。王肃为调停之说，以"祖甲"为"太甲"，云"先中宗，后祖甲；先盛德，后有过"，说尤非是。此乱三代之事实者九也。《君奭》，《史记·燕世家》："成王既幼，周公摄政，当国践阼，召公疑之，作《君奭》。"与《列子·杨朱》篇"周公摄天子之政，召公不说"相合。《汉书·孙宝传》《王莽传》、《后汉书·申屠刚传》，皆以为周公摄政时作。古文编列《多士》之后，马、郑遂有不说周公贪宠之说。此乱三代之事实者十也。

## 论《尚书》义凡三变，学者各有所据，皆不知专主伏生

孔广森《戴氏遗书序》曰："君以梅、姚售伪，孔、蔡谬悠，妄云壁下之书，猥有航头之字。乃或误援《伊训》，滋元年正月之疑；强执《周官》，推五服一朝之制。譬之争年郑市，本自两非；议瓜骊山，良无一是。"孔氏此说，最为通达。据此，可以折衷一是，解释群疑。惟戴氏非《尚书》专家，其作《尚书义考》未成，未能发明今文，以津逮后学耳。经定自孔子，传自汉初诸儒。使后世学者能恪遵最先之义，不惑于后起之说，径途归一，门户不分，不难使天下生徒皆通经术。况《尚书》一经，传之者止伏生一老，非若《诗》有齐、鲁、韩三家，《春秋》有公羊、穀梁、左氏，各有所受，本不止一师也。欧阳、大小夏侯既分专门，小有出入，亦未至截然不合，如今、古文家也。其后古文说出，初不知所自来。卫、贾、马、郑所说各异，既无师授，安可据依？后世震于刘歆古文之名，压于郑君盛名之下，循用注解，立于学官。古文说盛行，而今文衰歇，于是《尚书》之义一变。王肃学承贾、马，亦远本于欧阳，其学兼通古、今，又去汉代不远，使其自为传注，原可与郑并

行，乃必托名于孔安国，又伪造《尚书》古文经。后世见其经既增多，孔《传》又古于郑，废郑行孔，定于一尊。伪古文说盛行，而今文尽亡，于是《尚书》之义再变。宋儒不信古人，好矜创获，献疑孔《传》，实为首庸。惟宋儒但知孔《传》之可疑，而不知古义之可信，又专持一理字，臆断唐、虞三代之事。凡古事与其理合者，即以为是；与其理不合者，即以为非。蔡沈、王柏、金履祥之说盛行，编书者至改古事以从之。《纲鉴辑略》一书改西伯戡黎为武王，微子奔周为武庚。以近儒臆断之空言，改自古相传之实事，于是《尚书》之义三变。经义既已屡变，学者各有所据，蔽所不见，遂至相攻。有据孔《传》以攻蔡《传》者，如毛奇龄《古文尚书冤词》是也。有据蔡《传》以攻孔《传》者，如阎若璩《尚书古文疏证》是也。有据马、郑而攻孔《传》与蔡《传》者，如江声《尚书集注音疏》、王鸣盛《尚书后案》是也。要皆不知导原而上，专主伏生，故不能宗初祖以折服末师，甚且信末师以反攻初祖。其说有得有失，半昧半明，正孔广森所云"争年郑市，本自两非；议瓜骊山，良无一是"者。此《尚书》一经所以本极易明，反致纠纷而极不易明也。

## 论卫、贾、马、郑尊古文而抑今文，其故有二，一则学术久而必变，一则文字久而致讹

尝疑卫、贾、马、郑皆东汉通儒，岂不知今文远有师承？乃必尊古文、抑今文，诚不解其用意。今细考之，而知其故有二。一则学术久而必变。汉初《尚书》惟有欧阳而已，后乃增立夏侯。夏侯学出张生，张生与欧阳生皆伏生弟子，所学当无不同。然既别于欧阳而自成一家，则同中必有异。如以"大麓"为"大录"是。夏侯胜从子建，"师事胜及欧阳高，左右采获，又从五经诸儒问与《尚书》相出入者，牵引以次章句，具文饰说。胜非之曰：'建所谓章句小儒，破碎大道。'建亦非胜为学疏略，难以应敌。建卒自专门名经。"是小夏侯又异于大夏侯，而增立博士，号为专门。此人情好异、学术易变之证。秦恭延君守小夏侯说，又增师法至百万言。桓谭《新论》："秦近君即延君。能说《尧典》篇目两字之谊至十余万言，但说'曰若稽古'三万言。"《汉书·艺文志》云"说五字之文，至于二三万言"，即指秦恭而言。盖小夏侯本破碎支离，恭又加以蔓衍，使人憎厌。古文家乘其敝而别开一门径，名虽

古而实新，喜新者遂靡然从之。此其故一。一则文字久而致讹。伏生改古文为今文，以授生徒，取其通俗。古无刊板印本，专凭口授手钞，讹以传讹，必不能免。观熹平石经残字及孔庙等处汉碑，字多省俗，不合六书。故桓谭、马融并诋今文家为俗儒。当时所谓通儒刘歆、扬雄、杜林、卫宏、贾逵、许慎以及马、郑，皆精小学，以古文正今文之讹俗，其意未始不善。惟诸儒当日但宜校正文字，而不必改易其义训，则三家之原于伏生者，虽至今存可也。而古文之名既立，嫉今文如仇雠，依据故书，如《周礼》之类。创为新说。古文本无者，以意补之；今文本有者，以意更之。附和末师，拨弃初祖，如拔赵帜而立汉帜，以为不如是不能别立一学。义虽新而文古，好古者又靡然从之。此其故二。有此二故，故虽欧阳、夏侯三家立学数百年，徒党遍天下，为古文家掊击，而其势渐衰歇。重以典午、永嘉之乱，而欧阳、夏侯三家皆亡。至东晋而伪古文经、传出，托之于孔安国，年代比马、郑为更古，而篇又增多。马、郑不注逸《书》，而此遍注之。故其后孔、郑并行，郑学又渐衰歇。唐以伪孔立学，而郑氏《尚书》亡。向之攻击三家者，乃与三家同归于尽，大有积薪之叹，甘售赝鼎之欺，岂非好古与喜新者阶之厉哉！夫伏书本藏山之业，而伪孔云"失其本经"；古文与史籀稍殊，而伪孔云"字皆科斗"。其抑今文而尊古文，诬妄何可胜究，而其说非始于伪孔。卫宏《古文官书序》曰："伏生老，不能正言，言不可晓也，使其女传言教错。齐人语多与颍川异，错所不知者凡十二三，略以其意属读而已。"案：《史》、《汉》无伏生使女传言之事。古人书皆口授。即伏生老，不能口授，使女传言，亦有藏书可凭，何至"以意属读"？其时山东大师无不涉《尚书》以教，晁大夫何至"不知者凡十二三"？宏荣古虐今，意以伏生所传全不可信。伪孔以为"失其本经，口以传授"，正用卫宏之说而更加诬。不知《史》、《汉》明言得二十九篇，则失本经之说不可信。郑君《书赞》已有"科斗书"之说，亦不可信。说见后。

## 论庸生所传已有脱漏，足见古文不如今文，<br>中古文之说亦不可信

刘歆《移太常博士书》云："考学官所传，经或脱简，传或间编。"《汉书·艺文志》云："刘向以中古文校欧阳、大小夏侯三家经文，《酒诰》脱简一，《召诰》脱简二。率简二十五字者，脱亦二十五字；简二

十二字者，脱亦二十二字。文字异者七百有余，脱字数十。"此即歆所云"经或脱简"也。后之祖古文者每以藉口，据为今文不如古文之证。案《汉书》庸生传古文，为孔安国再传弟子，而《尧典》开卷已漏"帝曰"。《般庚》之"心腹肾肠"，《吕刑》之"劓、刵、椓、黥"，古文与今文不同，当即在"七百有余"之内，而皆不如夏侯、欧阳本之善。据此可见古文不如今文，一有师承，一无师承之明证也。龚自珍《说中古文》曰："中古文之说，余所不信。秦烧天下儒书，汉因秦宫室，不应宫中独藏《尚书》。一也。萧何收秦图籍，乃地图之属，不闻收《易》与《书》。二也。假使中秘有《尚书》，何必遣晁错往伏生所受二十九篇？三也。假使中秘有《尚书》，不应安国献孔壁书，始知曾多十六篇。四也。假使中秘有《尚书》，以宣、武之为君，诸大儒之为臣，百余年间无言之者，不应刘向始知校《召诰》、《酒诰》，始知与博士本异文七百。五也。此中秘书既是古文，外廷所献古文遭巫蛊不立，古文亦不亡。假使有之，则是烧书者，更始之火、赤眉之火，而非秦火矣。六也。中秘既是古文，外廷自博士以迄民间，应奉为定本，斠若画一，不应听其古文家、今文家纷纷异家法。七也。中秘有书，应是孔门百篇全经，不但《舜典》、《九共》之文终西汉世具在，而且孔安国之所无者亦在其中，孔壁之文又何足贵？今试考其情事，然邪不邪？八也。秦火后，千古儒者独刘向、歆父子见全经，而生平不曾于二十九篇外，引用一句，表章一事。九也。亦不传受一人，斯谓空前，斯谓绝后，此古文者迹过如扫矣。异哉，异至于此！十也。假使中秘《书》并无百篇，则向作《七略》，当载明是何等篇，其不存者亡于何时，其存者又何所受也，而皆无原委，千古但闻有中古文之名。十一也。中秘既有五经，独《易》、《书》著，其三经何以蔑闻？十二也。当帝之时，以中书校百两篇，非是。予谓此中古文亦张霸百两之流亚，成帝不知而误收之；或即刘歆所自序之言，托于其父，并无此事。古文《书》如此，古文《易》可知，宜其独与绝无师承之费直《易》相同，而不与施、孟、梁丘同也。《汉书》刘向一《传》本非班作，歆也博而诈，固也侗而愿。"案：龚氏不信中古文，并疑刘向以中古文校今文《易》、《书》皆有脱简，为刘歆所假托，可谓特见。惟《汉志》所云中古文，似即孔壁古文之藏中秘者，非必别有一书。而此中秘书不复见于东汉以后，则亦如龚氏所云，毁于更始、赤眉之火矣。书既不存，可以不辨。顾炎武曰："不知中古文即安国所献否？及王莽末，遭赤眉之乱，焚烧无余。"

## 论百篇全经不可见，二十九篇篇篇有义，
## 学者当讲求大义，不必考求逸《书》

　　《史记》云伏生"得二十九篇"、"亡数十篇"，未言百篇全数。《汉书·艺文志》曰："《书》之所起远矣。至孔子纂焉，凡百篇。"《论衡·正说》篇曰："盖《尚书》本百篇，孔子所授也。"始明言《书》有百篇。《尚书璇玑钤》曰："孔子求书，定可以为世法者百二十篇，以百二篇为《尚书》。"则以为《书》有百二篇，乃张霸百两所自出。或以古文《尚书》为百篇，今文《尚书》为百二篇。伏《传》、《书纬》及张霸所据皆今文，伏《传》有《掩诰》，《史记》有《太戊》，即其多出二篇，古无明文，不必深究。汉博士以《尚书》为备，以二十八篇应二十八宿，则以为《书》止有此数，不信百篇、百二篇之说。案二十九篇，篇篇有义，如：《尧典》见为君之义。君之义莫大于求贤、审官，其余巡守、朝觐、封山、浚川、赏功、罚罪皆大事。非大事不书。观此，可以知作史本纪之法矣。《皋陶谟》见为臣之义。臣之义莫大于尽忠纳诲、上下交儆，以致雍熙。故两篇皆冠以"曰若稽古"。观此，可以知记言问对之体矣。《禹贡》见禹治水之功，并锡土姓，分别五服。观此，可以冠地理、水道之书矣。《甘誓》见天子亲征，申明约束之义。观此，知仁义之师亦必兼节制矣。《汤誓》见禅让变为征诛，吊民伐罪之义，与《牧誓》合观，可知暴非桀、纣，圣不及汤、武，不得以放伐藉口矣。《盘庚》见国迁询万民，命众正法度之义。观此，知拓拔弘之谲众胁迁者非矣。《高宗肜日》见遇灾而惧，因事进规之义。观此，知汉以灾异求直言，得敬天之意矣。《西伯戡黎》见拒谏速亡，取以垂戒之义。观此，知天命不足恃，而人事不可不勉矣。《微子》见殷之亡由法度先亡，取以垂戒之义。观此，知为国当正纪纲，不可使民玩其上矣。《牧誓》见吊民伐罪，兼明约束之义。观此，知步伐整齐，乃古兵法而非迂论矣。《洪范》见天人不甚相远，祸福足以儆君之义。观此，知人君一言一动，皆关天象而不可不慎矣。《大诰》见开国时基业未固，防小腆、靖大艰之义。观此，知大臣当国，宜挺身犯难而不宜退避矣。《金縢》见人臣忠孝足以感天，人君报功当逾常格之义。观此，知周公所以为圣，而成王命鲁郊非僭矣。《康诰》见用亲贤以治乱国，宜慎用刑之义。观此，知父子兄弟罪不相及，用法似重而实轻矣。《酒诰》见禁酒以绝

乱源，宜从重典之义。观此，知作新民必先除旧习矣。《梓材》见宥罪加惠，以永保民之义。观此，知王者治天下，一夫一妇必无不得所矣。《召诰》见宅中图大，祈天永命之义。观此，知王者宜监前朝而疾敬德矣。《洛诰》见营洛复政，留公命后之义。观此，知君臣当各尽其道而不忘交儆矣。《多士》见开诚布公，以靖反侧之义。观此，知遗民不忘故君，非新主所能遽夺矣。《无逸》见人君当知艰难，毋以太平渐耽乐逸之义。观此，知忧盛危明，当念魏徵所云"十渐不克终"矣。《君奭》见大臣当和衷共济，闵天越民之义。《君奭》，据《史记》，为周公居摄时作，当上列于《大诰》、《金縢》之间。观此，知富弼以撤帘与韩琦生意见者，其量褊矣。《多方》见绥靖四方，重言申明之义。观此，知开国之初人多觊觎，当以德服其心，不当用威服矣。《立政》见为官择人，尤当慎选左右之义。观此，知命官当得其人，不当干预其事矣。《顾命》见王者所以正终，当命大臣、立嗣子之义。观此，知宦官、宫妾擅废立之祸，由未发大命矣。《康王之诰》见王者所以正始，当命大臣保王室。观此，知成、康继治，几致刑措，有由来矣。《甫刑》见哀敬折狱，轻重得中之义。观此，知罚即赎刑，不可轻用其慈祥悱恻，汉人缓刑书不足道矣。《文侯之命》见命方伯安远迩之义。观此，知襄王时王灵犹赫，惜不能振作矣。《费誓》见诸侯专征，严明纪律之义。观此，知用兵不可扰民矣。《秦誓》见穆公悔过，卒伯西戎之义。观此，知人君不可饰非，当改变以救败矣。知二十九篇之大义，则知《论衡》所引今文家说独为二十九篇立法者，未可据百篇之《序》而非之也。其余《左传》、《国语》及诸子书、《墨子》引《书》不在百篇之内者，盖非孔子删定之本。《大传》、《史记》所引逸文，虽非后世伪作，而全篇不可得见，则大义无由而明。至于逸十六篇以及后出《太誓》，真伪既莫能辨，尤不当以鱼目混珠。《逸周书》，刘向以为孔子删《书》之余，其文不能闳深，亦不可以乱经，洪迈谓与《尚书》辞不相类，陈振孙谓文辞与古文不类，似战国后人放效为之者。近人去伪孔古文，而以《逸周书》入《尚书》，非是。昔人谓读人间未见书，不如读人间常见书。二十九篇皆常见书，学者当宝爱而讲明之，勿徒惜不见夫全经，而反面墙于大义也。

## 论《书序》有今、古文之异，《史记》所引《书序》皆今文，可据信

西汉马、班皆云孔子序《书》，东汉马、郑皆云《书序》孔子所作。

《论衡·须颂》篇曰："问说《书》者：'钦明文思'以下，谁所言也？曰：篇家也。篇家者谁也？孔子也。"陈乔枞谓："《论衡》以'钦明文思'以下为孔子所言者，盖指《尧典序》。《书序》实孔子所作也。"据此，则《书序》孔子作，今、古文之说同。而今、古文之《序》，实有不同。《书正义》曰："安国既以同《序》为卷，捡此百篇，凡有六十三《序》。同《序》而别篇者三十三篇，通《明居》、《无逸》等四篇不序所由者，为三十七篇，加六十三，即百篇也。"锡瑞案：伪孔古文《尚书序》，即马、郑之《书序》，其稍异者见于《释文》，如《金縢序》"武王有疾"，云"马本作'有疾不豫'"，《康王之诰序》"康王既尸天子"，云"马本此句上更有'成王崩'三字"，《文侯之命序》云"马本无'平'字"，则其余皆同矣。《史记》不载典、谟之《序》，《禹贡》、《甘誓》、《五子之歌》、《胤征》、《帝诰》、《女鸠》、《女房》、《汤誓》、《典宝》、《夏社》、《中𧮪》、《作诰》、《汤诰》、《咸有一德》、《明居》、《伊训》、《肆命》、《徂后》、《太甲》、《沃丁》、《咸艾》，皆与马、郑古文《序》说略同。惟《典宝》在《夏社》前，《咸有一德》在《明居》前，次序不同。"伊陟让，作《原命》"，与古文《序》"作《伊陟》、《原命》"异。《仲丁》云"书阙不具"，《河亶甲》、《祖乙》亦必有书。史公不云作书，盖省文。《盘庚》三篇，以为小辛时作。"高宗梦得说"，序事与古文同。不言作《说命》，亦省文。《高宗肜日》、《西伯戡黎》、《微子》略同，惟"父师"作"大师"为异。《大誓》、《牧誓》、《武成》略同，惟"三百"作"三千"、"归兽"作"归狩"为异。《洪范》、《分器》略同。《金縢》无周公作《金縢》明文，序事至周公薨后。《大诰》、《微子之命》、《归禾》、《嘉禾》、《康诰》、《酒诰》、《梓材》、《召诰》、《洛诰》、《多士》、《毋逸》略同。《君奭》以为"周公摄政，当国践阼，召公疑之"，则当在《大诰》前后，与古文序次异。《蔡仲之命》虽序事同，无作命明文，其次序亦无考。《书正义》云郑以为在《费誓》前第九十六，则与孔本又异。《成王政》、《将蒲姑》序事同，不言作书，"蒲"字作"薄"。《多方》、《立政》、《周官》、《贿肃慎之命》同，"肃"字作"息"。《亳姑》序事同，不言作书，盖即《亳姑》之序。孙星衍据之，疑《金縢》"秋，大熟"以下为《亳姑》文误入。《顾命》、《康王之诰》略同，"康王之诰"作"康诰"。《毕命》、《冏命》、《吕刑》、《文侯之命》、《费誓》、《秦誓》略同，惟"冏"作"𦥺"、"吕"作"甫"、"费"作"肸"为异。《文侯之命》，以为周襄王命晋文公。《秦誓》，以为封殽尸之后追作。此

《史记》引《书序》，与马、郑、伪孔《书序》不同之大致也。段玉裁曰："按：《书序》亦有古文、今文之殊。《汉志》曰'《尚书》古文经四十六卷'，此盖今文二十八篇为二十八卷，又逸《书》十六卷，并《书序》得此数也。伏生教于齐、鲁之间，未知即用《书序》与否，而太史公胪举十取其八九，则汉时《书序》盛行，非俟孔安国也。假令孔壁有之，民间绝无，则亦犹逸《书》十六卷，绝无师说耳，马、班安能采录，马、郑安能作注，以及妄人张霸安能窃以成百两哉？《孔丛子》与《连丛子》，皆伪书也。臧与安国书曰：'闻《尚书》二十八篇，取象二十八宿，何图古文乃有百篇耶？'学者因此语，疑百篇《序》至安国乃出。然则其所云'弟素以为《尧典》杂有《舜典》，今果如所论'者，岂亦可信乎？其亦惑矣。惟内外皆有之，是以《史记》字时有同异，如女房、女方，登鼎耳、升鼎耳，饥、𩜌，纣、受，牧、埓，行狩、归兽，异母、异亩，馈禾、归禾，鲁天子命、旅天子命，毋逸、无逸，息慎、肃慎，伯冪、伯囧，胐誓、狝誓，柴誓，甫刑、吕刑之类，皆今文《尚书》、古文《尚书》之异也。"

# 论马、郑、伪孔古文《书序》不尽可据信，致为后人所疑，当以《史记》今文《序》为断

朱彝尊曰："说《书序》者不一，谓作自孔子者，刘歆、班固、马融、郑康成、王肃、魏徵、程颢、董铢诸儒是也；谓历代史官转相授受者①，林光朝、马廷鸾也；谓齐、鲁诸儒次第附会而作者，金履祥也。至朱子持论，谓决非夫子之言、孔门之旧。由是九峰蔡氏作《书传》，从而去之。按：古者《书序》自为一篇，列于全书之后。故陆德明称：'马、郑之徒，百篇之《序》总为一卷。'至孔安国之《传》出，始引《小序》分冠各篇之首。后人习而不察，遂谓伏生今文无《序》，《序》与孔《传》并出。不知汉孝武帝时即有之，此史迁据以作夏、殷、周《本纪》。而马氏于《书·小序》有注，见于陆氏《释文》。又郑氏注《周官》引《书序》文，以证保、傅。故许谦云郑氏不见古文，而见百篇之《序》。考马、郑传注本漆书古文，是孔《传》未上之时，百篇之

---

① "官"，原误作"书"，据朱彝尊《曝书亭集》卷五十九《书论二》改。

《序》先著于汉代，初不与安国之书同时而出也。"锡瑞案：宋儒疑《书序》与伪孔《传》同出，孔《传》伪，则《书序》亦伪，朱氏已辨之矣。戴震《尚书今文古文考》以《序》为伏书所无。王鸣盛《尚书后案》以《书序》亦从屋壁中得。陈寿祺《今文尚书有序说》列十有七证以明之：以欧阳经三十二卷，西汉经师不为《序》作训，故《欧阳章句》仍止三十一卷。其证一。《史记》于《书序》胪举十之八九，说义、文字往往与古文异，显然兼取伏书。其证二。张霸案百篇《序》造百二篇，即出今文，非古文也。其证三。《书正义》曰"伏生二十九卷而《序》在外"，必见石经《尚书》有百篇之《序》。其证四。《书传》云"遂践奄"，三字明出于《成王政》之《序》。其证五。《书传》言葬周公事，本于《亳姑序》。其证六。《大传》曰①："武丁祭成汤，有雉飞升鼎耳而雊。"此出《高宗肜日》之《序》。其证七。《大传》曰"成王在丰，欲宅洛邑，使召公先相宅"，此述《召诰》之《序》。其证八。《大传》曰"夏刑三千条"，此本《甫刑》之《序》。其证九。《大传》篇目有《九共》、《帝告》、《臩命》，《序》又有《嘉禾》、《掩诰》，在二十九篇外，非见《书序》，何以得此篇名？其证十。《白虎通·诛伐》篇称"《尚书序》曰：武王伐纣"，此《大誓序》及《武成序》之文。其证十一。《汉书·孙宝传》曰"周公大圣，召公大贤，尚犹有不相说，著于经典"，此引《君奭》之《序》。其证十二。《后汉书·杨震传》曰"殷庚五迁，殷民胥怨"，此引《般庚》之《序》。其证十三。《法言·问神》篇曰："《书》之不备过半矣，而习者不知。惜乎！《书序》之不如《易》也。"《书》不备过半，唯今文为然。其证十四。《法言》又曰："古之说《书》者序以百，而《酒诰》之篇俄空焉，今亡矣夫！"《酒诰》唯今文有脱简。其证十五。《论衡·正说》篇曰"按百篇之《序》，阙遗者七十一篇"，亦据今文为说。若古文，有逸《书》二十四篇②，不得云"阙遗者七十一篇"。其证十六。杜预《春秋左传后序》曰："《纪年》与《尚书序》说太甲事乖异。老叟之伏生，或致昏忘。"详预此言，直以《书序》为出自伏生。其证十七。十七证深切著明，无可再翻之案。惟陈氏但知今文有《序》，而今文《序》之胜于古文者，尚未道及。《史记》引《书序》是今文，马、郑、伪孔《序》是古文。今文《序》皆可

---

① "大"，原脱，据陈寿祺《左海经辨》卷上《今文尚书有序说》补。
② "书"，原误作"篇"，据陈寿祺《左海经辨》卷上《今文尚书有序说》改。

信，古文不尽可信。崔应榴谓《书序》可疑者有数端：《舜典》备载一代政事始终，《序》只言其"历试诸难"，则义有不尽；《伊训》称"成汤既殁，太甲元年"，则与《孟子》及《竹书纪年》不合；《泰誓》"惟十有一年，武王伐殷"，则并不与今文合；《毕命》"康王命作册毕分居里，成周郊"，则句意为难通；又《左传》祝鮀称鲁曰"命以《伯禽》"，称晋曰"命以《唐诰》"，此二篇何以《序》反无之？案：百篇《序》无《伯禽》、《唐诰》，孙宝侗、顾炎武已言之。此二篇或在百篇之外，无庸深辨。"作册毕"下脱一"公"字，故难通。据《史记》，有"公"字。"十有一年，武王伐殷"，与伪《泰誓》不同。伪《泰誓》从刘歆古文说，十一年观兵，十三年克殷。《泰誓序》从《史记》今文说，九年观兵，十一年克殷。故年岁两歧，《序》却不误。若《舜典序》只言"历试诸难"，遂开梅、姚分"慎徽五典"以下为《舜典》之妄说。《伊训序》云"成汤既没，太甲元年"，中失外丙、仲壬两朝，遂启宋人以《孟子》所云二年、四年为生年之谬论。又如周公东征摄王，成王不亲行。古文《序》于"成王既黜殷命"、"成王既伐管蔡"，皆冠以"成王"字，后人遂误执为周公未摄王之证。周公作《君奭》，《史记》引《序》在践阼当国时。古文《序》列于复政后，遂有召公疑周公贪宠之言。此皆古文《序》之不可信者。宋人一概疑之，固非；近人一概信之，亦未是。惟一以《史记》引今文《序》为断，则得之矣。

## 论二十九篇皆完书，后人割裂补亡，<br>殊为多事

《尚书》以今文为断，经义本自了然，即云不见全经，二十九篇皆完书，无缺失也。而后人必自生葛藤，任意割裂，或离其篇次，或搀入伪文，使二十九篇亦无完肤，诚不可解。且其说不仅出于宋以后，并出于汉以前。今举《尧典》一篇言之。《尧典》本属完书，舜事即在《尧典》之中，故《大学》引作《帝典》。而汉传逸《书》十六篇，首列《舜典》之名，意必别有一篇，非《尧典》杂有《舜典》也。《舜典》不传，仅传其《序》。云"虞舜侧微，尧闻之聪明"，即《尧典》之"明明扬侧陋"至"帝曰予闻"云云也；"历试诸难"，即"我其试哉"至"纳于大麓"云云也。郑君，亲见逸《书》者也，其注《书序》云"入麓伐木"，尤即"纳于大麓"之明证。然则逸《书》所谓《舜典》，亦即分裂

《尧典》之文，并非别有一篇；或即从"明明扬侧陋"分篇，亦未可知。伪孔古文从"慎徽五典"分篇，盖因马、郑之本小变之耳。其后伪中又伪，增入十二字，复增入二十八字。《释文》："王氏注。相承云梅颐上孔氏传古文《尚书》，亡《舜典》一篇，时以王肃注颇类孔氏，故取王注从'慎徽五典'以下为《舜典》，以续孔《传》。'曰若稽古帝舜曰重华，协于帝'，此十二字是姚方兴所上，孔氏《传》本无。① 阮孝绪亦云然。方兴本或此下更有'浚哲文明，温恭允塞，玄德升闻，乃命以位'，凡二十八字异②，聊出之，于王注无施也。"夫《尧典》为二千年前之古籍，开宗明义之第一篇，学者当如何宝爱信从，岂可分裂其篇，加增其字？且序事直至舜崩之年，则舜事已备载，不可再安蛇足。《舜典》既名曰典，必有大典礼、大政事，不可专说逊位，而逊位历试已见《尧典》，不可重复再见。乃自伪孔分裂于前，方兴加增于后。当时梁武帝为博士，已驳议曰："孔《序》称'伏生误合五篇'，皆文相承接，所以致误。《舜典》首有'曰若稽古'，伏生虽昏耄，何容合之？"遂不行用。隋初购求遗典，刘炫复以姚书上之，又撰"浚哲文明"十六字，与《尧典》"钦明文思"四句相配。伪中又伪，实自东汉古文逸《书》启之。此刘逢禄、宋翔凤所以不信逸《书》也。赵岐，未见逸《书》者也，其注《孟子》曰："孟子时，《尚书》凡百二十篇，逸《书》有《舜典》之《叙》，亡失其文。孟子诸所言舜事，皆《尧典》当作《舜典》。及逸《书》所载。"自有此说，又开《舜典》补亡一派。阎若璩谓："'舜往于田'、'只载见瞽瞍'与'不及贡，以政接于有庳'等语，安知非《舜典》之文乎？又'父母使舜完廪'一段，文辞古崛，不类《孟子》本文。《史记·舜本纪》亦载其事，其为《舜典》之文无疑。"毛奇龄作《舜典补亡》，遂断自"月正元日"以下为《舜典》，采《史记》本纪之文列于其前，又取魏高堂隆《改朔议》引《书》"粤若稽古帝舜曰重华，建皇授政改朔"冠于篇首，以代二十八字。朱彝尊《经义考》所说略同。不知高堂所引乃《中候·考河命》文，见《太平御览·皇天部》引。《史记》本纪载"使舜完廪"一段，或即取之《孟子》，何以见其为《舜典》文？圣经既亡，岂末学所能臆补？如以为可臆补，则伪孔古文固应颁之学官，唐白居易补《汤征》亦可用以教士子矣。《四库提

---

① "无"，原脱，据《尚书正义·舜典第二》补。
② "凡"，原误作"此"，据《尚书正义·舜典第二》改。

要》曰："司马迁书岂可以补经？即用迁书为补，亦何可前半迁书，后半忽接以古经，混合为一？"其驳毛氏之失，深切著明。王柏《书疑》于"舜让于德，弗嗣"下，补《论语·尧曰》以下二十四字；"敬敷五教，在宽"下，补《孟子》"劳之来之"以下二十二字。《皋陶谟》、《益稷》、《武成》、《洪范》、《多方》、《立政》，皆更易其文之次序。苏轼、黄震皆移易《洪范》，苏轼又改《康诰》篇首四十八字于《洛诰》上。金履祥亦移易《洪范》，疑《洛诰》有缺文。《武成》伪书不在内。不知诸儒何仇于圣经，并二十九篇之完书，而必欲颠倒错乱，使无完肤也？天下本无事，庸人自扰之。诸儒为此纷纷，是亦不可以已乎！

## 论伪孔经传前人辨之已明，阎若璩、毛奇龄两家之书互有得失，当分别观之

欧阳、大小夏侯三家既亡，其后郑、孔并行。至隋，郑氏渐微。唐作《正义》，专用孔《传》。至宋，吴棫始发其覆。朱子继之，曰："孔安国解经最乱道，看得只是《孔丛子》等做出来。某尝疑孔安国书是假书。孔书至东晋方出，前此诸儒皆不曾见，可疑之甚。"锡瑞案：朱子于孔《传》直斥其伪，可谓卓识，而于古文经虽疑之，未敢明斥之，犹为调停之说，曰："书有二体，有极分晓者，有极难晓者。《尚书》诸命皆分晓，盖如今制诰，是朝廷做底文字；诸诰皆难晓，盖是时与民下说话，后来追录而成之。"据此，是朱子以《传》为伪，于经犹有疑辞。故蔡沈作《传》，仍存古文。然犹赖有朱子之疑，故蔡《传》能分别今、古文之有无。其后吴澄、归有光、梅鷟愈推愈密。尝谓伪孔古文上于东晋之梅颐，而攻古文渐有实据者，出于晚明之梅鷟，同一梅氏，而关伪古文之兴废，倘亦天道之循环欤？至阎若璩、惠栋，考证更精。至丁晏《尚书余论》，据《家语·后序》，定为王肃伪作。《隋书·经籍志》、孔氏《正义》皆有微辞，唐初人已疑之，不始于吴才老，朱子可谓搜得真赃实证矣。毛奇龄好与朱子立异，乃作《古文尚书冤词》，其所执为左证以鸣冤者，《隋书·经籍志》也。《隋志》作于唐初，其时方尊伪孔，作义赞，颁学官，作《志》者即稍有微辞，何敢显然直斥其伪？《志》所云虽历历可据，要皆传伪书者臆造不经之说。孔书经、传，一手所作，伪则俱伪，阎若璩已明言之。毛乃巧为饰辞，以为东晋所上之书是经非传，专以《隋志》为证。使斯言出《汉·艺文志》，乃为可信。若

《后汉·儒林传》，则已不可信矣。以范蔚宗作书之时，伪书已出，不免为所惑也。况《隋志》修于唐初，在古文立学之后哉！《冤词》一书，相传为驳阎若璩《尚书古文疏证》而作。案：阎、毛二家互有得失。阎证古文之伪甚确，特当明末宋学方盛，未免沾染其说。夫据古义以斥孔《传》，可也；据宋人以斥孔《传》，则不可。阎引金履祥说，以《高宗肜日》"典祀无丰于昵"为祖庚绎于高宗之庙，其误一也。引邵子书，以定"或十年"等年数，其误二也。引程子说，谓武王无观兵事，其误三也。驳《武成》篇，并以文王受命改元为妄，其误四也。驳孔《传》，以"居东"为避居，不为东征，其误五也。信金履祥，以为武王封康叔，其误六也。信金履祥，以《多方》为在《多士》前，其误七也。知"九江"在寻阳，又引《水经》云"九江在长沙下隽西北"，未免骑墙之见，其误八也。解"三江"亦以为有二，与"九江"同，其误九也。信蔡氏说，以《康诰》属武王，其误十也。移易《康诰》、《大诰》、《洛诰》以就其说，其误十一也。谓伏生时未得《小序》，其误十二也。以金履祥更定《洪范》为文从字顺、章妥句适，其误十三也。阎氏此等处，皆据宋人以驳古义，有伪孔本不误而阎误者。盖孔书虽伪，而去汉未远，臆说未兴。信宋人，不如信伪孔。毛不信宋人，笃守孔书之义，以为《尚书》可焚，《尚书》之事实不可焚；今溥天之下，老老大大皆有一武王戡黎、封康叔，周公留后治洛典故在其胸中，此千古大冤大枉事。是则毛是而阎非者，学者当分别观之，勿专主一家之说。但以今文之说为断，则两家之得失明矣。

## 论焦循称孔《传》之善，亦当分别观之

国朝诸儒自毛奇龄外，鲜有祖孔《传》者。惟焦循颇右之，其《尚书补疏序》曰："'曰若稽古帝尧'，'曰若稽古皋陶'，《传》皆以'顺考古道'解之。郑以'稽古'为'同天'，'同天'二字可加诸帝尧，不可施于皋陶。若亦以皋陶为'同天'，则是人臣可僭天子之称颂。若以帝尧之'稽古'为'同天'，以皋陶之'稽古'为'顺考古道'，则文同义异，歧出无理。此《传》之善一也。'四罪而天下咸服'，《传》以舜征用之初即诛四凶，是先殛鲧而后举禹。郑以禹治水毕，乃流四凶，故王肃斥之云：'是舜用人子之功而流放其父，则为禹之勤劳，适足使父致殛。舜失五典克从之义，禹陷三千莫大之罪。'此《传》之善二也。尧

舍丹朱，以天位授舜。朱虽不肖，不宜自舜历数其不善。① 《史记》以'无若丹朱傲'上加'帝曰'，而《传》则以为禹之言。自禹言之则可，自舜言之则不可。此《传》之善三也。《盘庚》三篇，郑以上篇乃盘庚为臣时所作。然则阳甲在上，公然以臣假君命，因而即真。此莽、操、师、昭之事，而乃以之诬盘庚，大可怪矣。《传》皆以为盘庚为王时所作。此《传》之善四也。微子问父师、少师，父师答之，不云少师。郑以为少师'志在必死'，盖以少师指比干。顾大臣徒志于死，遂不谋国以出一言，非可为忠。《传》虽亦以少师指比干，而于此则云'比干不见，明心同，省文'。此《传》之善五也。《金縢》'我之不辟'，郑读为'避'，谓周公避居于东；又以'罪人斯得'为成王收周公之属官，殊属谬悠，说者多不以为然。《传》则训'辟'为'法'，'居东'即东征，'罪人'即指禄父、管、蔡。此《传》之善六也。《明堂位》以周公为天子，汉儒用以说《大诰》，遂启王莽之祸。郑氏不能辨正，且用以为《尚书》注而以周公称王。自时厥后，历曹、马以及陈、隋、唐、宋，无不沿莽之故事。而《传》特卓然以周公不自称王，而称成王之命以诰，胜郑氏远甚。此《传》之善七也。为此《传》者，盖见当时曹、马所为，为之说者，有如杜预之解《春秋》，束皙等之伪造竹书，舜可囚尧，启可杀益，太甲可杀伊尹，上下倒置，君臣易位，邪说乱经，故不惮改《益稷》，造《伊训》、《太甲》诸篇，阴与竹书相龃龉。又托孔氏《传》，以黜郑氏，明君臣上下之义，屏僭越抗害之谭。以触当时之忌，故自隐其姓名。"锡瑞案：近儒江、段、孙、王皆尊郑而黜孔，焦氏独称孔《传》之善，可谓特见。惟未知孔《传》实王肃伪作，故所说有得有失。肃之学得之父朗，朗师杨赐，杨氏世传《欧阳尚书》，洪亮吉《传经表》以肃为伏生十七传弟子，是肃亦今文家之支流。肃又好贾、马之学，则兼通古文者。杂糅今、古与郑君同，而立意与郑君为难。郑注《书》从今文，则以古文驳之；郑从古文，则又以今文驳之。肃以今文驳古文，实有胜郑注者。焦氏所举以"稽古"为"考古"，以"四罪"为禹治水之前，以"居东"为东征，以"罪人"为禄父、管、蔡，是其明证。至信伪孔，疑《史记》、《明堂位》，则其说非是。《史记》引《书》最古，明有"帝曰"，岂可妄去？舜、禹同为尧臣，禹可直斥丹朱，何以舜独不可？周公称王，非独见于《明堂位》。荀子亲见百篇

---

① "舜"，原脱，据焦循《尚书补疏序》补。

《尚书》，其书中屡言之。伏《传》、《史记》皆云周公居摄。岂可改易古事，强为回护？焦氏乃以作《传》者以触时忌，自隐姓名，则尤求之过深。肃与司马氏昏姻，助晋篡魏，岂能明君臣、屏僭越者？若伪作竹书者言启杀益、太甲杀伊尹，反似改古事以儆乱臣，又何必作伪古文，以与竹书相龃龉乎？焦循之子廷琥作《尚书申孔篇》，与其父所见同，中有数条即《补疏序》所说。余琐细不足辨，兹不具论。

# 论宋儒体会语气胜于前人，而变乱事实不可为训

孔《传》立学，行数百年，至宋而渐见疑；蔡《传》立学，行数百年，至今又渐见废。陈澧曰："近儒说《尚书》，考索古籍，罕有道及蔡仲默《集传》者矣。然伪孔《传》不通处，蔡《传》易之，甚有精当者。江艮庭《集注》多与之同。《大诰》'若兄考乃有友伐厥子，民养其劝弗救'，伪孔传云：'以子恶故。'孔疏云：'民皆养其劝伐之心不救之。'此甚不通。蔡传云：'苏氏曰：养，厮养也，谓人之臣仆。言若父兄有友攻伐其子，为之臣仆者，其可劝其攻伐而不救乎？'江氏注云：'长民者其相劝止不救乎？'《召诰》'王敬作所不可不敬德'，伪孔云：'敬为所不可不敬之德。'蔡云：'所，处所也，犹所其无逸之所。王能以敬为所，则无往而不居敬矣。'江云：'王其敬为之所哉，言处置之得所也。'①《召诰》'我不敢知曰'，伪孔云：'我不敢独知，亦王所知。'蔡云：'夏、商历年长短，所不敢知。我所知者，惟不敬厥德，即坠其命也。'江云：'夏、殷历年长短，我皆不敢知。惟知其皆以不敬德，故早坠其命。'《君奭》'襄我二人'，伪孔云：'当因我文、武之道而行之。'蔡云：'王业之成，在我与汝而已。'江云：'二人，己与召公也。'②《多方》'我惟时其战要囚之'，伪孔云：'谓讨其倡乱，执其朋党。'蔡云：'我惟是戒惧而要囚之。'江云：'战，惧也。'《康王之诰》'惟新陟王'，伪孔云：'惟周家新升王位。'蔡云：'陟，升遐也。成王初崩，未葬未谥，故曰新陟王。'江云：'陟，登假也，谓崩也。成王初崩，未有谥，故称新陟王。'《秦誓》'昧昧我思之'，伪孔云：'惟察察

---

① "言"，原误作"而"，据陈澧《东塾读书记》卷五改。
② "己"，原脱，据陈澧《东塾读书记》卷五补。

便巧善为辨佞之言，使君子回心易辞。我前多有之，以我昧昧思之不明故也。'蔡云：'昧昧而思者，深潜而静思也。'以'昧昧我思之'属下文。江云：'昧昧我思者，是穆公自道，思此一介臣，非谓前日之昧昧于思也。此文当为下文缘起。'此皆蔡《传》精当，而江氏与之同者。如为暗合，则于蔡《传》竟不寓目，轻蔑太甚矣；如览其书、取其说而没其名，则尤不可也。"锡瑞案：陈氏取蔡《传》，与焦氏取孔《传》，同一特见。宋儒解经，善于体会语气，有胜于前人处，而其失在变易事实，以就其说。《尚书》载唐、虞三代之事，汉初诸儒去古未远，其说必有所受。宋儒乃以一己所见之义理，悬断千载以前之故事，甚至凭恃臆见，将古事做过一番。虽其意在维持名教，未为不善，然维持名教亦只可借古事发论，不得翻前人之成案。孔《传》谓周公不称王，伊尹将告归，已与古说不符，而蔡《传》引宋人之说，又加甚焉。《西伯戡黎》，伏《传》、《史记》皆云文王伐耆，"黎"即耆，"西伯"即文王。蔡《传》独为文王回护，以"西伯"为武王。其失一也。《大诰》"王若曰"，郑注："王，谓摄也。周公居摄命大事，则权代王也。"伏《传》、《史记》皆云周公居位践阼，则郑说有据。蔡《传》从孔《传》，以为周公称成王命以诰。其失二也。《康诰》"王若曰：孟侯，朕其弟，小子封"，《汉书·王莽传》引《书》解之曰："此周公居摄称王之文也。"蔡《传》不信周公称王之事，从苏氏说，移篇首四十八字于《洛诰》上，又无以解"朕其弟"之语，遂以为武王封康叔。不知《史记》明言"康叔封、冉季载皆少，未得封"，是武王无封康叔事。《左氏传》祝鮀言"周公尹天下，封康叔"。鮀以卫人言卫事，岂犹有误？而横造事实，擅移经文。其失三也。《洛诰》"王命周公后，作册逸诰，在十有二月，惟周公诞保文、武受命，惟七年"，言周公七年致政，当归国，成王留公，命伯禽就国为公后。蔡《传》乃以为王命周公留后治洛。不知唐置节度使乃有留后，周无此官。周公老于丰，薨于丰，并无治洛之事。其失四也。宋儒习见莽、操妄托古人，故极力回护，欲使后世不得藉口。不知古人行事光明磊落，何待后儒回护？王莽托周公，无伤于周公。曹操托文王，无伤于文王。天位无常，惟有德者居之。圣人无暗干非分之心，而天与人归，则亦不得不受。禅让易而传子，又复易为征诛。事虽不同，其义则一。稷、契同受封于舜、禹，周之先本非商之臣。不窋失官，公刘、太王迁豳、岐，商王未尝过问。文王始率诸侯事纣，后入朝而被囚，释归而诸侯皆从之，受命称王，何损至德？《诗》、《书》皆言文王受命，伏《传》言受命六年称王，《史记》言"诗人道西伯，盖受命之年称王"。此汉初古说可信者。必以文王称王为非，则汤之伐桀亦非，舜、禹之受禅亦非，必若巢、许而后可也。至周公居摄，尤是常事。古有摄主，见《礼记·曾子问》。君薨而世子未生，则有上卿摄国事，称摄主。此上卿盖同姓子弟，世子生则避位，或生非世子，则摄主即真。观《左氏传》"季孙有疾，命正常曰：'南孺子之子，男也，则以告而立之；女也，则肥也可。'"贾谊上疏有"植遗腹，朝委裘"之文，是其明证。或世子生而幼，国有大事，亦必有人摄行。郑注"命大事，权代王"，并无语弊。武王薨而东诸侯皆叛，周之势且岌岌，成王幼，不能亲出，公不权代王以镇服天下，大局将不可问。事定而稽首归政，可告无罪于天下万世矣。后世古义不明，即有亲贤处周公之位者，亦多畏首畏尾，如萧齐竟陵王子良以此自误，并以误国。盖自马、郑训"我之弗辟"为避位，已非古义。宋儒以力辨公不称王之故，臆撰武王封康叔、周朝设留后之事，以为左证，使后世亲贤当国者误信其说，避嫌而不肯犯难，必误国事，是尤不可不辨。古人事实，不可改易。如编小说、演杂剧者借引古事，做过一番，以就其说。此在弹词、演剧可不拘耳，若以此解经，则断乎不可。

## 论伪孔书相承不废，以其言多近理，然亦有大不近理者，学者不可不知

伪孔古文《尚书》，自宋至今，已灼知其伪矣，而犹相承不废，是亦有故。宋之不废者，"人心惟危"四句①，宋儒以为道统相传。其《进〈尚书注〉表》首以三圣传心为说，而四语出伪《大禹谟》。故宋儒虽于伪传献疑，而于伪经疑信参半。王鸣盛《蛾术编》戏以虞廷十六字，为《风俗通》所言鲍君神之类。此在今日汉学家吐弃宋学，乃敢为此语，而在当日，固无不尸祝俎豆者也。此其远因一。且古文虽伪，而言多近理，非止"人心惟危"四句。真德秀曰："开万世性学之源，自成汤始。敬、仁、诚并言，始见于此。三者，尧、舜、禹之正传也。"此皆出伪古文，为宋儒言道学所本。故宋儒不敢直斥之，而且尊信之。此其远因二。近儒不尊宋学，斥伪经亦甚于宋儒，而至今仍不废者，阮

---

① "危"，原误作"微"，据《尚书正义》改。下"人心惟危"同。

元曰："古文《尚书》孔《传》出东晋，渐为世所诵习，其中名言法语，以为出自古圣贤，则闻者尊之。故宇文周主视太学，太傅于谨为三老，帝北面访道，谨曰：'木从绳则正，后从谏则圣。'帝再拜受言。唐太宗见太子息于木下，诲之曰：'木受绳则正，后从谏则圣。'唐太宗自谓兼将相之事，给事中张行成上书以为禹不矜伐而天下莫与之争，上甚善之。唐总章元年，太子上表曰：'《书》曰：与其杀不辜，宁失不经。伏愿逃亡之家，免其配役。'从之。凡此君臣父子之间，皆得陈善纳言之益。"是知其伪，而欲留为纳言之益。此近因一。龚自珍述庄存与之言曰："帝胄天孙，不能旁览杂氏，惟赖幼习五经之简，长以通于治天下。昔者《大禹谟》废，人心道心之旨、'杀不辜，宁失不经'之诫亡矣。《太甲》废，'俭德永图'之训坠矣。《仲虺之诰》废，'谓人莫己若'之诫亡矣。《说命》废，股肱良臣启沃之谊丧矣。《旅獒》废，'不宝异物贱用物'之诫亡矣。《冏命》废，左右前后皆正人之美失矣。公乃计其委曲，退直上书房，日著书，曰《尚书既见》如干卷，数数称《禹谟》、《虺诰》、《伊训》。是书颇为承学者诟病，而古文竟获仍学官不废。"是知其伪，而恐废之无以垂诫。此其近因二。有此四故，故得相承不废。然而过书举烛，国赖以治，非郢人之意也；齐求岑鼎，鲁应以赝，非柳下所许也。古文虽多格言，而伪托帝王则可恶。且其言多近理，亦多不近理者，如：《大禹谟》"舞干羽于两阶，七旬，有苗格"，为宋人重文轻武、口不言兵所藉口；《胤征》"威克厥爱，允济"，为杨素等用兵好杀之作俑；《仲虺之诰》"若苗之有莠，若粟之有秕。小大战战，罔不惧于非辜"，则汤之伐桀为自全计，非为吊民；《咸有一德》"伊尹既复政厥辟，将告归"，则伊尹不曾相太甲，与《君奭》所言及《左氏传》"伊尹放太甲而相之"义违；《泰誓》三篇数殷纣罪，有"刳剔孕妇"、"斮朝涉之胫，剖贤人之心"等语，宋人遂疑汤数桀之罪简，武数纣之罪太甚，而"罪人以族"非三代以前所有，"时哉不可失"亦非吊民伐罪之言；《旅獒》太保训王云"功亏一篑"，宋人遂疑汤伐桀后犹有惭德，武伐纣后一事不做；《君陈》以"尔有嘉谋嘉猷"为康王语，宋人遂谓康王失言。此皆伪古文之大不近理者。而割裂古书，缀辑成文，词意亦多牵强，不相贯串。如《孟子》引"王曰：'无畏！宁尔也，非敌百姓也。'若崩厥角稽首"，夹议夹叙，词意极明。伪孔乃更之曰："勖哉，夫子！罔或无畏，宁执非敌。百姓懔懔，若崩厥角。"无论如何解说，必不可通，似全不识文义者所为。此等书岂可以教国胄？毛奇龄以祖伪古文之故，至谓"《论语》引《书》有四，无不改其词、篡其句、易其读者"。伪孔擅改古经，显违孔训，僭妄已极。奇龄不罪伪孔，反归罪于孔子改经，可谓悍然无忌惮矣。

## 论伪古文多重复，且敷衍不切

《尚书》与《春秋》，皆记事之书，所记之事，必有义在。孔子之作《春秋》，非有关系足以明义者不载，事见于前者，不复见于后，所以省繁复也。故孔子之删《书》，亦非有关系足以明义者不载，事见于前者，不复见于后，亦所以省繁复也。古书详略互见，变化不拘，非同后世印板文字，有一定之例。《尧典》兼言二帝，合为一篇。圣德则尧详于舜，政事则舜详于尧。是详略互见之法。而作伪者不达此义，别出《舜典》一篇，以为不应略于舜之圣德，乃于《舜典》篇首伪撰二十八字，以配《尧典》。不顾文义，首尾横决，由不晓古书之法也。《盘庚》三篇旨意不同，上篇告亲近在位者，中篇告民之弗率，下篇既迁之后申告有众，未尝有重复之义。《康诰》、《酒诰》、《梓材》皆言封康叔，《召诰》、《洛诰》皆言营洛都，旨意不同，亦未尝有重复之义。而伪孔书《太甲》三篇、《说命》三篇，皆上、中、下文义略同，且辞多肤泛，非但上、中、下篇可移易，而伊尹之辞可移为傅说，傅说之辞可移为伊尹，伊尹、傅说之辞又可移为《大禹谟》之禹、皋，以皆臣勉其君而无甚区别也。《泰誓》三篇，皆数纣罪而无甚区别。使真如此文繁义复，古人何必分作三篇？今文《尚书》二十九篇，篇篇有义，初不犯复，其辞亦无复见。若伪古文，不但旨意略同，其辞亦多雷同，《太甲》下与《蔡仲之命》雷同尤甚。《太甲》下云："惟天无亲，克敬惟亲。民罔常怀，怀于有仁。德惟治，否德乱。与治同道，罔不兴；与乱同事，罔不亡。"《蔡仲之命》云："皇天无亲，惟德是辅。民心无常，惟惠之怀。为善不同，同归于治；为恶不同，同归于乱。"其文义不谓之雷同，得乎？《太甲》下云"慎终于始"，《蔡仲之命》云"慎厥初，惟厥终"，亦雷同语。盖其书本凭空结撰，其胸中义理又有限，止此敷衍不切之语说来说去，层见叠出。又文多骈偶，似平正而实浅近，以比《尚书》之浑浑灏灏者迥乎不同。而杂凑成篇，尤多文不合题之失。姚鼐谓"古文《尚书》多不切，文之不切者，皆不中于理"，可谓知言。汉古文学创通于刘歆，伪古文书撰成于王肃。乱经之人，递相祖述。古天子、诸侯皆五庙，至周始有七庙。刘歆以为周以上皆七庙。《吕览》："五世之庙，可以观怪。"伪古文《咸有一德》改云"七世之庙，可以观德"，后世遂引为商时七庙之证。此肃本之于歆者也。《异义》：天子六卿，周制；三公、九卿，商以前制。周三公在六卿中，见《顾命》，而无三孤。伪古文《周官》有三公、三孤，本《汉书·百官公卿表》，《表》又出于莽、歆之制，又肃本之于歆者也。古云相某君是虚字，不以为官名。伪古文《说命》"爰立作相"，又误沿汉制而不觉者。《左氏传》仲虺为汤左相，亦可疑。

# 论孔《传》尽释经文之可疑，及马、郑古文与今文驳异之可疑

《朱子语录》云："某尝疑孔安国书是假书，比毛公《诗》如此高简，大段省事。汉儒训释文字多是如此，有疑则阙。今此却尽释之，岂有千百年前人说底话，收拾于灰烬屋壁中与口传之余①，更无一字讹舛？理会不得如此，可疑也。"锡瑞案：朱子之说，具有特见。汉初说《易》者举大谊，如丁将军者是；说《诗》者无传疑，如鲁申公者是。毛公之《传》，未知真出汉初与否，而其文亦简略，未尝字字解经。惟伪孔于经尽释之，此伪孔《传》所以可疑。蔡沈曰："今文多艰涩，而古文反平易。伏生倍文暗诵，乃偏得其所难，而安国考定于科斗古书错乱摩灭之余，反专得其所易，则又有不可晓者。"吴澄曰："伏生《书》虽难尽通，然词义古奥，其为上古之书无疑。梅赜所增，体制如出一手，采辑补缀，虽无一字无所本，而平缓卑弱，殊不类先汉以前之文。夫千年古书，最晚乃出，而字画略无脱误，文势略无龃龉，不亦大可疑乎？"蔡氏、吴氏之说，亦有特见。伏、孔之《书》难易不同，伏生不应独记其难，安国不应专得其易。此伪孔经所以可疑。而由二家之说推之，《尚书》之可疑者非直此也。伪孔书无论矣，二十九篇今、古文同，而夏侯、欧阳之今文，与马、郑、王之古文，其字句又不同。今以熹平石经及两汉人引用《尚书》之文考之，其异于马、郑古文者，亦多今文艰涩而古文平易。试举数条以证。《盘庚》"器非求旧"，石经"求"作"救"。"求"、"救"音近得通，"求"字易而"救"字难也。《洪范》"鲧

---

① "口"，原误作"日"，据《朱子语类》改。

埋洪水"，石经"埋"作"伊"。"埋"、"伊"音近假借，"埋"字易而"伊"字难也。"保后胥戚"，石经"戚"作"高"。"戚"、"高"音近假借，"戚"字易而"高"字难也。"无弱孤有幼"，石经"弱"作"流"。"弱"、"流"音近假借，"弱"字易而"流"字难也。《无逸》"乃谚"，石经作"乃宪"；"既诞"，石经作"既延"。"谚"、"宪"、"诞"、"延"，音近得通，"谚"、"诞"易而"宪"、"延"难也。"无皇"，石经作"毋兄"。"皇"、"兄"音近得通，"皇"字易而"兄"字难也。"此厥不听"，石经"听"作"圣"。"听"、"圣"音近得通，"听"字易而"圣"字难也。《立政》"相时憸民"，石经"憸"作"散"。"憸"、"散"音近假借，"憸"字易而"散"字难也。以此推之，不但世所传今文多艰涩，而伪孔古文反平易，即汉所传今文亦多艰涩，而马、郑古文反平易。不但伪孔古文可疑，即马、郑古文亦不尽可信矣。惜《经典释文》不列三家《尚书》之异同，使学者无由见今文真本。所赖以略可考见者，惟石经残字十数处，及孔《疏》引"优贤扬历"、"膑宫劓割头庶剠"数处而已①，岂不惜哉！窃意东汉诸儒之传古文，盖亦多以训故改经，与太史公《史记》相似，有字异而义相同者，如《般庚》"器非求旧"之类是也；有字异而义违失者②，如《般庚》"优贤扬历"之类是也。然则今之伪孔增多古文，固皆撰造而非安国之真，即伪孔同于马、郑二十九篇之古文，亦有改窜而非伏生之旧者。③ 伪孔所造古文固当删弃，即伪孔同于马、郑之古文，后人以为真是伏生之所亲传、孔子之所手定，亦岂可尽信哉？孟子曰："尽信《书》，则不如无《书》。"观于世所传之《尚书》，益叹孟子之言为不妄也。

## 论《尚书》有不能解者当阙疑，不必强为傅会，汉儒疑辞不必引为确据

子曰："多闻，阙疑。"又曰："君子于其所不知，盖阙如也。"然则圣人生于今日，其解经必不向壁虚造而自欺欺人也明矣。《尚书》最古，文义艰深。伏生易为今文，而史公著书，多以训故改经。马、郑名传古

---

① "孔"，原误作"也"，据校印本改。
② "违"，原误作"选"，据校印本改。
③ "改窜"，原误作"之窜"，据校印本改。

文，而与今文驳异者，亦疑多以训故改经。其必改艰深为平易者，欲以便学者诵习也。而二十九篇传于今者，犹未能尽索解人。"周诰殷盘，诘屈聱牙"，韩文公已言之。《尚书》之难解，以诸篇为尤甚。如《大诰》之"今蠢，今翼日"、"乃有友伐厥子，民养其劝勿救"，《盘庚》之"吊由灵"、"用宏兹贲"等语，或由方言之莫识，或由简策之传讹，无论如何曲说，终难据为确解。而孔《传》强为解之，近儒江、王、孙又强为解之。此皆未敢信为必然，当从不知盖阙者也。北魏徐遵明解经，史称其穿凿，所据本"八寸策"，误作"八十宗"，遂强以"八十宗"解之。然则强不知以为知，非皆"八十宗"之类乎？汉儒解经，其有明文而能自信者，即用决辞；其无明文而不能自信者，即为疑辞。如《尧典》之"羲、和"，疏引郑云①："高辛氏之世，命重为南正司天，黎为火正司地。尧育重、黎之后羲氏、和氏之子贤者，使掌旧职天地之官，亦纪于近②，命以民事。其时官名，盖曰稷、司徒。"锡瑞案：郑以四子分属四时，羲、和实司天地，地官司徒犹可强附，天官为稷，并无明文。《国语》云"稷为大官"，有误作"天官"者。纬云"稷为司马"，又云"司马主天"。故郑君以此傅会之，云："初，尧天官为稷。禹登用之年，举弃为之。时天下赖后稷之功，故以官名通称。"笺《诗》又云："尧登用之，使居稷官，民赖其劳。后虽作司马，天下犹以后稷称焉。"郑之弥缝，亦云至矣，然如其说，则弃于尧时已为天官，其位最尊，若周之冢宰矣，何以尧、舜禅让，皆不及弃？且稷为天官，司马为夏官，天官尊于夏官，后稷有功于民，何以反由天官降为司马？舜命九官，并无司马之名。郑知其无明文，不能自信，故云"盖曰稷司徒"。凡言"盖"者，皆疑辞也。《周礼疏序》又引郑云：尧既分阴阳为四时，命羲仲、和仲、羲叔、和叔等为之官，又主方岳之事，是为四岳，"掌四时者曰仲叔③，则掌天地者，其曰伯乎"。案：郑以四子即四岳，又别有掌天地之官，与两汉今文说不同。郑知其无明文，不能自信，故云"其曰伯乎"。凡言"乎"者，皆疑辞也。其不敢为决辞，犹见先儒矜慎之意。后之主郑义者，必强傅会以为确据，非但不知圣人阙疑之旨，并先儒矜慎之意亦失之矣。

---

① 按，下引文实见于贾公彦等《周礼正义序》所引《尚书·尧典》郑注。
② "近"下，原衍"氏"，据《周礼正义序》删。
③ "曰"上，《周礼正义序》本有"字"。

## 论伪古文言仁言性言诚，乃伪孔袭孔学，
## 非孔学出伪书

王应麟曰：“《仲虺之诰》，言仁之始也。《汤诰》，言性之始也。《太甲》，言诚之始也。《说命》，言学之始也。皆见于《商书》。‘自古在昔，先民有作。温恭朝夕，执事有恪’，亦见于《商颂》。孔子之传有自来矣。”锡瑞案：《商书》四篇皆出伪孔古文，惟《礼记·文王世子》引“《兑命》曰：‘念终始典于学。’”郑注：“兑，当为‘说’。《说命》，《书》篇名，殷高宗之臣傅说之所作。”是王氏所举《商书》四篇之语，惟“学”之一字实出《说命》，其余皆未可据。宋儒讲性理，故于古文虽知其伪，而不能不引以为证。其最尊信者，“危微精一”十六字之传。考“人心之危，道心之微”二语，出《荀子》引《道经》。荀子亲见全《书》，若出《尚书》，不当引为《道经》。既称《道经》，不出《尚书》可知。伪孔以羼入《大禹谟》，宋儒乃以四语为传心秘诀。四语惟“允执厥中”出《论语·尧曰》篇“允执其中”，实有可据。二帝相传，即此已足。《中庸》称“舜执其两端，用其中于民”，正是推阐“允执其中”之义。《论语》云“舜亦以命禹”，足见二帝相传无异。朱注云：“今见于《虞书·大禹谟》，比此加详。”如其说，则尧命舜为寥寥短章，舜命禹为洋洋大篇，由误信伪古文，与《论语》“亦”字不合。大凡理愈推而愈密，辞愈衍而愈详。性理自尧、舜至孔、孟而后，推衍精详，前此或有其义而无其文，要其义亦足以盾之。如《尧典》云“钦明文思安安”等语，《史记·尧本纪》译其文，而代以“其仁如天，其知如神”等语，是当时已有“仁”之义也。《孟子》曰：“尧、舜，性之也。”是当时已有“性”之义也。今文《尚书》“文思”作“文塞”，“塞”有“诚实”之义，是当时已有“诚”之义也。古文字简略，而义已包括于其中，何必谓《虺诰》言“仁”、《汤诰》言“性”、《太甲》言“诚”，至《商书》始发其义乎？典以钦始，谟以钦终，二帝相传心法，“钦”之一字足以括之，何必十六字乎？伪孔古文出于魏晋孔、孟之学大明之时，掇拾阙里绪言，撰成伪《书》文字。此乃伪孔书袭孔学，非孔学本于伪孔书。王氏不知，乃以此等书为圣学所自出，岂非颠倒之甚哉！惟《商颂》作于正考父，乃孔子六世祖，以为孔子之传有自来，其说尚不误耳。然亦本于近祖正考父，而非本于远祖商王也。

# 论王柏《书疑》疑古文有见解，特不应
## 并疑今文

　　王柏《书疑》与《诗疑》，皆为人诟病。王氏失在并今文而疑之耳；疑古文，不得谓其失也。其疑伪孔《尚书序》曰："其一曰：《三坟》之书言大道，《五典》之书言常道。所谓《三坟》、《五典》、《八索》、《九丘》者，古人固有此书，历代相传，至夫子时已删而去之，则其不足取以为后世法，可知矣。序者欲夸人以所不知，遂敢放言以断之曰：此言大道，此言常道也。使其果有圣人经世治民之道，登载于简籍之中，正夫子之所愿幸，必为之发挥纪述，传之方来，必不芟夷退黜，使埋没于后世。夫天下之论，至孔子而定；帝王之书，至《尧典》而始。上古风气质朴，随时致治，史官未必得纂纪之要。故夫子定《书》所以断自唐、虞者，以其立政有纲，制事有法，可以为万世帝王之轨范也。唐、虞之下，且有存有亡，有脱有误；唐、虞之上，千百年之书①，孰得其全而传之，孰得其要而详之？予尝为之说曰：凡帝王之事不出于圣人之经者，皆妄也。学者不当信其说②，反引以证圣人之经也。其二曰：孔壁之书，皆科斗文字。予尝求科斗之书体，茫昧恍惚，不知其法。后世所传夏、商鬴鬲盘匜之类，举无所谓科斗之形。或谓科斗者，颛顼之时书也。序者之言，不过欲耀孔壁所藏之古耳。谓科斗始于颛帝者，亦不过因序者之言，实以世代之远而傅会之。且曰科斗书废已久，时人无能知者，又不知何以参伍点画、考验偏傍而更为隶古哉？于是遂遁其词曰：以所闻伏生之书，考论文义，定其可知者。则是古文之书，初无补于今文，反赖今文而成书。本欲尊古文，而不知实陋古文也。"锡瑞案：王氏辨孔《序》二条，皆有见解。知《尚书》以孔子所定为断，则郑樵信《三坟》、王应麟辑《三皇五帝书》，爱奇炫博，皆可不必。知古文科斗之无据，则非惟伪孔《序》不足信，即郑君《书赞》曰"书初出屋壁，皆周时象形，今所谓科斗书。以形言之为科斗，指体即周之古文"，亦未可信。晋王隐谓："科斗文者，其字头粗尾细，似科斗之虫，故俗名之焉。"段玉裁据此，以科斗文乃晋人里语，孔叙《尚书》乃有科斗文字之称，

---

① "书"，原误作"前"，据王柏《书疑·书大序》改。
② "信其说"，王柏《书疑·书大序》本作"信而惑之"。

其伪显然。考郑君《书赞》已云科斗书，则段说未确。案：钟鼎文无头粗尾细之形，王氏已明言之。《说文》所列古文，亦不似科斗。然则古文科斗之说，乃东汉古文家自相矜炫，郑君信其说而著之《书赞》，伪孔又信郑说而著之《书序》也。王氏知古文之伪，不知今文之真，其并疑今文，在误以宋儒之义理准古人之义理，以后世之文字绳古人之文字。苏轼疑《顾命》不当陈设吉礼，赵汝谈疑《洪范》非箕子作，晁以道疑《尧典》、《禹贡》、《洪范》、《吕刑》、《甘誓》、《盘庚》、《酒诰》、《费誓》诸篇。见《容斋三笔》。《书疑》多本前人，亦非王氏独创，特王氏于《尚书》篇篇献疑，金履祥等从而和之，故其书在当时盛行，而受后世之掊击最甚。平心而论，疑经改经，宋儒通弊，非止王氏，皆由不信经为圣人手定。王氏《诗疑》删郑、卫《诗》，窜改《雅》、《颂》，僭妄太甚，《书疑》犹可节取。

## 论刘逢禄、魏源之解《尚书》多臆说，不可据

今、古文之兴废，皆由《公羊》、《左氏》为之转关。前汉通行今文，刘歆议立《左氏春秋》，于是牵引古文《尚书》、《毛诗》、逸《礼》诸书，以为之佐。后汉虽不立学，而古文由此兴，今文由此废。以后直至国朝，诸儒昌明汉学，亦止许、郑古文。及孔广森专主《公羊》，始有今文之学。阳湖庄氏乃推今《春秋公羊》义，并及诸经。刘逢禄、宋翔凤、龚自珍、魏源继之，而三家《尚书》、三家《诗》皆能绍承绝学。凌曙、陈立师弟，陈寿祺、乔枞父子，各以心得著为专书，二千余年之坠绪得以复明，十四博士之师传不至中绝。其有功于圣经甚大，实亦由治《公羊春秋》，渐通《诗》、《书》、《易》、《礼》之今文义也。常州学派蔚为大宗，龚自珍诗所谓"秘纬户户知何休"者，盖《公羊》之学为最精，而其说《尚书》则有不可据者。刘逢禄《书序述闻》多述庄先生说，不补《舜典》，不信逸《书》，所见甚卓，在江、孙、王诸家之上；而引《论语》、《国语》、《墨子》以补《汤誓》，以《多士》、《多方》为有错简而互易之，自谓非敢蹈宋人改经故辙，而明明蹈其故辙矣。《盘庚》以"咸造勿"为句，谓"勿"为古文"旃"；《微子》以"刻子"读为"亥子"；《洪范序》以"立武庚以"为句，谓"已"当作"祀"；《洛诰》以"王宾杀禋"为句，"咸格王"为句，"入太室裸"为句，谓

"杀"当为"秉","秉禋"即奉璋也;《顾命》"太保命仲桓、南宫毛俾爰"为句,"爰"者,扶掖之名;《毕命序》以"康王命作册"为句,"毕分居里成周郊"为句,谓"毕,终也。周公、成王未竟之业,至康王始毕之",皆求新而近凿。《太誓序》"惟十有一年"为武王即位之十一年,不蒙文王受命之年数之,与今文、古文皆不合。至于不信周公居摄之说,以孙卿为诬圣乱经;不取"太子孟侯"之文,以伏《传》为街谈巷议;不用孟津观兵之义,以马迁为齐东野人,横暴先儒,任意武断,乃云"汉儒诬之于前,宋儒乱之于后"。其实庄氏所自矜创获,皆阴袭宋儒之余唾,而显背汉儒之古训者也。孙卿在焚书之前,伏生为传经之祖,太史公去古未远,其说必有所受,乃以理断之,谓皆不可信,宋儒之说独可信乎?宋儒已不可信,庄氏之说又可信乎?刘逢禄虽尊信之,宋翔凤、龚自珍皆不守其说。魏源尊信刘逢禄,其作《书古微》,痛斥马、郑,以扶今文,实本庄、刘,更参臆说。补《汤誓》本庄氏,补《舜典》、《汤诰》、《牧誓》、《武成》,则庄氏所无。《周诰分年集证》将《大诰》至《洛诰》之文尽窜易其次序,与王柏《书疑》无以异。以管叔为嗜酒亡国,则虽宋儒亦未敢为此无据之言。而于《金縢》"未敢训公"之下,既知必有缺文,又云"后半篇不如从马、郑说。西汉今文,千得岂无一失?东汉古文①,千失岂无一得",则其解经并无把握,何怪其是末师而非往古乎?解经但宜依经为训,庄、刘、魏皆议论太畅。此宋儒说经之文,非汉儒说经之文。解经于经无明文者,必当阙疑,庄、刘、魏皆立论太果。此宋儒武断之习,非汉儒矜慎之意也。

## 论孔子序《尚书》略无年月,《皇极经世》、《竹书纪年》所载共和以前之年皆不足据

太史公《三代世表》曰②:"孔子因史文次《春秋》,纪元年,正时日月,盖其详哉!至于序《尚书》则略,无年月;或颇有,然多阙,不可录。故疑则传疑,盖其慎也。余读谍记,黄帝以来,皆有年数。稽其历谱谍终始五德之传,古文咸不同,乖异。夫子之弗论次其年月,岂虚

---

① "东",原误作"一",据魏源《书古微》改。
② "史",原误作"平",据文义改。

哉！于是以《五帝系谍》、《尚书》，集世纪黄帝以来讫共和，为《世表》。"《十二诸侯年表》曰："于是谱十二诸侯，自共和讫孔子。"锡瑞案：太史公于共和以前，但表其世，自黄帝始，至共和二伯行政止；共和以后，始表其年，自庚申共和元年，以宣王少，大臣共和行政始，至甲子周敬王四十三年崩止。盖史公所据载籍，于共和以前之年岁已不可考，故史公作五帝、夏、商、周《本纪》，但书某帝王崩、某帝王立，周宣王后，始纪崩年，正所谓"疑则传疑，盖其慎也"。郑君《诗谱》曰："夷、厉以上，岁数不明，太史《年表》自共和始。历宣、幽、平王而得春秋次第，以立斯《谱》。"是郑君亦不能知共和以前也。《汉书·律历志》据刘歆《三统术》曰："夏后氏继世十七王，四百三十二岁。自伐桀至武王伐纣，六百二十九岁。故《传》曰殷'载祀六百'。《殷历》曰：当成汤方即世用事十三年，十一月甲子朔旦冬至，终六府首。① 当周公五年，则为距伐桀四百五十八岁②，少百七十一岁，不盈六百二十九。又以夏时乙丑为甲子，计其年乃孟统后五章，癸亥朔旦冬至也。以为甲子府首，皆非是。凡殷世继嗣三十一王，六百二十九岁。《春秋》、《殷历》皆以殷。鲁自周昭王以下亡年数，故据周公、伯禽以下为纪。"案：刘歆所推，据殷、鲁历，于周仅能举文、武、成、康之年，昭王以下则不能知，鲁则自伯禽至惠公崩，年皆具。盖据历推之，不能备，而亦不尽可信者也。今即《尚书》而论。尧"在位七十载"，虽有明文，然不知从何年数起。"舜生三十征庸，三十在位，五十载陟方乃死"，亦有明文，不知从何年数起。郑本作"征庸二十"，其年又异。殷中宗"七十有五年"，高宗"五十有九年"，祖甲"三十有三年"，有明文，而今文"祖甲"作"太甲"，不同。高宗"飨国百年"，其年又异。文王"享国五十年"，穆王"享国百年"，有明文，亦不知从何年数起。故孔子序《书》略，无年月，疑在孔子时已不尽可考矣。皇甫谧《帝王世纪》载帝王在位之年，不知从何得之。《竹书纪年》，据束皙所引，云夏年多殷，与《左氏传》、《汉志》不同。今《纪年》云：自禹至桀十七世，用岁四百七十一年；自成汤灭夏以至于受，二十九王，用岁四百九十六年。仍殷年多夏，而与《左氏传》、《汉志》亦异。疑皆以意为说，当从不知盖阙者也。刘恕作《通鉴外纪》，起三皇五帝，止用共

---

① "终"，原误作"于"，据《汉书·律历志》改。
② "八"，原脱，据《汉书·律历志》补。

和，载其世次而已；起共和，至威烈王二十二年丁丑，四百三十八年为一编。又作《疑年谱》、《年略谱》，谓先儒叙包羲、女娲，下逮三代，享国之岁，众说不同，惧后人以疑事为信书，穿凿滋甚，故周厉王以前三千五百一十九年为《疑年谱》，而共和以下至元祐壬申一千九百一十八年为《年略谱》。刘氏原本《史记》，犹不失为矜慎。自邵子作《皇极经世书》，上稽唐尧受命甲辰之元①，为编年谱。胡宏《皇王大纪》、张栻《经世纪年》，皆本其说。张氏云："外丙、仲壬之纪，康节以数知之，乃合于《尚书》'成汤既没，太甲元年'之说。成汤之后，盖实传孙，《孟子》所说，特以太丁未立而卒。方是时，外丙生二年，仲壬生四年耳，又正武王伐商之年。盖武王嗣位十一年矣。故《书序》称'十有一年'，而复称'十三年'者，字之误也。是类皆自史迁以来传习之谬，一旦使学者晓然得其真，万世不可改者也。"锡瑞案：宋儒好武断而自相标榜，至此而极。二帝三代相传之年，孔子所未言，汉儒所不晓，邵子生于数千载之后，全无依据，而以数推知之，岂可信乎！《孟子》云"外丙二年"、"仲壬四年"，必是在位之年。若以"年"为年岁，古者"植遗腹、朝委裘而天下不乱"，岂有二岁、四岁之人不可立者？古文《书序》云"成汤既没，太甲元年"，遗却外丙、仲壬两朝，正可以见古文《书序》之伪。邵子不能辨，而据以就其所推之数，误矣。武王伐殷，十一年、十三年有二说。今文说文王受命七年而崩，武王再期观兵为九年，又二年伐纣为十一年。古文说以文王受命九年而崩，武王再期观兵为十一年，又二年伐纣为十三年。皆蒙文王受命之年而言。邵子不能辨，又不蒙文王受命之年，以为武王十一年，而"十三年"字误，其实并非误也。张氏所引二事，已皆非是，其余可知。金履祥《通鉴前编》、许谦《读书丛说·纪年图》，皆用邵子之说。元、明以来，尊崇宋学，臆推之年遂成铁案，编年之史率沿伪说。世所传《纲鉴易知录》、《历代帝王年表》诸书，篇首载帝王之年历历可数，唐尧以上，或出于皇甫谧，要皆"俗语不实，流为丹青"，而不知其为向壁虚造也。世传《竹书纪年》，如以外丙、仲壬列入纪年，及所推帝王年代，又与《皇极经世》所推多异，而与伪孔古文《尚书》全符，皆由后人依托为之，并非汲冢之旧，尤不可据。阎若璩云："邵子出而数明，上下千万载，罔或抵牾。"此阎氏过信宋学之故，不知皆凭臆撰造也。

---

① "上"，原误作"土"，据张栻《经世纪年序》引文改。

# 论《尚书》是经非史，史家拟《尚书》之非

刘知幾《史通》论史有六体，一曰"《尚书》家"。刘氏是史才，是说作史者摹仿《尚书》有此一家，非说《尚书》也，以此说《尚书》则大误。其说曰："《书》之所主，本于号令，所以宣王道之正义，发话言于臣下。故其所载，皆典、谟、训、诰、誓、命之文。至于尧、舜二《典》直序人事，《禹贡》一篇唯言地理，《洪范》总述灾祥，《顾命》都陈丧礼，兹亦为例不纯者也。"锡瑞案：圣人作经，非可拘以史例。《汉书·艺文志》曰："左史记言，言为《尚书》。右史记事，事为《春秋》。"荀悦《申鉴》说同。郑君《六艺论》曰："左史所记为《春秋》，右史所记为《尚书》。"是以《玉藻》云："动则左史书之，言则右史书之。"其分左右、言动互异，不知当以何说为正。即如诸家之说，亦不过借《尚书》、《春秋》作指点语。刘氏所见过泥，遂以《尚书》专主记言，不当记事，敢议圣经为例不纯。此与《惑经》、《申左》诸篇诋斥《春秋》同一谬妄，由史家未通经学也。其论孔衍《汉魏尚书》、王邵《隋书》义例准《尚书》之非，则甚明确，曰："原夫《尚书》之所记也，若君臣相对，词旨可称，则一时之言，累篇咸载；如言无足纪，语无可述，若此故事，虽有脱略，而观者不以为非。案：此足证《尚书》非史，不必疑其略而不备。爰逮中叶，文籍大备，必翦截今文，摸拟古法，事非改辙，理涉守株。故舒元 孔衍字。所撰《汉魏》等书，不行于代也。若乃帝王无纪，公卿缺传，则年月失序，爵里难详。斯并昔之所忽，而今之所要。如君懋 王邵字。《隋书》，虽欲祖述商、周，宪章虞、夏，观其所述，乃似《孔子家语》、临川《世说》，可谓画虎不成反类犬也。"案：史家不知《尚书》是经非史，其书不名一体，非后人所敢妄议；其书自成一经，亦非后人所能摸仿。作史者惟宜撰次当代文章，别定义例，以备观览，必不可以宪章虞夏、祖述商周自命，蹈《春秋》吴、楚僭王之失。王通作《四范七业》以拟《尚书》，或云伪作。朱子谓："高、文、武、宣之制，岂有精一执中之传？"汉帝固不能比古帝王，彼拟《尚书》者亦何敢自比孔子乎？《尚书璇玑钤》曰："孔子求书，得黄帝玄孙帝魁之书，迄于秦穆公，凡三千二百四十篇，断远取近，定可以为世法者百二十篇，以百二篇为《尚书》，十八篇为《中候》。"案：《中候·敕省图》、《握河纪》、《运衡》、《考河命》、《题期》、《立象》、

《仪明》、《礼阙邮》、《苗兴》、《契握》、《雒予命》、《稷起》、《我应》、《雒师谋》、《合符后》、《摘雒戒》、《霸免》、《准纤哲》，凡十八篇。纬书虽难尽信，然古时《书》必不少，孔子但取其可为法者，余皆删之，犹作《春秋》但取其可明义者，余皆削之。圣人删定六经，务在简明，便学者诵习。后人不知此旨，嫌其简而欲求多，于是张霸书、伪孔书抵隙而出，史家复从而妄续之。不知史可续，经不可续。孔衍、王邵之拟《尚书》，正与沈既济、孙甫之拟《春秋》，同一谬见也。

## 论治《尚书》当先看孙星衍《尚书今古文注疏》、<br>陈乔枞《今文尚书经说考》

孔《传》至今日，人知伪作而不足信矣，蔡《传》又为人轻蔑而不屑称矣，然则治《尚书》者，当以何书为主？陈澧曰："江、王、段、孙四家之书善矣。既有四家之书，则可删合为一书。取《尚书大传》及马、郑、王《注》，伪孔《传》，与《史记》之采《尚书》者，《尔雅》、《说文》、《释名》、《广雅》之释《尚书》文字、名物者，汉人书之引《尚书》而说其义者，采择会聚而为集解；孔《疏》、蔡《传》以下，至江、王、段、孙及诸家说《尚书》之语，采择融贯而为义疏。其为疏之体，先训释经意于前，而详说文字、名物、礼制于后，如是则尽善矣。"锡瑞案：陈氏说近是，而未尽也。江声《尚书集注音疏》疏解全经，在国朝为最先，有荜路蓝缕之功。惟今文搜辑未全，立说亦有未定，如解"曰若稽古"两歧，孙星衍已辨之。又承东吴惠氏之学，好以古字改经，颇信宋人所传之古《尚书》。此其未尽善者。王鸣盛《尚书后案》主郑氏一家之学，是为专门之书。专主郑，故不甚采今文，且间驳伏生，如解司徒、司马、司空之类。亦未尽善。段玉裁《古文尚书撰异》于今、古文分别具晰，惟多说文字，鲜解经义，且意在祖古文，而不信伏生之今文，如《金縢》诋今文说之类。亦未尽善。孙星衍《尚书今古文注疏》于今、古说搜罗略备，分析亦明，但误执《史记》皆古文，致今、古文家法大乱，如《论衡》明引《金縢》古文说，孙以其与《史记》不合，乃曰"王氏充以为古者，今文亦古说也"，岂非遁词？亦有未尽善者，然大致完善，优于江、王，故王懿荣请以立学。其后又有刘逢禄《尚书今古文集解》、魏源《书古微》、陈乔枞《今文尚书经说考》。三家之书皆主今文，不取古文。盖自常州学派以西汉今文为宗主，《尚书》一经亦主今文。刘氏、魏氏不取马、郑，并不信马、郑所传逸十六篇，其识优于前人。惟既不取马、郑古文，则当专宗伏生今文。而刘氏、魏氏一切武断，改经增经，如魏氏改《梓材》为《鲁诰》，且臆增数篇，搀入《尚书》。从宋儒臆说而变乱事实，与伏生之说大背，如刘氏驳周公称王之类。魏氏尤多新解，如以管叔为嗜酒亡国之类。皆不尽善。陈氏博采古说，有功今文。惟其书颇似长编，搜罗多而断制少。又必引郑君为将伯，误执古说为今文，以致反疑伏生，违弃初祖，如文王受命、周公避居二事，皆诋伏生老耄，记忆不全。亦有未尽善者，但以捃拾宏富，今文家说多存。治《尚书》者，先取是书与孙氏《今古文注疏》，悉心研究，明通大义，笃守其说，可不惑于歧趋。今即近人所著书中，酌取两家之说，指明初学所入门径，以免歧误，犹《易》取焦、张两家之说也。若如陈澧所言，撰为集解、义疏，当先具列伏《传》、《史记》之说，字字遵信，加以发明，不可误据后起之词，轻疑妄驳；次则取《白虎通》及两《汉书》所引经说，加以汉碑所引之经，此皆当日通行之今文，足备考证；又次则取马、郑、伪孔，择其善者，以今文为折衷，合于今文者录之，不合于今文者去之，或于疏引而加驳正。至蔡《传》与近儒所著，则于义疏择取其长，两说相同，则取先出；如取蔡不取江是。不合于今文者，概置不取，以免谬辗；惟其说尤足惑人及人所误信者，乃加辨驳，使勿迷眩。后人以此体例，勒成一书，斯为尽善。否则俱收并蓄，未能别黑白以定一尊，古、今杂淆，汉、宋兼采，览者如入五都之市，瞀惑不知所归，只是一部类书，无关一经闳旨，岂得为善本乎？今人王先谦《尚书孔传参正》兼疏今、古文，详明精确，最为善本。

# 春秋通论

## （1907）

## 论《春秋》大义在诛讨乱贼，微言在改立法制，孟子之言与《公羊》合，朱子之注深得孟子之旨

　　《春秋》有大义，有微言。所谓大义者，诛讨乱贼以戒后世是也；所谓微言者，改立法制以致太平是也。此在孟子已明言之，曰："世衰道微，邪说暴行又作，臣弑其君者有之，子弑其父者有之。孔子惧，作《春秋》。《春秋》，天子之事也。是故孔子曰：'知我者，其惟《春秋》乎？罪我者，其惟《春秋》乎？'"赵注："设素王之法，谓天子之事也。"朱注引胡氏曰："罪孔子者，以谓无其位而托二百四十年南面之权。"朱注又曰："仲尼作《春秋》以讨乱贼，则治世之法垂于万世，是亦一治也。"孟子又曰："王者之迹熄而《诗》亡，《诗》亡然后《春秋》作。晋之《乘》、楚之《梼杌》、鲁之《春秋》，一也。其事则齐桓、晋文，其文则史。孔子曰：'其义，则丘窃取之矣。'"赵注："窃取之，以为素王也。"朱注："此又承上章历叙群圣，因以孔子之事继之，而孔子之事莫大于《春秋》，故特言之。"锡瑞案：孟子说《春秋》，义极闳远。据其说，可见孔子空言垂世，所以为万世师表者，首在《春秋》一书。孟子推孔子作《春秋》之功，可谓天下一治，比之禹抑洪水、周公兼夷狄驱猛兽；又从舜明于庶物，说到孔子作《春秋》，以为其事可继舜、禹、汤、文、武、周公，且置孔子删《诗》《书》、订《礼》《乐》、赞《周易》皆不言，而独举其作《春秋》，可见《春秋》有大义微言，足以治万世之天下，故推尊如此之至。两引孔子之言，尤可据信。是孔子作

《春秋》之旨，孔子已自言之；孔子作《春秋》之功，孟子又明著之。孔子惧弑君弑父而作《春秋》，"《春秋》成而乱臣贼子惧"，是《春秋》大义。"天子之事"，"知我、罪我"，"其义窃取"，是《春秋》微言。大义显而易见，微言隐而难明。孔子恐人不知，故不得不自明其旨。"其事则齐桓、晋文"一节，亦见于《公羊》昭十二年传，大同小异，足见孟子《春秋》之学，与《公羊》同一师承，故其表章微言，深得《公羊》之旨。赵岐注《孟子》，两处皆用《公羊》"素王"之说。朱子注引胡《传》，亦与《公羊》"素王"说合。素，空也，谓空设一王之法也，即孟子云"有王者起，必来取法"之意，本非孔子自王，亦非称鲁为王。后人误以此疑《公羊》，《公羊》说实不误。胡《传》曰"尤其位而托南面之权"，此与"素王"之说有以异乎？无以异乎？赵岐汉人，其时《公羊》通行，岐引以注《孟子》，固无足怪。若朱子宋人，其时《公羊》久成绝学，朱子非墨守《公羊》者，胡安国《春秋传》，朱子亦不深信，而于此注不能不引胡《传》为说，诚以《孟子》义本如是，不如是则解《孟子》不能通也。后人于《公羊》"素王"之说群怪聚骂，并赵岐注亦多诟病，而朱注引胡《传》则尊信不敢议，岂非知二五而不知十乎？朱子云"孔子之事莫大乎《春秋》"，深得孟子、《公羊》之旨，云"治世之法垂于万世，是亦一治"，亦与《公羊》拨乱功成、太平瑞应相合，人多忽之而不察耳。

## 论《春秋》是作不是钞录，是作经不是作史，杜预以为周公作凡例，陆淳驳之甚明

说《春秋》者，须知《春秋》是孔子作。作是做成一书，不是钞录一过。又须知孔子所作者，是为万世作经，不是为一代作史。经、史体例所以异者，史是据事直书，不立褒贬，是非自见；经是必借褒贬是非，以定制立法，为百王不易之常经。《春秋》是经，《左氏》是史。后人不知经、史之分，以《左氏》之说为《春秋》，而《春秋》之旨晦；又以杜预之说诬《左氏》，而《春秋》之旨愈晦。杜预曰："《周礼》有史官，掌邦国四方之事，达四方之志。诸侯亦各有国史。大事书之于策，小事简牍而已。《孟子》曰：'楚谓之《梼杌》，晋谓之《乘》，而鲁谓之《春秋》，其实一也。'韩宣子适鲁，见《易·象》与鲁《春秋》，曰：'周礼尽在鲁矣。吾乃今知周公之德与周之所以王。'韩子所见，盖

周之旧典礼经也。周德既衰，官失其守，上之人不能使《春秋》昭明，赴告策书，诸所记注，多违旧章。仲尼因鲁史策书成文，考其真伪而志其典礼，上以遵周公之遗制，下以明将来之法。其教之所存，文之所害，则刊而正之，以示劝戒，其余则皆即用旧史。"锡瑞案：杜预引《周礼》、《孟子》，皆不足据。孟子言鲁之《春秋》止有其事、其文而无其义，其义是孔子创立，非鲁《春秋》所有，亦非出自周公。若周公时已有义例，孔子岂得不称周公而攘为己作乎？杜引《孟子》之文不全，盖以其引孔子云云不便于己说，故讳而不言也。《周礼》虽有史官，未言史有凡例。杜预云："其发凡以言例，皆经国之常制，周公之垂法。"正义曰："今案《周礼》，竟无凡例。"是孔颖达已疑其说，特以疏不驳注，不得不强为傅会耳。正义又曰："先儒之说《春秋》者多矣，皆云丘明以意作传，说仲尼之经，凡与不凡无新旧之例。"据孔说，则杜预以前，如贾逵、服虔诸儒说《左氏》者，亦未尝以凡例为周公作。盖谓丘明既作传，又作凡例，本是一人所作，故无新例、旧例之别也。至杜预，乃专据韩宣疑似之文，尽翻前人成案。以《左氏传》发凡五十为周公旧例，周衰史乱，多违周公之旧；仲尼稍加刊正，余皆仍旧不改，其称书、不书、先书、故书、不言、不称、书曰之类，乃为孔子新例。此杜预自谓创获，苟异先儒，而实大谬不然者也。自孟子至两汉诸儒，皆云孔子作《春秋》，无搀入周公者。及杜预之说出，乃有周公之《春秋》，有孔子之《春秋》；周公之凡例多，孔子之变例少。若此，则周公之功大，孔子之功小。以故唐时学校尊周公为先圣，抑孔子为先师。以生民未有之圣人，不得专享太牢之祭，止可降居配享之列。《春秋》之旨晦，而孔子之道不尊，正由此等谬说启之。据孟子说，孔子作《春秋》是一件绝大事业，大有关系文字。若如杜预经承旧史、史承赴告之说，止是钞录一过，并无褒贬义例，则略识文字之钞胥皆能为之，何必孔子？即曰"据事直书，不虚美，不隐恶"，则古来良史如司马迁、班固等亦优为之，何必孔子？孔子何以有"知我罪我"、"其义窃取"之言？孟子何以推尊孔子作《春秋》之功配古帝王，说得如此惊天动地？与其信杜预之说，夺孔子制作之功以归之周公，曷若信孟子之言，尊孔子制作之功以上继周公乎！陆淳《春秋纂例》驳杜预之说曰："杜预云：凡例皆周公之旧典礼经。按其传例，云：'弑君，称君，君无道也；称臣，臣之罪也。'然则周公先设弑君之义乎？又曰：'大用师曰灭，弗地曰入。'又周公先设相灭之义乎？又云：'诸侯同盟，薨则赴以名。'又是周公令称先君之名以告邻国乎？虽夷狄之人，不应至此也。"案：陆淳所引后一条，即《左氏》所谓礼经、杜预所谓常例。陆驳诘明快，不知杜预何以解之，祖杜预者又何以解之。柳宗元亦曰"杜预谓例为周公之常法，曾不知侵、伐、入、灭之例，周之盛时不应预立其法"，与陆氏第二条说同。

## 论董子之学最醇，微言大义存于董子之书，不必惊为非常异义

　　孟子之后，董子之学最醇。朱子称仲舒为醇儒。然则《春秋》之学，孟子之后，亦当以董子之学为最醇矣。《史记·儒林列传》曰："言《春秋》，于齐、鲁自胡毋生，于赵自董仲舒。董仲舒，广川人也。以治《春秋》，孝景时为博士。汉兴至于五世之间，惟董仲舒名为明于《春秋》，其传公羊氏也。胡毋生，齐人也。孝景时为博士。齐之言《春秋》者，多受胡毋生。公孙弘亦颇受焉。"锡瑞案：太史公未言董子受学何人，而与胡毋同为孝景博士，则年辈必相若。胡毋师公羊寿，董子或亦师公羊寿。何休《解诂序》谓"略依胡毋生《条例》"，疏云："胡毋生以《公羊》经传传授董氏，犹自别作《条例》。"太史公但云公孙弘受胡毋，不云董子亦受胡毋。《汉书·儒林传》于胡毋生云："与董仲舒同业，仲舒著书称其德。"云"同业"，则必非受业。戴宏《序》、郑君《六艺论》，皆无传授之说，未可为据。何氏云依胡毋而不及董，《解诂》与董书义多同，则胡毋、董生之学本属一家。胡毋书不传，而董子《春秋繁露》十七卷尚存。国朝儒臣复以《永乐大典》所存楼钥本详为勘订，凡补一千一百二十一字、删一百二十一字、改定一千八百二十九字，前之讹缺不可读者，今粗得通，圣人之微言大义，得以复明于世。汉人之解说《春秋》者，无有古于是书，而广大精微，比伏生《大传》、《韩诗外传》尤为切要，未可疑为非常异义而不信也。《太史公自序》："余闻董生曰：'周道衰废，孔子为鲁司寇，诸侯害之，大夫壅之。孔子知言之不用，道之不行也，是非二百四十二年之中，以为天下仪表，贬天子，退诸侯，讨大夫，以达王事而已矣。'子曰：'我欲载之空言，不如见之行事之深切著明也。'夫《春秋》，上明三王之道，下辨人事之纪，别嫌疑，明是非，定犹豫，善善恶恶，贤贤贱不肖，存亡国，继绝世，补敝起废，王道之大者也。拨乱世反之正，莫近于《春秋》。《春

秋》文成数万，其指数千。万物之聚散，皆在《春秋》。《春秋》之中，弑君三十六，亡国五十二，诸侯奔走不得保其社稷者不可胜数，察其所以，皆失其本已。故《易》曰：'失之毫厘，差以千里。'故曰：'臣弑君，子弑父，非一旦一夕之故也，其渐久矣。'故有国者不可以不知《春秋》，前有谗而弗见，后有贼而不知。为人臣者不可以不知《春秋》，守经事而不知其宜，遭变事而不知其权。为人君父而不通于《春秋》之义者①，必蒙首恶之名。为人臣子而不通于《春秋》之义者，必陷篡弑之诛、死罪之名。其实皆以为善，为之不知其义，被之空言而不敢辞。夫不通礼义之旨，至于君不君，臣不臣，父不父，子不子。夫君不君则犯，臣不臣则诛，父不父则无道，子不子则不孝。此四行者，天下之大过也。以天下之大过予之，则受而弗敢辞。故《春秋》者，礼义之大宗也。夫礼禁未然之前，法施已然之后。法之所为用者易见，而礼之所为禁者难知。"案：太史公述所闻于董生者，微言、大义兼而有之，以礼说《春秋》，尤为人所未发。《春秋》拨乱反正，道在别嫌明微。学者知《春秋》近于法家，不知《春秋》通于礼家；知《春秋》之法可以治已然之乱臣贼子，不知《春秋》之礼足以禁未然之乱臣贼子。自汉以后，有用《春秋》之法，如诛意、如无将，而引经义以断狱者矣，未有用《春秋》之礼，别嫌疑、明是非，而明经义以拨乱者也。若宋孙复《尊王发微》狭隘酷烈，至谓《春秋》有贬无褒，是以《春秋》为司空城旦书，岂知《春秋》者乎！董子尝作《春秋决事》，弟子吕步舒等以《春秋》专断于外，而其言礼之精如是。是董子之学，当时见之施行者特其粗粗，而其精者并未尝见之施行也。然则世但知汉世《公羊》盛行，究之其盛行者，特酷吏藉以济其酷，致后人为《公羊》诟病。董子所谓"礼义之大宗"，汉时已以为迂而不之用矣。董子之学不行，后人并疑其书而不信。试观太史公所述，有一奇辞险语否？何必惊为非常异义乎！

## 论存三统明见董子书，并不始于何休，据其说，足知古时二帝三王本无一定

何氏《文谥例》：《春秋》有"五始、三科、九旨、七等、六辅、二类之义"，三科、九旨尤为闳大。《文谥例》："三科九旨者，新周，故

---

① "之义"，原脱，据《史记·太史公自叙》补。

宋，以《春秋》当新王，此一科三旨也；所见异辞，所闻异辞，所传闻异辞，二科六旨也；内其国而外诸夏，内诸夏而外夷狄，是三科九旨也。"宋氏之注《春秋说》："三科者，一曰张三世，二曰存三统，三曰异外内，是三科也。九旨者，一曰时，二曰月，三曰日，四曰王，五曰天王，六曰天子，七曰讥，八曰贬，九曰绝。"何氏九旨在三科之内，宋氏九旨在三科之外，其说亦无大异。而三科之义，已见董子之书。《楚庄王》篇曰："《春秋》分十二世以为三等：有见，有闻，有传闻。有见三世，有闻四世，有传闻五世。故哀、定、昭，君子之所见也；襄、成、宣、文，君子之所闻也；僖、闵、庄、桓、隐，君子之所传闻也。所见六十一年，所闻八十五年，所传闻九十六年。"此张三世之义。《王道》篇曰："内其国而外诸夏，内诸夏而外夷狄，言自近者始也。"此异外内之义。《三代改制质文》篇曰："《春秋》应天作新王之事，时正黑统，王鲁，尚黑，绌夏，新周，故宋。"又曰："《春秋》上绌夏，下存周，以《春秋》当新王。《春秋》当新王者奈何？曰：王者之法必正号，绌王谓之帝，封其后以小国，使奉祀之，下存二王之后以大国，使服其服，行其礼乐，称客而朝。故同时称帝者五，称王者三，所以昭五端，通三统也。是故周人之王，尚推神农为九皇，而改号轩辕，谓之黄帝，因存帝颛顼、帝喾、帝尧之帝号，绌虞，而号舜曰帝舜，录五帝以小国，下存禹之后于杞，存汤之后于宋，以方百里，爵号公，皆使服其服，行其礼乐，称先王客而朝。《春秋》作新王之事，变周之制，当正黑统，而殷、周为王者之后，绌夏，改号禹，谓之帝禹，录其后以小国，故曰：绌夏，存周，以《春秋》当新王。"此存三统之义。锡瑞案："存三统"尤为世所骇怪，不知此是古时通礼，并非《春秋》创举。以董子书推之，古王者兴，当封前二代子孙以大国，为二王后，并当代之王为三王，又推其前五代为五帝，封其后以小国，又推其前为九皇，封其后为附庸，又其前则为民。殷、周以上皆然。然则有继周而王者，当封殷、周为二王后，改号夏禹为帝。《春秋》托王于鲁，为继周者立法，当封夏之后以小国，故曰绌夏；封周之后为二王后，故曰绌周。此本推迁之次应然。《春秋》"存三统"，实原于古制。逮汉以后，不更循此推迁之次，人但习见周一代之制，遂以五帝、三王为一定之号。于是《尚书大传》"舜乃称王"，解者不得其说；《周礼》先、后郑注引"九皇六十四民"，疏家不能证明。盖古义之湮晦久矣。晋王接、宋苏轼、陈振孙，皆疑"黜周"、"王鲁"《公羊》无明文，以何休为《公羊》罪人。

不知存三统明见董子书，并不始于何休。《公羊传》虽无明文，董子与胡毋生同时，其著书在《公羊》初著竹帛之时，必是先师口传大义。据其书，可知古时五帝、三王并无一定，犹亲庙之祧迁。后世古制不行，人遂不得其说。学者试取董书《三代改制质文》篇深思而熟读之，乃知《春秋》损益四代，立一王之法，其制度纤悉具备，诚非空言义理者所能解也。

## 论异外内之义与张三世相通，当竞争之时，尤当讲明《春秋》之旨

三科惟"张三世"之义明见于《公羊传》。隐元年："公子益师卒。何以不日？远也。所见异辞，所闻异辞，所传闻异辞。"解诂曰："所见者，谓昭、定、哀，己与父时事也。所闻者，谓文、宣、成、襄，王父时事也。所传闻者，谓隐、桓、庄、闵、僖，高祖、曾祖时事也。所以三世者，礼，为父母三年，为祖父母期，为曾祖父母齐衰三月。立爱自亲始，故《春秋》据哀录隐，上治祖祢。"与董子书略同，皆以三世为孔子之三世。据此，足知《春秋》是孔子之书。"张三世"之义虽比"存三统"、"异外内"为易解，然非灼知《春秋》是孔子作，必不信"张三世"之义，而《春秋》书法详略远近，皆不得其解矣。"张三世"有二说。颜安乐以为从襄二十一年之后孔子生讫，即为所见之世。《演孔图》云："文、宣、成、襄，所闻之世也。"颜氏分张二公而使两属，何劭公以为任意。二说小异，而以三世为孔子三世则同。"异外内"之义与"张三世"相通。隐元年解诂曰①："于所传闻之世，见治起于衰乱之中，用心尚粗粗，故内其国而外诸夏，先详内而后治外。于所闻之世，见治升平，内诸夏而外夷狄。至所见之世，著治太平，夷狄进至于爵，天下远近小大若一。"锡瑞案：《春秋》有攘夷之义，有不攘夷之义。以攘夷为《春秋》义者，但见宣十一年晋侯会狄于攒函，解诂有"殊夷狄"之文，成十五年叔孙侨如等会吴于锺离，《传》有"曷为殊会吴？外吴也"之文。不知宣、成皆所闻世，治近升平，故殊夷狄。若所见世，著治太平，哀四年晋侯执戎曼子赤归于楚，十三年公会晋侯及吴子于黄池，夷狄进至于爵，与诸夏同，无外内之异矣。外内无异，则不

---

① "年"，原误作"羊"，据文义改。

必攘；远近小大若一，且不忍攘。圣人心同天地，以天下为一家，中国为一人，必无因其种族不同而有歧视之意。而升平世不能不外夷狄者，其时世界程度尚未进于太平，夷狄亦未进化，引而内之，恐其侵扰。故夫子称齐桓、管仲之功，有"被发左衽"之惧，以其能攘夷狄、救中国而特笔褒予之。然则以《春秋》为攘夷，圣人非无此意，特是升平主义，而非太平主义。言岂一端而已，夫各有所当也。拨乱之世内其国而外诸夏，诸夏非可攘者，而亦必异外内，故董子明言"自近者始"。王化自近及远，由其国而诸夏而夷狄，以渐进于大同。正如由修身而齐家而治国，以渐至平天下。进化有先后，书法有详略，其理本极平常。且春秋时夷狄，非真夷狄也。吴，仲雍之后。越，夏少康之后。楚，文王师鬻熊之后。而姜戎是四岳裔胄，白狄、鲜虞是姬姓。皆非异种异族，特以其先未与会盟，中国摈之，比于戎狄，故《春秋》有七等进退之义。《公羊》庄十三年传曰："州不若国，国不若氏，氏不若人，人不若名，名不若字，字不若子。"疏云："言荆不如言楚，言楚不如言潞氏、甲氏，言潞氏不如言楚人，言楚人不如言介葛卢，言介葛卢不如言邾娄仪父，言邾娄仪父不如言楚子、吴子。"《春秋》设此七等，以进退当时之诸侯。韩文公曰："诸侯用夷礼则夷之，进于中国则中国之。"是中国、夷狄之称，初无一定。宣十二年传曰："不与晋而与楚子为礼也。"《繁露·竹林》篇曰："《春秋》之常辞也，不予夷狄而与中国为礼。至邲之战，偏然反之，晋变而为夷狄，楚变而为君子，故移其辞以从其事。"是进退无常，可见《春秋》立辞之变。定四年传曰："吴何以称子？夷狄也，而忧中国。""吴入楚"传曰："吴何以不称子？反夷狄。"是进退甚速，可见《春秋》立义之精，皆以今之所谓文明、野蛮为褒贬予夺之义。后人不明此旨，徒严种族之辨，于是同异竞争之祸烈矣。盖托于《春秋》义，而实与《春秋》义不甚合也。

## 论《春秋》素王不必说是孔子素王，《春秋》为后王立法，即云为汉制法亦无不可

《公羊》有《春秋》"素王"之义，董、何皆明言之，而后世疑之者，因误以"素王"属孔子。杜预《左传集解序》曰："说者以仲尼自卫反鲁，修《春秋》，立素王，丘明为素臣。子路欲使门人为臣，孔子以为欺天。而云仲尼素王，丘明素臣，又非通论也。"正义曰："麟是帝

王之瑞，故有素王之说。言孔子自以身为素王，故作《春秋》立素王之法；丘明自以身为素臣，故为素王作左氏之《传》。汉、魏诸儒，皆为此说。董仲舒对策云：'孔子作《春秋》，先正王而系以万事，见素王之文焉，'贾逵《春秋序》云：'孔子览史记，就是非之说，立素王之法。'郑玄《六艺论》云：'孔子既西狩获麟，自号素王，为后世受命之君，制明王之法。'卢钦《公羊序》云：'孔子自因鲁史记而修《春秋》，制素王之道。'是先儒皆言孔子立素王也。《孔子家语》称齐太史子余叹美孔子，言'天其素王之乎'。素，空也，言无位而空王之也。彼子余美孔子之深，原上天之意，故为此言耳，非是孔子自号为素王。先儒盖因此而谬，遂言《春秋》立素王之法；左丘明述仲尼之道，故复以为素臣。其言丘明为素臣，未知谁所说也。"锡瑞案：据杜、孔之说，则《春秋》"素王"非独《公羊》家言之，《左氏》家之贾逵亦言之。至杜预，始疑非通论。杜所疑者，是"仲尼素王"以为孔子自王，此本说者之误。若但云"《春秋》素王"，便无语弊。孔疏所引云"素王之文"、"素王之法"、"素王之道"，皆不得谓非通论。试以孔疏解"素"为"空"解之，何不可通？杜预《序》云"会成王义，垂法将来"，其与"素王立法"之说有以异乎？无以异乎？惟《六艺论》之"自号素王"，颇有可疑。郑君语质，不加别白，不必以辞害意。孔子作《春秋》以讨乱贼，必不自蹈僭妄，此固不待辨者。《释文》于《左传序》"素王"字云："王，于况反。下'王鲁'、'素王'同。"然则"素王"之"王"，古读为"王天下"之"王"，并不解为"王号"之"王"。孔子非自称"素王"，即此可证。若丘明自称"素臣"，尤为无理。丘明尊孔子，称弟子可矣，何必称臣示敬？孔疏亦不知其说所自出，盖《左传》家窃取《公羊》"素王"之说，张大丘明以配孔子，乃造为此言耳。汉人又多言《春秋》为汉制法。《公羊疏》引《春秋说》云："'伏羲作八卦，丘合而演其文，渍而出其神，作《春秋》以改乱制。'又云：'丘水精治法，为赤制功。'又云：'黑龙生为赤，必告之象，使知命。'又云：'经十有四年春，西狩获麟，赤受命，仓失权，周灭火起，薪采得麟。'以此数文言之，《春秋》为汉制明矣。"据此，则《春秋》为汉制法，说出纬书。何氏《解诂》于哀十四年云："木绝火王，制作道备。""血书端门"明引《春秋纬·演孔图》，《史晨》、《韩勑》诸碑亦多引之。东平王苍曰："孔子曰'行夏之时，乘殷之辂，服周之冕'，为汉制法。"王充《论衡》曰："夫五经亦汉家之所立，儒生善政大义皆出其中。董仲舒表《春秋》

之义，稽合于律，无乖异者。然则《春秋》，汉之经，孔子制作，垂遗
于汉。孔子曰：'文王既没，文不在兹乎？'文王之文，传在孔子。孔子
为汉制文，传在汉也。"仲任发明《春秋》义甚畅，而史公、董子书未
有《春秋》为汉制法之说，故后人不信。欧阳修讥汉儒为狭陋，云：
"孔子作《春秋》，岂区区为汉而已哉！"不知《春秋》为后王立法，虽
不专为汉，而汉继周后，即谓为汉制法，有何不可？且在汉言汉，推崇
当代，不得不然。即如欧阳修生于宋，宋尊孔教，即谓《春秋》为宋制
法，亦无不可。今人生于大清，大清尊孔教，即谓《春秋》为清制法，
亦无不可。欧阳所见，何拘阂之甚乎！汉尊谶纬，称为内学，郑康成、
何劭公生于其时，不能不从时尚。后人议何氏《解诂》不应引《演孔
图》之文，试观《左氏》文十三年传"其处者为刘氏"，孔疏明云：
"《左氏》不显于世，先儒无以自申。刘氏从秦从魏，其源本出刘累。插
注此辞，将以媚世。明帝时，贾逵上疏云：'五经皆无证图谶明刘氏为
尧后者，而《左氏》独有明文。'窃谓前世藉此以求道通，故后引之以
为证耳。"据孔疏，足见汉时风气，不引谶纬不足以尊经。而《左氏》
家擅增传文，《公羊》家但存其说于注而未敢增传，相提并论，何氏之
罪不比贾逵等犹可末减乎？

## 论《春秋》改制犹今人言变法，损益 四代，孔子以告颜渊，其作《春秋》 亦即此意

《史记·孔子世家》："子曰：'弗乎！弗乎！君子病殁世而名不称
焉。吾道不行矣，吾何以自见于后世哉！'乃因史记作《春秋》，上至隐
公，下讫哀公十四年，十二公，据鲁，亲周，故殷，运之三代，约其辞
文而指博。故吴、楚之君自称王，而《春秋》贬之曰子；践土之会实召
周天子，而《春秋》讳之曰'天王狩于河阳'。推此类以绳当世，贬损
之义，后有王者举而开之，《春秋》之义行，则天下乱臣贼子惧焉。孔
子在位听讼，文辞有可与人共者，弗独有也。至于为《春秋》，笔则笔，
削则削，子夏之徒不能赞一辞。弟子受《春秋》，孔子曰：'后世知丘者
以《春秋》，而罪丘者亦以《春秋》。'"又《自序》引壶遂曰："孔子之
时，上无明君，下不得任用，故作《春秋》，垂空文以断礼义，当一王
之法。"锡瑞案：此二条，史公未明引董生，不知亦董生所传否，而其

言皆明白正大。云"据鲁，亲周，故殷"，则知《公羊》家"存三统"之义古矣。云有贬损、有笔削，则知《左氏》家"经承旧史"之义非矣。云"垂空文"、"当一王之法"，则知"素王改制"之义不必疑矣。《春秋》有"素王"之义，本为改法而设。后人疑孔子不应称王，不知"素王"本属《春秋》，《淮南子》以《春秋》当一代。而不属孔子。疑孔子不应改制，不知孔子无改制之权，而不妨为改制之言。所谓改制者，犹今人之言变法耳。法积久而必变。有志之士，世不见用，莫不著书立说，思以其所欲变之法传于后世，望其实行。自周、秦诸子，以及近之船山、亭林、梨洲、桴亭诸公皆然。亭林《日知录》明云"立言不为一时"。船山《黄书》、《噩梦》，读者未尝疑其僭妄，何独于孔子《春秋》反以僭妄疑之？《春秋》变周之文，从殷之质。或疑孔子自言"从周"，何得变周从殷？不知孔子周人，平日行事，必从时王之制，至于著书立说，不妨损益前代。颜子问为邦，子兼取虞、夏、殷、周以答之。此损益四代之明证。郑君解《王制》与《周礼》不合者，率以殷法解之，证以爵三等、岁三田，皆与《公羊》义合。此《春秋》从殷之明证。正如今人生于大清，衣冠、礼节必遵时制；若著书言法政，则不妨出入，或谓宜从古制，或谓宜采西法。圣人制法，虽非后学所敢妄拟，然自来著书者莫不如是，特读者习而不察耳。《春秋》所以必改制者，周末文胜，当救之以质。当时老子、墨子、子桑伯子、棘子成，皆已见及之。《春秋》从殷之质，亦是此意。《檀弓》一篇三言邾娄，与《公羊》齐学同，而言礼多从殷。《中庸》疏引：赵商问："孔子称：'吾学周礼，今用之，吾从周。'《檀弓》云：'今丘也，殷人也。'两楹奠殡、哭师之处，皆所法于殷礼，未必由周，而云'吾从周'者，何也？"答曰："今用之者，鲁与诸侯皆用周之礼法，非专自施于己。在宋冠章甫之冠，在鲁衣逢掖之衣，何必纯用之？"《儒行》疏："案《曲礼》云：'去国三世，唯兴之日，从新国之法。'防叔奔鲁，至孔子五世，应从鲁冠，而犹著殷章甫冠者，以丘为制法之主，故有异于人。所行之事多用殷礼，不与寻常同也。且《曲礼》'从新国之法'，只谓礼仪法用，未必衣服尽从也。"案：郑、孔所言，足解"从殷"之惑。惟衣冠、礼法是一类。冠章甫本周制，故公西华可以相礼。两楹奠殡，哭师于寝，盖当时亦可通行。惟作《春秋》立法以待后王，可自为制法之主耳。谓《春秋》皆本鲁史旧文，孔子何必作《春秋》？谓《春秋》皆用周时旧法，孔子亦何必作《春秋》？

# 论《春秋》为后世立法，惟《公羊》能 发明斯义，惟汉人能实行斯义

孔子手定六经，以教后世，非徒欲使后世学者诵习其义，以治一身，并欲后世王者实行其义，以治天下。《春秋》立一王之法，其义尤为显著。而惟《公羊》知《春秋》是素王改制，为能发明斯义；惟汉人知《春秋》为汉定道，为能实行斯义。姑举数事证之。《公羊》之义：大一统。路温舒曰："臣闻《春秋》正即位，大一统而慎始也。"《公羊》之义：立子以贵不以长。光武诏曰："《春秋》立子以贵不以长。东海王阳，皇后之子，宜承大统。"《公羊》之义：子以母贵。公孙瓒罪状袁绍曰："《春秋》之义，子以母贵。绍母亲为傅婢，无虚退之心。"《公羊》之义：大居正。袁益曰："方今汉家法周。周之道不得立弟，当立子。故《春秋》所以非宋公，死不立子而与弟。弟受国死，复反之与兄之子。弟之子争之，以为我当代父，后即刺杀兄子。以故国乱，祸不绝。故《春秋》曰：'君子大居正。'"《公羊》之义：天子尝娶于纪，故封之百里。《恩泽侯表》："其余后父据《春秋》褒纪之义。"应劭曰："《春秋》天子将纳后于纪，纪本子爵也，故先褒为侯，言王者不娶于小国。"《公羊》之义：子尊不加于父母。郑玄《伏后议》："帝皇后父、屯骑校尉不其亭侯伏完，公庭，完拜如臣礼；及皇后在离宫，拜如子礼。"《公羊》之义：昏礼不称主人，不称母，母不通也。杜邺曰："礼明三从之义，虽有文母之德，必系于子。《春秋》不书纪侯之母，阴义杀也。"《公羊》之义：褒仪父，贬无骇。李固曰："《春秋》褒仪父以开义路，贬无骇以闭利门。"《公羊》之义：三公之职号，尊名也。翟方进曰："《春秋》之义，尊上公谓之宰，海内无不统焉。"《公羊》之义：昭公出奔，国当绝。匡衡曰："《春秋》之义，诸侯不能守其社稷者绝。"《公羊》之义：善善及子孙。成帝封丙吉孙诏曰："夫善善及子孙，古今之通义也。"《公羊》之义：臣有大丧，则君三年不呼其门。陈忠曰："先圣人缘人情以著其节，制服二十五月。是以《春秋》臣有大丧，三年不呼其门。"《公羊》之义：出竟有可以安社稷、利国家者，专之可也。御史大夫张汤劾徐偃矫制大害，法至死，偃以为："《春秋》之义，大夫出疆，有可以安社稷、存万民，专之可也。"《公羊》之义：讥世卿。乐恢曰："世卿持禄，《春秋》所戒。"《公羊》之义：原情定罪。霍谞曰：

《春秋》之义，原情定过，赦事诛意。故许止虽弑君而不罪，赵盾以纵贼而见书。"《公羊》之义：人臣无将。胶西王曰："淮南王安，废法行邪。《春秋》曰：'臣无将，将而诛。'安罪重于将。"《公羊》之义：三年一祫，五年一禘。张纯曰："《春秋传》曰：'大祫者何？合祭也。毁庙及未毁庙之主，皆登合食太祖，五年而再殷。'汉旧制，三年一祫，毁庙主合食高庙，存庙主未尝合祭。元始五年，诸王公、列侯朝会，始为禘祭。"《公羊》之义：未逾年君不书葬。周举曰："北乡立未逾载，年号未改。孔子作《春秋》，王子猛不称崩，鲁子野不书葬。"《公羊》之义：讥逆祀。质帝诏曰："昔定公追正顺祀，《春秋》善之。其令恭陵次康陵，宪陵次恭陵。"《公羊》之义：不书闰。班固以闰九月为后九月。《公羊》之义：怀藏以养微，是月不杀。章帝诏曰："《春秋》于春每月书王者，重三正，慎三微也。律，十二月立春，不以报囚。"《公羊》之义：通三统。刘向曰："王者必通三统，明天命所授者博，非独一姓。"此皆见于两《汉书》者。更以汉碑考之。《巴郡太守张纳碑》云"正始顺元"，用《公羊》"五始"之义。《处士严发残碑》云"盖孔子作《春秋》，褒仪甫以中缺塞利欲之徯"，《成阳令唐扶颂》云"通天三统"，《杨孟文石门颂》云"《春秋》记异"，《安平相孙根碑》云"仲伯拨乱，蔡即"祭"字。足谲权"，《卫尉卿衡方碑》云"存亡继绝"，《樊毅修华岳碑》云"世室不修，《春秋》作讥"，《郎中郭君碑》云"为人后者为之子"，皆本《公羊》。足见汉时《公羊》通行，故能知孔子作《春秋》为后世立法之义，非止用之以决狱也。胡安国曰："武、宣之世，时君信重其书，学士大夫诵说，用以断狱决事。虽万目未张，而大纲克正，过于春秋之时，其效亦可见矣。"

## 论《穀梁》在春秋之后，曾见《公羊》之书，所谓"一传"即《公羊传》

郑君《释废疾》曰："孔子虽有圣德，不敢显然改先王之法[①]，以教授于世；若其所欲改，其阴书于纬，藏之以传后王。《穀梁》'四时田'者，近孔子故也。《公羊》正当六国之亡，谶纬见读，而传为'三时田'。作传有先后，虽异，不足以断《穀梁》也。"郑君言《春秋》改

---

① "王"，原误作"生"，据《释废疾》改。

制之义极精，故郑云"《公羊》善于谶"，而以《公羊》之出在《穀梁》后，则未知所据。《释文·序录》云：公羊高受之于子夏，穀梁赤乃后代传闻。陈澧曰："《释文·序录》之言是也。庄二年公子庆父帅师伐于余丘，《公羊》云：'邾娄之邑也，曷为不系乎邾娄？国之也。曷为国之？君存焉尔。'《穀梁》云：'公子贵矣，师重矣，而敌人之邑，公子病矣。其一曰：君在而重之也。'刘原父《权衡》云：'此似晚见《公羊》之说而附益之。'隐二年无骇帅师入极，八年无骇卒，《穀梁传》皆两说，刘氏亦以为穀梁见《公羊》之书而窃附益之。澧案：更有可证者。文十二年子叔姬卒，《公羊》云：'此未适人，何以卒？许嫁矣。'《穀梁》云：'其曰子叔姬，贵也，公之母姊妹也。其一传曰：许嫁以卒之也。'此所谓'其一传'，明是《公羊传》矣。宣十五年初税亩，冬蝝生，《穀梁》云：'蝝，非灾也。其曰蝝，非税亩之灾也。'此《穀梁》驳《公羊》之说也。《公羊》以为宣公税亩，应是而有天灾。《穀梁》以为不然，故曰'非灾也'，驳其以为天灾也。又云'其曰蝝，非税亩之灾也'，驳其以为应税亩而有此灾。其在《公羊》之后，更无疑矣。《公羊》、《穀梁》二传同者，隐公不书即位，《公羊》云'成公意'，《穀梁》云'成公志'；郑伯克段于鄢，皆云'杀之'。如此者，不可枚举矣。僖十七年夏灭项，《公羊》云：'孰灭之？齐灭之。曷为不言齐灭之？《春秋》为贤者讳。此灭人之国，何贤尔？君子恶恶也疾始，善善也乐终。桓公尝有继绝存亡之功，故君子为之讳也。'《穀梁》云：'孰灭之？桓公也。何以不言桓公也？为贤者讳也。既灭人之国矣，何贤乎？君子恶恶疾其始，善善乐其终。桓公尝有存亡继绝之功，故君子为之讳也。'此更句句相同，盖《穀梁》以《公羊》之说为是而录取之也。《穀梁》在《公羊》之后，研究《公羊》之说，或取之，或不取，或驳之，或与己说兼存之。其传较《公羊》为平正者，以此也。"锡瑞案：以《穀梁》晚出，曾见《公羊》之书，刘原父已言之，陈氏推衍尤晰。治《穀梁》者必谓《穀梁》早出，观此可以悟矣。晁说之曰："《穀梁》晚出于汉，因得监省《左氏》、《公羊》之违畔而正之。至其精深远大者，真得子夏之所传。范氏又因诸儒而博辩之，申《穀梁》之志也，其于是非亦少公矣。非若征南一切申传，汲汲然不敢异同也。"晁氏以为《穀梁》监省《左氏》、《公羊》，与陈氏所见同，不知陈氏见晁说否。晁以范氏是非为公，则宋重通学，不守专门之见也。

## 论《公羊》、《穀梁》二传当为传其学者所作，
## 《左氏传》亦当以此解之

　　子夏传公羊高，至四世孙寿，乃著竹帛。戴宏所言，当得其实。穀梁则有数说，且有四名。桓谭《新论》云："《左氏》传世后百余年，鲁人穀梁赤为《春秋》，残亡多所遗失。"应劭《风俗通》云："穀梁子名赤，子夏弟子。"麋信则以为秦孝公同时人。阮孝绪则以为名俶，字元始。《汉书·艺文志》颜注云名喜，而《论衡·案书》篇又云穀梁寘。岂一人有四名乎？抑如《公羊》之祖孙父子相传，非一人乎？名赤见《新论》，为最先，故后人多从之。而据《新论》，后《左氏》百余年，年代不能与子夏相接，而与秦孝公同时颇合。《四库提要》曰："其传，则士勋疏称'穀梁子名俶，字元始，一名赤。受经于子夏，为经作传'，则当为穀梁子所自作。徐彦《公羊传疏》又称：公羊高五世相授，至胡毋生乃著竹帛，题其亲师，故曰《公羊传》。《穀梁》亦是著竹帛者题其亲师，故曰《穀梁传》，则当为传其学者所作。案《公羊传》'定公即位'一条引'子沈子曰'，何休解诂以为后师。此传'定公即位'一条，亦称'沈子曰'。公羊、穀梁既同师子夏，不应及见后师。又'初献六羽'一条，称'穀梁子曰'。《传》既穀梁自作，不应自引己说。且此条又引'尸子曰'，尸佼为商鞅之师，鞅既诛，佼逃于蜀，其人亦在穀梁后，不应预为引据。疑徐彦之言为得其实，但谁著于竹帛，则不可考耳。"锡瑞案：杨《疏》云穀梁传孙卿。孙卿去子夏甚远，穀梁如受经于子夏，不得亲传孙卿，以《传》为传其学者所作，极是。非独《公》、《穀》二传，即《左氏传》亦当以此解之。故其《传》有后人附益，且及左氏后事。若必以为左氏自作，反为后人所疑。赵匡、郑樵遂以为左氏非丘明，是六国时人矣。朱子亦云："左氏不必解是丘明，《公》、《穀》传大概皆同，所以林黄中说只是一人。只是看他文字，疑若非一手者。"罗璧《识遗》云："公羊、穀梁，自高、赤作《传》外，更不见有此姓。万见春谓皆姜字切韵脚，疑为姜姓假托。"案：邾娄为邹、勃鞮为披之类，两音虽可合为一字，《越绝书》云"以口为姓，承之以天"。朱子注《楚词》，自署邹欣。古人著书，亦有自隐其姓名者。而二子为经作传，要不应自隐其姓。至谓公羊、穀梁，高、赤外不见有此姓，则尤不然。《礼记·檀弓》明云"啚巾以饭，公羊贾为之也"，何得

谓公羊高外不见公羊姓乎？疑"公羊贾"即《论语》之"公明贾"，"公羊高"即《孟子》之"公明高"。高，曾子弟子，亦可从子夏受经。古读"明"如"芒"，《诗》以"我齐明"与"我牺羊"为韵，"明"、"羊"音近，或亦可通。是说虽未见其必然，而据《礼记》，明明有姓公羊者矣。《汉书·古今人表》有公羊、穀梁，列四等，必实有其人可知。近人又疑"公羊"、"穀梁"皆"卜商"转音，更无所据。

## 论《穀梁》废兴及三《传》分别

《史记·儒林传》曰："瑕丘江生为《穀梁春秋》。自公孙弘得用，尝集比其义，卒用董仲舒。"《汉书·儒林传》曰："瑕丘江公受《穀梁春秋》及《诗》于鲁申公，传子至孙，为博士。武帝时，江公与董仲舒并。仲舒通五经，能持论，善属文。江公呐于口，上使与仲舒议，不如仲舒。而丞相公孙弘本为《公羊》学，比辑其议，卒用董生。于是上因尊《公羊》家，诏太子受《公羊春秋》，由是《公羊》大兴。太子既通，复私问《穀梁》而善之。其后浸微。宣帝即位，闻卫太子好《穀梁春秋》，以问丞相韦贤、长信少府夏侯胜及侍中乐陵侯史高，皆鲁人也，言穀梁子本鲁学，公羊氏乃齐学也，宜兴《穀梁》。由是《穀梁》之学大盛。"故范宁论之曰："废兴由于好恶，盛衰继于辩讷。"是汉时不独《左氏》与《公羊》争胜，《穀梁》亦尝与《公羊》争胜。武帝好《公羊》，而《公羊》之学大兴；宣帝好《穀梁》，而《穀梁》之学大盛，非奉朝廷之意旨乎？公孙弘齐人，而祖齐学之《公羊》；韦贤鲁人，而祖鲁学之《穀梁》，非出乡曲之私见乎？据《汉书》，江公传子至孙为博士，周庆、丁姓皆为博士，申章昌亦为博士。赞曰"孝宣世复立《穀梁春秋》"，则《穀梁》在前汉尝立学官，有博士。而后汉十四博士止有《公羊》严、颜二家，而无《穀梁》，则《穀梁》虽暂立于宣帝时，至后汉仍不立，犹《左氏》虽暂立于平帝与光武时，至其后仍不立也。《后汉·贾逵传》云："建初八年，乃诏诸儒各选高才生，受《左氏》、《穀梁春秋》、古文《尚书》、《毛诗》，由是四经遂行于世。"此四经虽行于世，而不立学，观《左氏》、《毛诗》、古文《尚书》终汉世不立学，《穀梁春秋》可知。熹平石经止有《公羊》，无《穀梁》。然则《穀梁》虽暂盛于宣帝之时，而汉以前盛行《公羊》，汉以后盛行《左氏》。盖《穀梁》之义不及《公羊》之大，事不及《左氏》之详，故虽监省《左氏》、《公羊》立说，较二家为平正，卒不能与二家鼎立。郑樵曰："《儒林传》学《公羊》者凡九家，而以《穀梁》名家独无其人，此所谓师说久微也。无论瑕丘江公，即尹、胡、申、章、房氏之学，今亦无有存者。仅存者惟范氏《集解》，而《集解》所引亦惟同时江、徐及兄弟子侄诸人。古义沦亡，无可探索，求如《公羊》大师董子犹传《繁露》一书，胡毋生《条例》犹存于《解诂》者，渺不可得。今其条理略可寻者，时、月、日例而已。"综而论之，《春秋》有大义，有微言，大义在诛乱臣贼子，微言在为后王立法。惟《公羊》兼传大义、微言。《穀梁》不传微言，但传大义。《左氏》并不传义，特以记事详赡，有可以证《春秋》之义者。故三《传》并行不废，特为斟酌分别，学者可审所择从矣。

## 论《春秋》兼采三《传》、不主一家始于范宁，而实始于郑君

何休《解诂》专主《公羊》，杜预《集解》独宗《左氏》，虽义有拘窒，必曲为解说，盖专门之学如是。惟范宁范字武子，其名当为"宁武子"之"宁"。《穀梁集解》，于三《传》皆加贬辞，曰："《左氏》以鬻拳兵谏为爱君，文公纳币为用礼。《穀梁》以卫辄拒父为尊祖，不纳子纠为内恶。《公羊》以祭仲废君为行权，妾母称夫人为合正。以兵谏为爱君，是人主可得而胁也。以纳币为用礼，是居丧可得而婚也。以拒父为尊祖，是为子可得而叛也。以不纳子纠为内恶，是仇雠可得而容也。以废君为行权，是神器可得而窥也。以妾母为夫人，是嫡庶可得而齐也。若此之类，伤教害义，不可强通者也。"又曰："《左氏》艳而富，其失也巫。《穀梁》清而婉，其失也短。《公羊》辨而裁，其失也俗。"锡瑞案：范氏兼采三《传》，不主一家，开唐啖、赵、陆之先声，异汉儒专门之学派。盖经学至此一变，而其变非自范氏始。郑君从第五元先习《公羊》，其解礼多主《公羊》说，而《箴膏》、《起废》兼主《左氏》、《穀梁》，尝云"《左氏》善于礼，《公羊》善于谶，《穀梁》善于经"，已为兼采三《传》之嚆矢。盖解礼兼采三《礼》，始于郑君；解《春秋》兼采三《传》，亦始于郑君矣。晋荀崧曰："孔子作《春秋》，左丘明、子夏造膝亲受，此用刘歆之说。无不精究。丘明撰所闻为传，其书善礼，多膏腴美辞，张本继末，以发明经意，信多奇伟。儒者称公羊高亲受子夏，立于汉朝，辞义清俊，断决明审，多可采用，董仲舒之所善也。穀

梁赤师徒相传，暂立于汉。以为"暂立"，最是。时刘向父子犹执一家，莫肯相从。其书文清义约，诸所发明，或《左氏》、《公羊》所不载，亦足订正。是以三《传》并行。"荀崧在东晋初请立《公羊》、《穀梁》博士，观其持论，三《传》并重，亦在范氏之前。范氏并诋三《传》乖违，惟《左氏》兵谏、丧娶二条，何氏《膏肓》已先斥之，诚为伤教害义，不可强通。若《穀梁》以卫辄拒父为尊祖，是尊无二上之义；以不纳子纠为内恶，是敌怨不在后嗣之义，皆非不可通者。范解《穀梁》不以为是，故于《序》先及之。《公羊》以祭仲废君为行权，乃《春秋》借事明义之旨。祭仲未必知权，而借以为行权之义。仲废君由迫胁，并非谋篡。范以为窥神器，未免深文。妾母称夫人为合正，《春秋》质家，本有"母以子贵"之义，董子《繁露·三代改制质文》篇言之甚明。范氏主《穀梁》妾母不得称夫人，义虽正大，然是文家义，不合于《春秋》质家。刘逢禄治《公羊》，乃于此条必从《穀梁》，以汩《公羊》之义，是犹未曙于质家、文家之别也。

## 论《春秋》借事明义之旨，止是借当时之事做一样子，其事之合与不合、备与不备，本所不计

借事明义是一部《春秋》大旨，非止祭仲一事。不明此旨，《春秋》必不能解。董子曰："孔子知时之不用，道之不行也，是非二百四十二年之中，以为天下仪表，贬天子，退诸侯，讨大夫，以达王事而已矣。曰：'我欲载之空言，不如见之行事之深切著明也。'"锡瑞案：董子引孔子之言，与孟子引孔子之言，皆《春秋》之要旨，极可信据。"载之空言，不如见之行事"，后人亦多称述，而未必人人能解。《春秋》一书亦止是载之空言，如何说是见之行事？即后世能实行《春秋》之法，见之行事，亦非孔子之所及见，何以见其深切著明？此二语看似寻常之言，有令人百思而不得其解者，必明于《公羊》借事明义之旨，方能解之。盖所谓"见之行事"，谓托二百四十二年之行事，以明褒贬之义也。孔子知道不行而作《春秋》，斟酌损益，立一王之法以待后世，然不能实指其用法之处，则其意不可见。即专著一书，说明立法之意如何，变法之意如何，仍是托之空言，不如见之行事，使人易晓。犹今之《大清律》，必引旧案以为比例，然后办案乃有把握。故不得不借当时之事，以明褒贬之义，即褒贬之义，以为后来之法，如：鲁隐非真能让国也，

而《春秋》借鲁隐之事，以明让国之义；祭仲非真能知权也，而《春秋》借祭仲之事，以明知权之义；齐襄非真能复雠也，而《春秋》借齐襄之事，以明复雠之义；宋襄非真能仁义行师也，而《春秋》借宋襄之事，以明仁义行师之义。所谓"见之行事，深切著明"，孔子之意盖是如此。故其所托之义，与其本事不必尽合，孔子特欲借之以明其作《春秋》之义，使后之读《春秋》者，晓然知其大义所存，较之徒托空言而未能征实者，不益深切而著明乎？三《传》惟《公羊》家能明此旨，昧者乃执《左氏》之事，以驳《公羊》之义，谓其所称祭仲、齐襄之类如何与事不合。不知孔子并非不见国史，其所以特笔褒之者，止是借当时之事做一样子，其事之合与不合、备与不备，本所不计。孔子是为万世作经而立法以垂教，非为一代作史而纪实以征信也。董子曰："《春秋》文成数万，其旨数千。"张晏曰"《春秋》万八千字"，李仁甫曰"细数之，尚减一千四百二十八字"，与王氏《学林》云万六千五百余字合。夫以二百四十二年之事，止一万六千余字。计当时列国赴告，鲁史著录，必十倍于《春秋》所书。孔子笔削，不过十取其一，盖惟取其事之足以明义者笔之于书，以为后世立法，其余皆削去不录。或事见于前者，即不录于后；或事见于此者，即不录于彼。以故一年之中寥寥数事，或大事而不载，或细事而详书，学者多以为疑，但知借事明义之旨，斯可以无疑矣。

## 论三统、三世是借事明义，黜周、王鲁 亦是借事明义

《春秋》借事明义，且非独祭仲数事而已也。"存三统"、"张三世"，亦当以借事明义解之，然后可通。隐公非受命王，而《春秋》于隐公托始，即借之以为受命王。哀公非太平世，而《春秋》于哀公告终，即借之以为太平世。故论春秋时世之渐衰：春秋初年，王迹犹存，及其中叶，已不逮春秋之初，至于定、哀，駸駸乎流入战国矣。而论《春秋》三世之大义：《春秋》始于拨乱，即借隐、桓、庄、闵、僖为拨乱世；中于升平，即借文、宣、成、襄为升平世；终于太平，即借昭、定、哀为太平世。世愈乱，而《春秋》之文愈治，其义与时事正相反。盖《春秋》本据乱而作，孔子欲明驯致太平之义，故借十二公之行事，为进化之程度，以示后人治拨乱之世应如何，治升平之世应如何，治太平之世

应如何，义本假借，与事不相比附。《公羊疏》于注"至所见之世，著治太平"云："当尔之时，实非太平，但《春秋》之义，若治之太平于昭、定、哀也，犹如文、宣、成、襄之世实非升平，但《春秋》之义而见治之升平然。"《疏》之解此亦甚明矣，昧者乃引当时之事，讥其不合。不知孔子生于昭、定、哀世，岂不知其为治为乱？《公羊》家明云"世愈乱而《春秋》之文愈治"，亦非不知其为治为乱也。孟子以《春秋》成为天下一治。"黜周"、"王鲁"，亦是假借。《公羊疏》引："问曰：《公羊》以鲁隐公为受命王，黜周为二王后。案《长义》云：名不正则言不顺，言不顺则事不成。今隐公人臣而虚称以王，周天子见在上而黜公侯，是非正名而言顺也。答曰：《春秋》藉位于鲁，以托王义。隐公之爵不进称王，周王之号不退为公，何以为不正名？何以为不顺言乎？"贾逵所疑，《疏》已解之。《左传疏》引刘炫难何氏云："新王受命，正朔必改，是鲁得称元，亦应改其正朔，仍用周正，何也？即托王于鲁，则是不事文王，仍奉王正，何也？诸侯改元，自是常法，而云托王改元，是妄说也。"锡瑞案：刘炫习见后世诸侯改元之事，不知何氏明言"惟王者改元立号"，《春秋》王鲁，故得改元。托王非真，故虽得改元，不得改正朔。此等疑义，皆甚易解。后之疑《公羊》与董、何者，大率皆如贾逵、刘炫之说，不知义本假托，而误执为实事，是以所见拘滞。刘逢禄《释三科例》曰："且《春秋》之托王至广，称号名义仍系于周，挫强扶弱常系于二伯，何尝真黜周哉！郊禘之事，《春秋》可以垂法，而鲁之僭，则大恶也。就十二公论之，桓、宣之弑君宜诛，昭之出奔宜绝，定之盗国宜绝，隐之获归宜绝，庄之通雠、外淫宜绝，闵之见弑宜绝，僖之僭王礼、纵季姬、祸鄫子，文之逆祀、丧娶、不奉朔，成、襄之盗天牲，哀之获诸侯、虚中国以事强吴，虽非诛绝，不免于《春秋》之贬黜者多矣，何尝真王鲁哉！"刘氏谓"黜周"、"王鲁"非真，正明其为假借之义。陈澧乃诋之曰："言黜周、王鲁非真，然则《春秋》作伪欤？"不知为假借，而疑为作伪。盖《春秋》是专门之学，陈氏于《春秋》非专门，不足以知圣人微言也。

## 论《春秋》有现世主义，有未来主义，<br>义在尊王攘夷，而不尽在尊王攘夷

董子曰"其旨数千"，即孟子所引"其义则丘窃取"者。以《春秋》

万六千余字，而其旨以千数，则必有两义并行而不相悖、二意兼用而适相成者，自非专门之学，则但见其显而不见其隐，知其浅而不知其深。圣人之书，广大精微，仁者见仁，知者见知，得其一解，已足立义，亦无背于圣人之旨也。特患习于所见而蔽所不见，但见其义之显而浅者，而于其义之隐而深者素所不解，遂诳而不信，或瞋目扼腕以争之，则所得者少，而所失者多矣。《春秋》之义旨，既如此之多，必非据事直书，而论者以为止于据事直书；且必非止惩恶劝善，而论者以为止于惩恶劝善。微言大义既已暗而不章，宋儒孙复、胡安国之徒，其解《春秋》又专言尊王攘夷。不知《春秋》有"尊王"之义，而义不止于"尊王"；有"攘夷"之义，而义不止于"攘夷"。既言"尊王"，又有"黜周"、"王鲁"之义，似相反矣，而《春秋》为后王立法，必不专崇当代之王，似相反，实非相反也。既言"攘夷"矣，又有"夷狄进至于爵"之义，似相反矣，而圣人欲天下大同，必渐推渐广，远近若一，似相反，亦非相反也。成元年"王师败绩于贸戎"，《公羊传》曰："王者无敌，莫敢当也。"疏云："《春秋》之义，托鲁为王，而使旧王无敌者，见任为王，宁可会夺？正可时时内鲁见义而已。"陈澧遂据此传，谓既以周为王者无敌，必无"黜周"、"王鲁"之说，此疏正可以驳"黜周"之说。不知疏明言《春秋》王鲁，不夺旧王，是《春秋》"尊王"之义与"王鲁"之义本可并行不悖也。僖四年"楚屈完来盟于师，盟于召陵"，《公羊传》曰："南夷与北狄交，中国不绝若线。桓公救中国而攘夷狄，卒帖荆，以此为王者之事。"解诂曰："言桓公先治其国以及诸夏，治诸夏以及夷狄，如王者为之，故云尔。"后人多据此传，以为《春秋》"攘夷"之证。不知解诂明言"桓公先治其国以及诸夏，治诸夏以及夷狄"，僖公当所传闻世而渐近于所闻，故有合于《春秋》"内其国而外诸夏，内诸夏而外夷狄"之义。若至所见世，夷无可攘。是《春秋》"攘夷"之义与"夷狄进至于爵"之义，本是两意相成也。综而言之，有现世主义，有未来主义。圣人作《春秋》，因王灵不振，夷狄交横，尊王攘夷，是现世主义，不得不然者也。而王灵不振，不得不为后王立法；夷狄交横，不能不思用夏变夷。为后王立法，非可托之子虚乌有，故托王于鲁以见义；思用夏变夷，非可限以种族不同，故进至于爵而后止。此未来主义，亦不得不然者也。《春秋》兼此二义，惟《公羊》、董、何能发明。今为一语道破，亦实寻常易解，并无非常异义可怪之论。而不治《公羊》，则但知其一，不知其二，即寻常之义，亦骇怪以为非常矣。

# 论孔子成《春秋》不能使后世无乱臣贼子，
# 而能使乱臣贼子不能无惧

或曰：孟子言"孔子成《春秋》，而乱臣贼子惧"，何以《春秋》之后，乱臣贼子不绝于世？然则孔子作《春秋》之功安在？孟子之言殆不足信乎？曰：孔子成《春秋》，不能使后世无乱臣贼子，而能使乱臣贼子不能全无所惧。自《春秋》大义昭著，人人有一《春秋》之义在其胸中，皆知乱臣贼子人人得而诛之。虽极凶悖之徒，亦有魂梦不安之隐；虽极巧辞饰说，以为涂人耳目之计，而耳目仍不能涂。邪说虽横，不足以蔽《春秋》大义。乱贼既惧当时义士声罪致讨，又惧后世史官据事直书。如王莽者，多方掩饰，穷极诈伪，以盖其篡弑者也。如曹丕、司马炎者，妄托禅让，褒封先代，篡而未敢弑者也。如萧衍者，已行篡弑，旋知愧憾，深悔为人所误者也。如朱温者，公行篡弑，犹畏人言，归罪于人以自解者也。他如王敦、桓温谋篡多年，而至死不敢；曹操、司马懿及身不篡，而留待子孙。凡此等固由人有天良，未尽泯灭，亦由《春秋》之义深入人心，故或迟之久而后发，或迟之又久而卒不敢发。即或冒然一逞，犯天下之不韪，终不能坦怀而自安，如萧衍见吴均作史，书其助萧道成篡逆，遂怒而摈吴均；燕王棣使方孝孺草诏，孝孺大书"燕贼篡位"，遂怒而族灭孝孺。其怒也，即其惧也。盖虽不惧国法，而不能不惧公论也。或曰：桓温尝言"不能流芳百世，亦当贻臭万年"，彼自甘贻臭者，又岂能惧清议？曰：桓温虽有此言，亦止敢行废立，而未敢行篡弑，正由惧清议之故。且彼自知"贻臭"，则已有清议在其心矣，安能晏然不一动乎？是非曲直，世之公理。独臣子于君父，不得计是非曲直，所谓天下无不是的父母。《春秋》弑君三十六，而弑父者三：文二年楚世子商臣弑其君頵，襄三十年蔡世子般弑其君固，昭十九年许世子止弑其君买。被弑三人，皆兼君父。许止进药而药杀，非真弑者，而《春秋》以弑书。蔡侯淫而不父，祸由自取，楚子轻于废立，机泄致祸，《春秋》亦以弑书。盖君父虽有过愆，臣子无可解免。以此推之，臣子之于君父，不当论是非曲直，亦不当分别有道、无道。臣子既犯弑逆之罪，即人伦之大变，天理所不容。虽其人有恩惠于民，有功劳于国，亦不当称道其小善，而纵舍其大恶。春秋时如齐之陈氏，未尝无恩惠于民；晋之赵盾，亦未尝无功劳于国，而经一概书弑，不使乱臣贼子有所借口。正如后世曹操、刘裕之类，有功于国，有德于民，而论者不为末减也。至于但书弑君，而不书弑君为何人，盖由所据旧史未有明文，圣人以为既无主名，自难擅入人罪，虽有传闻，未可据以增加，不若阙之为愈。此正罪疑惟轻与不知盖阙之义。若"弑君称君，君无道"之例，与《春秋》大义反对，必非圣人作经之旨。杜预奸言诬圣，先儒已加驳正，学者不当更扬其波，使邪说诬民，充塞仁义也。

## 论《春秋》一字褒贬之义，宅心恕而立法严

《春秋》大义在讨乱贼，则《春秋》必褒忠义。经曰："宋督弑其君与夷，及其大夫孔父。""宋万弑其君捷，及其大夫仇牧。""晋里克弑其君卓，及其大夫荀息。"三大夫皆书"及"，褒其皆殉君难。《公羊传》曰："何贤乎孔父？孔父可谓义形于色矣。""何贤乎仇牧？仇牧可谓不畏强御矣。""何贤乎荀息？荀息可谓不食其言矣。"《春秋》同一书法，《公羊》同一褒辞，足以发明大义。《左氏》序事之书，本不传义，故不加褒，亦不加贬，惟荀息引"君子曰：斯言之玷"，语含讥刺。此林黄中所以谓《左传》"君子曰"是刘歆增入也。杜预乃有书名罪之之例，《释例》曰："孔父为国政则取怨于民，治其家则无闺闱之教，身先见杀，祸遂及君，既无所善。仇牧不警而遇贼，又死无忠事。晋之荀息，期欲复言，本无大节。先儒皆随加善例，又为不安。"孔疏曰："《公羊》、《穀梁》及先儒皆以善孔父而书字。知不然者，案'宋人杀其大夫司马'，传称握节以死，故书其官。又'宋人杀其大夫'，传以为无罪，不书名。今孔父之死，传无善事。故杜氏之意，以父为名，言若齐侯禄父、宋公兹父之等。"锡瑞案：大夫书名罪之之例，本不可信，且《左氏》明云"孔父嘉为司马"，是其名嘉甚明。古人名嘉字孔，郑公子嘉字子孔可证。"父"通"甫"，汉碑称"孔甫"、"宋甫"可证。甫者，男子之美称，岂有以"父"与"甫"为名者乎？禄父、兹父非单名父，不称齐侯父、宋公父也。颖达曲徇杜预而毒詈其远祖，岂自忘其为孔氏子孙乎？杜、孔之解《春秋》如此等处，不谓之邪说不可也。陈澧谓："孔《疏》觊缕数百言，尤所谓锻炼深文，不知孔颖达何以恶其先世孔父至于如此。"锡瑞案：圣人之作《春秋》，其善善也长，其恶恶也短，有一字之褒贬。三大夫之书"及"，所谓一字之褒。弑君之臣一概书"弑"，

所谓一字之贬。圣人以为其人甘于殉君，即是大忠，虽有小过，如《左氏》所书孔父、荀息之事。可不必究；其人忍于弑君，即是大恶，虽有小功，如《左氏》所书赵盾之事。亦不足道。盖宅心甚恕，而立法甚严也。《春秋》之法，弑君者于经不复见，以为其人本应伏诛，虽未伏诛，而削其名不再见经，即与已伏诛等。赵盾弑君所以复见者，以其罪在不讨贼，与亲弑者稍有分别。《春秋》之法，弑君贼不讨不书葬，以为君父之仇未报，不瞑目于地下，虽葬与不葬等。许止弑君未讨而君书葬，以其罪在误用药，与亲弑者稍有分别。是亦立法严而宅心恕也。欧阳修谓赵盾弑君，必不止不讨贼，许止弑君，必不止不尝药，以三《传》为皆不足信。不知如三《传》之说，于赵盾见忠臣之至，于许止见孝子之至，未尝不情真罪当；"臣弑君，凡在官者杀无赦。子弑父，凡在宫者杀无赦"，未尝不词严义正，而欧阳修等必不信传。孙复曰："称国以弑者，国之人皆不赦也。"然则有王者作，将比一国之人而诛之乎？虽欲严《春秋》诛乱贼之防，而未免过当矣。

## 论《春秋》书灾异，不书祥瑞，《左氏》、《公羊》好言占验，皆非大义所关

胡安国《进〈春秋传〉表》曰："仲尼制《春秋》之义，见诸行事，垂训方来。虽祖述宪章，上循尧、舜、文、武之道，而改法创制①，不袭虞、夏、商、周之迹。盖'洪水滔天，下民昏垫'，与'《箫韶》九成，百兽率舞'，并载于《虞书》；'大木斯拔'与'嘉禾合颖'，'鄙我周邦'与'六服承德'，同垂乎《周史》。此上世帝王纪事之例。至《春秋》，则凡庆瑞之符，礼文常事，皆削而不书，而灾异之变，政事阙失，则悉书之以示后世，使鉴观天人之理，有恐惧祗肃之意。乃史外传心之要典，于以反身，日加修省，及其既久，积善成德，上下与天地同流，自家刑国，措之天下，则麟凤在郊，龟龙游沼，其道亦可驯致之也。故始于隐公，终于获麟，而以天道终焉，比于《关雎》之应，而能事毕矣。"锡瑞案：胡氏此论，深得《春秋》改制驯致太平之义。《春秋》书灾异，不书祥瑞，圣人盖有深意存焉。绝笔获麟，《公羊》以为受命制作，有反袂拭面，称吾道穷之事，则是灾异，并非祥瑞。若以麟至为太

---

① "制"，原误作"治"，据《春秋胡传》卷首《进表》改。

平瑞应，比于《麟趾》之应《关雎》，则又别是一义。胡氏引此以责难于君，非前后矛盾也。《困学纪闻》曰："《春秋》三书孛，文十四年、昭十七年、哀十三年。而昭十七年有星孛于大辰，申须曰：'彗所以除旧布新也。'《史记·天官书》、刘更生封事云《春秋》彗星三见，则彗、孛一也。《晏子春秋》齐景公睹彗星，使伯常骞禳之，晏子曰：'孛又将出，彗星之出，庸何惧乎？'则孛之为变，甚于彗矣。星孛东方，哀十三年冬。在于越入吴之后。十三年夏。彗见西方，在卫轶入秦之前。天之示人著矣。齐桓之将兴也，恒星不见，星陨如雨。晋文之将兴也，沙鹿崩。自是诸侯无王矣。晋三大夫之命为侯也，九鼎震。自是大夫无君矣。故董子曰：'天人相与之际，甚可畏也。'"又曰："'八世之后'，庄二十二年。其田氏篡齐之后之言乎？'公侯子孙，必复其始'，闵元年。其三卿分晋之后之言乎？'其处者为刘氏'，文十三年。其汉儒欲立《左氏》者所附益乎？皆非《左氏》之旧也。新都之篡，以沙鹿崩为祥。释氏之炽，以恒星不见为证。盖有作俑者矣。"案：此亦得《春秋》书灾异、不书祥瑞之旨。书灾异，所以示人儆惧；不书祥瑞，所以杜人觊觎。《困学纪闻》前说以为天人相应，此示人儆惧之意也；后说以为后人附益，此杜人觊觎之意也。《左氏》好言祥异占验，故范宁以为"其失也巫"。而如懿氏卜妻敬仲、毕万筮仕于晋之类，又或出于附益，而非《左氏》之旧。《公羊》家与《左氏》异趣，而亦好言祥异占验。汉儒言占验者，齐学为盛，伏《传》五行、《齐诗》五际皆齐学。公羊氏亦齐学，故董子书多说阴阳、五行，何氏《解诂》说占验亦详。要皆《春秋》之别传，与大义无关，犹《洪范五行传》与《齐诗》，非《诗》、《书》大义所关也。

## 论获麟《公羊》与《左氏》说不同，<br>而皆可通，郑君已疏通之

臧琳曰："杜元凯《春秋左氏传序》：'《春秋》之作，《左传》及《穀梁》无明文。'正义曰：'据杜云《左传》及《穀梁》无明文，则指《公羊》有其显说。今验何注《公羊》，亦无作《春秋》事。案：孔舒元《公羊传》本云："十有四年，春，西狩获麟。何以书？记异也。以上何本同。今麟，非常之兽。其为非常之兽奈何？二句何本无。有王者则至，无王者则不至。二句何本同。然则孰为而至？为孔子之作《春秋》。"二句

何本无。是有成文也。《左传》及《穀梁》则无明文。'案：孔舒元未详
何时人，《儒林传》及《六艺论》皆无之。《隋志》有'《公羊春秋传》
十四卷，孔衍集解'，未知是否。杜氏作《序》既所据用，则为古本可
知矣。"锡瑞案：臧氏据孔《疏》以证《公羊》逸文，能发人所未发。
疑舒元即孔衍而未能决，不知舒元即孔衍之字。《晋书·儒林传》："孔
衍字舒元，孔子二十二世孙。中兴初，补中书郎，出为广陵郡。"亦见
刘知幾《史通》。见《书论》。衍虽晋人，其年辈在杜预后。杜所据用，
非必衍书，或杜所见《公羊》与衍所据本同。汉时《公羊》有严、颜二
家。何劭公据颜氏，故少数语。杜预、孔衍盖据严氏，故多数语。郑君
注《礼》笺《诗》引《公羊》，与何本不同，如"昉"作"放"，"登来"
作"登戻"，"野留"作"鄙留"，"祠兵"作"治兵"，"大瘠"作"大
溃"，"已蘑"作"已戚"，"使之将"作"使之将兵"，"群公稟"作"群
公慊"，"为周公主"作"为周公后"，"仡然从乎赵盾"作"疑然从于赵
盾"。《考工记》注引"子家驹曰：天子僭天"，何本无之。皆《严氏春
秋》也。"获麟"有数说。《异义》："《公羊》说：哀十四年获麟，此受
命之瑞，周亡失天下之异。《左氏》说：麟是中央轩辕大角兽。孔子备
"备"当为"作"，字之误。《春秋》，礼修以致其子，故麟来为孔子瑞。陈
钦说：麟，西方毛虫。孔子作《春秋》，有立言。西方兑，兑为口，故
麟来。许慎谨案云：议郎尹更始、刘更生等议，以为吉凶不并，瑞灾不
兼。今麟为周亡天下之异，则不得为瑞以应孔子至。玄之闻也：以下郑
《驳》。《洪范》五事，二曰言。言曰从①，从作乂。乂，治也。言于五行
属金。孔子时，周道衰亡，己有圣德，无所施用，作《春秋》以见志。
其言少从以为天下法②，故应以金兽性仁之瑞。贱者获之，则知将有庶
人受命而行之。③ 受命之征已见，则于周将亡，事势然也。兴者为瑞，
亡者为灾，其道则然，何'吉凶不并，瑞灾不兼'之有乎？如此修母致
子，不若'立言'之说密也。"案：如郑君之义，则《公羊》、《左氏》
可通。"兴者为瑞，亡者为灾"，所见明通，并无拘阂。据孔舒元引《公
羊传》，麟至"为孔子之作《春秋》"，与《左氏》家贾逵、服虔、颖容
以为"孔子修《春秋》，文成致麟，麟感而至"，见《左传正义》引。本无
异义。惟杜预苟异先儒，以为感麟而作，则与《左氏》义违；又不取称

---

① "曰"，原误作"从"，据《礼记·礼运》正义引《驳五经异义》改。
② "少"，袁尧年以为当作"可"，参见皮锡瑞《驳五经异义疏证》。
③ "行"，原误作"得"，据《礼记·礼运》正义引《驳五经异义》改。

"吾道穷"之文，则与《公羊》又异。杜预以为孔子《春秋》钞录旧文，全无关系，故为瑞、为灾之说，皆彼所不取也。

## 论《春秋》本鲁史旧名，《墨子》云 "百国春秋" 即百二十国宝书

　　孔颖达曰："'春秋'之名，经无所见，惟传、记有之。昭二年韩起聘鲁，称见鲁《春秋》。《外传·晋语》司马侯对晋悼公云羊舌肸习《春秋》，《楚语》申叔时论傅太子之法，云教之以《春秋》。《礼·坊记》云'鲁《春秋》记晋丧曰：杀其君之子奚齐'，又《经解》曰'属辞比事，《春秋》教也'。凡此诸文所说，皆在孔子之前，则知未修之时，旧有'春秋'之目。其名起远，亦难得而详。"郑樵曰："今《汲冢琐语》亦有鲁《春秋》，记鲁献公十七年事。诸如此类，皆夫子未生之前未经笔削之《春秋》也。西、东周六百年事。孟子云：'《诗》亡然后《春秋》作。'又曰：'知我者其惟《春秋》乎？罪我者其惟《春秋》乎？'诸如此类，皆鲁史记东迁已后事，已经夫子笔削之《春秋》也。自平王四十九年始。或谓'春秋'之名，取'赏以春夏，刑以秋冬'；或谓一褒一贬，若春若秋；或谓春获麟，秋成书，《公羊正义》解"获麟"云。谓之《春秋》。皆非也。惟杜预所谓'年有四时，故错举以为所记之名'，此说得之。《汲冢琐语》记太丁时事，目为《夏殷春秋》。见《史通》。《墨子》曰：'吾见百国《春秋》。'以至晏子、虞卿、吕不韦、陆贾著书，皆曰《春秋》。盖当时述作之流，于正史外各记其书，皆取《春秋》以名之。然观其篇第，本无年月，与错举春秋以为所记之名则异矣。"锡瑞案：郑氏之说，多本刘知幾《史通·六家》篇。刘氏云："《春秋》家者，其先出于三代。"亦引《国语》、《左传》之文，则"春秋"自是旧名，非夫子始创。或谓春获麟，秋成书，虽出《公羊》家说，而与《传》引不修《春秋》之文不合。或谓赏刑褒贬，说亦近凿。当以杜预云错举四时为是。晏、吕之书非错举四时，而亦名《春秋》，当时百国《春秋》具存，其体例或亦有所本。百国《春秋》，即百二十国宝书。《公羊疏》："案闵因叙云：'昔孔子受端门之命，制《春秋》之义，使子夏等十四人求周史记，得百二十国宝书，九月经立。《感精符》、《考异邮》、《说题辞》具有其文。'问曰：'若然，《公羊》之义，据百二十国宝书以作《春秋》，今经止有五十余国，通戎、夷、宿、潞之属，仅有六十，何言

百二十国乎？' 答曰：'其初求也，实得百二十国宝书。但有极美可以训世、有极恶可以戒俗者，取之；若不可为法者，则弃而不录。是故止得六十国也。'" 苏轼《春秋列国图说》曰："春秋之世①，见于经、传者，总一百二十四国：鲁、晋、楚、齐、秦、吴、越、宋、卫、郑、陈、蔡、邾、曹、许、莒、杞、滕、薛、小邾、息、随、虞、北燕、纪、巴、邓、郕、徐、鄫、芮、胡、南燕、州、梁、荀、贾、凡、祭、宿、郜、原、夔、舒鸠、滑、郯、黄、罗、邢、魏、霍、郐、郯瞒、向、逼阳、韩、舒庸、焦、杨、夷、申、密、耿、麇、莱、弦、顿、沈、穀、谭、舒、邡、白狄、赖、肥、鼓、戎、唐、潞、江、郧、权、道、柏、贰、轸、绞、蓼、六、遂、崇、戴、冀、蛮、温、厉、项、英氏、介、巢、卢、根牟、无终、郝、姒、蔿狄、房、鲜虞、陆浑、桐、鄋、于余丘、须句、颛臾、任、葛、萧、牟、邿、极、鄍。蛮夷戎狄，不在其间。" 苏氏云百二十四国，正合"百二十国宝书"之数。《公羊疏》但据经言，止得其半；苏氏兼据《左氏传》，乃得其全。于余丘、鄋之类，《公羊》以为邑，《左氏》以为国。故知苏据《左氏》。惟苏氏计数亦有疏失，云百二十四国，今数之止百二十一国，二虢及齐所迁之阳、楚所灭之庸，皆失数。《传》言毛、聃、雍、邢、应、蒋、茅、胙，亦不列入。沈姒、蔿黄在北，沈胡、江黄在南，当有二沈、二黄，止列其一。云"蛮夷戎狄，不在其间"，又有郯瞒、白狄、肥、鼓、戎、蛮、潞狄、无终、鲜虞、陆浑诸国，此皆夷蛮戎狄，未必有宝书。当去诸国，而以所漏列者补之，数虽稍赢，计其整数，亦与百二十国合也。

## 论《汉志》"《春秋》古经"即《左氏》经，《左氏》经长于二《传》，亦有当分别观之者

《汉志》"《春秋》古经十二篇"，班氏无注。钱大昕曰："谓《左氏》经也。汉儒传《春秋》者，以《左氏》为古文，《公羊》、《穀梁》为今文，称'古经'，则共知其为《左氏》矣。《左氏》经、传本各单行，故别有《左氏传》。"《汉志》"经十一卷"，班氏注云："《公羊》、《穀梁》

---

① "世"，原误作"国"，据《春秋四传》卷首《春秋列国东坡图说》改。

二家。"沈钦韩曰："二家合闵公于庄公，故十一卷。彼师当缘闵公事短，不足成卷，并合之耳，何休乃云'系闵公篇于庄公下者，子未三年，无改于父之道'。"锡瑞案：何氏说是也。沈专主《左氏》，故不以何为然。《汉志》"《左氏传》三十卷"，班氏注云："左丘明，鲁太史。"案：《说文叙》曰"北平侯张苍献《春秋左氏传》"，《论衡》曰"《左传》三十篇，出恭王壁中"，二说不同。班氏无明文，似不信此二说。《汉志》"《公羊传》十一卷"，注云："公羊，齐人。"《汉志》"《穀梁传》十一卷"，注云："穀梁子，鲁人。"不别出《公》、《穀》二家之经。马端临云："《公羊》、《穀梁传》直以其所作传文搀入正经，不曾别出，而《左氏》则经自经而传自传。又杜元凯《经传集解》序文以为'分经之年，与传之年相附'，则是左氏作传之时，经文本自为一书，至元凯始以《左氏传》附之经文各年之后。是《左氏传》中之经文，可以言古经矣。"案：汉熹平石经《公羊》隐公一段直载传文而无经文，是《公羊》经、传亦自别行，不如马氏之言。孔疏云："丘明作传，与经别行，《公羊》、《穀梁》莫不皆然。"是《公羊》、《穀梁》、《左氏》之经、传皆自别行。《左氏》经、传，至杜预始合之。《公》、《穀》经、传，不知何人始合之也。《汉志》所列"古经"，即是《左氏》之经，马氏不知，乃云："《春秋》古经虽《汉·艺文志》有之，然夫子所修之《春秋》，其本文世所不见，而自汉以来所编古经，则俱自三《传》中取出经文，名之曰正经耳。"又云："《春秋》有三《传》，亦本与经文为二，而治三《传》者合之。先儒务欲存古，于是取其已合者复析之，命之曰'古经'。"案：三《传》与经皆别行，而后人合之。马氏乃以为汉人于三《传》中取出经文，不知何据。马氏所云先儒，似指朱子所刻《春秋经》、李焘所定《春秋古经》而言，然不得谓之"汉以来"。其立说不分明，皆由不知《汉志》之古经即是《左氏》经也。《四库提要》曰："徐彦《公羊传疏》曰'《左氏》先著竹帛，故汉儒谓之古学'，则所谓'古经十二篇'，即《左传》之经，故谓之'古'，刻《汉书》者误连二条为一耳。今以《左传》经文与二《传》校勘，皆《左氏》义长，知手录之本确于口授之经也。"谨案：《左氏》经长于二《传》，详见侯康《春秋古经说》。然则《春秋》经文，三《传》不同，如"蒐"、"眛"、"鄑"、"微"之类，专据《左氏》可也，而"君氏"、"尹氏"之类，仍当分别观之。

# 论左氏不在七十子之列，不得口受传指，《左传疏》引《严氏春秋》不可信，引刘向《别录》亦不可信

《史记·十二诸侯年表序》曰："是以孔子明王道，干七十余君，莫能用，故西观周室，论史记旧闻，兴于鲁而次《春秋》，上记隐，下至哀之获麟。约其辞文，去其烦重，以制义法，王道备，人事浃。七十子之徒口受其传指，为有所刺讥、褒讳、挹损之文，不可以书见也。鲁君子左丘明，惧弟子人人异端，各安其意，失其真，故因孔子史记，具论其语，成《左氏春秋》。"《汉书·刘歆传》曰："初，《左氏传》多古字古言，学者传训故而已。及歆治《左氏》，引传文以解经，转相发明，由是章句、义理备焉。"锡瑞案：史公生于刘歆未出之前，其说最为近古。班氏生于《左氏》盛行之后，其说信而有征。史公以丘明为"鲁君子"，别出于七十子之外，则左氏不在弟子之列、不传《春秋》可知；云"七十子之徒口受其传指"，而左氏特"因孔子史记，具论其语"，则左氏未得口授可知。班氏云汉初学《左氏》者惟传训故，则其初不传微言大义可知；云"歆治《左氏》，引传文以解经"，由是备章句、义理，则刘歆以前未尝引传解经，亦无章句、义理可知。据马、班两家之说，则汉博士谓"左丘明不传《春秋》"，范升谓"《左氏》不祖孔子而出于丘明，师徒相传又无其人"，必是实事而非诬妄。《左传疏》据沈氏云："《严氏春秋》引《观周》篇云：'孔子将修《春秋》，与左丘明乘如周，观书于周史，归而修《春秋》之经，丘明为之传，共为表里。'"案：沈氏谓陈沈文阿，《严氏春秋》久成绝学，未必陈时尚存。汉博士治《春秋》者惟严、颜两家，严氏若有明文，博士无缘不知。如《左氏传》与《春秋》经相表里，何以有丘明不传《春秋》之言？刘歆博极群书，又何不引《严氏春秋》以驳博士？则沈引《严氏春秋》必伪。其不可信者一也。《左传疏》引刘向《别录》云："左丘明授曾申。申授吴起。起授其子期。期授楚人铎椒。铎椒作《钞撮》八卷，授虞卿。虞卿作《钞撮》九卷，授荀卿。荀卿授张苍。"陆德明《经典释文》略同，盖皆本于《别录》。案：《左氏》传授，《史》、《汉》皆无明文。《汉书·儒林传》云："汉兴，北平侯张苍及梁太傅贾谊、京兆尹张敞、太中大夫刘公子，皆修《春秋左氏传》。"而《张苍》、《贾谊》、《张敞传》皆不云传

《左氏春秋》，故范升以为师徒相传无其人。若如《别录》传授源流若此彰灼，范升何得以此抵《左氏》，陈元又何不引以转抵范升？盖如《释文》所引《毛诗》源流，同为后人附会。则陆、孔所引刘向《别录》必伪。其不可信者二也。赵匡已以《释文·序例》为妄，谓："此乃近世之儒欲尊崇《左氏》，妄为此记。向若传授分明如此，《汉书·张苍》《贾谊》及《儒林传》何故不书？则其伪可知也。"是唐人已知之而明辨之矣。

## 论赵匡、郑樵辨左氏非丘明，《左氏传》文实有后人附益

刘歆以为"左丘明好恶与圣人同，亲见夫子"，始以作《传》之左氏为《论语》之丘明。汉博士惟争"左丘明不传《春秋》"，而作《传》之丘明与《论语》之丘明是一是二，未尝深辨。其后桓谭、班固以至啖助，皆同刘歆说，无异议。赵匡始辨之曰："啖氏依旧说，以左氏为丘明，受经于仲尼。今观《左氏》解经浅于《公》、《穀》，诬谬实繁。若丘明才实过人，岂宜若此？推类而言，皆孔门后之门人。但《公》、《穀》守经，《左氏》通史，故其体异耳。丘明者，盖夫子以前贤人，如史佚、迟任之流，见称于当时耳。"王安石《左氏解》疑左氏为六国时人者十一事，其书不传。叶梦得疑《传》及韩、魏、知伯、赵襄子之事。郑樵《六经奥论》辨之尤力，曰："《左氏》终纪韩、魏、知伯之事，又举赵襄子之谥。若以为丘明，自获麟至襄子卒已八十年矣，使丘明与孔子同时，不应孔子既没七十有八年之后，丘明犹能著书。此左氏为六国人，明验一也。《左氏》'战于麻隧，秦师败绩，获不更女父'，又云'秦庶长鲍、庶长武帅师'，及晋师战于栎。秦至孝公时立赏级之爵，乃有不更、庶长之号，明验二也。《左氏》云'虞不腊矣'。秦至惠王十二年初腊，明验三也。《左氏》师承邹衍之说，而称帝王子孙。案：齐威王时邹衍推五德终始之运，明验四也。《左氏》言分星，皆准堪舆。案：韩、魏分晋之后，而堪舆十二次始于赵分曰大梁之语，明验五也。《左氏》云'左师展将以公乘马而归'。案：三代时有车战，无骑兵，惟苏秦合从六国，始有'车千乘，骑万匹'之语，明验六也。《左氏》序吕相绝秦、声子说齐，当作"楚"，此误。其为雄辨狙诈，真游说之士、捭阖之辞，明验七也。《左氏》之书序晋、楚事最详，如'楚师熸'、

'犹拾沈'等语，则左氏为楚人，明验八也。据此八节，可以知左氏非丘明，是为六国时人，无可疑者。或问伊川曰：'左氏是丘明否？'曰：'传无丘明字，不可考。'真知言欤！"朱子亦谓"《左传》有纵横意思，'不腊'是秦时文字"，二条盖本郑樵。锡瑞案：《史记》张守节正义云"秦惠文王始效中国为之"，明古有腊祭，秦至是始用，非至是始创，则以"不腊"为秦时文字，固未可据。"左师展将以公乘马而归"，即子家子谓"公以一乘入于鲁师"之意，一乘仍是车乘，亦未可据为乘马之证。传及知伯，或后人续增。不更、庶长之类，或亦后人改窜。《左氏》一书实有增窜之处。文十三年传"其处者为刘氏"，刘炫、孔颖达已明言先儒插此媚世。僖十五年传"上天降灾"至"唯君裁之"四十一字①，服、杜及唐定本皆无②。林黄中谓《左传》"君子曰"是刘歆之辞。王应麟曰："'八世之后'，其田氏篡齐之后之言乎？'公侯子孙，必复其始'，其三卿分晋之后之言乎？'其处者为刘氏'，其汉儒欲立《左氏》者所附益乎？皆非《左氏》之旧也。"近儒姚鼐以"公侯子孙，必复其始"，及季札闻歌《魏》，曰"以德辅此，则明主也"，传中盛称魏绛、魏舒之类，为吴起附益以媚魏者。陈澧以《左传》凡例与所记之事有违反者，可见凡例未必尽是，而传文亦有后人所附益。刘逢禄以《左氏》凡例、书法皆出刘歆。虽未见其必然，而《左氏》有后人附益之辞，唐、宋人已有此疑矣。

## 论贾逵奏《左氏》义长于《公羊》，以己所附益之义为《左氏》义，言多诬妄

《后汉书·贾逵传》："帝善逵说，使出《左氏传》大义长于二《传》者。逵于是具条奏之曰：'臣谨摘出《左氏》三十事尤著明，斯皆君臣之正义，父子之纪纲。其余同《公羊》者什有八九，或文简小异，无害大体。至如祭仲、纪季、伍子胥、叔术之属，《左氏》义深于君父，《公羊》多任于权变。'"李贤注："《左传》：宋人执郑祭仲，曰：'不立突，将死。'祭仲许之，遂出昭公而立厉公。杜预注云：'祭仲之如宋，非会非聘，见诱被拘。废长立少，故书名罪之。'《公羊传》曰：'祭仲者何？

---

① "五"，原误作"六"，据《左传》改。
② "杜"，原误作"柱"，据文义改。

郑之相也。何以不名？贤也。何贤乎祭仲？以为知权也。其知权奈何？
宋人执之，谓之曰：为我出忽而立突。祭仲不从其言，则君必死，国必
亡；从其言，则君可以生易死，国可以存易亡。古之有权者，祭仲之权
是也。'《左传》：纪季以酅入于齐，纪侯大去其国。贾逵以为纪季不能
兄弟同心以存国，乃背兄归雠，书以讥之。《公羊传》曰：'纪季者何？
纪侯之弟也。何以不名？贤也。何贤乎？服罪也。其服罪奈何？请后五
庙以存姑姊妹。'①《左传》：楚平王将杀伍奢，召伍奢子伍尚、伍员曰：
'来，吾免而父。'尚谓员曰：'闻免父之命，不可以莫之奔；亲戚为戮，
不可以莫之报。父不可弃，名不可废。'子胥奔吴，遂以吴师入郢，卒
复父雠。《公羊传》曰：'父受诛，子复雠，推刃之道也。'《公羊》不许
子胥复雠，是不深父也。《左传》曰：'冬，邾黑肱以滥来奔，贱而书
名，重地故也。君子曰：名之不可不慎。以地叛，虽贱必书。地以名其
人，终为不义，不可灭已。是以君子动则思礼，行则思义。'《公羊传》：
'冬，黑肱以滥来奔。文何以无邾娄？通滥也。曷为通滥？贤者子孙宜
有地。贤者孰谓？谓叔术也。何贤乎叔术？让国也。'"锡瑞案：《春秋》
大义在诛乱臣贼子，贾逵以义深君父为重，自是正论，而所举数事，则
无一合者。《公羊》，释经者也。经书祭仲、纪季，字而不名，故以为
贤；书黑肱不加邾娄，故以为通滥。《左氏》纪事，不释经者也。序祭
仲事与《公羊》略同，而未加断语。杜预乃执大夫书名之例，以祭仲书
名为有罪。《左氏》明云"祭封人仲足"，又屡举"郑祭足"，是名足、
字仲甚明，岂有以伯、仲、叔、季为名者乎？《左氏》曰纪侯不能下齐，
以与纪季，则纪季入齐是受兄命，亦与《公羊》略同。贾责以"背兄归
雠"，《左氏》有此说乎？《左氏》序子胥，亦未加断语。而鬬辛有"君
讨臣，谁敢雠之"之言，忠孝不能两全，二人各行其是。若如贾逵之
说，正可以《左氏》载鬬辛语为不深父矣。《公羊》借子胥明复雠之义，
谓"父不受诛，子复雠可也。父受诛，子复雠，此推刃之道"，是泛言
人子应复雠、不应复雠之通义。子胥之父以忠获罪，正不受诛、应复雠
者，《公羊》未尝不许子胥复雠。贾逵乃不引其上句与事合者，而引其
下句不与事合者，妄断为不深父，不犹胥吏之舞文乎？叔术事，《左氏》
不载，可不必论。何休《解诂序》谓："贾逵缘隙奋笔，以为《公羊》
可夺，《左氏》可兴。"贾逵《春秋左氏长经》二十卷见于《隋书·经籍

① "五"，原误作"立"，据《公羊传》及《后汉书·贾逵传》李贤注改。

志》者，今佚不存。其所摘三十事，亦不可考。而如所引祭仲、纪季、伍子胥事，皆不足为《左氏》深君父、《公羊》任权变之证。《公羊》于祭仲之外，未尝言权，逵乃以缘隙奋笔之私心，逞舞文弄法之谬论，欲抑《公羊》而莫能抑，欲伸《左氏》而莫能伸，乃必以为《左氏》义长，而此三事《左氏》止纪实，而未尝发义，不知其长者安在？逵以己所附益之义为《左氏》义，以难《公羊》，上欺其君，而下欺后世。东汉之治古学、贵文章者，大率类此，惜李育、何休未能一一驳之。

## 论《左氏传》不解经，杜、孔已明言之，刘逢禄考证尤详晰

晋王接谓："《左氏》自是一家书，不主为经发。"此确论也。祖《左氏》者或不谓然，试以《春秋》经及《左氏传》证之。庄公二十六年传："秋，虢人侵晋。冬，虢人又侵晋。"杜预集解云："此年经、传各自言其事者，或经是直文，或策书虽存而简牍散落，不究其本末，故传不复申解，但言传事而已。"孔疏曰："此年传不解经，经、传各自言事。伐戎、日食，体例已举，或可经是直文，不须传说。曹杀大夫，宋、齐伐徐，或须说其所以。此去丘明已远，或是简牍散落，不复能知故耳。上二十年亦传不解经，彼经皆是直文，故就此一说，言下以明上。"刘逢禄《左氏春秋考证》曰："左氏后于圣人，未能尽见列国宝书，又未闻口授微言大义，惟取所见载籍，如晋《乘》、楚《梼杌》等，相错编年为之，本不必比附夫子之经，故往往比年阙事。刘歆强以为传《春秋》，或缘经饰说，或缘《左氏》本文前后事，或兼采他书以实其年。如此年之文，或即用《左氏》文，而增春、夏、秋、冬之时，遂不暇比附经文，更缀数语。要之，皆出点窜，文采便陋，不足乱真也。然歆虽略解经文，颠倒《左氏》，二书犹不相合。《汉志》所列《春秋》古经十二篇、经十一卷、《左氏传》三十卷是也。自贾逵以后，分经附传，又非刘歆之旧，而附益改窜之迹益明矣。"锡瑞案：刘氏以为刘歆改窜传文，虽未见其必然，而《左氏传》不解经，则杜、孔极祖《左氏》者，亦不能为之辨。杜《序》明言"分经之年，与传之年相附"，孔疏云："丘明作传，不敢与圣言相乱。经、传异处，于省览为烦，故杜分年相附。"是分年附传实始于杜，非始贾逵，刘氏说犹未谛。刘氏《考证》又举隐二年"纪子帛、莒子盟于密"，证曰："如此年《左氏》本文

全阙，所书皆附益也。"十年"六月，戊申"，证曰："十年《左氏》文阙。"桓公元年，证曰："是年《左氏》文阙。"七年，"冬，曲沃伯诱晋小子侯杀之"，证曰："即有此事，亦不必在此年。是年《左氏》文阙。"九年"冬，曹太子来朝"，证曰："是年《左氏》文阙，巴子篇年月无考。"十年"冬，齐、卫、郑来战于郎，我有辞也"，证曰："是年《左氏》文阙，虞叔篇年月无考。"十一年，证曰："楚屈瑕篇年月无考。"十二年，证曰："是年《左氏》文阙，楚伐绞篇当与屈瑕篇相接，年月亦无考。"十三年，证曰："是年亦阙，伐罗篇亦与上相接，不必蒙此年也。"十四年，证曰："是年文亦阙。"十六年，证曰："是年亦阙。"十七年，证曰："是年文盖阙。"庄元年，证曰："此以下七年文阙，楚荆尸篇、伐申篇年月亦无考。"十三年、十五年、十七年，证曰："文阙。"二十七年，证曰："比年《左氏》文阙，每于年终分析晋事，附益之迹甚明。盖《左氏》旧文之体，如《春秋》前则云惠之二十四年，获麟以后则云悼之四年，本不必拘拘比附《春秋》年月。"二十九年，证曰："文阙。"三十年，证曰："是年亦阙。"三十一年，证曰："文阙。"僖元年，证曰："是年文阙。"锡瑞案：自幼读《左氏传》书、不书之类，独详于隐公前数年，而其后甚略，疑其不应如此草草。及观刘氏考证《左氏》释经之文，阙于隐、桓、庄、闵为尤甚，多取晋、楚之事敷衍，似皆出晋《乘》、楚《梼杌》。尤可疑者，杜、孔皆谓经、传各自言事，是虽经刘歆、贾逵诸人极力比附，终不能弥缝其迹。王接谓《传》"不主为经发"，确有所见。以刘氏《考证》为左验，学者可以恍然无疑。刘逢禄曰："左氏以良史之材，博闻多识，本未尝求附于《春秋》之义。后人增设条例，推衍事迹，强以为传《春秋》，冀以夺《公羊》博士之师法，名为尊之，实则诬之，《左氏》不任咎也。余欲以《春秋》还之《春秋》，《左氏》还之《左氏》，而删其书法、凡例，及论断之谬于大义、孤章绝句之依附经文者，冀以存《左氏》之本真。"近人有驳刘氏者，皆强说，不足据。

## 论《左氏传》止可云载记之传，刘安世已有"经自为经，传自为传，不可合一"之说

张杓曰："传有二义，有训诂之传，有载记之传。训诂之传，主于释经；载记之传，主于纪事。昔之传《春秋》者五家，邹氏无师，夹氏

无书，今所传惟《左》、《公》、《穀》。《公》、《穀》依经立传，经所不书，更不发义。故康成谓《穀梁》善于经，王接亦曰《公羊》于文为俭，通经为长。此而例之训诂之传，犹或可也。若《左氏》之书，据太史公《十二诸侯年表》，则曰《左氏春秋》，而不言传；据严彭祖引《观周》篇之文，则言为传，与《春秋》相表里，而不言是释经；据卢氏植、王氏接，则谓囊括古今，成一家之言，不主为经发；据高氏祐、贺氏循，则并目之为史。是汉、晋诸儒言《左氏》者，莫不以为纪事之书，所谓载记之传是也。故汉《左氏传》与《春秋》分行。至杜元凯作《集解》①，始割传附经，妄生义例，谓‘传或先经以纪事，或后经以终义，或依经以辨理，或错经以合异’，一似《左氏》此书专为解驳经义者，独不思经止哀十六年，而传则终于二十七年。如依杜说，此十有一年之传，为先后何经、依错何经耶？甚矣，其惑也！后儒不察，乃反依据杜本，妄议《左氏》之书。唐权德舆谓：‘《左氏》有无经之传，失其根本。’宋王晳谓：‘《左氏》贪惑异说，于圣人微旨疏略。’明何异孙谓：‘《左氏》疏于义理，理不胜文。’凡此狂言，皆杜氏以传附经，谓《左氏》专为释经而作有以启之也。昔人谓三《传》作而《春秋》微，余亦谓杜《注》行而《左传》隐。”锡瑞案：《史记》云“《左氏春秋》”，《汉志》云“《左氏传》”，近人据博士说“左丘明不传《春秋》”，以《汉志》称《传》为沿刘歆之误。此独分别有训诂之传，有载记之传，以《左传》为载记之传，其说亦通。《南齐书·陆澄传》曰：“泰元取服虔，而兼取贾逵经。由服传无经②，虽在注中，而传又有无经者故也。今留服而去贾，则经有所阙。”据此，则服子慎知经、传有别，故但释传而不释经，贾景伯则经、传并释。杜从贾，不从服，故《集解序》不及服虔。其后服、杜并行，卒主杜而废服。盖以杜解有经、服解无经之故。不知经、传分行，实古法也。刘安世曰：“《公》、《穀》皆解正《春秋》，《春秋》所无者，《公》、《穀》未尝言之。若《左传》，则《春秋》所有者或不解，《春秋》所无者或自为传。故先儒以谓《左氏》‘或先经以起事，或后经以终义，或依经以辨理，或错经以合异’，然其说亦有时牵合。要之，读《左氏》者当经自为经，传自为传，不可合而为一也，然后通矣。”据此，则《左氏》经、传当各自为书，宋人已见及之，可为

---

① “解”，原误作“传”，据张杓《磨甋斋文存》卷一改。
② “由”，原脱，据《南齐书·陆澄传》补。

刘逢禄先路之导。

## 论杜预解《左氏》始别异先儒，尽弃二《传》，不得以杜预之说为孔子《春秋》之义

杜预《春秋序》曰："古今言《左氏春秋》者多矣，今其遗文可见者十数家，大体转相祖述，进不成为错综经文以尽其变，退不守丘明之传。于丘明之传有所不通，皆没而不说，而更肤引《公羊》、《穀梁》，适足自乱。预今所以为异，专修丘明之传以释经。经之条贯，必出于传；传之义例，总归诸凡。推变例以正褒贬，简二《传》以去异端。盖丘明之志也。然刘子骏创通大义①，贾景伯父子、许惠卿，皆先儒之美者也。末有颍子严者，虽浅近，亦复名家。故特举刘、贾、许、颍之违，以见同异。分经之年，与传之年相附，比其义类，各随而解之，名曰《经传集解》。"疏曰："丘明作传，不敢与圣言相乱，故与经别行。何止丘明，《公羊》、《穀梁》，及毛公、韩婴之为《诗》作传，莫不皆尔。经、传异处，于省览为烦，故杜分年相附，别其经传，聚集而解之。杜言'集解'，谓聚集经、传为之作解。"锡瑞案：据杜、孔之说，杜之《集解》异于先儒者有数事。古者经自经，传自传。汉熹平石经《公羊》有传无经，是其证。杜乃分经附传，取便学者省览。此异于先儒者一也。《左氏》本不解经，先儒多引《公》、《穀》二传，以释经义。汉儒家法，尚无臆说。杜乃尽弃二《传》，专以己意解传，并以己意解经。如以周公为旧例，孔子为新例是。此异于先儒者二也。郑注《周礼》，先引杜、郑。韦注《国语》，明征贾、唐。言必称先，不敢掠美。杜乃空举刘、贾、许、颍，而《集解》中不著其名。此异于先儒者三也。杜解不举所出，刘与许、颍之说尽亡，贾、服二家尚存崖略。杜举四家而不及服，孔疏遂云"服虔之徒劣于此辈"，其说非是。南北分立时代，江南《左传》则杜元凯，河、洛则服子慎。当时有"宁道孔、孟误，讳言郑、服非"之语，则服《注》盛行可知。据《世说新语》云"郑君作《左氏传注》未成，以与子慎"，则郑、服之学本是一家。北方诸儒徐遵明传服《注》，传其业者有张买奴、马敬德、邢峙诸人。卫冀隆申服难杜。刘炫作《春秋述义》、《攻昧》、《规过》，以规杜氏。惟姚文安排斥

① "骏"，原误作"驳"，据杜预《春秋经传集解序》改。

服《注》。南方则崔灵恩申服难杜，虞僧诞又申杜难服，以答灵恩；秦道静亦申杜，以答卫冀隆。杜预玄孙坦与弟骥为青州刺史，故齐地多习杜义。盖服、杜之争二百余年，至唐始专宗杜。杜作《集解》，别异先儒，自成一家之学。唐作《正义》，扫弃异说，如驳刘炫以申杜是。又专用杜氏一家之学。自是之后，治《春秋》者既非孔子之学，亦非《左氏》之学，又非贾、服诸儒之学，止是杜预一家。正如元、明以来，治《春秋》者止是胡安国一家，当时所谓经义，实安国之传义。盖舍经求传，而《春秋》之义晦；舍传求注，而《春秋》之义更晦矣。

## 论孔子作《春秋》以辟邪说，不当信<br>刘歆、杜预，反以邪说诬《春秋》

《春秋》大义，炳如日星，而讨乱臣贼子之明文仍茫昧不明者，邪说蔽之也。据孟子所言"邪说暴行又作，孔子惧，作《春秋》"，是孔子时已有邪说。邪说与暴行相表里。暴行即谓弑君、弑父；邪说谓为弑君父者多方掩饰，解免其罪，大率以为君父无道，应遭弑逆之祸，而弑逆者罪可末灭。凡人欲弑君父，不能无所顾忌；有人倡为邪说，以为有辞可执，乃横行而全无所畏；更有人张大邪说，设为淫辞助攻，益肆行而相率效尤。后世史书于被弑之君，皆甚言其恶。如秦苻生，史称好杀。刘裕灭后秦，得一老人，亲见苻秦之事，云苻生并不好杀。苻坚篡国，史书诬之，刘知幾《史通》云"秦人不死，验苻生之厚诬"是也。金完颜亮，史称淫恶，几非人类。由世宗得国后，令人以海陵恶事进呈者有赏。史称宋、齐之主，亦极丑秽不堪，船山史论力辨其不足信。可见乱世无信史，而多助乱之邪说也。此等邪说，春秋时已有之，《左氏》一书是其明据。《传》载韩厥称赵盾之忠，士鞅称栾书之德，弑君之贼，极口赞美；史墨云"君臣无常位"，逐君之贼，极力解免，而反罪其君。可见当时邪说诬民，故《春秋》二百四十二年之中，致有弑君三十六之事。孔子于此蠢然伤之，以为欲治乱贼，必先辟邪说；欲辟邪说，不得不作《春秋》。此孟子所以极推作《春秋》之功也。《左氏》原本国史，据事直书，当时邪说不得不载。正赖《左氏》载之，孟子言春秋时有邪说益信，孔子作《春秋》辟邪说之功益彰。此《左氏》所以有功于《春秋》也。至于《左氏》凡例，未审出自何人；杜预以为周公，陆淳、柳宗元已驳之；或以为孔子，更无所据。据孔《疏》，云先儒以为并出丘明。刘逢禄以为刘歆窜入。例与传文不合，实有可疑。"凡弑君，称君，君无道也；称臣，臣之罪也"一条，尤与《春秋》大义反对。杜预《释例》曲畅其说，以为君无道则应弑，而弑君者无罪。不知君实有道，何至被弑；君而被弑，无道可知。惟无道亦有分别。使如桀、纣残贼，民欲与之偕亡，汤、武伐罪吊民，自不当罪其弑。若但童昏儿戏，非有桀、纣之暴，如晋灵公、郑灵公之类，权臣素有无君之心，因小隙而弑之，与汤、武之伐罪吊民全然不同，岂得藉口于君无道而弑者无罪乎？杜预于郑祝聘"射王中肩"一事，曲为郑伯回护，谓郑志在苟免，王讨之非。焦循作《左传补疏序》曰："预为司马懿女婿，目见成济之事，射王中肩，即成济抽戈犯跸也。将有以为昭饰，且有以为懿、师饰，即用以为己饰。此《左氏春秋集解》所以作也。"锡瑞案：预父恕，与司马懿不合，幽死。预忘父仇而娶懿女，助司马氏篡魏，正与刘歆父向言刘氏、王氏不并立，而歆助王莽篡汉相似。二人不忠不孝，正《春秋》所讨之乱贼。而《左氏》创通于刘歆，昌明于杜预，则《左氏》一书必有为二人所乱者。故林黄中以"君子曰"为刘歆之言，刘逢禄以为歆窜入凡例，焦循以为预作《集解》将为司马氏饰。孔子作《春秋》以辟邪说，后人乃反以邪说诬《春秋》，盖不特孔子之经为所诬罔，即《左氏》之传亦为所汩乱，致使学者以《左氏》为诟病。若歆与预，乃《左氏》之罪人，岂得为《左氏》之功臣哉！读《左氏》者，于此等当分别观之，一以孔子之《春秋》大义断之可也。

## 论《左氏》采各国之史以成书，读者宜加别白，断以《春秋》之义

《左氏》采各国之史以成书，作者意在兼收，读者宜加别白。或古今异事，各有隐衷；或借儆其君，自有深意；或阿附权臣，实为邪说，未可一概论也。所谓古今异事，各有隐衷者：古者诸侯世爵，大夫世卿，卿命于天子，与诸侯同守社稷，故君臣皆以社稷为重。如崔子弑齐君，晏子曰："君为社稷死，则死之；为社稷亡，则亡之。若为己死而为己亡，非其私昵，谁敢任之？"与孟子社稷为重、君为轻之义若合符节。孟子言"诸侯危社稷"①，则君属诸侯。说《春秋》义"国君死社稷"，国君亦

---

① "危"，原误作"违"，据《孟子·尽心下》改。

属诸侯。或疑孟子之言为过，又疑晏子不死为无勇，皆未晓古义也。又如晋范文子、鲁叔孙昭子，皆使祝宗祈死而卒，杜预以为因祷自裁。夫二子不惜一死自明，文子何不以死卫君，昭子何不以死讨季氏而复君？而二子不为者，彼自祖宗以来，世有禄位，外虽忧国，内亦顾家，故宁亡其身，而不肯亡其家。文子之祈死也，恐与三郤同夷族也。昭子之祈死也，以无季氏，是无叔孙氏也。观于宋公孙寿辞司城，使其子意诸为之，谓"去官，则族无所庇。虽亡子，犹不亡族"，可知春秋世卿，以族为重，非如后世大臣起自田间，其位既非受之祖宗，其死亦无关于家族，忠义奋发，可无内顾。此则古今异事，而古人之隐衷不尽白于后世者也。所谓借儆其君，自有深意者，如卫侯出奔齐，师旷侍于晋侯，晋侯曰："卫人出其君，不亦甚乎？"对曰："或者其君实甚。"又曰："天之爱民甚矣，岂其使一人肆于民上，以纵其淫，而弃天地之性？必不然矣！"危言激论，令人悚然，借儆其君，不嫌过当。孟子有"土芥"、"寇雠"之言，有"残贼"、"一夫"之戒，皆对齐王言之。或疑孟子之言未纯，盖不知为托讽。师旷之意，犹孟子之意也。所谓阿附权臣，实为邪说者，如鲁昭公薨于乾侯，赵简子问于史墨曰："季氏出其君，而民服焉，诸侯与之。君死于外，而莫之或罪也。"对曰："鲁君世从其失，季氏世修其勤，民忘君矣。虽死于外，其谁矜之？社稷无常奉，君臣无常位，自古以然。故《诗》曰：'高岸为谷，深谷为陵。'三后之姓，于今为庶，主所知也。在《易》卦，《雷》乘《乾》曰《大壮》，天之道也。"夫简子，晋之权臣，正犹鲁之季氏。为史墨者，当斥季氏之无君，戒简子之效尤，乃盛称季氏而反咎鲁君，且以"君臣无常位"为言，则真助乱之邪说矣。君尊臣卑，比于上天下泽，何得以《雷》乘《乾》与陵谷之变，为"君臣无常位"之比哉！师旷与史墨两说相似，而实不同，一对君言，则不失为纳约自牖；一对臣言，则适足以推波助澜。国史并记之，《左氏》兼存之，读者当分别观之而是非自见，不当不分黑白而概执为《春秋》之义也。

## 论《左氏》所谓礼多当时通行之礼，非古礼，<br>杜预短丧之说，实则《左氏》有以启之

朱大韶《左氏短丧说》曰："《晋书·杜预传》议曰：'周景王有后、世子之丧，既葬，除丧而宴。叔向不讥其除丧，而讥其宴乐，则是既葬

应除，而违谅暗之节。'按：杜预短丧之说，固为名教罪人，实则《左氏》有以启之。诸传所载：文元年，'晋襄公既祥，朝王于温'。襄十五年，'十二月，晋悼公卒。十六年春，平公即位，改服，修官，烝于曲沃，会于溴梁。晋侯与诸侯宴，使诸大夫舞，歌诗必类'。传载其事，而无贬刺之文。昭十二年，'晋侯享诸侯，子产相郑伯，请免丧而后听命，晋人许之，礼也。六月，葬郑简公'。未葬而请免丧，则既葬即除丧矣。以此为礼，此杜预所藉口以诬世者也。襄九年，'五月，穆姜薨。冬十二月，同盟于戚。晋侯以公宴，问公年，曰："可以冠矣。"季武子对曰："君冠，必以裸享之礼行之，以金石之乐节之，以先君之祧处之。今寡君在行，请及兄弟之国而假备焉。"公还，及卫，冠于成公之庙，假钟磬焉，礼也'。按《杂记》曰：'以丧冠者，虽三年之丧可也。既冠于次，哭踊者三，乃出。'此谓孤子当冠之年，因丧而冠，故《曾子问》曰：'除丧不改冠乎？'明不备礼。穆姜，襄公嫡祖母，承重三年。公年十二，未及冠，又因丧冠而用吉冠，此何礼也？文元年，'穆伯如齐，始聘焉，礼也。凡君即位，卿出并聘，践修旧好，要结外援，好事邻国，以卫社稷，忠信卑让之道也'。襄元年，'邾子来朝。冬，卫侯使公孙剽来聘'。《左氏》并曰：'礼也。凡君即位，小国朝之，大国聘焉，以继好结信，谋事补阙，礼之大者也。'二年，'春，王正月，葬简王'。昭十一年，'五月，齐归薨，大搜于比蒲，非礼也。孟僖子会邾庄公，盟于祲祥，礼也'。按《聘礼》于聘君曰：'宰人，告具于君，朝服出门左，南乡。'于所聘之君曰：'公皮弁迎宾于大门内。'始即位必相聘，则两国之孤并须释服，即吉。《礼经》又曰：'聘遭丧，入境则遂。不郊劳，不筵几，不礼宾。遭夫人、世子之丧①，君不受，使大夫受于庙，其他如遭君丧。'此已入竟而遭所聘君之丧，非因即位而聘。又曰：'聘句，君若薨于后，入竟则遂。赴者未至，则哭于巷，衰于馆。赴者至，则衰而出。'云'入竟则遂'，若未入竟，则反奔丧矣，岂有君丧未期而使大夫朝服出聘乎？丧三年不祭，不以纯凶接纯吉也。烝尝之礼尚不行，而要结外援，舍其本而末是图，此何礼也？昭十年，晋平公既葬，诸侯之大夫送葬者欲因见新君，叔向辞曰：'大夫之事毕矣。而又命孤，孤斩焉在衰绖之中，其以嘉服见，则丧礼未毕；其以丧服见，是重受吊也。大夫将若之何？'皆无辞以对。引彼证此，自相乖刺。而郑《箴膏

---

① "夫人"，原误作"大夫"，据《仪礼》及朱大韶《左氏短丧说》改。

肓》曰：'《周礼》：邦交，世相朝。《左氏》合古礼。'按：父子相继曰世，非谓三年之中必相朝。依礼，三年丧毕，当先朝天子，不得诬《周官》。《丧服·斩衰章》一曰君。天王崩未葬，而诸侯自相朝，此何礼也？君母之丧服斩。盟礼非皮弁即朝服，以大搜为非礼，而以盟为礼，此何礼也？文二年，'襄仲如齐纳币，礼也。凡君即位，好甥舅，修婚姻，取元妃以奉粢盛，孝也。孝，礼之始也。'按《公羊》曰：'三年之内不图昏。'董子曰：'纳币之月在丧分，故谓之丧取。'而《箴膏肓》曰：'僖公母成风主昏，得权宜之礼。'按：《礼》，为长子三年。无论成风不当主昏，即主昏，亦须禫后。凡事可以权，三年之重无所谓权。郑此说，所谓'又从而为之辞'。《左氏》习于衰世之故，以非礼为礼。不知《春秋》所书，皆直书其事，不待贬绝而其恶自见者也。"锡瑞案：郑君云"《左氏》善于礼"，实则《左氏》之所谓礼，多春秋衰世之礼，不尽与古礼合，故《左氏》亦自有矛盾之处。如以大搜为非礼，载叔向辞诸大夫欲见新君，非不知吉凶不可并行，而于他处又以为礼。此矛盾之甚者。朱子曰："《左氏》说礼，皆是周末衰乱不经之礼，无足取者。"陈傅良谓："礼也者，盖鲁史旧文，未必皆合于《春秋》。"其说是也。郑《驳异义》谓"诸侯岁聘、间朝之属，说无所出，或以为文、襄之制"，则郑君亦知《左氏》之礼不可尽据，而《箴膏肓》又强为饰说，至以丧娶为合权宜，不亦谬乎！朱大韶驳《左氏》，可谓辞严义正。三年之丧在春秋时已不通行，故滕人有"鲁先君亦莫之行"等语。《左氏》序事之书，据事直书，不加褒贬，自是史家通例。其所云礼，为当时通行之礼，亦不必为《左氏》深咎。惟文元年穆伯如齐始聘、文二年襄仲如齐纳币、襄元年邾子来朝之类，乃《左氏》自发之凡。杜预且以凡例皆出周公，是周公已制短丧之礼，且制丧娶之礼矣。此则万无可解，即祖《左氏》者如沈钦韩等，亦无以申其说。必如刘逢禄以凡例为刘歆增窜，乃可以为《左氏》解也。文公丧娶在三年外，惟纳采、问名犹在三年之中，故《左氏》不以为非。公羊受经于夏①，子夏作《丧服传》，讲丧礼最严，故《公羊》云"三年之内不图昏"。此《公羊》有师授、《左氏》无师授之一证。杜、孔乃曲为《左氏》解，以为文公纳采在为太子之时，此所谓"又从为之辞"，亦非《左氏》意也。

---

① "受"，原误作"授"，据文义改。

# 论《春秋》是经，《左氏》是史，必欲强合
# 为一，反致信传疑经

《左氏》叙事之工、文采之富，即以史论，亦当在司马迁、班固之上，不必依傍圣经，可以独有千古。《史记》、《汉书》，后世不废，岂得废《左氏》乎？且其书比《史》、《汉》近古，三代故实、名臣言行，多赖以存，如：纳鼎有谏，观社有谏，申缙名子之对，御孙别男女之贽，管仲辞上卿之飨，魏绛之述夏训、虞箴，郯子之言纪官，子革之诵《祈招》，且有齐虞人之守官，鲁宗人之守礼，刘子所云天地之中，子产所云天地之经，胥臣敬德之聚，晏子礼之善物。王应麟《汉制考序》尝历举之，顾栋高、陈澧皆引之，以为《左氏》之善矣。然《左氏》记载诚善，而于《春秋》之微言大义实少发明，则陆淳《春秋纂例》尝言之矣："或问：无经之传，有仁义诚节、知谋功业、政理礼乐、谠言善训多矣，顿皆除之，不亦惜乎？答曰：此经，《春秋》也。此传，《春秋传》也。非传《春秋》之言[1]，理自不得录耳，非谓其不善也。且历代史籍善言多矣，岂可尽入《春秋》乎？其当示于后代者，自可载于史书尔。今《左氏》之传见存，必欲耽玩文彩、记事迹者，览之可也。若欲通《春秋》者，即请观此传焉。"锡瑞案：陆氏自言其所作《集传》，不取《左氏》无经之传之义。治《春秋》者，皆当知此义，分别《春秋》是经、《左氏》是传，离之双美，合之两伤。经本不待传而明，故汉代《春秋》立学者止有《公羊》，并无《左氏》，而《春秋》经未尝不明。其后《左氏》盛行，又专用杜预《集解》，学者遂执《左氏》之说为《春秋》之义，且据杜氏之说为《左氏》之义，而《春秋》可废矣。分别《春秋》、《左氏》最明者，惟唐大中时工部尚书陈商立《春秋左传》学议："以孔子修经，褒贬善恶，类例分明，法家流也；左丘明为鲁史，载述时政，惜忠贤之泯灭，恐善恶之失坠，以日系月，修其职官，本非扶助圣言、缘饰经旨，盖太史氏之流也。举其《春秋》，则明白而有实[2]；合之《左氏》，则丛杂而无征。杜元凯曾不思夫子所以为经，当以《诗》、《书》、《周易》等列，丘明所以为史，当与司马迁、班固等

---

① "言"，原误作"旨"，据陆淳《春秋集传纂例》卷一改。
② "实"，原误作"识"，据《说郛》卷四十九及《北梦琐言》卷一改。

列，取二义乖剌不侔之语，参而贯之，故微旨有所不周，宛章有所未一。"此《议》载令狐澄《大中遗事》、孙光宪《北梦琐言》。陈商在唐代不以经学名，乃能分别夫子修经，与《诗》、《书》、《周易》等列，丘明作史，与《史记》、《汉书》等列，以杜预参贯经、传为非是，可谓卓识。其谓《左传》"非扶助圣言"，即汉博士云"丘明不传《春秋》"之说也；非"缘饰经旨"，即晋王接云"《左氏》自是一家言，不主为经发"之说也。经、史体例，判然不同。经所以垂世立教，有一字褒贬之文；史止是据事直书，无特立褒贬之义。杜预、孔颖达不知此意，必欲混合为一，又无解于经、传参差之故，故不能据经以正传，反信传而疑经矣。

# 论《公羊》、《左氏》相攻最甚，何、郑二家分左右袒，皆未尽得二《传》之旨

《公羊疏》云："《左氏》先著竹帛，故汉时谓之古学。《公羊》汉世乃兴，故谓之今学。是以许慎作《五经异义》云：'古者，《春秋》左氏说。今者，《春秋》公羊说。'是也。"又引戴宏《序》云："子夏传与公羊高，高传与其子平，平传与其子地，地传与其子敢，敢传与其子寿。至汉景帝时，寿乃共弟子齐人胡毋子都著于竹帛。"锡瑞案：戴宏汉人，其言当可信据。《左氏》书先出而不传口授之义，《公羊》书后出而实得口授之传，此汉所以立《公羊》而不立《左氏》也。汉今、古文家相攻击，始于《左氏》、《公羊》，而今、古文家相攻若仇，亦惟《左氏》、《公羊》为甚。四家《易》之于《费氏易》，三家《尚书》之于古文《尚书》，三家《诗》之于《毛诗》，虽不并行，未闻其相攻击。汉博士惟以《尚书》为备，亦未尝攻古文。惟刘歆请立《左氏》，则博士以"左丘明不传《春秋》"抵之；韩歆请立《左氏》，则范升以"《左氏》不祖孔子"抵之。郑众作《长义》十九条十七事，论《公羊》之短、《左氏》之长。贾逵作《长义》四十条，云《公羊》理短，《左氏》理长。李育读《左氏传》，虽乐文采，然谓不得圣人深意，作《难左氏》四十一事。何休与其师羊弼追述李育意，以难二《传》，作《公羊墨守》、《左氏膏肓》、《穀梁废疾》。郑康成箴《膏肓》、发《墨守》、起《废疾》。隗禧谓："《左氏》为相斫书，不足学。"钟繇谓："《左氏》为大官，《公羊》为卖饼家。"各经皆有今、古文之分，未有相攻若此之甚者。盖他经虽义说

不同，尚未大相反对，惟《左氏》与《公羊》不止义例不合，即事实亦多不符。《左氏》以文、宣为父子，昭、定为兄弟；《公羊》以文、宣为兄弟，昭、定为父子，鲁十二公伦序已大不同。《左氏》经作"君氏卒"，以为鲁之声子；《公羊》经作"尹氏卒"，以为周之世卿。所传之经，一字不同，而一以为妇人，一以为男子，乖异至此，岂可并立？平心而论，以《左氏》为相斫书，则诋之大过，亦由治《左氏》者专取莫敖采樵、栾枝曳柴之类有以致之。以《左氏》为大官，《公羊》为卖饼家，专以繁简详略言之，不关大义。郑众、贾逵《长义》不传。贾所举《左氏》深于君父，不可据，已见前。李育、羊弼书亦不传。何休《墨守》仅存一二，《废疾》得失互见，《膏肓》以《左氏》所载之文为《左氏》之罪，未知国史据事直书之例，且驳论多琐细，惟兵谏、丧娶数条于大义有关。郑《发墨守》亦仅存一二，《起废疾》亦得失互见，《箴膏肓》多强说，以文公丧娶为权制，岂有丧娶可以从权者乎？《后汉书》于郑康成《箴膏肓》下云"自是《左氏》大兴"，盖郑君虽先习《公羊》，而意重古学，常轩《左氏》而轻《公羊》，重其学者意有偏重，遂至《左氏》孤行。自汉以后，治《公羊》者如晋之王接、王愆期，已不多见。《北史·儒林传》云何休《公羊传》大行于河北，而其《传》载习《公羊》者止有梁祚一人，且《传》又云《公羊》、《穀梁》多不措意，则以为河北行《公羊》，似非实录。《唐志》、《公羊疏》无撰人名氏，《崇文总目》或云徐彦，《郡斋读书志》引李献民说同。董迫《广川藏书志》亦称"世传徐彦，不知时代"，意其在贞元、长庆之后。王应麟《小学绀珠》谓："《公羊疏》，徐彦撰。"《宋志》直云"徐彦《公羊疏》三十卷"，严可均曰："不知何据。即徐彦，亦不知何代人。东晋有徐彦，与徐众同时，见《通典》九十五，又九十九有武昌太守徐彦《与征西桓温笺》。而《疏》中引及刘宋庚蔚之，则非东晋人。今世皆云唐徐彦，尤无所据，盖涉徐彦伯而讹耳。《疏》先设问答，与蔡邕《月令章句》相似，唐疏无此体例。所引书百三十许种①，最晚者郭璞、庾蔚之，余皆先秦、汉、魏。开卷疏'司空掾'，云'若今三府掾是也'。齐、梁、陈、隋、唐无此官制，惟北齐有之，则此《疏》北齐人撰也。"洪颐煊、姚范之说略同。王鸣盛以为即北史徐遵明，考其年代，似亦相近。惟据《北史》所载，遵明传郑《易》、《尚书》、三《礼》、服氏《春

---

① "三"，原误作"二"，据严可均《铁桥漫稿》卷六《书〈公羊疏〉后》改。

秋》，未闻传何氏《公羊》，其弟子亦无治《公羊》学者，则谓彦即遵明，尚在疑似之间。若以"葬桓王"一条同于杨士勋《穀梁疏》，谓徐袭杨《疏》，当在杨后，又安知杨士勋非袭徐《疏》乎？

## 论《春秋》必有例，刘逢禄、许桂林《释例》大有功于《公羊》、《穀梁》，杜预《释例》亦有功于《左氏》，特不当以"凡例"为周公所作

《礼记·经解》引孔子曰："属辞比事，《春秋》教也。"又曰："《春秋》之失乱。"《经解》引此为夫子自道，是犹孟子两引孔子之语，皆圣人自发其作《春秋》之旨，最可凭信。古无"例"字，"属辞比事"即"比例"。《汉书·刑法志》师古曰："比，以例相比况也。"《后汉书·陈宠传》注："比，例也。"夫子以《春秋》口授弟子，必有比例之说，故自言"属辞比事"为《春秋》教。《春秋》文简义繁，若无比例以通贯之，必至人各异说而大乱不能理，故曰"《春秋》之失乱"。乱，由于无比例。是后世说经之弊，夫子已预防之矣。何休《公羊解诂序》曰："往者略依胡毋生《条例》，多得其正。"是胡毋生以《公羊传》著于竹帛，已为之作《条例》。董仲舒曰"《春秋》无达例"，则董子时《公羊春秋》已有例可知。胡毋生《条例》散见《解诂》，未有专书。何休《文谥例》仅见于《疏》所引。《公羊传条例》见于《七录》，今佚。刘逢禄作《公羊何氏释例》以发明之，其《释时月日例》引子思赞《春秋》上律天时，以为"《春秋》不待褒讥贬绝，以月、日相示，而学之者湛思省悟"，推阐甚精。《穀梁》时、月、日例更密于《公羊》，许桂林作《穀梁释例》以发明之，其有功于《穀梁》，与刘逢禄有功于《公羊》相等。范宁解《穀梁》亦有例，《四库提要》曰："《自序》有'商略名例'之句，疏称宁别有《略例》百余条，此本不载，然注中时有'传例曰'字，或士勋割裂其文，散入注疏中欤？"陈澧曰："杨《疏》有称范氏《略例》者，有称范《例》者，有称范氏《别例》者，皆即《略例》也。范氏注中已有例，又别为《略例》，故可称《别例》。杨《疏》所引二十余条，王仁俊《汉魏遗书钞》已钞出。"据此，则《公羊》、《穀梁》二家说《春秋》者皆有例矣。《左氏》之例始于郑兴、贾徽，其子郑众、贾逵各传家学，亦有《条例》。颖容已有《释例》，在杜

预之前。《左氏传》本无日、月例，孔《疏》曰："《春秋》诸事，皆不以日、月为例。其以日、月为义例者，唯卿卒、日食二事而已。"陈澧曰："此说可疑，岂有一书内唯二条有例者乎？且日食不书日为官失之，其说通；大夫卒，公不与小敛，不书日，则不可通。孔巽轩云：'九月，甲申，公孙敖卒于齐，公岂得与小敛乎？'此无可置辨矣。盖《左传》无日、月例，后人附益者以《公》、《穀》有之，故亦仿效而为此二条耳。"锡瑞案：二条为后人附益，固无可疑。即五十凡，亦未知出自何人。然郑、贾、颖已言例在前，则非杜预所创，特不当以旧例为周公所定耳。

## 论日、月、时正变例

胡安国曰："《春秋》之文，有事同而辞同者，后人因谓之例；有事同而辞异，则其例变矣。是故正例非圣人莫能立，变例非圣人莫能裁。正例，天地之常经。变例，古今之通谊。惟穷理精义，于例中见法、例外通类者，斯得之矣。"案：《春秋》正变例以日、月、时为最著明。正例日则变例时，正例时则变例日，而月在时、日之间。《公羊》、《穀梁》说已详晰，而后人犹疑之者，以解者繁杂，未有简明之说以括之也。今据《春秋》之例，讨贼、侵伐常事，与不以日、月计者，皆例时。以月为变者，不以月计也。《春秋》以月计时事，以月分尊卑，除二者之外，遂不以日、月为例。《春秋》记事，大事记之详，如君、夫人葬薨，大夫卒，天王崩，外诸侯卒，大异，宗庙灾，祭事，盟，战，所关者大，重录之则详，故记其日；小事则从略，如来往，如致，朝聘，会遇，外盟，外战，一切小事，皆例时。大事日，小事时，一定之例也，亦记事之体应如是也。至于轻事而重之，则变时而日、月焉；重事而轻之，则变日而月、时焉。事以大小为准，例以时、日为正，一望而知者也。而月在时、日之中，为消息焉。凡月，皆变例。大事例日，如盟例日，而桓盟皆不日而月，变也。柯之盟时者，变之至也。此日为正，月为变，时为尤变之例也。小事例时，如外诸侯葬例时，月为变，日为变之甚。此时为正，月为变，日为尤变之例也。又如朝时也，变之则月，尤变则日；用币时也，谨之则日。因其事之小，知其日、月之为变。外诸侯卒例日，变之则月，尤变则时。因其事之大，知其月、时之为变。凡变，则有二等，以差功过浅深，故月皆变例。从时而日，从日而时，皆变之尤甚者。有条不紊，纲目明白。先儒因有记时分早暮二例，遂遍推之，则正例有三等，无以进退，而于二主之间又添一主，则正、变不明，端委朦混，治丝而棼，故使人疑之也。浅人以为经承旧史，或时，或月，或日，皆无义例，则断烂朝报可为确论矣。

## 论三 《传》以后说《春秋》者亦多言例，以为本无例者非是

洪兴祖曰："《春秋》本无例，学者因行事之迹以为例，犹天本无度，治历者因周天之数以为度。"锡瑞案：洪氏此说，比例正合。圣人作《春秋》，当时尝自定例与否，诚未可知，而学者观圣人之书，譬如观天，仁者见仁，知者见知，各成义例，皆有可通。治历者因周天之数以为度，不得以为非天之度。学者因行事之迹以为例，岂得以为非《春秋》之例乎？朱彝尊《经义考》论崔子方《本例》云①："以例说《春秋》，自汉儒始。曰《牒例》，郑众、刘实也。曰《谥例》，何休也。曰《释例》，颍容、杜预也。曰《条例》，荀爽、刘陶、崔灵恩也。曰《经例》，方范也。曰《传例》，范宁也。曰《诡例》，吴略也。曰《略例》，刘献之也。曰《通例》，韩滉、陆希声、胡安国、毕良史也。曰《统例》，啖助、丁副、朱临也。曰《纂例》，陆淳、李应龙、戚崇增也。曰《总例》，韦表微、成元、孙明复、周希孟、叶梦得、吴澄也。曰《凡例》，李瑾、曾元生也。曰《说例》，刘敞也。曰《忘例》，冯正符也。曰《演例》，刘熙也。曰《义例》，赵瞻、陈知柔也。曰《刊例》，张思伯也。曰《明例》，王皙、王日休、敬铉也。曰《新例》，陈德宁也。曰《门例》，王镃、王炫也。曰《地例》，余嘉也。曰《会例》，胡箕也。曰《断例》，范氏也。曰《异同例》，李氏也。曰《显微例》，程迥也。曰《类例》，石公孺、周敬孙也。曰《序例》，家铉翁也。曰《括例》，林尧叟也。曰《义例》，吴迁也。而梁简文帝、齐晋安王子懋皆有《例苑》，孙立节有《例论》，张大亨有《例宗》，刘渊有《例义》，刁氏有《例序》。绳之以例，而义益纷纶矣。彦直崔子方字。谓：'圣人之书，总年以为体，举时以为名，著日月以为例。'《春秋》固有例也，而日、月之例盖其本，乃列一十六门，而皆以日、月、时例之，亦一家之言云尔。"

---

案：诸家书多不传，未能考其得失，惟陆淳《纂例》兼采三《传》，崔子方《本例》多本《公》、《穀》，能成一家之言。其后赵汸《春秋属辞》为最著，孔广森《公羊通义》本之，谓知《春秋》者惟赵汸一人。或谓赵汸、崔子方无三科九旨以统贯之，故其例此通而彼窒，左支而右绌。是二家之书亦未尽善。盖日、月例，《公》、《穀》已极详密，崔子方等更求详于《公》、《穀》之外，又不尽用《公》、《穀》之义，未免过于穿凿。然例虽未尽善，犹愈于全不言例者。全无例，则必失乱矣。后人矫言例者支离破碎之过，谓《春秋》本无例，例出后儒傅会。郑樵谓例非《春秋》之法。为此说者，非独不明《春秋》之义，并不知著书作文之体例矣。凡修史皆有例，《史记》、《汉书》自序，即其义例所在。后世修史，先定凡例，详略增损，分别合并，或著录，或不著录，必有一定之法。修州郡志亦然。即自著一部书，或注古人之书，其引用书传、编次子目，亦必有凡例，或自列于简端。即为人撰碑志墓铭，其述祖考、子孙、官爵、事实亦有例，故有《墓铭举例》、《金石三例》等书。惟日录、笔记，随手纪载，乃无义例，再下则胥吏之档案，市井之簿录耳。圣人作经以教万世，乃谓其全无例义，同于档案、簿录，比后儒之著书作文者犹不逮焉，诚不知何说也。

## 论啖助说《左氏》具有特识，说《公》、《穀》得失参半，《公》、《穀》大义散配经文，以传考之，确有可征

《春秋》杂采三《传》①，自啖助始。《三传得失议》曰："古之解说，悉是口传。自汉以来，乃为章句。如《本草》皆后汉时郡国，而题以神农；《山海经》广说殷时，而云夏禹所记。自余书籍，比比甚多。是知三《传》之义本皆口传，后之学者乃著竹帛，而以祖师之目题之。予观《左氏传》，自周、晋、齐、宋、楚、郑等国之事最详。晋则每一出师，具列将佐；宋则每因兴废，备举六卿。故知史策之文，每国各异。左氏得此数国之史，以授门人，义则口传，未形竹帛。后代学者乃演而通之，总而合之，编次年月以为传记，又广采当时文籍，故兼与子产、晏子及诸国卿佐家传，并卜书、梦书及杂占书、纵横家、小说、讽

————————————

① "春秋"上，当有"治"字。

谏等杂在其中。故叙事虽多，释意殊少，是非交错，混然难证。其大略皆是《左氏》旧意，故比余传，其功最高，博采诸家，叙事尤备，能令百代之下，颇见本末，因以求意，经文可知。又况论大义，得其本源，解三数条大义，亦以原情为说①，欲令后人推此以及余事。而作传之人不达此意，妄有附益，故多迂诞。又《左氏》本未释者，抑为之说，遂令邪正纷糅，学者迷宗也。《公羊》、《穀梁》初亦口授，后人据其大义，散配经文，原注：《传》中犹称"穀梁子曰"，是其证也。故多乖谬，失其纲统。然其大指亦是子夏所传，故二《传》传经密于《左氏》。《穀梁》意深，《公羊》辞辨，随文解释，往往钩深。但以守文坚滞，泥难不通，比附日月，曲生条例，义有不合，亦复强通，蹊驳不伦，或至矛盾，不近圣人夷旷之体也。夫《春秋》之文，一字以为褒贬，诚则然矣，其文亦有文异而义不异者。原注："详内以略外"、"因旧史之文"之类是也。二《传》穿凿，悉以褒贬言之，是故繁碎甚于《左氏》。《公羊》、《穀梁》又不知有'不告则不书'之义，凡不书者，皆以义说之。且列国至多，若盟会、征伐、丧纪，不告亦书，则一年之中可盈数卷，况他国之事，不凭告命，从何得书？但书所告之事，定其善恶，以文褒贬耳。《左氏》言褒贬者，又不过十数条，其余事同文异者亦无他解，旧解皆言从告及旧史之文。若如此论，乃是夫子写鲁史，何名修《春秋》乎？予故谓二者之说俱不得中。"锡瑞案：啖氏《春秋》之学非专家，故所说有得有失。其说《左氏》具有特见，说《公》、《穀》则得失参半。谓三《传》皆后学著竹帛，"而以祖师之目题之"，与《公羊》徐疏同。徐疏惟言《公羊》、《穀梁》，啖氏并言《左氏》，亦以为门人乃著竹帛，且有附益。故啖氏兼取三《传》，而不尽信三《传》也。啖氏不云左氏非丘明，但云传非丘明自作，比赵匡之论为更平允。谓《公》、《穀》得子夏口授，"后人据其大义，散配经文"，所见尤精。既云"二《传》传经密于《左氏》"，不得疑其繁碎。《春秋》之旨数千，圣人详示后人，无所谓不夷旷，若其矛盾穿凿，正由散配经文时致误，与《左氏》之徒附益迂诞正相等耳。《公》、《穀》释经虽密，亦或有经无传，经所书者，间无其说，不书者以义说之，实所罕见。啖氏知"不告则不书"，不知《春秋》即告者亦多不书。圣人笔削，大率笔者一而削者十。若从旧史、赴告全录，则一年之中亦可盈卷矣。以"夫子写鲁史，何名修《春秋》"，驳

---

① "亦"，原误作"不"，据陆淳《春秋集传纂例》卷一改。

《左氏》家经承旧史，尤为明快。知啖氏云《公》、《穀》大义散配经文之说是者，如"君子大居正"一条，《公羊》以之说宋宣，《穀梁》以之说鲁隐，是二家据《春秋》"大居正"之大义散配经文，而参差不同之明证也。《公羊传》"《春秋》有讥父老子代从政者，未知其为齐与、曹与"，是《公羊》家据《春秋》"讥世子"之大义散配经文，而未知其属齐世子、属曹世子，游移莫决之明证也。明乎此，则于传义之可疑者，不必强通。啖氏见及此，可谓卓识矣。

## 论啖、赵、陆不守家法，未尝无扶微学之功，宋儒治《春秋》者皆此一派

三《传》专门之学，本不相通，而何休《解诂序》云："援引他经，失其句读。"疏云："三《传》之理，不同多矣，经之义①，随经自合。而颜氏之徒既解《公羊》，乃取他经为义，犹贼党入门，主人错乱，故曰'失其句读'。"据此，则汉之治《公羊》者，未尝不兼采三《传》也。杜预《集解序》云："古今言《左氏春秋》者多矣，肤引《公羊》、《穀梁》，适足自乱。"孔疏云："《公羊》、《穀梁》口相传授，因事起问，意与《左氏》不同，故引之以解《左氏》，适足以自错乱也。"《疏序》又云："郑众、贾逵、服虔、许惠卿之等，各为诂训，然杂取《公羊》、《穀梁》以释《左氏》。"据此，则汉之治《左氏》者，未尝不兼采三《传》也。范武子《穀梁集解序》兼及《左氏》、《公羊》，尤为显著。惟诸人兼采三《传》，仍是专主一家，间取二家之说，裨补其义。晋刘兆作《春秋调人》三万言②，又为《左氏传》解，名曰《全综》，作《公羊》、《穀梁》解诂③，皆纳经、传中，朱书以别之，似已合三《传》为一书，而其书不传。今世所传合三《传》为一书者，自唐陆淳《春秋纂例》始。淳本啖助、赵匡之说，杂采三《传》，以意去取，合为一书，变专门为通学，是《春秋》经学一大变。宋儒治《春秋》者皆此一派，如孙复、孙觉、刘敞、崔子方、叶梦得、吕本中、胡安国、高闶、吕祖谦、张洽、程公说、吕大圭、家铉翁，皆其著者。以刘敞为最优，胡安

---

① "经"上，原衍"群"，据《春秋公羊传注疏》删。
② "三万言"，今《晋书·儒林传》作"七万余言"。
③ "作"，今《晋书·儒林传》无。

国为最显。刘敞《春秋传》本啖、赵、陆之法，删改三《传》，合为一传。陈澧纠其删改不当，如"郑伯克段于鄢"，录《左传》而改之云："太叔出奔，公追而杀诸鄢。"既信《公》、《穀》杀段之说，乃录《左传》而删改之。此孔冲远所谓方凿圆枘者。胡安国《春秋传》杂采三《传》，参以己意。朱子已驳其王不称天、以宰咺为冢宰、桓公不书秋冬、贬滕称子之类。其说有本于《公》、《穀》者；有胡氏自为说，出《公》、《穀》之外者。盖宋人说《春秋》，本啖、赵、陆一派，而不如啖、赵、陆之平允。邵子曰："《春秋》三传之外，陆淳、啖助可以兼治。"程子称其绝出诸家，有攘异端、开正途之功。朱子曰："赵、啖、陆淳皆说得好。"吴澄曰："唐啖助、赵匡、陆淳三子，始能信经驳传，以圣人书法纂而为例，得其义者十七八。自汉以来，未闻或之先也。"案：吴氏极推三子得圣人之义，胜于汉儒之不合不公。盖自唐、宋以后，《春秋》无复专门之学，故不知专门之善，而反以为非。后儒多归咎于昌黎三《传》束阁之言，见昌黎赠玉川子卢仝诗。诋啖、赵、陆不守家法，而据啖子曰"今《公羊》、《穀梁》二传殆绝，习《左氏》者皆遗经存传"，则其时《春秋》之学不讲可知。唐开元八年，国子司业李元瓘上言"《公羊》、《穀梁》殆绝"；十六年，杨玚为国子祭酒，奏言"今明经习《左氏》者十无二三，《公羊》、《穀梁》殆将绝废"。啖氏正当其时，于经学废坠之余，为举世不为之事，使《公》、《穀》二传复明于世，虽不守家法，不得谓其无扶微学之功也。

## 论《公》、《穀》传义，《左氏》传事，其事亦有不可据者，不得以亲见国史而尽信之

自啖助斟酌三《传》，各取其长，云："《左氏》叙事尤备，能令百代之下，颇见本末，因以求意，经文可知。二《传》传经，密于《左氏》。《穀梁》意深，《公羊》辞辨。"宋人推衍其说，胡安国曰："事莫备于《左氏》，例莫明于《公羊》，义莫精于《穀梁》。"叶梦得曰："《左氏》传事不传义，是以详于史而事未必实。《公羊》、《穀梁》传义不传事，是以详于经而义未必当。"朱子曰："《左氏》是史学，《公》、《穀》是经学。史学者，记得事却详，于道理上便差。经学者，于义理上有功，然记事多误。"又曰："左氏曾见国史，考事颇精，只是不知大义，专去小处理会，往往不曾讲学。公、穀考事甚疏，然义理却精，二人乃

是经生，传得许多说话，往往不曾见国史。"吕大圭曰："左氏熟于事，公、穀深于理。盖左氏曾见国史，而公、穀乃经生也。"吴澄曰："载事则《左氏》详于《公》、《穀》，释经则《公》、《穀》精于《左氏》。"锡瑞案：诸说皆有所见，朱子之说尤晰。惟兼采三《传》，亦必有啖、赵诸人之学识，方能别择，初学不守家法，必至茫无把握，而陷于《春秋》之失乱"。《公》、《穀》精于义，《左氏》详于事，诚如诸儒之说。《春秋》重义不重事。治《春秋》者，当先求《公》、《穀》之义，而以《左氏》之事证之，乃可互相发明，不至妄生疑难，即啖助云"因以求意，经文可知"之说。若但考《左氏》之事，不明《春秋》之义，将并传之不可信者而亦信之，必至如杜预、孔颖达诸人从传驳经，非圣无法，正犹齐人知有孟尝君而不知有王，秦人知有穰侯而不知有王矣。引《左氏》之事，以证《春秋》之义，可也；据《左氏》之义，以为《春秋》之义，不可也。《左氏》不传《春秋》，本无义例。刘歆治《左氏》，引传文以解经，始有章句、义理。杜预排斥二《传》，始专发《左氏》义。刘歆、杜预之义明，而孔子《春秋》之义隐。《左氏》凡例、书法、君子曰，前人已多疑之。陆淳已驳弑君、灭国、蒐赴以名之例矣。朱子曰："《左传》君子曰最无意思。因举'芟夷蕴崇'之一段，是关上文甚事？""左氏是一个审利害之几、善避就底人①，所以其书有贬死节等事。指孔父、荀息诸人。《左氏》亦无贬诸人明文，惟论荀息有君子曰。其间议论有极不是处，如周、郑交质之类，是何议论？此是实事，史官据事直书，却不碍。其曰：'宋宣公可谓知人矣。立穆公，其子飨之，命以义夫。'只知有利害，不知有义理。此段不如《公羊》说'君子大居正'②，却是儒者议论。"案：朱子说是也。且殇公立而被弑，所谓"其子飨之"安在？非但不明义理，并不合事实。《左氏》于叙事中搀入书法，或首尾横决，文理难通。如"郑伯克段于鄢"，传文"太叔出奔共"下，接"书曰郑伯克段于鄢"，至"不言出奔，难之也"云云，乃曰"遂置姜氏于城颍"，"遂"字上无所承，文理鹘突。若删去"书曰"十句，但云"太叔出奔共，遂置姜氏于城颍"，则一气相承矣。其他"书曰"、"君子曰"亦多类此，为后人搀入无疑也。诸儒多云"左氏亲见国史，事必不误"，亦未尽然，姑举一二证之。如昭七年"春，王正月，暨齐平"，杜

---

① "氏"，原误作"传"，据《朱子语类》卷八十三改。

② "公羊"，《朱子语类》卷八十三本作"穀梁"。

解曰:"暨,与也。燕与齐平。前年冬,齐伐燕,间无异事,故不重言燕,从可知。"孔疏曰:"此直言'暨齐平',不知谁与齐平。《穀梁传》云'以外及内曰暨',谓此为鲁与齐平。贾逵、何休亦以为鲁与齐平。许惠卿以为燕与齐平。服虔云:襄二十四年'仲孙羯侵齐',二十五年'崔杼伐我',自尔以来,齐、鲁不相侵伐。且齐是大国,无为求与鲁平。此六年'冬,齐侯伐北燕,将纳简公',齐侯贪贿而与之平,故传言'齐求之也','齐次于虢,燕人行成'。其文相比,许君近之。案经例,即燕与齐平,当书燕;鲁与诸侯平,皆言暨。下'三月,公如楚,叔孙婼如齐莅盟',公不在国,故齐无来者。据经言之,贾君为得,杜则从许说也。"案:疏举经例甚明,当从《公》、《穀》,而《左氏》本年传明云"齐、燕平之月",则《左》实以为燕与齐平。贾解《左氏》,仍从《公》、《穀》。孔《疏》云贾逵杂采《公》、《穀》,此其一证。许、服、杜则以《左》解《左》,然《左》实与书法不合。亲见圣人、亲见国史者,何以有此误乎?《左氏传》卫宣公烝于夷姜,生急子,为之妻于齐而美,公妻之,生寿及朔。夫宣公烝庶母,必在即位之后;生子能妻,必十六七年;公妻之,生寿及朔,朔能谮兄,寿能代死,必又十六七年。而卫人立晋在隐四年,宣公卒在桓十三年,共止二十年,如何能及?若谓烝夷姜在即位前,桓公不应容其弟浊乱宫闱,石碏未必立此秽德彰闻之公子。《史记》云"爱夫人夷姜",不云烝淫,则《左氏》未可信。洪迈谓:"十九年之间,如何消破?此最为难晓也。"晋献公烝齐姜,近人亦有疑之者。蘧伯玉、延陵季子皆年近百,而服官帅师,事亦可疑。是《左氏》之事,亦不尽可信也。朱子曰"《左氏》所传《春秋》事恐八九分",是亦不尽信《左氏》。《公羊传》惟季姬使鄫子请己、单伯淫子叔姬、叔术妻嫂,事有可疑。董子《繁露》于此数事皆无说,或以不关大义,或亦疑而不信。学者于此等处阙疑可也。《解诂》是章句,不得不解传。《繁露》说大义,故于此数条皆无说。学者亦不必强说。

## 论刘知幾诋毁《春秋》并及孔子,由误信杜预、孔颖达,不知从《公》、《穀》以求圣经

说《春秋》者,唐刘知幾为最谬。其作《史通》,有《惑经》、《申左》二篇,诋毁《春秋》,并诋孔子,曰:"善恶必书,斯为实录。观夫

子修《春秋》也，多为贤者讳。狄实灭卫，因桓耻而不书；河阳召王，成文美而称狩。斯则情兼向背，志怀彼我。哀八年及十三年，公再与吴盟，而皆不书。桓二年公及戎盟，则书之。戎实豺狼，非我族类。夫非所讳而仍讳，谓当耻而不耻，求之折衷，未见其宜。如鲁之隐、桓戕弑，昭、哀放逐，姜氏淫奔，子般夭酷，斯则邦之孔丑，讳之可也。如公送晋葬，公与吴盟，为齐所止，为邾所败，盟而不至，会而后期，并讳而不书，岂非烦碎之甚？"锡瑞案：刘氏但晓史法，不通经义，专据《左氏》，不读《公》、《穀》，故不知《春秋》为尊亲讳，其书不书皆有义例，非可以史法善恶必书绳之。《左氏传》云：孙、宁出君，"名藏在诸侯之策，曰：'孙林父、宁殖出其君。'"夫子以为臣出君，不可训，故更之曰"卫侯衎出奔齐"，以君自出为文。"天王狩于河阳"，其义亦然。《左氏》引"仲尼曰：以臣召君，不可以训"，是隐讳之义，《左氏》亦知之。而续经云"齐陈恒执其君，寘于舒州"，则与《春秋》不书孙、宁出君之义相背。是《左氏》于《春秋》隐讳之旨半明半昧，刘氏则全不知。夫吴为伯主，故耻不书；公及戎盟，本无庸讳。且及戎盟，隐、桓二年凡两见，刘举桓而失隐，知其读《春秋》不熟矣。刘氏又曰："齐、郑及楚国有弑君，各以疾赴，遂皆书卒。反不讨贼，药不亲尝，遂皆被以恶名，播诸来叶。"案：刘氏此说，亦由不解隐讳之义。郑伯髡原如会，卒于操，《公羊传》明以为隐，以为弑，以为为中国讳。楚子卷、齐侯阳生卒，《公羊》无说，《左氏》亦但于郑伯之卒，云以疟疾赴于诸侯。楚郏敖、齐悼公，《左氏》以为弑，而不云以疾赴。刘云"各以疾赴"，不知何据。"反不讨贼"，本晋史之旧文；"药不亲尝"，由君子之听止。是二君之弑，初非夫子所加，夫子特因旧文书之，以著忠臣孝子之义。若齐、郑、楚三君，其国无董狐之直笔，国史本不书弑，夫子岂得信传闻之说，遽加人以弑逆之罪乎？至郑伯隐讳，又是一义。刘氏不明其义，而并为一谈，斯惑矣。鲁桓弑隐，但书"公薨"。刘氏以为："董狐、南史，各怀直笔。孟子言孔子成《春秋》而乱臣贼子惧，无乃乌有之谈？"不知南、董非崔、赵之臣，故可直书；孔子是鲁臣，于其先君篡弑，不可直书。刘氏在唐，曾为史官，试问其于唐代之事，能直书无隐否？乃以此惑圣经，并疑孟子之言为乌有，固由读书粗疏，持论犷悍，亦由误信杜预、孔颖达，不知从《公》、《穀》以求圣经也。

# 论刘知幾据竹书以诋圣经，其 惑始于杜预，唐之陆淳、刘贶 已驳正其失

且刘氏受惑之处，非直此也。曰："案：汲冢竹书《晋春秋》及《纪年》之载事也，如重耳出奔，惠公见获，书其本国，皆无所隐。唯鲁《春秋》之纪其国也，则不然。何者？国家事无大小，苟涉嫌疑，动称耻讳。又案：晋自鲁闵公以前，未通于上国，至僖二年灭下阳已降，渐见于《春秋》。盖始命行人，自达于鲁也。而《琐语春秋》载鲁国闵公时事，言之甚详。斯则闻见必书，无假相赴者也。盖当时国史，他皆仿此。至于夫子所修也，则不然。凡书异国，皆取来告，苟有所告，虽小必书；如无其告，虽大必阙。寻兹例之作也，盖因周礼旧法，鲁策成文。夫子既撰不刊之书，为后王之则，岂可仍其过失而不中规矩乎？又案：古者国有史官，具列时事。观汲坟出记，皆与鲁史符同。至于周之东迁，其说稍备；隐、桓已上，难得而详。此之烦省，皆与《春秋》不别。又获君曰止，诛臣曰刺，杀其大夫曰杀，'执我行人'，'郑弃其师'，'陨石于宋五'，诸如此句，多是古史全文。则知夫子之所修者，但因其成事，就加雕饰，仍旧而已，有何力哉！"锡瑞案：刘氏据《左传》而疑经，谓经全因旧史，已是大惑；又据竹书而疑经，谓经何以不改旧史，更滋其惑。而其惑实始于杜预。杜预《春秋集解后序》论汲冢书云："其著书文意，大似《春秋》经，推此足见古者策书之常也。文称'鲁隐公及邾庄公盟于姑蔑'，即《春秋》所书邾仪父'未王命，故不书爵，曰仪父，贵之也'。又称'晋献公会虞师伐虢，灭下阳'，即《春秋》所书'虞师、晋师灭下阳'，'先书虞，贿故也'。又称'周襄王会诸侯于河阳'，即《春秋》所书'天王狩于河阳'，'以臣召君，不可以训'也。诸若此辈甚多，略举数条，以明国史皆承告据实而书时事，仲尼修《春秋》，以义而制异文也。"胡渭曰："《竹书纪年》文意简质，虽颇似《春秋》经，然此书乃战国魏哀王时人所作，往往称谥以记当时之事，如'鲁隐公及邾庄公盟于姑蔑'、'晋献公会虞师伐虢，灭下阳'、'周襄王会诸侯于河阳'，明系春秋后人约《左传》之文，仿经例而为，与身为国史、承告据实书者不同。杜氏《后序》则谓'推此足见古者国史策书之常'，不亦过乎？"案：胡氏此说足解杜氏之惑，即足解刘

氏之惑。《春秋》传于子夏。子夏退老西河，为魏文侯师，魏人必有从之受《春秋》者。《纪年》作于魏哀王时，距孔子作《春秋》已百年，其书法明是仿《春秋》。杜氏乃疑古史书法本然，孔子《春秋》是依仿此等书为之，而益坚其经承旧史、史承赴告之说。不思著书年代先后具有明征，但有后人袭前人，未有前人袭后人者。孔子作《春秋》在百年前，魏人作《纪年》在百年后，犹之《史记》在《汉书》前，《三国志》在《后汉书》前，若有谓史公袭班书，陈寿袭范书，人未有不哑然笑者。杜氏之惑，何异于是？陆淳《春秋纂例》尝言之矣："或曰：若左氏非受经于仲尼，则其书多与汲冢《纪年》符同，何也？答曰：彭城刘惠卿名贶。著书云：'《纪年》序诸侯列会皆举其谥，知是后人追修，非当世正史也。至如'齐人歼于遂'、'郑弃其师'，皆夫子褒贬之意，而竹书之文亦然。其书'郑杀其君某'，因释曰是子亹；'楚囊瓦奔郑'，因曰是子常，率多此类。别有《春秋》一卷，全录《左氏传》卜筮事，无一字之异。故知此书按《春秋》经传而为之也。'刘之此论当矣。且经书'纪子伯、莒子盟于密'，《左氏》经改为'纪子帛'，传释云'鲁故也'，以为是纪大夫裂繻之字，缘为鲁结好，故褒而书字，同之内大夫，序在莒子上。此则鲁国褒贬之意，而竹书自是晋史，亦依此文而书，何哉？此最明验。① 其中有'郑庄公杀公子圣'，《春秋》作'段'。'鲁桓公、纪侯、莒子盟于区蛇'，如此等数事，又与《公羊》同。其称今王者，魏惠成王也。此则魏惠成王时史官约诸家书，追修此纪，理甚明矣。观其所记，多诡异鄙浅，殊无条例，不足凭据而定邪正也。"案：刘贶、陆淳皆唐人，曾见《纪年》全书，其说可凭。陆年辈后于刘知幾，其说正可驳刘。以"齐人歼于遂"、"郑弃其师"为夫子褒贬之特笔，远胜刘说以为出《琐语·晋春秋》矣。陆通经学，刘不通经，故优劣判然也。

## 论《春秋》家、《左传》家当分为二，<br>如刘知幾说

刘知幾说《春秋》虽谬，犹知《春秋》、《左传》之分。其论史体六家，一曰《尚书》家，二曰《春秋》家，三曰《左传》家，四曰《国

---

① "最"，原误作"是"，据陆淳《春秋集传纂例》卷一改。

语》家，五曰《史记》家，六曰《汉书》家。前二家经也，后二家史也，中二家《左传》、《国语》，则在经、史之间。是刘知幾犹知《春秋》家与《左传》家体例不同，当分为二，不当合为一也。古经、传皆别行，据《汉书·艺文志》与《左传序》孔疏，具有明证。熹平石经《公羊春秋》有传无经。汉时专主《公羊》，故直以《公羊》为《春秋》。后世孤行《左传》，又直以《左传》为《春秋》。《公羊》字字解经，经、传相附，以《公羊》为《春秋》，可也。《左氏》本不解经，经、传不相附，或有经无传，或有传无经，以《左氏》为《春秋》，不可也。唐人作《五经正义》，《春秋》主《左氏传》，《公羊》、《穀梁》虽在中经、小经之列，而习此二经者殆绝。唐时如啖、赵、陆兼通三《传》者甚少，如陈商能分别《春秋》是经、《左氏》是史者，更别无其人矣。宋人刊《十三经注疏》，《公》、《穀》称《公羊》、《穀梁》，《左氏》称《春秋左传》，明以《春秋》专属《左氏》，而屏《公》、《穀》于《春秋》之外。夫以《公》、《穀》之字字解经者，不以《春秋》属之，《左氏》之本不解经者，独以《春秋》属之，宜乎学者止知有《左氏传》，不知有《春秋》经，圣人之作经为万世法者，付之若存若亡之列。洪迈《容斋续笔》有"绍圣废《春秋》"一条云："五声本于五行而徵音废，四渎源于四方而济水绝。《周官》六典所以布治，而司空之书亡，是固出于无可奈何，非人力所能为也。乃若六经载道，而王安石欲废《春秋》。绍圣中，章子厚作相，蔡卞执政，遂明下诏罢此经，诚万世之罪人也。"如洪氏说，彼悍然废《春秋》者罪诚大矣，然亦岂非唐、宋以来不尊《春秋》有以阶之厉乎？宋人以《春秋》专属《左传》，由于唐作正义但取《左传》。汉人以《礼经》专属《仪礼》，而唐作正义但取《礼记》，故后世以《礼记》取士，论者讥其舍经用传。《礼记》体大物博，虽有解《仪礼》数篇之义，而非尽解《仪礼》，不得全谓之传。若《左氏》，明明《春秋》之传，传又不与经合，而后世《左氏》孤行，舍经用传，较之舍《仪礼》而用《礼记》者，盖有甚焉。王应麟《困学纪闻》先列《春秋》，继以《左传》、《公羊》、《穀梁》，分别尚晰。学者当知如此分别，则经、传部居不紊，不得以《春秋》专属《左氏》，而竟以《左氏》冒《春秋》。后之治《左氏》者，能诠择经义，解说凡例，可附于《春秋》家。若专考长历、地名、人名、事实，或参以议论者，止可入《左氏》家，以与圣经大义无关，止可谓之史学，不得谓之经学也。

# 论孔子作《春秋》，增损改易之迹可寻，
# 非徒因仍旧史

陈寿祺曰："窃观孟子言'孔子作《春秋》'，'作'之云者，虽据旧史之文，必有增损改易之迹。不修《春秋》曰：'雨星不及地尺而复。'君子修之曰：'星陨如雨。'诸侯之策曰：'孙林父、宁殖出其君。'孔子书之曰：'卫侯衎出奔齐。'晋文公召王而朝之，孔之曰：'以臣召君，不可以训。'故书曰：'天王狩于河阳。'鲁《春秋》去夫人之姓曰吴，其卒曰孟子卒。孔子书'孟子卒'，而不书夫人吴。此其增损改易之验见于经典者也。华督得罪于宋殇公，名在诸侯之策。晋董狐书曰：'赵盾弑其君。'齐太史书曰：'崔杼弑其君。'鲁《春秋》记晋丧曰：'弑其君之子奚齐，及其君卓。'孔子于《春秋》皆无异辞。此循旧而不改之验也。太子独记'子同生'，而不及子赤、子野、襄公，则知此为《春秋》特笔，以起不能防间文姜之失。妾母独录惠公仲子、僖公成风，而略于敬嬴、定姒、齐归，则知此亦《春秋》特笔，以著公妾立庙称夫人之始。'有年'，'大有年'，惟见桓三年及宣十六年，盖承屡祲之后，书以示幸。王臣书氏，惟见隐三年及昭二十三年、二十六年，盖兆世卿之乱王室，书以示讥。则其他之删削者夥矣。外大夫奔书字，惟见文十四年宋子哀，盖褒其不失职。外大夫见杀书字，惟见桓二年孔父，盖美其死节。公子季友、公弟叔肸称字，季子、高子称子，所以嘉其贤。齐豹曰盗，三叛人名，所以斥其恶。公薨以不地见弑，夫人以尸归见杀，师以战见败，公夫人奔曰孙，内杀大夫曰刺，天王不言出，凡伯不言执，与王人盟不言公，皆《春秋》特笔也。是知圣人修改之迹，不可胜数。善善恶恶，义逾衮钺，然后是非由此明，功罪由此定，劝惩由此生，治乱由此正。故曰：'《春秋》，天子之事。'苟徒因仍旧史，不立褒贬，则诸侯之策当时未始亡也，孔子何为作《春秋》？且使《春秋》直写鲁史之文，则孟子何以谓之'作'？则'知我'、'罪我'安所征，乱臣贼子安所惧？"锡瑞案：陈氏引《春秋》书法，兼采三《传》，求其增损改易之迹，可谓深切著明。即此足见《左氏》家经承旧史、史承赴告，其说近是而实不是。孔子作《春秋》，非可凭空结撰，其承旧史是应有之事。鲁史亦非能凭臆捏造，其承赴告亦是应有之事。《左氏》家说本非全然无理，特后人视之过泥，持之太坚，谓《春秋》止是钞录旧文，尚不如

《汉书》之本《史记》，《后汉书》之袭《三国志》，新《五代史》、《唐书》之因旧《五代史》、《唐书》，犹有增损改易之功，则《春秋》一书，于鲁史为重台，于《左传》为疣赘，宋人废之，诚不为过矣，而《春秋》经岂若是乎！

## 论宋五子说《春秋》有特见，与孟子、《公羊》合，足正杜预以后之陋见谬解

宋五子于《春秋》无专书，而说《春秋》皆有特见。周子曰："《春秋》正王道，明大法也，孔子为后世王者而修也。乱臣贼子诛死者于前，所以惧生者于后。"邵子曰："《春秋》者，孔子之刑书也。功过不相掩，圣人先褒其功而贬其罪，故罪人有功，亦必录之。"程子曰："夫子作《春秋》，为百王不易之大法。斯道也，惟颜子尝闻之矣：'行夏之时，乘殷之辂，服周之冕，乐则《韶舞》。'此其准的也。后世以史视《春秋》，谓褒善贬恶而已，至于经世之大法，则不知也。《春秋》大义，炳如日星，乃易见也。惟其微辞隐义、时措咸宜者，为难知也。或抑或纵，或予或夺，或进或退，或微或显，而得乎义理之安，文质之中，宽猛之宜，是非之公，乃制事之权衡，揆道之模范也。"张子曰："《春秋》之书，在古无有，乃仲尼所自作，惟孟子为能知之。"朱子曰："孔子作《春秋》，当时亦须与门人讲说，所以《公》、《穀》、《左氏》得一个源流，只是渐渐讹舛。当初若是全无传授，如何凿空撰得？"又曰："三家皆非亲见孔子，左氏不必解是丘明。"又曰："杜预每到不通处，不云传误云经误，可怪，是何识见！"锡瑞案：《春秋》始误于杜预，而极谬于刘知幾，当以宋五子之说正之，其说与孟子、《公羊》之旨合。周子曰"《春秋》正王道，明大法"，非即"素王改制"之旨乎？曰"孔子为后世王者而修"，非即"为汉定道"之旨乎？邵子曰"《春秋》者，孔子之刑书"，非即"贬天子，退诸侯，讨大夫，以达王事"之旨乎？曰"功过不相掩"，非即"善善从长"之旨乎？程子曰"作《春秋》，为百王不易之大法"，非即"作《春秋》，垂空言以断礼义，当一王之法"之旨乎？引"行夏之时"四语为证，非即"损益四代，变周之文，从殷之质"之旨乎？张子曰"《春秋》之书，在古无有"，岂得如杜预云周公已有《春秋》凡例乎？曰"乃仲尼所自作"，岂得如杜预云孔子多钞鲁史旧文乎？朱子曰"孔子作《春秋》，与门人讲说"，即"七十子之徒口受

其传旨"之意，而《史记》以鲁君子左丘明列七十子口受传旨之外，则丘明不得口受，不当如刘歆轻口说而重传记矣。曰"三家皆非亲见孔子"，公、穀皆子夏弟子，未必亲见孔子；而作传之丘明与《论语》之丘明是一是二，古无明文，不必如刘歆云"丘明亲见圣人"、荀崧云"丘明造膝亲受"矣。程子云"后世以史视《春秋》，谓褒善贬恶而已，至于经世之大法，则不知也"，尤道尽杜预以后诸儒之陋见谬解。"《春秋》经世"，庄子尝言之矣。其义，在孟子云"天子之事"，《公羊》云"素王改制"，其大者在三科九旨。杜预以后，不明此义，其高者以为惩恶劝善，仅同良史直书；其下者以为录旧增新，不过钞胥校对。其失由于专据《左氏》，不治《公》、《穀》，于孔子所以为后王立法以驯致太平者，全未梦见。孟子所称为天下一治、功可继群圣者，亦不致思。宋五子非《春秋》专门，未必深求《公》、《穀》二传，乃独能知微言大义，不惑于杜预诸人浅陋之见，由其学识超卓，亦由此心此理之同，与古人不谋而合也。程子曰"大义炳如日星"，朱子已引"成宋乱"、"宋灾故"之类以证之。至于微辞奥义、时措咸宜，程、朱以为难知者，学者能研求《公》、《穀》二传，当知之矣。

## 论"断烂朝报"之说不必专罪王安石，朱子疑胡《传》，并疑《公》、《穀》，故于《春秋》不能自信于心

《困学纪闻》引："王介甫答韩求仁问《春秋》曰：'此经比他经尤难，盖三《传》不足信也。'尹和靖云：'介甫不解《春秋》，以其难之也。废《春秋》，非其意。'又林希逸曰：'尹和靖言介甫未尝废《春秋》。废《春秋》，以为断烂朝报，皆后来无忌惮者托介甫之言也。'"锡瑞案：此诸说，可为安石平反。然《春秋》之义具在三《传》，安石过为高论，以三《传》不足信，则《春秋》不废而废矣。以《春秋》经为难知，何不深求三《传》？至于断烂朝报，则非特宋人有是言，自《左氏》孤行、杜预谬解，人之视《春秋》者，莫不如是。专信《左氏》家经承旧史之说，一年之中寥寥数事，信手钞录，并无义例，则是朝报而已。不信《公》、《穀》家一字褒贬之义，日月、名氏、爵号有不具者皆为阙文，万六千余字而阙文百数十条，则是朝报之断烂者而已。如杜预、孔颖达之说，《春秋》实是断烂朝报，并不为诬。若不谓然，则当

罪杜、孔，不当罪宋人矣。《困学纪闻》又引："朱文公亦曰：'《春秋》义例，时亦窥其一二大者，而终不能自信于心，故未尝敢措一辞。'"王应麟引王介甫、尹和靖二条，继引朱文公说，盖谓朱子亦以《春秋》为难知，与王介甫意同。案：朱子所谓"《春秋》义例窥其一二大者"，如"成宋乱"、"宋灾故"，既引以证程子所云大义，又云："如书会盟侵伐，不过见诸侯擅兴自肆耳；书郊禘，不过见鲁僭礼耳。至于三卜、四卜、牛伤、牛死，是失礼之中又失礼也。如'不郊，犹三望'，是不必望而犹望也。如书'仲遂卒，犹绎'，是不必绎而犹绎也。如此等义，却自分明。"此朱子所云"窥其一二"者。朱子学最笃实，故于《春秋》之义，但信其分明可据者，若其义稍隐，或不见经而但见传，则皆不敢信据。当时盛行胡《传》，《朱子语录》曰："胡文定《春秋》非不好，却不合。这件事圣人意是如何下字，那件事圣人意又如何下字？要知圣人只是直笔，据见在而书，岂有许多切怛？"案：胡《传》议论苛碎，多出《公》、《穀》之外。朱子惩胡《传》之苛碎，遂并不信《公》、《穀》一字褒贬之义，以为"必于一字一辞之间求褒贬所在，窃恐不然"，"圣人只是直笔，据见在而书"，则仍惑于杜预、孔颖达，而与孟子、程子之说不合矣。朱子谓"《春秋》自难理会"，足见朱子矜慎，远胜强不知为知者，但亦有矜慎太过处。胡《传》不可尽信，而《公》、《穀》近古则可信。能深考《公羊》之微言大义，参以《穀梁》之例，又参以《左氏》所载事实，亦可以得十之七八。朱子谓"须是己之心，果与圣人之心神交心契，始可断他所书之旨"，则圣人往矣，安得复有圣人？以朱子之贤，犹不敢自信，安得复有自信与圣人神交心契者？《春秋》一经，将沉霾终古矣。《公羊疏》引闵因叙云："昔孔子制《春秋》之义，使子夏等十四人求周史记，得百二十国宝书。"庄七年传云："不修《春秋》曰：'雨星不及地尺而复。'君子修之曰：'星陨如雨。'"朱子病二书之不传，不得深探圣人笔削之意。夫二书不得见，学者无如何也；三《传》犹幸存，学者所当信也，亦何必矜慎太过而不措一辞乎？

## 论据朱子之说足证《春秋》是经非史，<br>学《春秋》者当重义不重事

朱子曰："前辈做《春秋》义，言辞虽粗率，却说得圣人大意出。如二程未出时，便有胡安定、孙泰山、石徂徕，他们说经虽是甚有疏略

处，观其推明治道，直是懔懔可畏。《春秋》本是严底文字，圣人此书之作，遏人欲于横流，遂以二百四十二年行事，寓其褒贬，一字不敢胡乱下。"又林问："先生论《春秋》一经本是正谊明道、权衡万世典刑之书，如朝聘、会盟、侵伐等事，皆是因人心之敬肆，为之详略，或书字，或书名，皆就其事而为之义理，最是斟酌，毫忽不差。后之学《春秋》，多是较量齐、鲁短长。自此以后，如宋襄、晋悼等事，皆是论霸事业。不知当时为王道作耶？为霸者作耶？若是为霸者作，则此书岂足为义理之书？"曰："大率本为王道，正其纪纲。看以前《春秋》文字虽粗，尚知有圣人明道正谊道理，尚可看。近来止说得伯业权谲底意思，更开眼不得。此义不可不知。"锡瑞案：据朱子之说，可知学者当以《春秋》为经，不当以《春秋》为史；当重《春秋》之义，不当重《春秋》之事。谓"以二百四十二年行事，寓其褒贬"，即借事明义也。谓"一字不敢胡乱下"，即一字褒贬也。谓"书字、书名，皆就其事而为之义理"，亦即一字褒贬之旨。正谊明道，权衡万世，惟在《春秋》一经，若置经而求传，舍义而论事，则不过较量齐、鲁之短长，宋襄、晋悼之霸事而已。孟子曰："王者之迹熄而《诗》亡，《诗》亡然后《春秋》作。"是《春秋》所以承王者之迹，故孟子断之曰"天子之事"。若夫鲁之旧史，止有"其事则齐桓、晋文"，而无其义，故孔子裁之以义，曰"其义，则丘窃取之矣"。《春秋》是经不是史，重义不重事，即孔子、孟子之言足以证之。《左氏》叙事详而释义略，仍如鲁史其事、其文之旧，非但侈陈桓、文。《春秋》虽褒桓、文，实与而文不与。孟子深于《春秋》，谓"仲尼之徒，无道桓、文之事"，盖裁之以义，不当侈陈其事，并晋悼之霸亦侈陈之。何劭公不许晋悼之霸，郑君以为乡曲之学，深可忿疾。不知桓、文之事犹无足道，何论晋悼？以郑君之学而所见如此，何怪后之学者"遗经存传，谈其事迹"？用唉助语。或且乐道阴谋诡计，如魏禧作《左传经世》，又纂《左氏兵谋兵法》，以张其焰，与"春秋无义战"之旨全然相反，正朱子所谓"止说得伯业权谲，更开眼不得"者。试思《春秋》为王道作，岂专论伯事者哉！朱子云"以前文字虽粗"，即指胡安定、孙泰山诸人。胡书不传。孙氏《尊王发微》论虽近苛，尚能比附《春秋》之义，以其重义不重事，是经不是史，故文字虽粗，而与圣人之旨犹近也。后来止说"伯业权谲"，虽由其人识见卑陋，亦由专主《左氏》，不知有《春秋》经，而其流弊遂至于此。以其重事不重义，是史不是经，故议论猥多，而与圣人之旨愈远也。学《春秋》者，观朱子之论，可以审所去取矣。

## 论杜预专主《左氏》，似乎《春秋》全无 关系、无用处，不如啖、赵、陆、胡说 《春秋》尚有见解

凡书必有关系、有用处，然后人人尊信诵习；若无关系、无用处，虽间存于一二好古之士，而尊信诵习者鲜矣。汉人之尊《春秋》，在《易》、《诗》、《书》之上，一则以为诸经止是孔子赞修，不如《春秋》为孔子手作；二则孔子赞修诸经之旨未甚著明，不如孔子所作之《春秋》，微言大义显然可见；三则诸经虽为后世立法，亦不如《春秋》素王改制之显。故为汉定道，多专属之《春秋》，且多引《春秋》以决时事。是汉人以《春秋》为有关系、有用处，人人尊信诵习，由专主《公羊》之故也。及《左氏传》出而一变。《左氏》自成一家之书，亦未尝与《公羊》抵牾，而偏护古文者务张大其说，以驳异今文。自刘歆、韩歆欲以《左氏》立学，为今文博士所排，仇隙愈深，反对愈甚。贾逵已将臆造之说为《左氏》之说，以斥《公羊》，而解《左氏》犹采《公》、《穀》。至杜预出，乃尽弃二《传》，专执韩宣"周礼在鲁"一语，以《左氏传》五十凡例尽属周公，孔子止是钞录成文，并无褒贬笔削，又安得有微言大义与立法改制之旨？故如杜预所说，《春秋》一经全无关系，亦无用处。由于力反先儒之说，不信汉儒之论，不顾《孟子》之文，以致圣人所作之经沉废搁弃，良可浩叹！啖助在唐时，已云："习《左氏》者，皆遗经存传，谈其事迹，玩其文采，如览史籍，不复知有《春秋》微旨。"盖《左氏传》本是史籍，并无《春秋》微旨在内，止有事实、文采可玩。自汉以后，六朝及唐皆好尚文辞，不重经术，故《左氏传》专行于世，《春秋》经义委之榛芜。啖、赵、陆始兼采三《传》，不专主《左氏》，推明孔子褒贬之例，不以凡例属周公，虽未能上窥微言，而视杜预、孔颖达以《春秋》为录成文而无关系者，所见固已卓矣。宋儒通学，啖、赵遗风。至程子出，乃于孔子作《春秋》为后王立法之意有所窥见，其《春秋传自序》曰："夫子当周之末，以圣人不复作也，顺天应时之治不复有也，于是作《春秋》，为百王不易之大法。后王知《春秋》之义，则虽德非禹、汤，尚可以法三代之治。自秦而下，其学不传。予悼夫圣人之志不明于后世也，故作传以明之，俾后之

人通其文而求其义，得其意而法其用，则三代可复也。"自汉以后，论《春秋》者鲜知此义。惜其传作于晚年，略举大义，襄、昭以后尤略，书止二卷。胡安国师程子，其作传大纲本孟子，而微旨多以程子之说为据。本晁、陈二氏之说。其《序》曰："孟氏发明宗旨，目为天子之事者，周道衰微，乾纲解纽，乱臣贼子接迹当世，人欲肆而天理灭矣。仲尼天理之所在，不以为己任而谁可？五典弗惇，己所当叙。五礼弗庸，己所当秩。五服弗章，己所当命。五刑弗用，己所当讨。故曰：'我欲载之空言，不如见之行事之深切著明也。'空言独能载其理，行事然后见其用。是故假鲁史以寓王法，拨乱世反之正，其大要皆天子之事也。"锡瑞案：胡氏以惇典、庸礼、命德、讨罪为天子之事，又云仲尼以为己任，足以发明《春秋》"素王"之义。"空言独能载其理，行事然后见其用"，尤足证明《春秋》借事明义之旨。"假鲁史以寓王法"，即托王于鲁也。"拨乱世反之正"，亦《公羊》之文也。胡氏尊孟子，故能信《公羊》，惜其《传》不能笃守《公羊》，故虽窥见微言，未尽原本古义，间涉穿凿，不惬人心，而视前儒以《春秋》为托空言而无用处者，其见为更卓矣。近汉学家不取通学，啖、赵、陆、胡，皆致不满。窃谓诸家虽非专门，然犹知《春秋》有关系、有用处，故其所著之书体例虽杂，犹于《春秋》有关系、有用处。若专主《左氏》者，专执杜、孔之说，并不知《春秋》有关系、有用处，则其所著之书考证虽详，亦于《春秋》无关系、无用处也。

## 论《春秋》一字褒贬，不得指为阙文

郑樵曰："诸儒之说《春秋》，有以一字为褒贬者，有以为有贬无褒者，有以为褒贬俱无者。谓《春秋》以一字为褒贬者，意在于推尊圣人，其说出于太史公曰'夫子修《春秋》，游、夏之徒不能赞一辞'，故学者因而得是说。谓《春秋》有贬无褒者，意在于列国之君臣也，其说出于孟子曰'春秋无义战，彼善于此，则有之矣'，故学者因而得是说也。谓《春秋》无褒贬者，意在于矫汉儒，其说出于《竹书纪年》所书，案：此即刘知幾之说，前已辨之。载'郑弃其师'、'齐人歼于遂'之类，皆孔子未修之前，故学者因而得是说也。虽其意各有所主，然亦不可以泥。泥一字褒贬之说，则是'春秋'二字皆挟剑戟风霜，圣人之意不如是之劳顿也。泥于有贬无褒之说，则是《春秋》乃司空城旦之书，圣人不如是之惨刻也。泥于无褒贬之说，则是《春秋》为琐语小说，圣人又未尝无故而作经也。"顾栋高曰："郑氏之言极是。圣人之心正大平易，何尝无褒贬？但不可于一字上求褒贬耳。案：此正同朱子之说。孟子明言'其事则齐桓、晋文，其文则史。孔子曰：其义，则丘窃取之矣'，如以为无褒贬，则是有文、事而无义也。如此，则但有鲁之《春秋》足矣，孔子更何用作《春秋》乎？近日有厌支离之说而竟将《春秋》之褒贬抹去者，矫枉过正，亦非圣人之意。有以《春秋》为有笔无削者，是即无褒贬之说也。夫未修之《春秋》即不可得见，而《左氏》之书具在，如襄公亲送葬楚子①，昭公昏于吴，岂有不遣卿大夫往会吴、楚葬之理？而终《春秋》，吴、楚之葬不书。此削之以示义也。襄公葬楚子不书，而于二十九年'春，王正月，公在楚'见之。昭公昏于吴不书，而于哀十二年书'孟子卒'见之。此削之以示讳也。又如十二公之纳币、逆夫人，鲁史皆书，而《春秋》于僖公、襄公不书，此所谓合礼不书也。世子生皆书，而《春秋》止书'子同生'，此所谓常事不书也。此皆其显然可见者。如以为有笔无削，则《春秋》竟是一部钞胥，何足以为经世大典乎？"锡瑞案：以《春秋》为一字褒贬，《公》、《穀》之古义也。以为有贬无褒，孙复之新说也。以为褒贬俱无，后世习《左氏》者之卮言也。郑樵并三《传》皆不信，故于三说皆不取。其不取后二说，是也；不取前一说，非也。《春秋》一字之褒，一字之贬，两汉诸儒及晋范宁皆明言之。《左氏》孤行，学者不信《公》、《穀》，于是《春秋》或日、或不日，四时或具、或不具，或州、或国、或氏、或人、或名、或字、或子之类，人皆不得其解。圣人岂故为是参差，以贻后世疑惑乎？《春秋》文成数万，其旨数千，非字字有褒贬之义，安得有数千之旨？若如杜预、孔颖达说，其不具者概为阙文，则断烂朝报之讥诚不免矣。顾氏于《春秋》用功深，《大事表》一书实出宋章冲、程公说之上。惟其《春秋》之学专主《左氏》，惑于杜、孔之说，故以郑氏为是。其《春秋阙文表》于一字褒贬之处，皆以为偶阙，且谓："此皆《公》、《穀》倡之，而后来诸儒如孔氏颖达、啖氏助、赵氏匡、陆氏淳、孙氏复、刘氏敞亦既辨之矣，而复大炽于宋之中叶者，盖亦有故焉。自诸儒攻击三《传》，王介甫遂目《春秋》为断烂朝报，不立学官。文定反之，矫枉过正，遂举圣经之断阙不全者，皆以为精义所存，复理《公》、

---

① "如"，原误作"于"，据顾栋高《春秋大事表》附录《读春秋偶笔》改。

《榖》之故说，而吕氏东莱、叶氏少蕴、张氏元德诸儒俱从之。由是《春秋》稍明于唐以后者，复晦昧于宋之南渡，岂非势之相激使然哉！夫蔑弃圣人之经，与过崇圣人之经，其用心不同，而其未得乎圣人垂世立教之心则一也。"案：顾氏之说非是，断烂朝报之说起而《春秋》废，正由说《春秋》者阙文太多之故。南宋诸儒力反其说，如胡文定者，其穿凿或出《公》、《榖》之外，诚未免求之过深。然文定之深文不可信，而《公》、《榖》之故说则可信。文定反断烂朝报之说，顾氏以为矫枉过正。顾氏反文定一字褒贬之说，以圣经为断阙不全，则仍是断烂朝报之说矣，独不为矫枉过正乎？《春秋》经惟"夏五"、"伯于阳"实是阙文，其余后世以为阙者，皆有说以处之，并非断阙不全。如文定之说，犹不失为过崇圣经；如顾氏之说，已不免于蔑弃圣经矣。黄泽曰："屈经申传者，杜预辈是也。屈传申经者，若胡文定诸公是也。"

## 论经、史分别甚明，读经者不得以史法绳《春秋》，修史者亦不当以《春秋》书法为史法

刘敞曰："《传》曰：'公出复入，不书，讳之也。讳国恶，礼也。'杜氏曰：'掩恶扬善，义存君亲，皆当时臣子率意而隐，故无浅深之准。'非也。《传》所云者，似言仲尼作《春秋》，改旧史，有所不书之意也，非当时史官以讳为礼也。何以知之邪？按：御孙谓庄公曰：'君举必书。书而不法，后嗣何观？'此曹刿之言，以为御孙，误。以御孙之说论之，君之不法，无所不书也。既无所不书，则是讳国恶者，非史官之事，《春秋》之意也。为之臣子，率意为君父讳，非也。臣之意莫不欲尊其君，子之意莫不欲美其亲。如此，国史为无有实事，皆虚美也，谓之史，可乎？故《春秋》一也，鲁人记之则为史，仲尼修之则为经。经出于史，而史非经也。史可以为经，而经非史也。譬如攻石取玉，玉之产于石，必也，而石不可谓之玉；披沙取金，金之取于沙，必也，而沙不可谓之金。鲁国之史，贤人之记，沙之与石也；《春秋》之法，仲尼之笔，金之与玉也。金石必待拣择追琢而后见，《春秋》亦待笔削改易而后成也。谓《春秋》之文皆旧史所记，无用仲尼者，是谓金石不待拣择追琢而得，非其类矣。"锡瑞案：刘氏分别经、史，义极精确。即以《左氏传》义驳杜预经出旧史之非，尤足以关其口。《春秋》是为万世作经，为后人立法，圣人特笔，空前绝后，不可无一、不能有

二之书。前古未有，本张横渠说。则不得谓前有所承；后莫能继，则不得云后人可续。乃后之读经者，既不知圣人所作是经，而误以史法绳之，于是经义乱；如刘知幾《惑经》、《申左》之类。后之修史者，又不知非圣人不能作经，而误以史书拟之，于是史法亦乱。如沈既济之类。司马迁、班固，世称良史，所著《史记》、《汉书》多得《春秋》之义，然其书不敢学一字褒贬，只是据事直书。扬雄准《易》作《太玄》，仿《论语》作《法言》，而不敢拟《春秋》。王通始拟《春秋》作《元经》，论者以为宋阮逸伪作。盖隋以前犹知古义，唐、宋以下议论始繁。唐沈既济书中宗，曰"帝在房陵"。孙甫、范祖禹用其说，以《春秋》"公在乾侯"为比。程迥驳之曰："《春秋》书王在畿内，曰'居于狄泉'；出王畿，曰'出居于郑'。诸侯在境内，曰'公居于郓'；出境，曰'公在乾侯'。《唐鉴》用《春秋》书法，中宗则宜曰'帝居房陵'，不宜曰'在'。"案：程氏之驳是矣，而未尽也。敬王与王子朝，虽有东王、西王之称，士伯问介众而辞王子朝，则当时皆推戴敬王。襄王之出居郑，诸侯推戴，更无异说。是《春秋》书"天王"，据实直书也。昭公出奔在外，鲁国未别立君。平子每岁贾马，具从者之衣屦，而归之于乾侯。士鞅以为季孙事君如在国，齐、晋诸国亦皆以君礼待之。景公曰："执君而无称？"是《春秋》书"公"，亦据实直书也。若唐中宗，已废为庐陵王，武后自称则天皇帝。今书庐陵王曰"帝"，则唐有两帝矣。若夺则天之帝以与庐陵，则不据实直书而变乱当时之事实，虽圣人有所不敢矣。乾侯，晋地，故书"在"，与"公在楚"同义。房陵，唐地，不当引以为比。《唐鉴》书"帝在东宫"，尤不可通，非止刘知幾貌同心异之诮，钱大昕已辨之。欧阳修《五代史》、朱子《纲目》，亦有此失。《纲目》书"莽大夫扬雄死"，钱大昕亦已辨之。王鸣盛论《五代史》曰："欧公手笔诚高，学《春秋》却正是一病。《春秋》出圣人手笔，义例精深。后人去圣久远，莫能窥测，岂可妄效？"引薛应旗《宋元通鉴·义例》云："《春秋》诸侯而或书其名，大夫而或书其字，或生而书其爵，或卒而去其官，论者以为夫子之褒贬于是焉在也。夫《春秋》大义，炳如日星，而其微词变例，美恶不嫌同辞，有非浅近之所能推测者。后人修史辄从而拟之，不失之迂妄，则失之鄙陋。"又论孙甫《唐史论断》云："观其《自序》，欲效《春秋》书法，以褒贬予夺示劝戒。幸其书亡，若存，徒汨乱学者耳目。大抵作史者宜直叙其事，不必弄文法，寓予夺；读史者宜详考其事实，不必凭意见，发议论。宋人略通文义，便想著作传世，一涉史事，便欲法圣人笔削。此一时习气。"王氏此说，切中作史者妄拟《春秋》之弊，皆由不知《春秋》是经，不是史，经非可僭拟者也。黄泽曰："作史惟当直书为得体。夫子《春秋》只是借二百四十二年，以示大经大法于天下，故不可以史法观之。"

# 论《春秋权衡》驳《左氏》及杜解多精确，<br>驳《公》、《穀》则未得其旨

刘敞曰："前汉诸儒不肯为《左氏》学者，为其是非谬于圣人也，故曰《左氏》不传《春秋》。此无疑矣。然为《左氏》者皆耻之，因共护曰：丘明受经于仲尼。此欲以自解免耳，其实非也。何以言之邪？仲尼之时，鲁国贤者无不从之游，独丘明不在弟子之籍。若丘明真受经作传者，岂得不在弟子之籍哉？岂有受经传道而非弟子者哉？以是观之，仲尼未尝授经于丘明，丘明未尝受经于仲尼也。然丘明所以作传者，乃若自用其意说经，泛以旧章凡例，通之于史策，可以见成败耳。其褒贬之意，非丘明所尽也，以其不受经也。学者可勿思之哉！杜氏《序》曰：'仲尼因鲁史策书成文，考其真伪而志其典礼，上以遵周公之遗制，下以明将来之法。其教之所存，文之所害，则刊而正之，以示劝戒。其余皆即用旧史，史有文质，辞有详略，不必改也。'此未尽也。苟唯文之所害则刊而正之，其余皆因而不改，则何贵于圣人之作《春秋》也？而《传》又何以云非圣人莫能修之乎？大凡《左氏》本不能尽得圣人《春秋》之意，故《春秋》所有义同文异者，皆没而不说。而杜氏患苦《左传》有不传《春秋》之名，因为作说云：此乃圣人即用旧史尔。观丘明之意，又不必然。按：隐公之初，始入《春秋》。丘明解经，颇亦殷勤，故'克段于鄢'传曰：'不言出奔，难之也。不书城郎，非公命也。'不书之例，一年之中凡七发，明是仲尼作经，大有所删改也，岂专用旧史者乎？"又曰："大率《左氏》解经之蔽有三：从赴告，一也；用旧史，二也；经阙文，三也。按：史虽待赴告而录，然其文非赴告之词也。《春秋》虽据旧史而作，然其义非旧史之文也。简牍虽有阙失，其史非圣人所遗也。如谓史之记从赴告而已，则乱臣贼子何由而书？①如谓《春秋》用旧史而已，则何贵于圣人之笔削也？且《春秋》书'良

---

① "书"，原误作"惧"，据刘敞《春秋权衡》卷七改。

霄入于郑，郑人杀良霄'，'栾盈入于晋，晋人杀栾盈'，其文同也。至哀十四年，非仲尼所修矣，其记陈宗竖，乃曰'陈宗竖入于陈，陈人杀之'，明史之所记，与仲尼之所修异矣。又仲尼所修，无记内邑叛者，哀十五年独记'成叛'，此亦史文，不与仲尼相似。仲尼不专用史文，验也。如谓经之阙文皆圣人所遗者，苟传有所说而不与经同，尽可归过于经，何赖于传之解经哉？故《春秋》者，出于旧史者也，而《春秋》非旧史之文也；旧史者，出于赴告者也，而旧史非赴告之辞也。传者，出于经者也，而传非经之本也。今传与经违，是本末反矣。"锡瑞案：刘氏《春秋权衡》为世所称，以愚观之，惟驳《左氏传》及杜预《集解》说多精确。盖《左氏》传事不传义，本无所谓义例，杜氏傅会，多不可据，故刘氏所驳多中肯。《公》、《穀》二传各有义例，非会通全经之旨，必至多所窒碍。诚能融会贯通，则人所见为窒碍者，皆有说以处此。① 枚乘曰："铢铢而积之，至石必差；寸寸而度之，至丈必过。石称丈量，径而寡失。"专求字句，则多见窒碍，此所谓"铢铢而积，寸寸而度"也；会通全文，则少所窒碍，此所谓"石称丈量，径而寡失"也。《春秋》是孔子所作一部全书，其中又有非常异义，若不大通义例，精究微言，则但能见浅而不能见深。凡所为三科九旨、一字褒贬、时月日例之类，皆以为横生枝节，妄立异端。不知游、夏不能赞一辞者，义正在此。不达乎此，则虽知经承旧史之谬，而不知圣人作经以教万世，其异于旧史者究竟安在。经、史之异，岂仅在一字一句间乎？刘氏博学精识，而《春秋》非专门，故虽知《左氏》、杜预之非，而未晓《公》、《穀》二传之是，其所驳多字句琐细，不关大义，其大义明著者，又或诋而不信。故《权衡》一书，驳《左氏》及杜预者多可取，驳二《传》者可取甚鲜。其合并三《传》为刘氏《传》，尤近童牛角马。"郑伯克段"一事，陈澧已驳其非。

## 论吕大圭以后世猜防之见疑古义，宋儒说经多有此失

吕大圭曰："《公羊》论隐、桓之贵贱②，而曰：'子以母贵，母以

① "此"，疑当作"之"。
② "桓"，原误作"公"，据吕大圭《春秋五论》改。

子贵。'夫谓'子以母贵',可也;谓'母以子贵',可乎?推此言也,所以长后世妾母陵僭之祸者,皆此言基之也。《穀梁》论世子蒯聩之事,则曰:'信父而辞王父,则是不尊王父也。其弗受,以尊王父也。'夫尊王父,可也;不受父命,可乎?推此言也,所以启后世父子争夺之祸者,未必不以此言借口也。晋赵鞅入于晋阳以叛,赵鞅归于晋,《公》、《穀》皆曰:'其言归何?以地正国也。'后之臣子有据邑以叛而以逐君侧之小人为辞者矣。公子结媵妇,遂盟,《公羊》曰:'大夫受命不受辞。出境,有可以安社稷、利国家,则专之可也。'后之人臣有事异域而以安社稷、利国家自诿者矣。祭仲执而郑忽出,其罪在祭仲也,而《公羊》则以为合于反经之权,后世盖有废置其君如弈棋者矣。圣人作经,本以明其理也。自传者学不知道,妄为之说,而是非易位,义利无别。其极于下之僭上,卑之陵尊,父子相夷,兄弟为雠,为大臣而称兵以向阙,出境外而矫制以行事。国家易姓,而为其大臣者,反以盛德自居而无所愧。君如武帝,臣如隽不疑,皆以《春秋》定国论而不知其非也。此其为害甚者,不由于叙事失实之过哉?故尝以为三《传》要皆失实,而失之多者,莫如《公羊》;何、范、杜三家各自为说,而说之缪者,莫如何休。《公羊》之失,既已略举其二,而何休之缪为尤甚。'元年,春,王正月',《公羊》不过曰'君之始年尔',何休则曰:'《春秋》纪新王受命于鲁。'滕侯卒不日,不过曰'滕微国,而侯不嫌也',而休则曰:'《春秋》王鲁,托隐公以为始。'黜周、王鲁,《公羊》未有明文也,而休乃唱之,其诬圣人也甚矣。《公羊》曰'母弟称弟,母兄称兄',此其言已有失矣,而休从为之说曰:'《春秋》变周之文,从商之质。质家亲亲,明当亲厚于群公子也。'使后世有亲厚于同母弟而薄于父之枝叶者,未必不由斯言启之。《公羊》曰:'立嫡以长不以贤,立子以贵不以长。'此言固有据也,而何休乃为之说曰:'嫡子有孙而死,质家亲亲,先立弟;文家尊尊,先立孙。'使后世有惑于质、文之异而嫡庶互争者,未必非斯语祸之。其释会戎之文,则曰:'王者不治夷狄。录戎,来者勿拒,去者勿追也。'《春秋》之作,本以正夫夷夏之分,乃谓之'不治夷狄',可乎?其释天王使来归赗之义,则曰:'王者据土与诸侯分职,俱南面而治,有不纯臣之义。'《春秋》之作,本以正君臣之分,乃谓'有不纯臣之义',可乎?"锡瑞案:宋儒不信古义而好驳难,是一时风气,不足怪。其最不可训者,则误沿当时猜防疑忌之习,反以古训为助乱之阶,非止上诬古人,且恐下惑后世。胡安国《春秋传》发明尊王攘夷之义于南宋初，切中时势，而解"翚帅师"之类，以权臣主兵为大戒。王夫之论之曰："王之尊，非唯啙趋伏之可尊；夷之攘，非一身两臂之可攘。岳侯之死，其说先中于庸主之心矣。"王氏之驳胡《传》，诚非苛论。宋惩黄袍加身之事，首夺将帅之权。子孙传为家法，贤者限于习俗。南宋之初，欲雪国耻，正赖师武臣力，乃诸将稍稍振起，秦桧夺其兵而杀之、废之。胡氏与桧，薰莸不同，而误加推荐，盖由于议论之偶合，而实因经义之不明。岳侯之死，虽未可以咎胡，而解经不精，以致误国，亦有不得辞其咎者。吕氏此论，多以后世之乱归咎汉人。不知汉人但解经义，何能预防后世之乱？奸人引古藉口，何所不至？曹丕自比舜、禹，岂得以舜、禹禅让为非？王莽自比周公，岂得以周公居摄为误？废君者自比伊尹，岂得疑伊尹为篡？反上者自比汤、武，岂得疑汤、武为弑乎？若以僭上陵尊、相夷为雠归咎《公》、《榖》，孔子作《春秋》时，已有弑君父者，亦《公》、《榖》为之乎？黜周王鲁，变文从质，母弟称弟，母以子贵，亲亲立弟，尊尊立孙，《公羊》虽不皆有明文，董子当《公羊》初著竹帛之时，其书已有明文。吕氏但责何休，而不知其本于董子，是董子书并未得见，何足以言《春秋》义乎？"来者勿拒，去者勿追"，并无语弊。吕以为非，将来者拒之，去者追之乎？王者、诸侯分土，有不纯臣之义，封建时本如是，岂可以一统时世并论乎？《容斋随笔》有"二《传》误后世"一条，以《左氏》"大义灭亲"、《公羊》"母以子贵"并论，与吕氏所见同。

## 论黄泽、赵汸说《春秋》有可取者，而误信杜预，仍明昧参半

黄泽曰："春秋以前，礼法未废，史所书者，不过君即位、君薨葬、逆夫人、夫人薨葬、大夫卒、有年无年、天时之变、郊庙之礼、诸侯卒葬、交聘会朝，大抵不过如此尔，无有伐国围城，入某国某邑等事也。其后礼法既坏，史法始淆乱，如隐公元年除书'及邾、宋盟'，'公子益师卒'外，其余皆失礼之事。如不书即位，是先君失礼，为鲁乱之本；郑伯克段，是兄不兄，弟不弟；天王归仲子之赗，则失礼显然；祭伯来，则不称使。举一年如此，则二百四十二年可知。如此，则夫子《春秋》安得不作？"锡瑞案：黄氏之说甚是。据此，可见《春秋》凡例必

不出自周公。周公时，天子当阳，诸侯用命，必不容有伐灭围人等事。故柳宗元、陆淳皆有此疑。黄氏所见，与柳氏、陆氏同而说加详。然则韩宣之单辞，杜预之谬解，不当以汩乱《春秋》明矣。乃黄氏既知此义，又曰："《春秋》凡例，本周公之遗法。故韩宣子适鲁，见《易·象》与鲁《春秋》，曰：'周礼尽在鲁矣。吾乃今知周公之德与周之所以王。'① 此时未经夫子笔削，而韩宣子乃如此称赞者，见得鲁之史与诸国迥然不同故也。"案：黄氏前后之说大相矛盾，谓"凡例本周公遗法"，然则伐灭围人，周公之时已有之乎？鲁史"与诸国迥然不同"，然则孟子云"晋之《乘》，楚之《梼杌》，鲁之《春秋》，一也"，又何说乎？此等皆由惑于杜预之说，先入为主，故虽于《春秋》有所窥见，而其说半明半昧。凡经学所以不明者，由为前人之说所压。不知前人与前人说各不同，有是有非，所当审择。其审择是非之法，当视前人之年代先后与其人之贤否。如杜预解《春秋》，与孟子全然反对。以年代论，则孟子在五百余年之前，杜预在五百余年之后；以贤否论，则孟子为命世亚圣，杜预为党逆乱臣。其所说之是非，自不待辨而决。而自杜解孤行之后，学《春秋》者误守其说，尽反孟子之说以从之。黄氏于《春秋》自谓功力至深，亦未能免此失，所以一知半解，间有所窥，而大义微言，终不能喻也。其徒赵汸说《春秋》，亦得失互见，大率本其师说。黄氏谓："孔子非史官，何由得见国史？盖鲁之史官以孔子是圣人，乃禀君命，使其刊正。"又谓："公羊氏五世传《春秋》，《左氏》增年传文亦当是其子孙所续，故通谓之《左氏传》。"二说皆有思想，而无所依据。

## 论赵汸说《春秋》策书笔削近是，孔广森深取其书，而亦不免有误

赵汸《春秋集传序》曰："策书之例十有五，而笔削之义有八。策书之例十有五：一曰君举必书，非君命不书。二曰公即位不行其礼不书。三曰纳币、逆夫人、夫人至、夫人归皆书之。四曰君、夫人薨，不成丧不书，葬不用夫人礼则书卒，君见弑则讳而书薨。五曰嫡子生则书之，公子、大夫在位书卒。六曰公女嫁为诸侯夫人，纳币、来逆、女

---

① "与周"下，原衍"公"，据《左传》删。

归、娣归、来媵、致女、卒葬、来归皆书；为大夫妻，书来逆而已。七曰时祀、时田，苟过时越礼则书之，军赋、改作逾制，亦书于策。此史氏之录乎内者也。八曰诸侯事有命告则书，崩卒不赴则不书，祸福不告亦不书；虽及灭国，灭不告败，胜不告克，不书于策。九曰虽伯主之役令，不及鲁亦不书。十曰凡诸侯之女行，惟王后书；适诸侯，虽告不书。十一曰诸侯之大夫奔，有玉帛之使则告，告则书。此史氏之录乎外者也。十二曰凡天子之命无不书，王臣有事为诸侯，则以内辞书之。十三曰大夫已命书名氏，未命书名，微者名氏不书，书其事而已，外微者书人。① 十四曰将尊师少称将，将卑师众称师，将尊师众称某帅师，君将不言帅师。十五曰凡天灾、物异无不书，外灾告则书之。此史氏之通录乎内外者也。笔削之义有八：一曰存策书之大体。凡策书之大体，曰天道，曰王事，曰土功，曰公即位，曰逆夫人、夫人至、世子生，曰公、夫人外如，曰薨葬，曰孙，曰夫人归，曰内女卒葬，曰来归，曰大夫、公子卒，曰公、大夫出疆，曰盟会，曰出师，曰国受兵，曰祭祀、搜狩越礼，军赋、改作逾制，外诸侯卒葬，曰两君之好，曰玉帛之使。凡此之类，其书于策者，皆不削也。二曰假笔削以行权。《春秋》拨乱经世，而国史有恒体，无辞可以寄文，于是有书、有不书，以互显其义。书者笔之，不书者削之。其笔削大凡有五：或略同以存异，公行不书致之类也；或略常以明变，释不朝正、内女归宁之类也；或略彼以见此，以来归为义则不书归、以出奔为义则杀之不书之类也；或略是以著非，诸侯有罪及勤王、复辟不书之类也；或略轻以明重，非有关于天下之故不悉书是也。三曰变文以示义。《春秋》虽有笔有削，而所书者皆从主人之辞。然有事同而文异者，有文同而事异者，则予夺无章而是非不著，于是有变文之法焉。将使学者即其文之异同、详略以求之②，则可别嫌疑，明是非矣。四曰辨名实之际，亦变文也。正必书王，诸侯称爵，大夫称名氏，四夷大者称子，此《春秋》之名也。诸侯有王而伯者兴，中国无伯而夷狄横，大夫专兵而诸侯散，此《春秋》之实也。《春秋》之名实如此，可无辨乎？于是有去名以全实者，征伐在诸侯，则大夫将不称名氏；中国有伯，则楚君侵伐不称君。又有去名以责实者，诸侯无王，则正不书王；中国无伯，则诸侯不序君；大夫将，略其恒称则

---

① "人"，原脱，据赵汸《春秋集传序》补。
② "异同"，原误作"是非"，据赵汸《春秋集传序》改。

称人。五曰谨华夷之辨，亦变文也。楚至东周，强于四夷，僭王猾夏，故伯者之兴，以攘却为功。然则自晋伯中衰，楚益侵陵中国，俄而入陈、围郑、平宋、盟于蜀、盟于宋、会于申，甚至伐吴、灭陈、灭蔡，假讨贼之义，号于天下，天下知有楚而已。故《春秋》书楚事，无不一致其严者。而书吴、越与徐，亦必与中国异辞，所以信大义于天下也。六曰特笔以正名。笔削不足以尽义，而后有变文。然祸乱既极，大分不明，事有非常，情有特异，虽变文犹不足以尽义，而后圣人特笔是正之，所以正其名分也。夫变文虽有损益，犹曰史氏恒辞；若特笔，则辞旨卓异，非复史氏恒辞矣。七曰因日月以明类。上下、内外之无别，天道、人事之反常，六者尚不能尽见，则又假日月之法区而别之。大抵以日为详，则以不日为略；以月为详，则以不月为略。其以日为恒，则以不日为变；以不日为恒，则以日为变，甚则以不月为异。其以月为恒，则以不月为变①；以不月为恒，则以月为变，甚则以日为异。将使属辞比事以求之，则笔削、变文、特笔，既各以类明，而日月又相为经纬，无微不显矣。八曰辞从主人。主人，谓鲁君也。《春秋》本鲁史成书，夫子作经，唯以笔削见义，自非有所是正，皆从史氏旧文，而所是正亦不多见，故曰辞从主人。此八者，实制作之权衡也。"锡瑞案：赵氏分别策书、笔削，语多近是。《春秋属辞》本此立说，孔广森深取其书。惟其书学非专门，仍有未尽是者。如隐公不书即位以成公意，桓公书即位以如其意，公薨以不地见弑，公夫人出奔曰孙，凡此等皆《春秋》特笔，未必鲁史有此书法。赵氏以为存策书之大体，是犹惑于杜预之说，又信其师黄泽臆撰孔子奉君命修国史之文。不知圣人口授微言，实是私修而非官书。不信古义而臆造不经，故其所著《集传》、《属辞》，仍不免有误也。

## 论"王正月"是周正，胡安国"夏时冠周月" 之说，朱子已驳正之

《春秋》王正月，三《传》及三《传》之注皆云周正建子之月。《左氏传》加一"周"字，云："元年，春，王周正月。"孔疏："言'王正

---

① "不"，原脱，据赵汸《春秋集传序》补。

月'者，王者革前代驭天下，必改正朔，易服色，以变人视听。夏以建寅之月为正，殷以建丑之月为正，周以建子之月为正。三代异制，正朔不同。正是时王所建，故以‘王'字冠之，言是时王之正月也。"《左氏》之增一字，可谓一字千金。孔疏解释详明，自宋以前皆无异义。胡安国《春秋传》始有"夏时冠周月"之说，云："以夏时冠月，垂法后世。以周正纪事，示无其位，不敢自专。"朱子曰："某亲见文定家说。文定《春秋》说夫子以夏时冠月①，以周正纪事。谓如'公即位'，依旧是十一月，只是孔子改正作'春正月'。某便不敢信。怎地？时二百四十二年，夫子只证得个'行夏之时'四个字。据今《周礼》，有'正月'，有'正岁'，则周实是元改作'春正月'。夫子所谓'行夏之时'，只是为他不顺，欲改从建寅。如孟子说'七八月之间旱'，这断然是五六月；'十一月徒杠成，十二月舆梁成'，这分明是九月、十月。"黄泽曰："近世士大夫多辟《春秋》用周正之说，以为时不可改，甚者至以为月亦不可改。如'七、八月之间旱'，与'十一月徒杠成，十二月舆梁成'，赵岐释以周正，晦庵亦从赵岐。而近世说者以赵岐为非，则是并晦庵皆非之矣。此是本无所见，而妄生事端，以疑惑圣经，为害不细。前世士大夫学问，却未见有如此者。"锡瑞案：《春秋》本鲁史旧文，鲁史奉周王正朔，"王正月"之为周正，无可疑者。孔子作《春秋》，述时事必不擅改周历，以致事实不明。《春秋》之书"无冰"皆在春，此周正也；若夏正，则春无冰，何足为异？又书"冬，十月，陨霜杀菽"，此周正也；若夏正，则十月陨霜，何足为异？十月亦未必有菽。僖公三年，自去冬"十月，不雨"，至春，书"王正月，不雨。夏，四月，不雨"，至"六月，雨"。若夏正，则六月建未之月，历三时不雨，至六月不得耕种矣。惟六月为周正建巳之月，得雨犹可耕种。故《春秋》是年不书旱，亦不书饥，《传》曰"不为灾也"，此显有可据者。乃胡氏诸人好逞异说，此宋人说经所以多不可从。朱子不以胡《传》为然，此朱子在宋儒之中所以为最笃实。乃其弟子蔡沈解《尚书》，以为商、周不改月，不守师说，殊不可解。《春秋》为后王立法，汉儒以为素王改制，实有可据，而后人必不信。《春秋》虽为后王立法，不能擅改时王正朔。宋儒以为夏时冠周月，实不可据，而后人反信之。是末师而非往古，岂非颠倒之甚！

---

① "月"上，原衍"周"，据胡安国《春秋传》及《朱子语类》卷八十三删。

## 论三 《传》皆专门之学，学者宜专治一家，
## 治一家又各有所从入

　　汉十四博士今文之学，今多不传，施、孟、梁丘、京《易》，欧阳、夏侯《尚书》，齐、鲁、韩《诗》，皆已亡佚。惟《公羊春秋》犹存，《穀梁》亦存全书，此天之未丧斯文也。而自《左氏》孤行，二《传》虽存若亡。陆德明作《经典释文》，已云"二《传》近代无讲者，恐其学遂绝，故为音以示将来"。幸而唐人虽以《左氏》列于五经，而《公羊》为中经，《穀梁》为小经①，亦用之以取士。故士子习者虽少，见李元璀、杨瑒所奏。而书犹不至亡。啖、赵、陆兼采之，以作《纂例》。宋人沿啖、赵、陆之派说《春秋》，多兼采《公》、《穀》，故未至如《韩诗》之亡于北宋。惟宋尚通学，不主专门，合三《传》为一家，是合五金为一炉而治之，合三牲鱼腊为一鼎而烹之也。《春秋》是一部全书，其义由孔子一手所定，比《诗》、《书》、《易》、《礼》不同。学《春秋》必会通全经，非可枝枝节节而为之者。若一条从《左氏》，一条从《公羊》，一条从《穀梁》，一条从唐、宋诸儒，虽古义略传，必不免于《春秋》"失乱"之弊。故《春秋》一经，尤重专门之学。国朝稽古，汉学中兴。孔广森作《公羊通义》，阮元称为孤家专学。然其书不守何氏义例，多采后儒之说，又不信黜周、王鲁科旨，以新周比新郑，虽有荜路蓝缕之功，不无买椟还珠之憾。惟何氏《解诂》与徐《疏》简奥难读，陈立书又太繁，治《公羊》者可从《通义》先入，再观《注疏》。常州学派多主《公羊》，庄存与作《春秋正辞》，传之刘逢禄、宋翔凤、龚自珍诸人。凌曙作董子《繁露注》，其徒陈立作《公羊义疏》。治《公羊》者，当观凌曙所注《繁露》，以求董子大义，及刘逢禄所作《释例》，以求何氏条例，再览陈立《义疏》，以求大备，斯不愧专门之学矣。许桂林作《穀梁释例》，柳兴恩作《穀梁大义述》②，钟文烝作《穀梁补注》，亦成一家之言。《穀梁》不传三科九旨，本非《公羊》之比，惟其时、月、日例与《公羊》大同小异，详略互见，可以补《公羊》所未及。治

---

　　① 按，据《旧唐书·归崇敬传》，《公羊》与《穀梁》均属中经，而据《新唐书·选举志上》，二者均属小经。

　　② "恩"，原误作"宗"，据文义改。

《穀梁》者，先观范《解》、杨《疏》及许桂林《释时月日例》。许书简而有法。如"公子益师卒"，传云："大夫日卒，正也；不日卒，恶也。"何休《废疾》已引"公子牙、季孙意如何以书卒"难之，郑君所释亦不可通。许据《左氏》"公不与小敛"，谓不与小敛即是恶，乃得其解。柳兴恩、钟文烝皆据《穀梁》"谨始"，谓隐公之让为不能正始，柳兴恩至以乱臣贼子斥隐公。夫以让国之贤君而斥为乱贼，则篡弑之桓公，将何以处之乎？《春秋》善善从长，必不如此深刻；《穀梁》恶桓而善隐，其义亦不如此之刻也。《穀梁》义例多比附《公羊》，故治《穀梁》不如治《公羊》，治《公羊》乃可兼采《穀梁》。如《穀梁》桓二年传："或曰：其不称名，盖为祖讳也。孔子故宋也。"是比附《公羊》"故宋"而失其旨之证。成九年传："不言战，以郑伯也。为尊者讳耻，为贤者讳过，为亲者讳疾。"是比附《公羊》"为亲者讳"而失其旨之证。《春秋》为亲者讳惟鲁。昭二十一年传："东者，东国也。曰东，恶之而贬之也。"是比附《公羊》"讥二名"而失其旨之证。若《左氏》不传《春秋》，亦有"讥二名"之说，云"先名武庚，乍名禄父"，则尤不知而强说者。治《左氏》者，先观杜《解》、孔《疏》，再及李贻德《贾服辑述》以参考古义，顾栋高《春秋大事表》以综览事实，然亦只是《左氏》一家之学，于《春秋》之微言大义无甚发明。

## 论俞正燮说《春秋》最谬，乃不通经义、不合史事、疑误后学之妄言

近人说《春秋》者，俞正燮为最谬，其《公羊传及注论》曰："《公羊传》者，汉人所致用，所谓汉家自有法度，奈何言王道？《公羊》集酷吏、佞臣之言，谓之经义，汉人便之，谓之通经致用。"锡瑞案："汉家自有制度"乃宣帝之言，宣帝好《穀梁》，非尊《公羊》者。"通经致用"乃西汉今文之学简明有用，如《禹贡》治河、《洪范》察变之类，非止《春秋》一经。俞云"《公羊》集酷吏、佞臣之言"，酷吏似指张汤，佞臣似指公孙弘。《史记·酷吏列传》曰："是时上方乡文学，汤决大狱，欲傅古义，乃请博士弟子治《尚书》、《春秋》，补廷尉史，亭疑法。"又曰："依于文学之士，丞相弘数称其美。"又《平准书》曰："自公孙弘以《春秋》之义绳臣下，取汉相，张汤用峻文决理为廷尉，于是见知之法生，而废格沮诽穷治之狱用矣。"据《史记》，则弘、汤希世用

事，见《公羊传》有贬绝之义、无将之诛，傅会之以行惨酷之法，要非《公羊》所能逆料。俞氏以为《公羊》罪案，则《庄子》云"儒以《诗》、《礼》发冢"，可以发冢归罪《诗》、《礼》？王莽动托《周官》，可以王莽归罪《周官》乎？《公羊传》由胡毋生著竹帛，公孙弘受学胡毋生，则《公羊》成书，必不在弘、汤用事之后。据俞氏说，似作《公羊传》者集弘、汤之言为之，年代不符，甚不可通。若酷吏、佞臣不指弘、汤，则胡毋生之前，酷吏、佞臣为何人，更无可据。《汉书·董仲舒传》曰："仲舒在家，朝廷如有大议，使使者及廷尉张汤就其家而问之，其对皆有明法。"《后汉书·应劭传》曰："故胶西相董仲舒老病致仕①，朝廷每有政议，数遣廷尉张汤亲至陋巷，问得失。于是作《春秋决狱》二百三十二事②，动以经对。"据此，则张汤用法，尝询仲舒。《汉·艺文志》"《董仲舒治狱》十六篇"久亡，《通典》、《六帖》、《御览》共载六事，引《春秋》义以断当时之狱，多以为某人罪不当坐。盖以汉法严酷，持议多归仁恕，与弘、汤之惨刻异趣。《繁露·郊祀对》仲舒答张汤问凫鹥之类，亦不尽属刑法。则不能以张汤之法归咎仲舒，尤不能归咎《公羊》矣。三科、九旨，《繁露》书明言之。俞云"董仲舒未敢言而心好之，故陷吕步舒之狱"，以俞氏之博，似并未见《繁露》，殊不可解。何休《解诂》曰"自王者言之，以屈远世子在三公下"③，引《礼·丧服》为证。何氏解礼即不当，亦无关《春秋》大义。俞以此为何氏罪案，谓以己得公府掾之故。论古人当平心静气，不当锻炼以入人罪。必欲深文锻炼，谓何氏因己为公府掾，故崇重三公，亦安知俞氏非因己为时相所扼，故卑抑三公乎？俞为董诰所扼，不得进士。孟子曰："《春秋》，天子之事也。"又曰："孔子成《春秋》而乱臣贼子惧。"《公羊》家说与孟子合。若《左氏》家说经承旧史，无"素王"之法，则天子之事安在？曰"凡弑君，称君，君无道也；称臣，臣之罪也"，如其说，则君无道而弑君之臣无罪。传文于殉君之孔父、荀息并无褒辞，而弑君之赵盾、栾书反加称许，且有"君臣无常位"之言，《左氏》据事直书，初无成见。杜预张大其说，与《春秋》之义相反。是《春秋》成而乱臣贼子喜矣。如俞氏说，不亦可云"《左氏》集乱臣、贼子之言，谓之经义"乎？俞氏曰："《左氏》，万世之书也。《公羊传》，汉廷儒臣

---

① "相"，原脱，据《后汉书·应劭传》补。
② "三十二"，原误作"三十三"，据《后汉书·应劭传》改。
③ "以"，原脱，据《春秋公羊传注疏》补。

通经致用干禄之书也。何休所说，汉末公府掾致用干禄之书也。"请为
更正之曰："《公羊传》，经学也，一字褒贬，孔子作《春秋》之义本如
是也。《左氏传》，史学也，据事直书，不立褒贬，虽不传《春秋》，而
书不可废也。"俞氏所说，乃不通经义、不合史事、疑误后学之妄言也。

# 论《春秋》明王道，绌诈力，故特褒宋襄
# 而借以明仁义行师之义

尝读《春秋》而有感焉。《春秋》据乱而作，乱莫甚于战争。孟子
曰："春秋无义战。彼善于此，则有之矣。"今据《公羊》之传，推孟子
之义，而知孟子之善说《春秋》也。《春秋》托始于隐。隐二年，"无骇
帅师入极"，传曰："何以不氏？疾始灭也。"然则后之灭人国者，皆
《春秋》之所疾矣。四年，"莒人入杞，取牟娄"，传曰："外取邑不书，
此何以书？疾始取邑也。"然则后之取人邑者，皆《春秋》之所疾矣。
桓七年，"焚咸丘"，传曰："以火攻也。何言乎以火攻？疾始以火攻
也。"然则后之以火攻者，皆《春秋》之所疾矣。《春秋》战例时，偏战
日，诈战月。《左氏》凡例"凡师，敌未阵曰败某师"，即诈战，"皆阵曰战"，即
偏战。桓十年，"冬，十有二月，丙午，齐侯、卫侯、郑伯来战于郎"。
僖元年①，"冬，十月，壬午，公子友帅师败莒师于犁，获莒挐"。僖十
五年，"十一月，壬戌，晋侯及秦伯战于韩，获晋侯"。僖二十二年，
"冬，十有一月，己巳朔，宋公及楚人战于泓，宋师败绩"。文七年，
"夏，四月，戊子，晋人及秦人战于令狐"。十二年，"冬，十有二月，
戊午，晋人、秦人战于河曲"。传皆以为偏战，是彼善于此者，犹愈于
诈战也。宋、楚战泓，传曰："偏战者日尔。此其言朔何？《春秋》辞繁
而不杀者，正也。②君子大其不鼓不成列，临大事而不忘大礼，有君而
无臣，以为虽文王之战，亦不过此也。"是宋襄战泓为善之善者，故夫
子特笔褒之。董子《繁露·王道》、《俞序》篇、《史记·宋世家》赞、
《淮南·泰族训》、《白虎通·号》篇、何氏《穀梁废疾》皆褒宋襄。锡
瑞案：《司马法》曰："逐奔不过百步，从绥不过三舍，明其礼也。不穷
不能而哀怜伤病，明其仁也。成列而鼓，明其信也。争义不争利，明其

---

① "元年"，原误作"二年"，据《左传》改。
② "正"，原脱，据《春秋公羊经传解诂》补。

义也。"据此，则"不鼓不成列"、"不重伤"、"不禽二毛"，本古军礼之遗。古礼不行，而《老子》有以奇用兵之言，谈兵者谓兵不厌诈。宋襄独行古礼，宜世皆迂之矣。《穀梁》、《左氏》不以宋襄为是，狃于后世诈力之见。《左氏》书之，善在明典礼、详事实，而浅人武夫但以为善言兵，故隗禧以《左氏》为相斫书。《左氏》述子鱼之言，訾宋襄者以为口实。不知《宋世家》亦载子鱼"兵以胜为功"之言，而史公作赞，必褒宋襄之礼让者，以《春秋》拨乱之旨具在此也。当其时，战祸亟矣，独有一宋襄公能明王道，绌诈力。故《春秋》特褒之，而藉以明仁义行师之义，以为后之用兵者能如宋襄之言，则战祸少纾，民命可保矣。春秋时，宋华元、向戌皆主弭兵，其后墨翟、宋轻以禁攻寝兵为务，似闻宋襄仁义之风而兴起者。《左氏》载子罕之言以斥向戌，似亦近正，然不得以弭兵为非。兵虽不能终弭，弭一日，缓一日之祸也。痛乎！何劭公之言火攻也，曰："征伐之道，不过用兵，服则可以退，不服则可以进。① 火之盛炎，水之盛冲，虽欲服罪，不可复禁。故疾其暴而不仁也。"今之战事专尚火攻，其暴而不仁，又百倍于东周之世。西人近讲公法，开弭兵会，似得墨子兼爱、非攻之旨。若进之以《春秋》之义，明王道，绌诈力，战祸庶少瘳乎！

---

① "则"下，原衍"不"，据《春秋公羊经传解诂》删。

# 皮锡瑞年谱简编

**道光三十年　庚戌（1850）**

生于长沙府善化县。父皮鹤泉（树棠），母瞿氏。

**咸丰二年　壬子（1852）　三岁**

太平军入湘，举家外徙避难，初尝时事之艰。

**咸丰四年　甲寅（1854）　五岁**

由母亲课读，初识文字。

**咸丰五年　乙卯（1855）　六岁**

始就外傅，塾师为秀才童海观。

**咸丰七年　丁巳（1857）　八岁**

从陈秋珊（普昌）学，始作诗文。

**咸丰九年　己未（1859）　十岁**

改从鲍蓉泉（文浚）学，直到 13 岁。

**咸丰十年　庚申（1860）　十一岁**

始有文名，与同县李荔村（梦莹）订交。

**同治二年　癸亥（1863）　十四岁**

考取县学生员。师从韩勉吾（俊）。

**同治三年　甲子（1864）　十五岁**

入城南书院肄业，山长为何子贞（绍基）。与益阳王怀钦（德基）订交。

**同治四年　乙丑（1865）　十六岁**

应岁试，被学使温忠翰取列一等，得食廪饩。

**同治八年　己巳（1869）　二十岁**

以文才著名于省城，与益阳王怀钦、长沙阎象雯（士良）并称"阎王皮"。

**同治九年　庚午（1870）　二十一岁**

始存诗作。

**同治十二年　癸酉（1873）　二十四岁**

考取拔贡。始存文稿。

**同治十三年　甲戌（1874）　二十五岁**

北上赴朝考，不第。南下趋浙省父，旋返湘。始治经学。

**光绪元年　乙亥（1875）　二十六岁**

留湘，应乡试恩科，未第。赴浙，居杭州。

**光绪二年　丙子（1876）　二十七岁**

由浙北上，赴顺天乡试，不第。仍南归居浙。始存词。

**光绪三年　丁丑（1877）　二十八岁**

皮树棠赴宣平县任，重修县志，皮锡瑞负责甄辑，并代订凡例。

**光绪四年　戊寅（1878）　二十九岁**

居宣平。以俄人窥伺新疆，赋诗言事，主张屯田固边。

**光绪五年 己卯（1879） 三十岁**

归湘应乡试，仍不第。返居杭州。

**光绪六年 庚辰（1880） 三十一岁**

侍父，侨居金华，历二年。

**光绪八年 壬午（1882） 三十三岁**

赴顺天乡试，中式举人，与义宁陈伯严（三立）、萍乡文道希（廷式）等同榜。

**光绪九年 癸未（1883） 三十四岁**

赴春闱，房荐不售。以鲍蓉泉入彭玉麟幕，出军援越抗法，作诗送行，要求坚决抗击侵略。

**光绪十年 甲申（1884） 三十五岁**

以中法之役，作感事诗多首。

**光绪十三年 丁亥（1887） 三十八岁**

作《尚书大传笺》，为著书之始。

**光绪十五年 己丑（1889） 四十岁**

春赴礼部试，不第。考取内阁中书，引见不记名。丁父忧，归湘家居。

**光绪十六年 庚寅（1890） 四十一岁**

以家计日艰，出主湖南桂阳州龙潭书院讲席。应江西学政龙湛霖之邀，赴南昌佐阅试卷。《易林证文》二卷成稿。

**光绪十八年 壬辰（1892） 四十三岁**

正月，赴南昌，出主经训书院讲席。二月，赴春闱，不第。五月，返南昌，以经史之学课士，力纠经训空疏学风。九月，返湘。自本年至丁酉年，均春往秋归。十二月，《尚书古文疏证辨正》成稿。始存日记。

### 光绪十九年　癸巳（1893）　四十四岁

二月，赴南昌主讲经训书院。八月，阅《王荆公年谱》，发抒变法之论。刊《经训书院自课文》二卷。

### 光绪二十年　甲午（1894）　四十五岁

二月，入都应试，得房荐，仍不售，从此绝意科举。五月，返南昌经训书院任教。十月，《今文尚书考证》定稿。十一月，《尚书古文考实》定稿，《史记引尚书考》成稿。十二月，《尚书大传疏证》成稿。以中日之役，作感事诗词数十首。

### 光绪二十一年　乙未（1895）　四十六岁

二月，赴南昌，主讲经训书院。痛于马关和谈，作诗词数首。五月，刊《孝经郑注疏》。六月，阅《盛世危言》，论变法之道，反对尽变西法。九月，成《两汉咏史》。十月，成《宙合堂谈古》。十一月，刊《经训书院自课文》第三卷。十二月，《古文尚书冤词平议》定稿。湘省新政渐兴。

### 光绪二十二年　丙申（1896）　四十七岁

主讲南昌经训书院。二月，与友人书，极言变法之不可缓。七月，刊《尚书大传疏证》。十二月，《郑志疏证》成稿。

### 光绪二十三年　丁酉（1897）　四十八岁

主讲南昌经训书院。八月，由赣返湘，与湘省维新诸吏绅多所交游，与闻各项新政，思想大变。十二月，作《春秋义说》粗成。

### 光绪二十四年　戊戌（1898）　四十九岁

留湘赞襄新政，二月，聘任南学会学长，主持讲学事宜，前后讲学12次。四月，返赣续主经训书院讲席，推动江西维新，时有"皮门"之称。八月，闻政变，赋诗数首，讥斥西太后专权，痛悼谭嗣同殉难。十一月，成《六艺论疏证》。十二月，成《圣证论补评》。

### 光绪二十五年　己亥（1899）　五十岁

正月，遭诬奏，奉廷寄，革除举人功名，交地方官严加管束，从此专意著述。二月，成《尚书中候疏证》。三月，以饥寒切身，开设蒙馆，授徒陈宅。七月，《驳五经异义疏证》成稿。九月，《发墨守箴膏肓释废疾疏证》成书。

## 光绪二十六年　庚子（1900）　五十一岁

授徒陈宅。以义和团及八国联军侵华事，作诗词数十首，均痛言时事。又批阅《资治通鉴》及《读通鉴论》。

## 光绪二十七年　辛丑（1901）　五十二岁

授徒陈宅，四月，随往江西。五月，见谭嗣同《仁学》，目为骇俗之文。七月，返湘。十二月，四处托情，运动解除党禁。

## 光绪二十八年　壬寅（1902）　五十三岁

二月，撰《蒙学歌诀》，以浅易文词开蒙幼童。三月，江西赣州延聘四郡学堂总教习，辞不赴邀。四月，受聘创办善化小学堂。六月，小学堂开学，登台演讲兴学育材之旨。八月，作《鉴古斋日记序》，畅论"善变而取法于古"。十一月，由湘抚俞廉三奏请注销参案，奉旨开复举人，仍加察看。

## 光绪二十九年　癸卯（1903）　五十四岁

任善化小学堂监督及湖南高等学堂、湖南师范馆伦理、经学与史学讲席。二月，《汉碑引经考》附《引纬考》成稿。四月，以湘中守旧者攻击宣扬民权，乃避而北上至天津，聘修《长芦盐法志》。五月，作《长芦盐法志例言》。六月，湘抚赵尔巽电津，迫以辞馆归湘。七月，直隶总督袁世凯电商赵尔巽，欲其留津兴办学务，未获允准。八月，返湘，仍任善化小学堂监督及高等学堂、师范馆讲席；继受学务处之嘱，编成《十朝上谕》，以平学界风潮。十月，兼代湖南高等学堂监督。

## 光绪三十年　甲辰（1904）　五十五岁

任善化小学堂、湖南高等学堂两校监督，兼湖南高等学堂、湖南师范馆讲席。三月，辞湖南高等学堂监督。论"法可变，道不可变"，反对废弃中国人伦道德。四月，阅《新大陆游记》，对共和政体与暴力革命甚多微词。九月，痛责学生以小事滋生风潮。十一月，学务大臣张百熙、京师大学堂总监督张亨嘉电邀进京任教，辞不赴。十二月，自刊《师伏堂诗草》、《师伏堂咏史》、《师伏堂词》、《师伏堂骈文》。

### 光绪三十一年 乙巳（1905） 五十六岁

任湖南高等学堂、湖南师范馆讲席。二月，以堂中少数学生罢课大起风潮，辞善化小学堂监督。三月，受聘湖南省图书馆纂修。七月，《经学历史》成书。十一月，主张将许立宪与禁革命合二为一。

### 光绪三十二年 丙午（1906） 五十七岁

任湖南高等学堂、湖南中路师范学堂、长沙府中学堂讲席，兼省图书馆纂修。二月，接京电，京师大学堂延聘史学讲席，以事辞。论南昌教案，当据理与西人力争。以学界风潮叠起，望严加整顿以利学堂。

### 光绪三十三年 丁未（1907） 五十八岁

任湖南高等学堂、湖南中路师范学堂讲席，兼省图书馆纂修。正月，聘任省学务公所图书课长，审阅全省学堂自编讲义。二月，《经学通论》成书。六月，《王制笺》定稿。七月，上书提学使吴庆坻，畅论兴办湖南优级师范学堂事。十一月，参与组建湖南省咨议局，参选议长，得二票。十二月，拟《应诏陈言谨订学堂章程六条折》，条陈兴学要义，以无人代奏为憾。

### 光绪三十四年 戊申（1908） 五十九岁

任湖南高等学堂、湖南中路师范学堂讲席，兼省图书馆纂修、省学务公所图书课长。正月，作《教育论》。二月初四日，应中路师范学堂之请，为作歌词《浪淘沙》十章，成绝笔。下午去世。

# 中国近代思想家文库

图书在版编目（CIP）数据

中国近代思想家文库. 皮锡瑞卷/吴仰湘编. —北京：中国人民大学出版社，
2013.4
ISBN 978-7-300-17309-2

Ⅰ.①中… Ⅱ.①吴… Ⅲ.①思想史-研究-中国-近代 ②皮锡瑞（1850～
1908）-思想评论 Ⅳ.①B250.5

中国版本图书馆 CIP 数据核字（2013）第 064665 号

中国近代思想家文库
**皮锡瑞卷**
吴仰湘 编
Pixirui Juan

| | | | | |
|---|---|---|---|---|
| **出版发行** | 中国人民大学出版社 | | | |
| **社　址** | 北京中关村大街 31 号 | | **邮政编码** | 100080 |
| **电　话** | 010－62511242（总编室） | | 010－62511770（质管部） | |
| | 010－82501766（邮购部） | | 010－62514148（门市部） | |
| | 010－62515195（发行公司） | | 010－62515275（盗版举报） | |
| **网　址** | http：//www.crup.com.cn | | | |
| **经　销** | 新华书店 | | | |
| **印　刷** | 涿州市星河印刷有限公司 | | | |
| **开　本** | 720 mm×1000 mm　1/16 | | **版　次** | 2013 年 4 月第 1 版 |
| **印　张** | 29 插页 1 | | **印　次** | 2025 年 1 月第 3 次印刷 |
| **字　数** | 558 000 | | **定　价** | 96.00 元 |